山西博物院

藏品概览·近现代文物卷

山西博物院 编

文物出版社

图书在版编目（CIP）数据

山西博物院藏品概览．近现代文物卷 / 山西博物院编．-- 北京：文物出版社，2020.12

ISBN 978-7-5010-6830-2

Ⅰ．①山… Ⅱ．①山… Ⅲ．①文物—介绍—山西 Ⅳ．① K872.25

中国版本图书馆 CIP 数据核字（2020）第 196691 号

山西博物院藏品概览·近现代文物卷

编　　者 / 山西博物院

责任编辑 / 许海意
责任印制 / 张道奇
装帧设计 / 谭德毅

出版发行 / 文物出版社
社　　址 / 北京市东直门内北小街 2 号楼
邮政编码 / 100007
网　　址 / http://www.wenwu.com
邮　　箱 / web@wenwu.com
经　　销 / 新华书店
制版印刷 / 北京荣宝艺品印刷有限公司
开　　本 / 889毫米×1194毫米　1/16
印　　张 / 14
版　　次 / 2020年12月第1版
印　　次 / 2020年12月第1次印刷
书　　号 / ISBN 978-7-5010-6830-2
定　　价 / 280.00元

《山西博物院藏品概览·近现代文物卷》

编辑委员会

序言

山西位于黄河中游，地处中原农耕文化和北方草原文化交汇区域。特定的地理位置和多元的文化交流，为三晋大地留下了丰富而鲜明的历史文化遗产。山西现有不可移动文物53875处，其中全国重点文物保护单位452处。国有馆藏可移动文物320万件（组）。这些美轮美奂的文物，恰如散落在黄土地上的点点繁星，折射出华夏文明的璀璨光辉。

山西博物院前身为1919年创建的山西教育图书博物馆，是中国最早设立的博物馆之一，至今已有100年的历史。1953年起称山西省博物馆。2005年建成开放的山西博物院坐落在龙城太原美丽的汾河西岸，2008年起向公众免费开放，成为全国首批国家一级博物馆，是山西省最大的文物收藏、保护、研究和展示中心。院藏的40余万件文物荟萃全省精华，其中新石器时代陶寺遗址出土文物、商代方国文物、两周时期晋及三晋文物、北朝文物、石刻造像、历代地方陶瓷、金代戏曲文物等颇具特色。

为保护传承山西历史文化，合理利用文物资源，以文明的力量助推社会的发展进步，值此建馆100周年之际，我院将分期分批推出院藏文物精品图录，藉以向为山西博物馆事业付出辛勤劳动、无私奉献和关心支持的各界人士表示崇高的敬意和衷心的感谢！同时希望更多的社会各界人士关注、关爱、支持山西博物馆事业的发展！

回望百年，一代代晋博人薪火相传，筚路蓝缕。遥望未来，新时代的文博人将栉风沐雨，砥砺前行。习近平总书记强调，要"系统梳理传统文化资源，让收藏在博物馆里的文物、陈列在广阔大地上的遗产、书写在古籍里的文字都活起来"。作为三晋文化的弘扬和传承者，山西博物院将认真贯彻落实习近平总书记关于文物工作的重要指示批示精神，坚持把社会效益放在首位，着力打造"艺术展示的殿堂，学生学习的课堂，民众休闲的乐园"，使博物馆成为推动经济社会发展、彰显地域文化魅力、提升人民生活品质的有力支撑，为不断谱写新时代中国特色社会主义山西新篇章而不断努力！

谨以此献给山西博物院成立100周年。

山西博物院院长 张元成

2019年1月

综述

19世纪后期的清王朝，内忧外患日益严重，社会矛盾急剧激化，人民生活困苦不堪。帝国主义的入侵带来了新的经济形态与社会文化，逐步瓦解着传统的自然经济，对处于封建社会末期的清王朝造成了巨大的冲击。山西亦不例外。

洋务运动兴起之后，随着张之洞、胡聘之等主张学习洋务的官员先后主政山西，新药局、火柴局等近代工业在山西发轫。随后，近代纺织业、采矿业、印刷业纷纷发展。新兴事物的出现，使近代文明之风徐徐吹进了略显闭塞的三晋大地。新形势下，山西各界有识之士纷纷要求改革陈旧的教育制度。1902年，设立山西大学堂，是中国最早的三所国立大学堂之一。1904年，山西地方政府首次派遣山西大学堂、山西师范学堂、山西武备学堂共50名学生赴日留学。

1905年，日本取得日俄战争的胜利，昔日"蕞尔小国"战胜强大的俄罗斯帝国，势力范围拓展至中国东三省，这深深刺激着每一个留日学生。对清王朝腐败的痛恨，使一部分留日学生接受了资产阶级民主革命思想。1905年，孙中山在东京组建中国同盟会，神池人谷思慎作为发起人之一，是同盟会中第一个山西籍会员。之后，谷思慎组建"中国同盟会山西支部"并担任总干事，开始领导山西的反清革命活动。正在山西大学堂求学的崞县（原平）人续西峰听闻同盟会成立，第一时间致函东京友人代为申请入会。到1906年，山西籍的同盟会会员达到53人。之后，留学生陆续学成归国，积极向山西各界宣传革命思想、鼓吹反清起义、发展同盟会员，并于1911年10月29日光复太原。山西博物院藏《中国同盟会山西支部草章》、谷思慎辛亥革命时用过的手枪等实物，即为反清革命蓬勃发展之见证。

1917年，俄国爆发"十月革命"，"帮助了中国的先进分子，用无产阶级的宇宙观作为观察国家命运的工具，重新考虑自己的问题"。1918年，第一次世界大战结束。1919年，在处理善后问题的巴黎和会上，列强无视中国的正当诉求，将德国在山东的权益转交日本。北京政府外交失败的消息传回国内，举国哗然，随即爆发了声势浩大的五四爱国运动。5月7日，山西省城太原2000余大中学生在海子边中山公园集会，举行示威游行、请愿等活动，声援北京学生。此后，山西静乐人、学运领袖高君宇受北京学联委派，回山西指导学运工作。最终，迫于国内压力的北京政府并未在巴黎和会的合约上签字。

1920年春，曾参与发起组织北京大学马克思学说研究会的高君宇再次回到山西，在省立一中组织学习宣传社会主义青年小组。经过认真筹备，于1921年5月1日组建太原社会主义青年团，山西学联领袖王振翼当选为负责人，团员有贺昌、李毓棠、贺凯等人。暑期时，青年团还发动学生集资入股，创办晋华书社，专门推广进步书刊。山西博物院所藏中国共产党的第一份机关报——《向导》周报（馆藏有第31期、32期合刊），即为晋华书社力推的刊物。彭真后来回忆，“……当时有些人入党入团就是看《向导》受到的启发，以后山西建党就是靠《向导》”。1924年夏，根据北京区委指示，担任中共北京区委执行委员的高君宇回到山西，于当年夏秋之交在省立一中秘密组建中共太原支部，由李毓堂、傅懋恭（彭真）、纪廷梓组成干事会，李毓堂任书记，隶属北京区委领导。在推动山西学生运动发展及山西境内共产党的团、党组织建立过程中，高君宇发挥了重要的作用。山西博物院藏有一批高君宇写给石评梅的书信，从中可以窥探革命志士柔情与烦恼交织的另一面。

1925年，五卅惨案再一次引发全国性的反帝爱国运动。是时，山西党组织推动成立太原学生联合会，组织学生举行集会，声讨帝国主义罪行。之后，联络社会各界人士，组建太原市民沪案后援会，于6月10日组织学生罢课、商人罢市、群众集会，声援上海人民的反帝运动。6月25日，太原各界人士再次举行集会，为“五卅”烈士举行公祭，呼吁全省人民一起行动，抵制英日货，救国于危亡。见证过这一运动的稷山人杨友凤，20世纪60年代曾捐赠给当时的山西省博物馆一组文物，包括太原市民示威游行秩序单、山西学联对沪案（五卅惨案）的宣言、太原学联会募款启事和反英、反日宣传画等，真实再现了那段风起云涌的岁月。

1927年第一次国共合作破裂，山西地区党组织活动一度陷入低潮。1936年2月20日，为了在山西开辟新的根据地，推动建立抗日统一战线，中国共产党以“中国人民抗日先锋军”的名义开始东征。在晋绥军与中央军的合力围攻下，为保存抗日力量，东征红军于5月5日撤回黄河西岸。之后，面对日军及入晋中央军的双重压力，阎锡山重新审视与中国共产党的关系，并于当年10月18日批准成立山西牺牲救国同盟会（简称“牺盟会”），并自任会长。之后，肩负建立抗日统一战线任务的薄一波，以抗日活动家的身份回到山西，协助阎锡山改组牺盟会，仍由阎锡山任会长。薄一波则以常务秘书的身份主持实际工作，使之实际成为中国共产党领导下的抗日救亡团体。改组后的牺盟会承担了为山西地方培养军政干部的重任，并且广泛宣传抗日、唤醒民众爱国热情。七七事变后，经阎锡山同意，牺盟会于8月1日正式组建山西青年抗敌决死第一总队，创造了全民族统一抗日的典范。全面抗战爆发初期，牺盟会在宣传鼓动群众抗日、协助培训抗日军政人才、推动并巩固山西抗日民族统一战线等方面，做了大量工作。

七七事变后，作为华北战略要地的山西，成为日军攻取的重心之一。实现第二次国共合作后，中国工农红军改编为国民革命军第八路军，挺进山西，与国民党军队共同抗战。9月25日，八路军一一五师为配合友军阻滞日军的攻势，在平型关附近，对南下日军第5师第21旅一部发起一次山地伏击战，完成中国军队全面抗战以来的第一次大胜。11月8日，太原失守。正面战场的一系列失利，促使中国共产党将战略重心转向建立抗日根据地、开辟敌后游击战。11月15日，刘少奇代表中共中央北方局起草了《独立自主地领导华北抗日游击战争》的决定，要求华北各地武装积极发动群众、建立各级抗日组织及政权、领导抗日游击战争。进入山西的八路军第一一五师、一二〇师和一二九师，在党中央的统一部署下，先后建立了晋察冀、晋西北（晋绥）、晋冀豫、晋西南等抗日根据地，将山西打造成了抗战初期华北抗日的中心。

1938年，随着华中、华南大片国土的沦陷，抗日战线逐渐拉长，日军兵力捉襟见肘。随后，日本开始调整策略，对国民党政府采取“政治诱降为主、军事进攻为辅”的方针，集中主要兵力进攻共产党领导的抗日根据地。为拆散德日同盟，英美等西方国家也极力劝说国民党政府对日“妥协”。1938年12月，以汪精卫为首的国民党亲日派公开投降日本，以蒋介石为代表的国民党亲英美派开始推行消极抗日、积极反共的政策。阎锡山政权于1939年3月25日至4月22日在陕西省宜川县秋林镇召开了部署反共投敌的“秋林会议”，将矛头直指牺盟会及其领导的决死队，同年发动了进攻决死队及各抗日根据地的“十二月事变”。为保存民族力量、维护山西团结抗战的不易局面，中共中央采取和平谈判为主、武装自卫为辅的斗争策略，山西省委也发出《关于坚持山西抗战、克服危险倾向的宣言》，最终双方划定界限、达成共识、停止冲突。

抗战进入相持阶段后，中共中央确定“巩固华北、发展华中”的战略方针，作出放手发动群众、扩大抗日武装及根据地的部署。随后，八路军主力东进河北、河南、山东，广泛开展游击战争，努力扩大抗日根据地。同时，以山西为中心的各抗日根据地，则进入巩固与建设的新时期。针对抗日根据地蓬勃发展的情况，日军企图通过大规模的“扫荡”来阻止抗日运动的发展，确保各占领区的安全。与此相配合，日军还实施了由铁路、公路、据点、碉堡互相配合的“囚笼封锁”政策，妄图彻底摧毁各抗日根据地。1940年8~12月，为反击日军的“扫荡”和封锁，振奋全国军民的抗战信心，“达到克服困难、克服投降危险、争取时局好转的目的”，八路军向日军发起大规模积极主动的反击作战，即“百团大战”。此次作战，通过破坏日军在华北的各主要交通线、攻击深入根据地的各据点及反“扫荡”作战，粉碎了日军的封锁，动摇了日军在华北的统治。随后，日军推行“治安强化运动”，对华北各抗日根据地采取了更加残酷的“三光”政策，使根据地面临更加困难的局面。面对日军的步步“蚕食”，军事上，各根据地加强了抗日武装建设，全力开展反“扫荡”作战；政治上，建设基层民主政权，团结地主、小资产阶级、知识分子、伪政权份子等，巩固抗日民族统一战线；经济上，以农业为主，兼顾工业、商业、合作社、金融、财税，保障各根据地物质基础；文化上，中国共产党十分重视对根据地民众的宣传、教育工作，通过《抗战日报》《晋绥日报》《新华日报》《战场画报》《解放》《八路军军政杂志》《共产党人》《中国文化》等报刊，以及传单、宣传册、宣传画等，向广大军政干部及根据地百姓传播团结抗战、日军必败的思想，通过识字教育等形式提升根据地民众的整体素质，借以增强根据地自卫反击的信心、决心与能力。

在艰苦的抗战岁月里，涌现出一批又一批心怀家国、不怕牺牲、努力奋斗的仁人志士：对敌斗争中不幸牺牲的嘉康杰、康俊仁，善于制作石雷、炸药的“特等民兵英雄”尹茂官，机智、勇敢掩护群众成功转移的“母子杀敌英雄”王贵女、段满清，“太行一等杀敌英雄”刘兴喜，以及张五梅、温象拴、张志全等劳动英雄。另外，朝鲜义勇军华北支队、在华日本共产主义同盟等国际组织，也在中国共产党和八路军的领导下，积极投身抗击日本侵略者的战斗之中。历经万难、付出巨大牺牲后，中华民族最终实现抗日战争的伟大胜利。以山西为中心的敌后各根据地，为华北抗战和全国抗战作出了不可磨灭的贡献！

抗战胜利后，国民党政府在美国的支持下，争分夺秒抢夺胜利果实。山西方面，阎锡山派遣第七集团军总司令赵承绶进入太原，第六集团军总司令王靖国率部进占临汾和运城，并派第十九军军长史泽波率部在8月下旬从临汾、浮山、翼城到上党地区，夺占八路军已经收复的潞城和襄垣，从日伪军手中接收正被八路军围攻的长治等4城。面对国民党军队的屡屡挑衅，尤其是上党地区（指山西东南部太行山、太岳山、中条山之间的一块盆地，包括长治、长子、屯留、壶关、潞城、襄垣等6县）处于中国共产党太行、太岳两块根据地之间，被国民党占领，如同在晋冀鲁豫边区心脏部位插了一把利刃，共产党已经退无可退。于是，在晋冀鲁豫军区司令员刘伯承和政委邓小平领导下，太行、太岳、冀南三地主力部队在地方武装的配合下，不仅先后攻克被抢占的襄垣、屯留、潞城、壶关、长子、长治等地，还将增援而来的阎军彭毓斌部消灭。上党战役的胜利，打退了来犯之敌，以实际行动保卫了革命果实。同时，各解放区一方面通过各种形式广泛宣传停止内战、和平建国理念，一方面开展减租减息、反奸清算运动，还在各解放区掀起杀敌、翻身、生产三大运动，以增强自身实力、应对紧张局势。1946年12月2~21日，在长治召开的太行区第二届群英大会，就是在这样的背景之下召开的一次展示解放区建设成果、动员民众坚持斗争、提升解放区军民斗争信心的会议。山西博物院所藏太行二届群英会的相关藏品，就是对这段岁月众多细节的真实记录。

内战全面爆发后，国内阶级矛盾成为主要矛盾，消灭封建土地制度、彻底解决农民土地问题，成为放手发动群众、调动农民积极性的重点工作。1946年5月4日，中共中央发出《中共中央关于清算减租及土地问题的指示》（简称“五四指示”），就已明确提出“解决解放区的土地问题是……目前一切工作的最基本环节”。1947年9月，在西柏坡召开的全国土地会议通过《中国土地法大纲》，山西境内各解放区掀起了轰轰烈烈的土改运动。在进行土地改革的同时，各解放区还积极开展政权建设、政治建设和人民军队建设，努力增产节约、保证战争供给，加强农、工、商、金融、交通、文教等行业的恢复与发展。经过各地军民的艰苦奋斗，解放区的各项事业日益好转，人民解放战争即将迎来战略反攻。

1947年下半年开始，解放军在山西境内先后发动运城战役、临汾战役和晋中战役，解放了晋南全部地区和除太原外的整个晋中地区，太原陷入人民解放军的重重包围。从1948年10月5日到1949年4月24日，历时六个多月，解放军胜利解放太原。1948年12月30日，为配合解放军解放太原，在榆次成立了中共太原市委，赖若愚任书记。1949年3月1日，成立了太原市政府，裴丽生任市长。太原解放当天，中共太原市委和太原市政府迁入太原办公，同时成立太原市军事管制委员会，徐向前任主任。太原市军管会在过渡期间，为维护太原稳定作出了重要贡献。5月1日，国民党大同守军投降，山西全境解放。9月1日，山西省党、政领导机关相继成立。1950年初，太原市军管会结束使命，退出历史舞台。

在解放山西的进程中，山西人民不怕牺牲、勇于奉献，在多条战线踊跃支援人民解放军：少年英杰刘胡兰、尹灵芝，巾帼不让须眉；农会干部李罗成，英勇不屈而献身；进步青年刘鑫，于险境搜集情报，不幸被捕牺牲；劳动英雄李顺达，生产作战两不误。

千千万万的三晋儿女，或亲赴前线作战，或留在后方支援，都用自己的实际行动，为争取人民革命的最后胜利而努力奉献。正是他们，铸就了铁血铮铮的太行精神、吕梁精神，成为至今都在激励我们前行的宝贵财富。

成　凯

2020年10月

目录

冀南銀行貸款保証書
立保証書人
今保証
向
貴行借得
保証人對上項
借款願無條件担負保証償還責任在借款未獲得清
償以前並願遵守銀行貸款條款
保証人
民國
年
月
日
冀南銀行
貸款契約
立契約人
住址
經
以信作用担保借到
冀南銀行國幣
元整月息
內分
期本息還清恐後無憑立契約為証在借款未清
償前並願遵守銀行貸款條例
借款人
保証人
民國
年
月
日

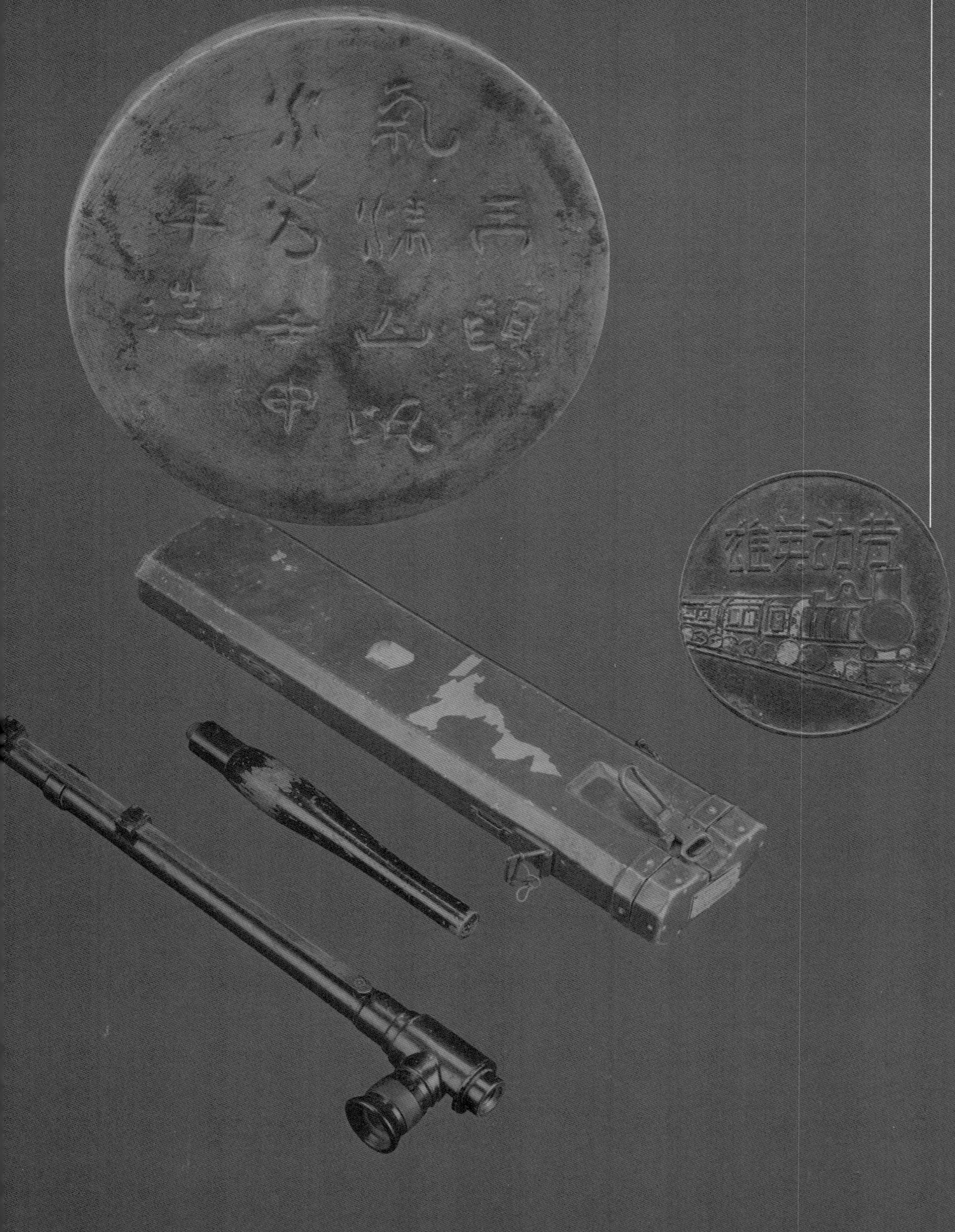

近现代文物卷·图版

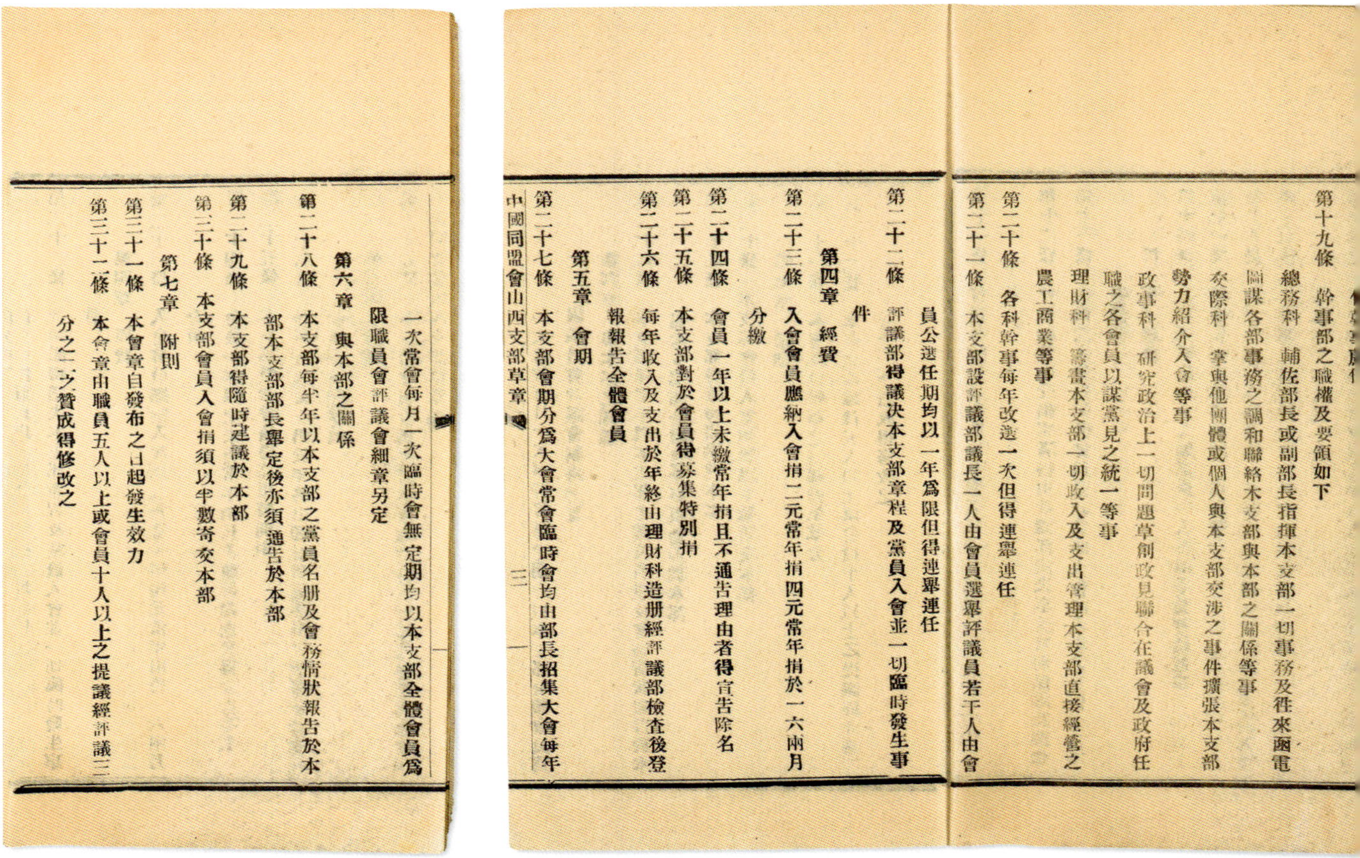

第十九條　幹事部之職權及要領如下
總務科　輔佐部長或副部長指揮本支部一切事務及往來函電圖謀各部事務之調和聯絡本支部與本部之關係等事
交際科　掌與他團體或個人與本支部交涉之事件擴張本支部勢力紹介入會等事
政事科　研究政治上一切問題草創政見聯合在議會及政府任職之各會員以謀黨見之統一等事
理財科　籌畫本支部一切收入及支出管理本支部直接經營之農工商業等事
第二十條　各科幹事每年改選一次但得連舉連任
第二十一條　本支部設評議部議長一人由會員選舉評議員若干人由會員公選任期均以一年爲限但得連舉連任
第二十二條　評議部得議決本支部章程及黨員入會並一切臨時發生事件
第四章　經費
第二十三條　入會會員應納入會捐二元常年捐四元常年捐於一六兩月分繳
第二十四條　會員一年以上未繳常年捐且不通告理由者得宣告除名
第二十五條　本支部對於會員得募集特別捐
第二十六條　每年收入及支出於年終由理財科造册經評議部檢查後登報報告全體會員
第五章　會期
第二十七條　本支部會期分爲大會常會臨時會均由部長招集大會每年一次常會每月一次臨時會無定期均以本支部全體會員爲限職員會評議會細章另定
中國同盟會山西支部草章　三
第六章　與本部之關係
第二十八條　本支部每半年以本支部之黨員名册及會務情狀報告於本部本支部部長舉定後亦須通告於本部
第二十九條　本支部得隨時建議於本部
第三十條　本支部會員入會捐須以半數寄交本部
第七章　附則
第三十一條　本會章自發布之日起發生效力
第三十二條　本會章由職員五人以上或會員十人以上之提議經評議三分之二之贊成得修改之

中国同盟会山西支部草章

1912 年 5 月
纵 24.8 厘米，横 14.2 厘米
1964 年山西财经学院捐赠

草章共7页32条，详细规定了本支部的宗旨、政纲、入会条件、履行的职责等内容。

1905年，孙中山领导的中国同盟会在日本正式成立。不久，留日山西籍学生谷思慎、王用宾等人成立“中国同盟会山西支部”，总干事为谷思慎，开始领导山西的革命活动。

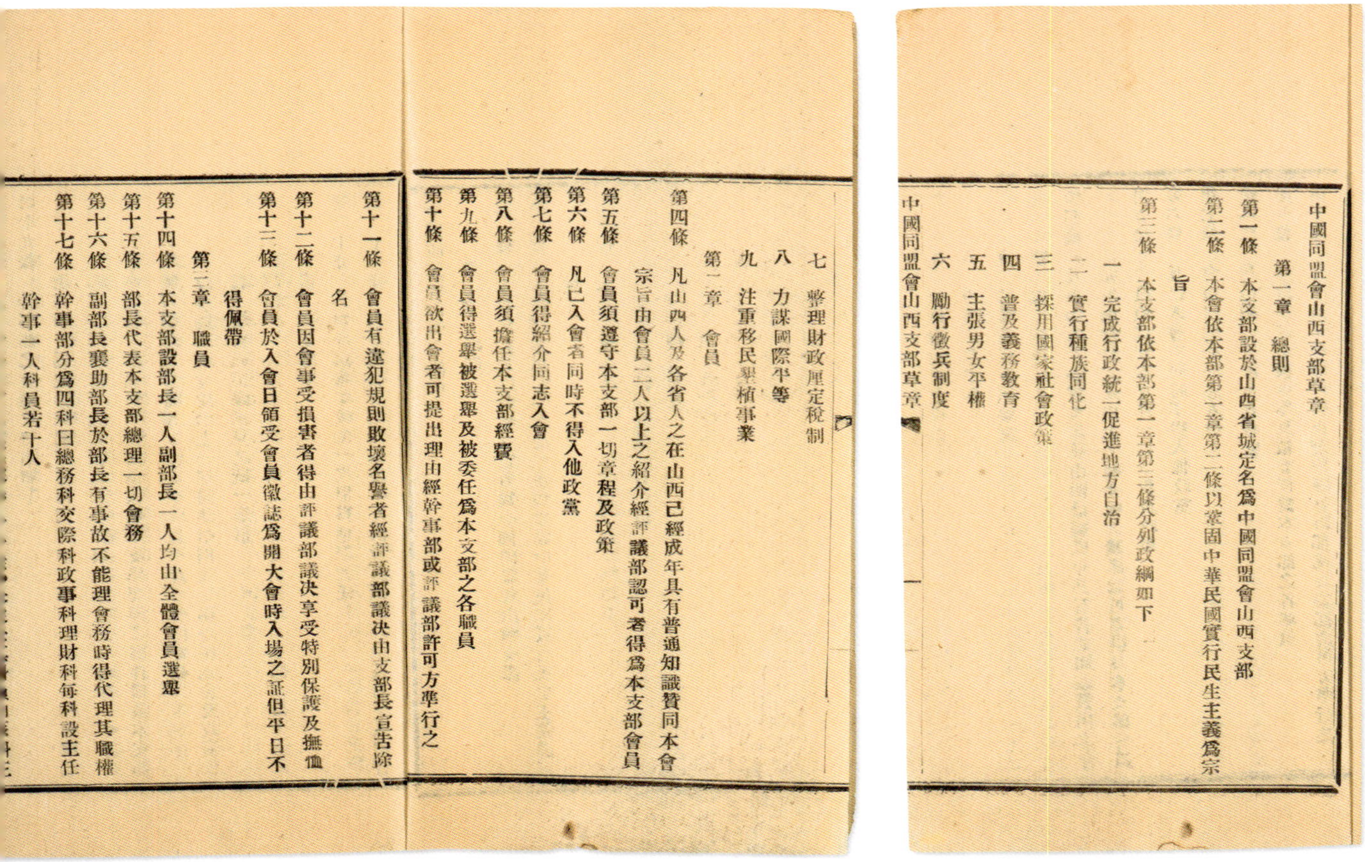

中國同盟會山西支部草章

第一章　總則

第一條　本支部設於山西省城定名爲中國同盟會山西支部

第二條　本會依本部第一章第二條以鞏固中華民國實行民生主義爲宗旨

第三條　本支部依本部第一章第三條分列政綱如下

一　完成行政統一促進地方自治

二　實行種族同化

三　採用國家社會政策

四　普及義務教育

五　主張男女平權

六　勵行徵兵制度

中國同盟會山西支部草章　一

七　整理財政釐定稅制

八　力謀國際平等

九　注重移民墾植事業

第二章　會員

第四條　凡山西人及各省人之在山西已經成年具有普通知識贊同本會宗旨由會員二人以上之紹介經評議部認可者得爲本支部會員

第五條　會員須遵守本支部一切章程及政策

第六條　凡已入會者同時不得入他政黨

第七條　會員得紹介同志入會

第八條　會員須擔任本支部經費

第九條　會員得選舉被選舉及被委任爲本支部之各職員

第十條　會員欲出會者可提出理由經幹事部或評議部許可方準行之

第十一條　會員有違犯規則敗壞名譽者經評議部議決由支部長宣告除名

第十二條　會員因會事受損害者得由評議部議決享受特別保護及撫恤

第十三條　會員於入會日領受會員徽誌爲開大會時入場之証但平日不得佩帶

第三章　職員

第十四條　本支部設部長一人副部長一人均由全體會員選舉

第十五條　部長代表本支部總理一切會務

第十六條　副部長襄助部長於部長有事故不能理會務時得代理其職權

第十七條　幹事部分爲四科曰總務科交際科政事科理財科每科設主任幹事一人科員若干人

谷思慎用过的手枪

辛亥革命时期
最长 15.5 厘米，最宽 9.8 厘米
谷辰生捐赠

此手枪为谷思慎在辛亥革命时所用之左轮手枪。

谷思慎（1881~1945年），字仲言，山西神池人。1904年赴日留学，就读于明治大学政法科。1905年加入中国同盟会，任执行部调查科负责人兼陕西省主盟人。1906年受命回国参加革命。1937年遭日军囚禁，在日军进犯西北时中途逃脱，为八路军一二〇师所救。1941年当选为晋绥边区临时参议会参议员。1945年病逝。

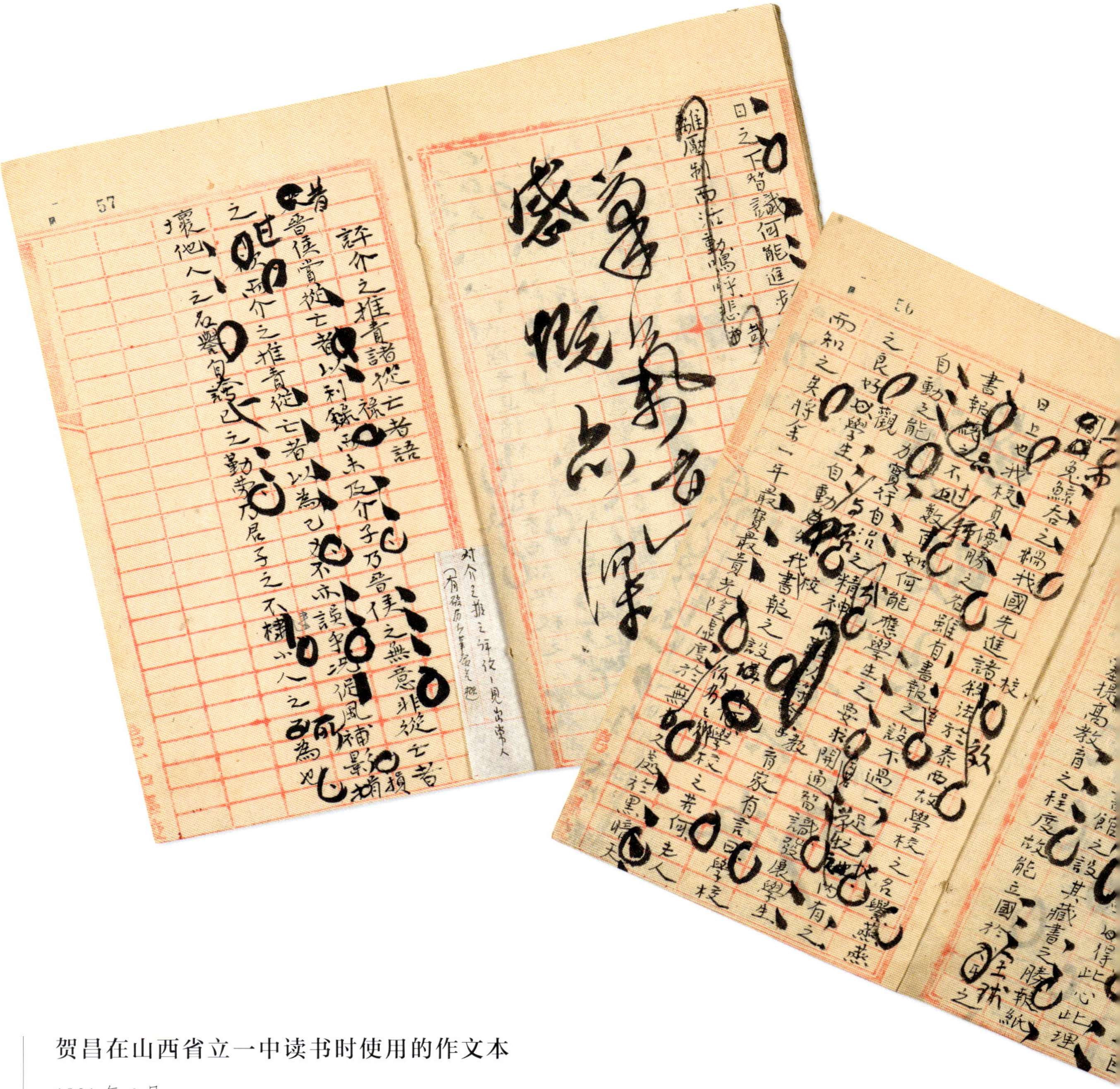

贺昌在山西省立一中读书时使用的作文本

1921 年 6 月
纵 24.3 厘米，横 14.3 厘米
1972 年山西省柳林县征集

此作文本为贺昌在山西省立一中时使用，内有两篇文章。第一篇为《一年来之回顾》，主要表达了省立一中图书馆因图书报刊较为缺乏而导致无法“开通学生之智识、发展学生自动之能力、实行自治之精神”的担忧。文章后有老师批语“笔气豪放，感慨亦深”。第二篇《评介之推责诸从亡者语》，表达了不同于常人的观点。两篇文章均体现了青年贺昌“应社会之要求、作中坚之人物”的远大理想。

贺昌（1906~1935年），原名贺颖，又名贺其颖，山西柳林人。1920年春考入山西省立第一中学，开始接触马列主义。1921年5月，成为新成立的太原社会主义青年团第一批团员，开始从事革命运动。1923年，由青年团员转为中国共产党党员。1935年，在中央苏区对国民党第五次反围剿战斗中，于江西会昌附近壮烈牺牲。

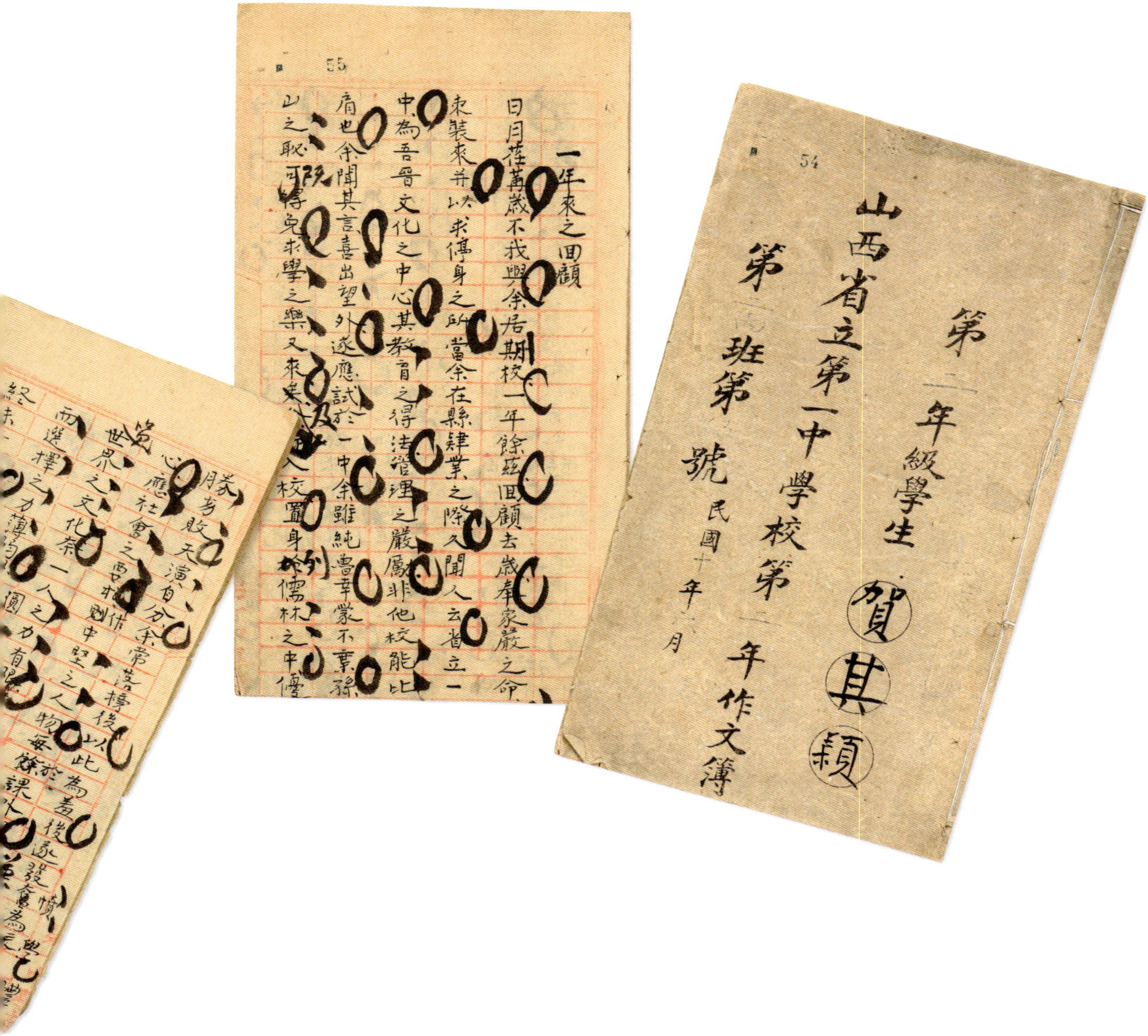
山西省立第一中學校
賀其穎
作文簿
一年來之回顧

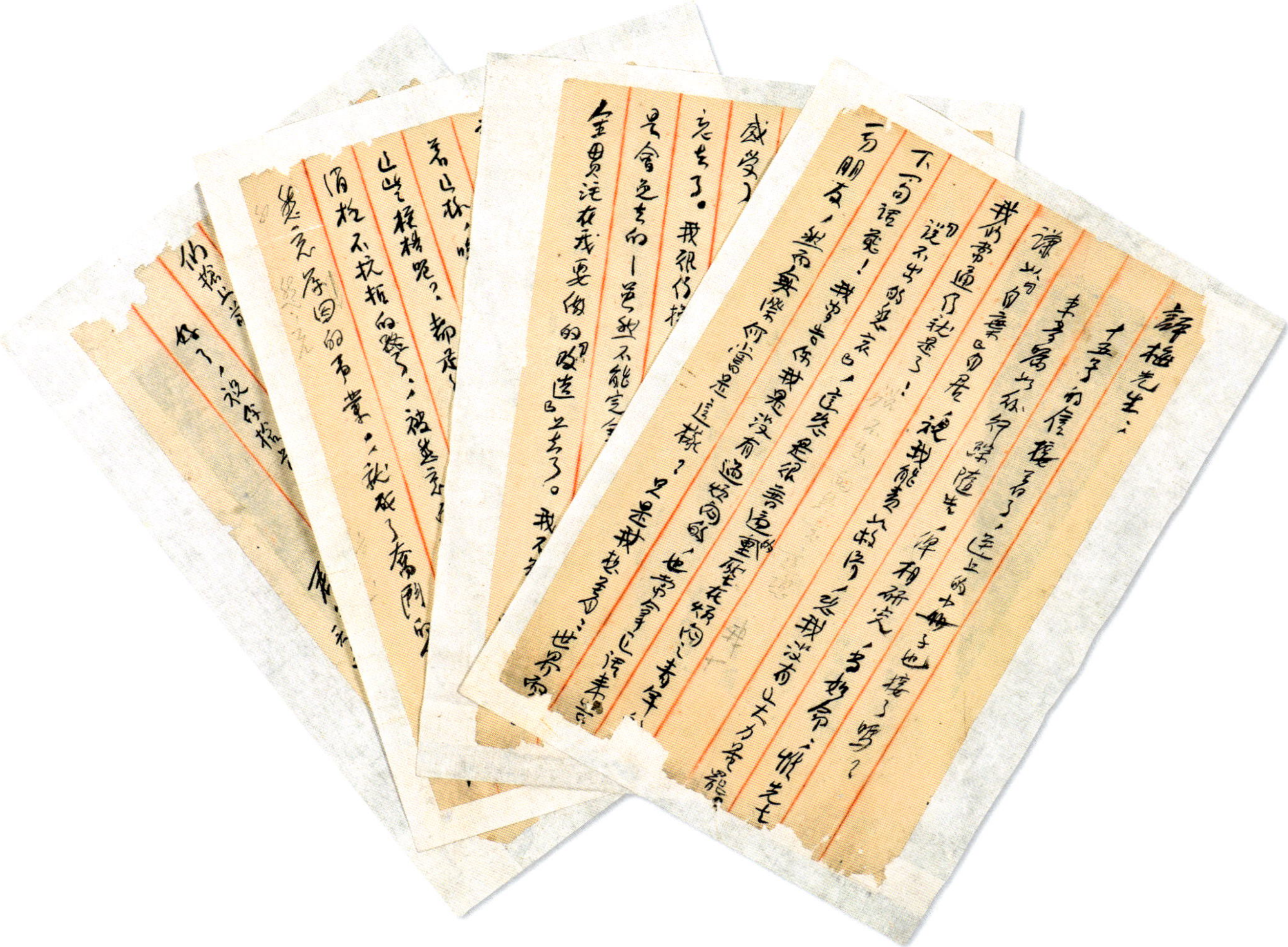

高君宇给石评梅的信

1923 年 4 月 16 日
纵 26.5 厘米，横 16.6 厘米
1965 年苏庆祥捐赠

从内容看，此信为高君宇初识石评梅时所写，表达了自己对旧世界的失望和勇于承担改造旧世界责任的决心。

高君宇（1896~1925年），原名高尚德，字惕三，山西静乐人。中国共产党早期著名活动家、理论家，中共北方党团组织的主要负责人和山西党团组织的创始人。1919年参加五四爱国运动，学生领袖之一。

石评梅（1902~1928年），山西平定人。原名石汝璧，因爱梅花的高洁，常以“评梅”为名。她是20年代著名的进步作家，与吕碧成、张爱玲、萧红并称“民国四大才女”。

1920 年，高君宇与石评梅在北京相识于山西会馆，两人从此建立书信联系。高君宇为革命事业日夜奔命，积劳成疾，于1925年病逝，年仅29岁。三年后，石评梅因积郁成疾离世。好友遵其遗愿，将她安葬在北京陶然亭公园内的高君宇墓旁。

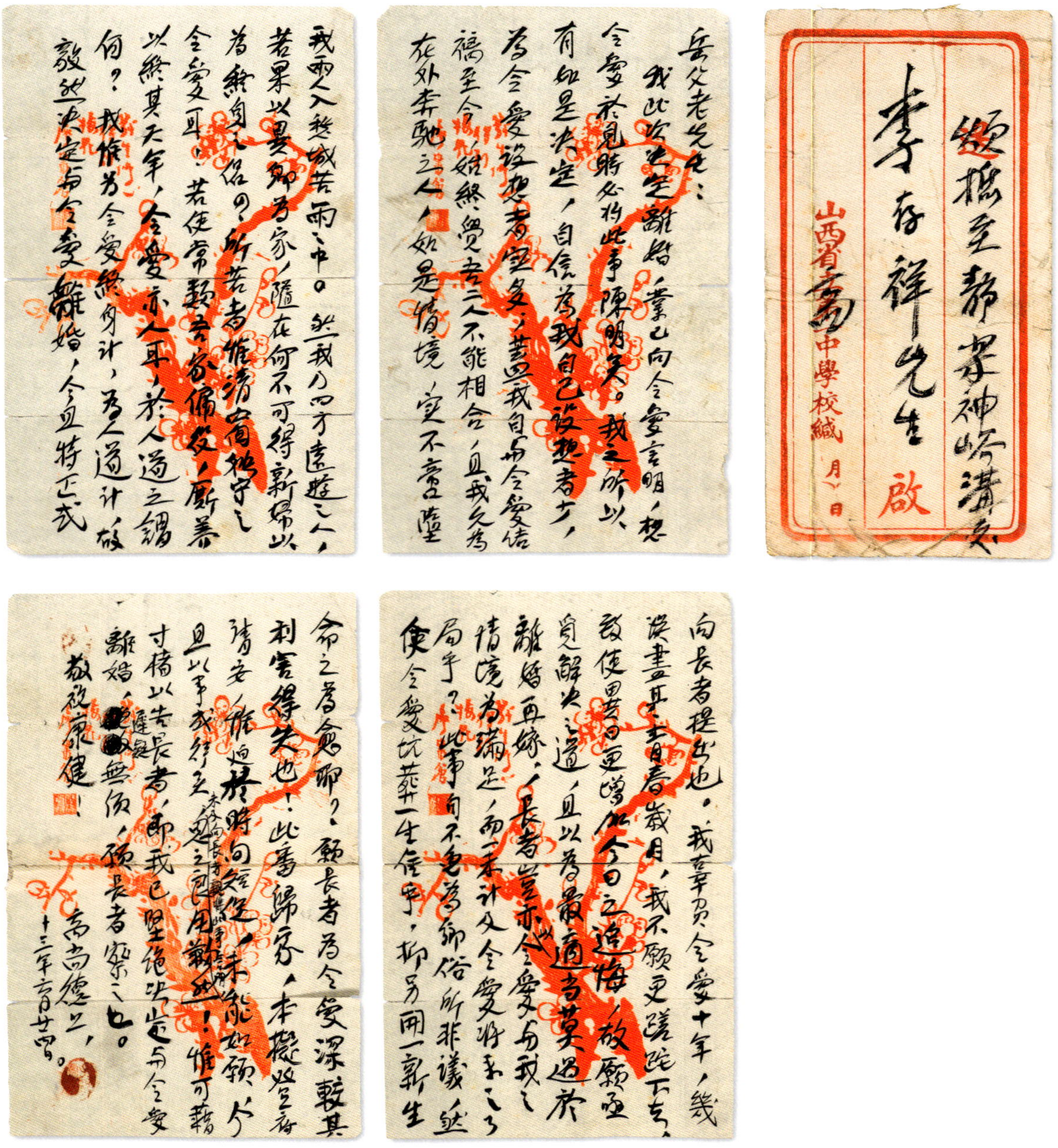

高君宇给岳父李存祥的信

1924 年 6 月 24 日

纵 25 厘米，横 15.5 厘米

1958 年征集

1910年，依照由家长包办婚姻的封建习俗，高君宇曾与本县神峪沟村李存祥之女李寒心结婚。后高君宇曾多次抗议，由于家庭阻拦，此事未能解决。1924年5月，他受李大钊同志委托回山西进行革命活动时，顺便回家意欲坚决解除包办婚姻的束缚。这封给岳父李存祥的信就是为此而写，内容为高君宇根据自身处境站在对方角度、设身处地地向岳父剖析自己与李寒心之不合之处，并表明离婚的决心。

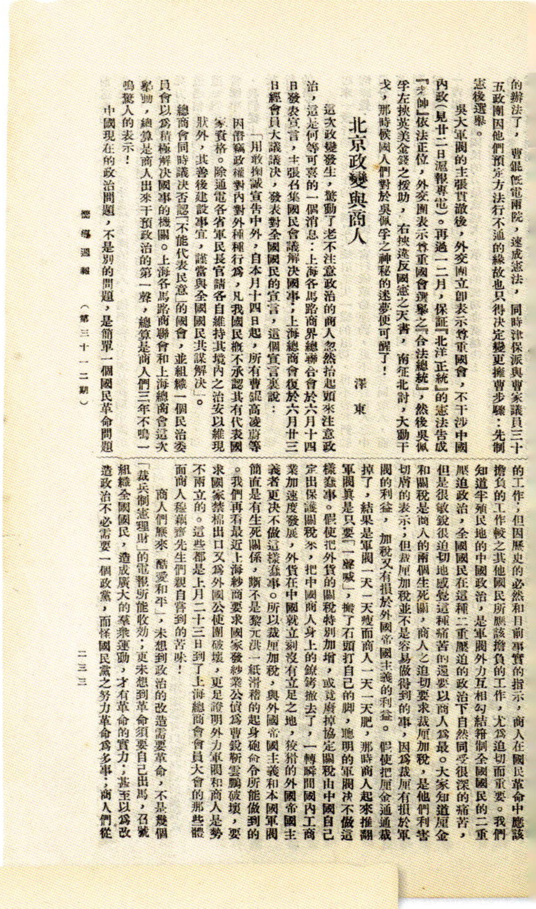

的辦法了，曹錕既電兩院，速議憲法，同時津保派與曹家議員三十五政團因他們預定方法行不通的緣故也只得決定變更程序：先制憲後選舉。

與大軍閥的主張貫徹後，外交團立即表示尊重國會，不干涉中國內政（見廿二日滬報專電）。再過一二月，保証「北洋正統」的憲法告成，『老帥』依法正位，外交團表示尊重國會選舉之『合法總統』，然後與佩孚去換英美金錢之援助，右挾違反國憲之天書，南征北討，大動干戈，那時候國人們對於吳佩孚之神秘的迷夢便可醒了！

北京政變與商人

澤東

這次政變發生，驚動了老不注意政治的商人忽然抬起頭來注意政治，這是何等可喜的一個消息：上海各馬路商界總聯合會於六月十四日發表宣言，主張召集國民會議解決國事，上海總商會復於六月廿三日經會員大會議決，發表對全國國民的宣言，這個宣言裏說：

「用敢掬誠宣告中外，自本月十四日起，所有曹錕高凌霨等因借竊政權對內對外種種行爲，凡我國民概不承認其有代表國家資格。除通電各省軍民長官請各自維持其境內之治安以維現狀外，其善後建設事宜，謹當與全國國民共謀解決。」

總商會同時議決否認『不能代表民意』的國會，並組織一個民治委員會以爲積極解決國事的機關。上海各馬路聯合會和上海總商會這次舉動，總算是商人出來干預政治的第一聲，總算是商人們三年不鳴一鳴驚人的表示！

中國現在的政治問題，不是別的問題，是簡單一個國民革命問題的工作，但照歷史的必然和目前事實的指示，商人在國民革命中應該擔負的工作較之其他國民所應該擔負的工作，尤爲迫切而重要。我們知道半殖民地的中國政治，是軍閥外力互相勾結箝制全國國民的二重壓迫政治，全國國民在這種二重壓迫的政治之下自然同受很深的痛苦，但是很敏銳的感覺這種痛苦而迫切要求解放的，又以商人爲最。大家知道厘金和關稅是商人的兩個生死關頭，商人之迫切要求裁厘加稅，是他們利害切膚的表示，但裁厘加稅並不是容易辦得到的事，因爲裁厘有損於軍閥的利益，加稅又有損於外國帝國主義的利益。假使把厘金通通裁掉了，結果是軍閥『一天一天瘦而商人一天一天肥』，那時商人起來推翻軍閥真是只要『一聲喊』，擲了石頭打自己的脚，聰明的軍閥決不做這樣蠢事。假使把外貨的關稅特別加增，或竟辦保護關稅政策，由中國自己定出保護關稅率，把中國商人身上的鐐銬撤去了，一轉瞬間國內工商業加速度發展，外貨在中國就立刻沒有立足之地，故辦保護關稅，與外國帝國主義者更決不做這樣蠢事。所以裁厘加稅，與外國帝國主義和本國軍閥簡直是有生死關係，斷不是黎元洪一紙滑稽的起身確命所能做到的。我們再看最近上海紗商要求國家發紗業公債爲曹錕吳佩孚所破壞，要求國家禁棉出口又爲外國公使團破壞，更足證明外力軍閥和商人是勢不兩立的。這些都是上月二三日到了上海總商會會員大會的那些體面商人穆藕齋先生們親自嘗到的苦味。

商人們歷來『酷愛和平』，未想到政治的改造需要革命，不是幾個『裁兵制憲理財』的電報所能收效，更未想到革命須要自己出馬，召號組織全國國民，造成廣大的革命羣衆運動，才有革命的實力；甚至以爲改造政治不必需要一個政黨，而怪國民黨之努力革命爲多事，商人們從

嚮導週報　（第三十一二期）　二三三

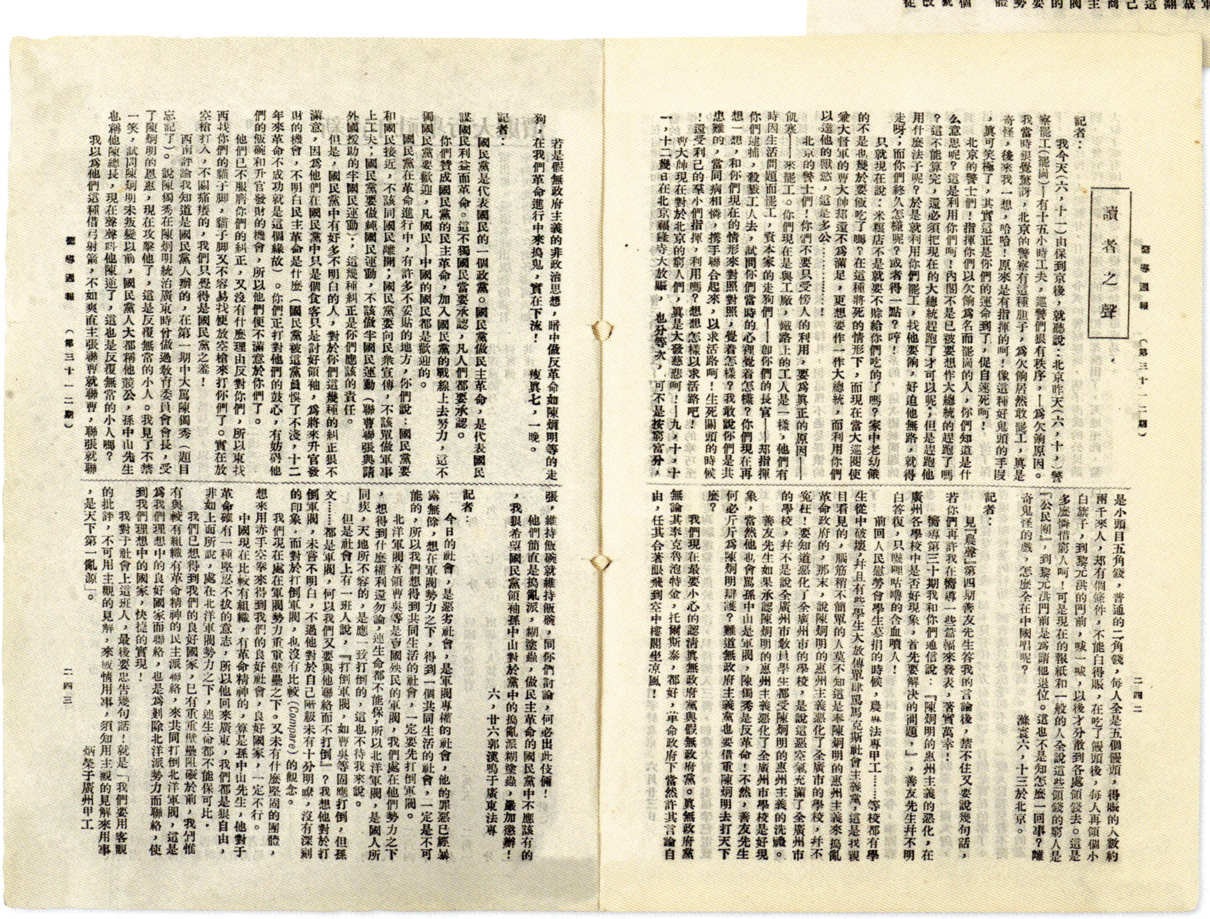

嚮導週報　（第三十一二期）

讀者之聲

記者：

我今天（六，十二）由保到京後，就聽說：北京昨天（六，十，）警察罷工（罷崗）——有十五小時工夫，巡警們狠有秩序，——爲欠餉原因。我當時狠覺驚訝，北京的警察有這種胆子，爲欠餉居然敢罷工，真是奇怪，後來我一想，哈哈！原來是有指揮的呵！像這種好鬼頭的手段，真可笑極了，其實這正是你們的運命到了，促自速死呵！

北京的警士們！指揮你們以欠餉爲名而罷崗的人，你們知道是什麼意思呢？這是利用你們呵！內閣不是已被要想作大總統的趕跑了嗎？這不能算完，還必須把現在的大總統趕跑了才可以呢；但是趕跑他用什麼法子呢？於是就利用你們罷工，找他要餉，好迫他無路，就得走呀；而你們終久怎樣呢？或者得一點？哼！

只就現在說：米糧店不是就要不賒給你們吃的了嗎？家中老幼儀的不是也幾於要餓吃了嗎？在這種將死的情形下，而現在當大巡閱使兼大督軍的曹大帥郑還不爲滿足，更想要作一作大總統，而利用你們以遂他的獸慾，這是多公……………！

北京的警士們！你們不要只受傍人的利用，要爲真正的原因——飢寒——來罷工。你們現在是與工廠，鐵路上的工人是一樣，他們有時因生活問題而罷工，資本家的走狗們——即你們的長官——郑指揮你們逮捕，殺戮工人去，試問你們當時的心裡覺着怎樣？你們現在再想一想，和你們現在的情形來對照對照，覺着怎樣？我敢說你們是共患難的，當同病相憐，携手聯合起來，以求活路呵！生死關頭的時候！還受利己的羣小們指揮，利用嗎？想想怎樣以求活路吧！

曹大帥現在對於北京的窮人們，真是大發慈悲呵！——九，十，十一，十二幾日在北京福隆寺大放賑，也分等次，可不是按窮富分，是小頭目五角錢，普通的二角錢，每人全是五個饅頭，得賑的人數約兩千來人，郑有個條件，不能白得賑，在吃了饅頭後，每人再領個小白旗子，到黎元洪的門前，喊一喊，以後才分散到各處領錢去。這是多麼憐惜窮人呵！可是現在的報紙和一般的人全說這些領錢的人是『公民團』，到黎元洪門前是爲請他退位。這也不是知怎麼一回事？離奇鬼怪的戲，怎麼全在中國唱呢？

滌寰六，十三於北京。

記者：

見『農聲』第四期善友先生答我的言論後，禁不住又要說幾句話，若你們再許我在嚮導一些篇幅來發表，著實萬幸！

嚮導第三十期我和你們通信說：『陳炯明的惠州主義的惡化，在廣州各學校中是否好現象，首先要解決的問題，』，善友先生並不明白答復，只嘰哩咕嚕的含血噴人！

前回人民慰勞會學生募捐的時候，農業法專甲工……等校都有學生從中破壞，幷且有些學生大放傳單肆罵馬克斯社會主義黨，這是我親目看見的，腦筋稍不簡單的人莫不知道是奉陳炯明的惠州主義的革命政府的，那末，說陳炯明的惠州主義惡化了全廣州市的學校，幷不冤枉！要知道惡化了全廣州市的學校，是說這惡空氣充滿了全廣州市的學校，幷不是說全廣州市教員學生都受陳炯明的惠州主義的洗禮。善友先生如果承認陳炯明的惠州主義惡化了全廣州市學校是好現象，當然他也會罵孫中山是軍閥，陳獨秀是反革命！不然，善友先生何必斤斤爲陳炯明辯護？難道無政府主義黨也要借重陳炯明去打天下麼？

我們現在最要小心的認清真無政府黨與假無政府黨。真無政府黨無論其李克魯泡特金，托爾斯泰，都好，革命政府下當然許其言論自由，任其合著眼飛到空中樓閣坐涼風！

二四二

若是假無政府主義的非政治思想，暗中做反革命如陳炯明等的走狗，在我們革命進行中來搗鬼，實在下流！　瘦真七，一晚。

記者：

國民黨是代表國民的一個政黨。國民黨做民主革命，是代表國民謀國民利益而革命。這不獨國民黨要承認，凡人們都要承認。

你們贊成國民黨的民主革命，加入國民黨的戰線上去努力，這不獨國民黨要歡迎，凡國民——中國的國民都是歡迎的。

國民黨在革命進行中，有許多不妥貼的地方，你們說：國民黨要和國民接近，不該同國民離開；國民黨要向民衆宣傳，不該單做軍事上工夫；國民黨要做純國民運動，不該做半國民運動（聯曹聯張與請外國援助的半國民運動），這幾種糾正是你們應該的責任。

但是，國民黨中有好多不明白的人，對於你們這幾種的糾正狠不滿意，因爲他們在國民黨中只是個食客只是討好領袖，爲將來升官發財的機會，不明白民主革命是什麼（國民黨被這黨員悞了不淺，十二年來革命不成功就是這個緣故）。你們正打對他們的鼓心，有妨碍他們的飯碗和升官發財的機會，所以他們便不滿意於你們了。

他們已不服膺你們的糾正，又沒有什麼理由反對你們，所以東找西找你們的貓子脚，貓子脚又不容易找便放空槍來打你們了。實在放空槍打入，不關痛癢的，我們只覺得是國民黨之羞！

西南評論我知道是國民黨人辦的，在第一期中大罵陳獨秀（題目忘記了）。說陳獨秀在陳炯明統治廣東時曾做過教育委員會會長，受了陳炯明的恩惠，現在攻擊他了，這是反覆無常的小人。我見了不禁一笑，試問陳炯明未叛變以前，國民黨人大都稱他競公，孫中山先生也稱他陳總長，現在聲聲叫他陳逆了，這也是反覆無常的小人嗎？

我以爲他們這種借弓射箭，不如爽直主張聯曹就聯曹，聯張就聯張，維持飯碗就維持飯碗，同你們討論，何必出此伎倆！

他們簡直是搗亂派，糊塗蟲，做民主革命的國民黨中不應該有的，我狠希望國民黨領袖孫中山對於黨中的搗亂派糊塗蟲，嚴加懲辦！

六，廿六郭漢鳴于廣東法專

記者：

今日的社會，是惡劣社會，是軍閥專權的社會，他的罪惡已經暴露無餘，想在軍閥勢力之下，得到一個共同生活的社會，一定是不可能的，所以我們想得到共同生活的社會，一定要先打倒軍閥。

北洋軍閥首領曹吳等是曾國殃民的軍閥，我們處在他們勢力之下，想得到什麼權利還勿論，連生命都不能保，所以北洋軍閥，是國人所同疾，天地所不容的，是應一致打倒的，這也不待我來說。

但是社會上有一班人說，『打倒軍閥，如曹吳等固應打倒，但孫文……都是軍閥，何以我們又要與他聯絡而不打倒』？我想他們對於打倒軍閥，未嘗不明白，不過他對於自己階級未有十分明瞭，沒有深刻的印象，而對於打倒軍閥，也沒有比較（Compare）的觀念。

我們現在處在軍閥勢力重重壁壘之下。又未有什麼堅固的團體，想來用赤手空拳來得到我們的良好社會，良好國家，一定不行。

中國現在比較有組織，有革命精神的，算是孫中山先生，他對於革命確有一種堅忍不拔的意志，所以他回來廣東，我們都是狠自由，非如上面所說，處在北洋軍閥勢力之下，連生命都不能保可比。

我們已想得到我們的良好國家，已有重重壁壘阻礙於前，我們惟有與較有組織有革命精神的民主派聯絡，來共同打倒北洋軍閥，這是爲我們理想中的良好國家而聯絡，也是爲剷除北洋派勢力而聯絡，使到我們理想中的國家，快提的實現！

我對于社會上這班人，最後要忠告幾句話！就是「我們要用客觀的批評，不可用主觀的見解，來感情用事，須知用主觀的見解來用事，是天下第一亂源」。

炳榮于廣州甲工

嚮導週報　（第三十一二期）　二四三

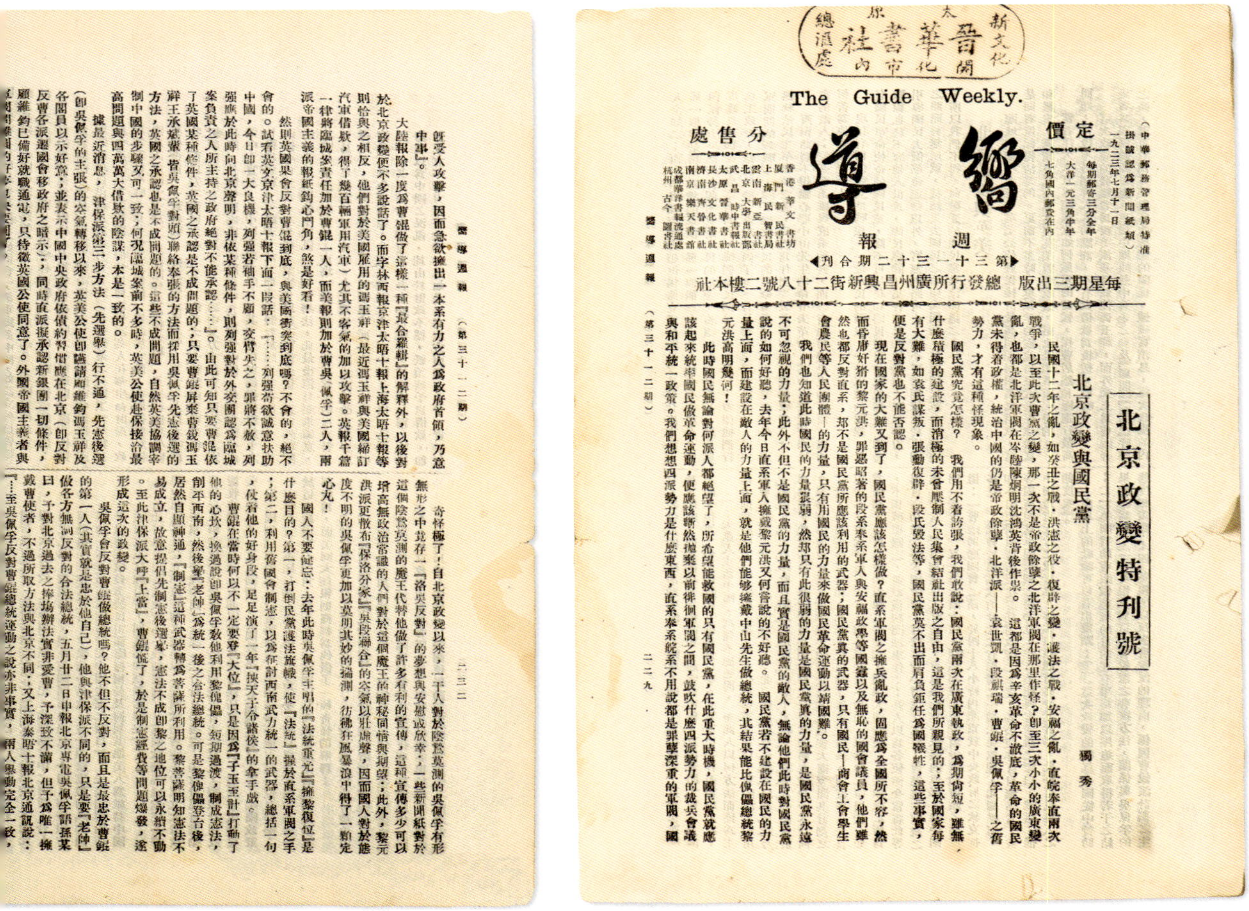
新文化 太原 晉華書社 開化市內 總派處

The Guide Weekly.

嚮導 週報

第三十一三十二期合刊

每星期三出版 總發行所廣州昌興新街二十八號二樓本社

北京政變特刊號

北京政變與國民黨 獨秀

《向导》周报（第31、32期合刊）

1923年7月11日

纵26.8厘米，横19.2厘米

1976年国家文物局拨交

《向导》周报第31期、32期合订本，杂志封面上钤有“晋华书社”印章。

《向导》周报，是中国共产党中央委员会公开出版的第一份机关报，于1922年9月23日在上海创刊，到1927年被迫停刊，共出版了201期，是中国共产党早期党报、党刊中出版时间最长的报刊。

晋华书社是1921年经高君宇建议、由太原社会主义青年团成员集资筹办，以推销进步书刊、传播马列主义学说、推广新文化为宗旨的进步团体。地址在太原市开化寺北厅，后移至桥头街，在青年中影响很大。彭真（时为晋华书社成员）回忆：“党中央、团中央出的《向导》等刊物，在山西宣传共产主义思想起了很大作用，当时有些人入党入团就是看《向导》受到的启发。以后山西建党就是靠《向导》……扩大政治影响。”

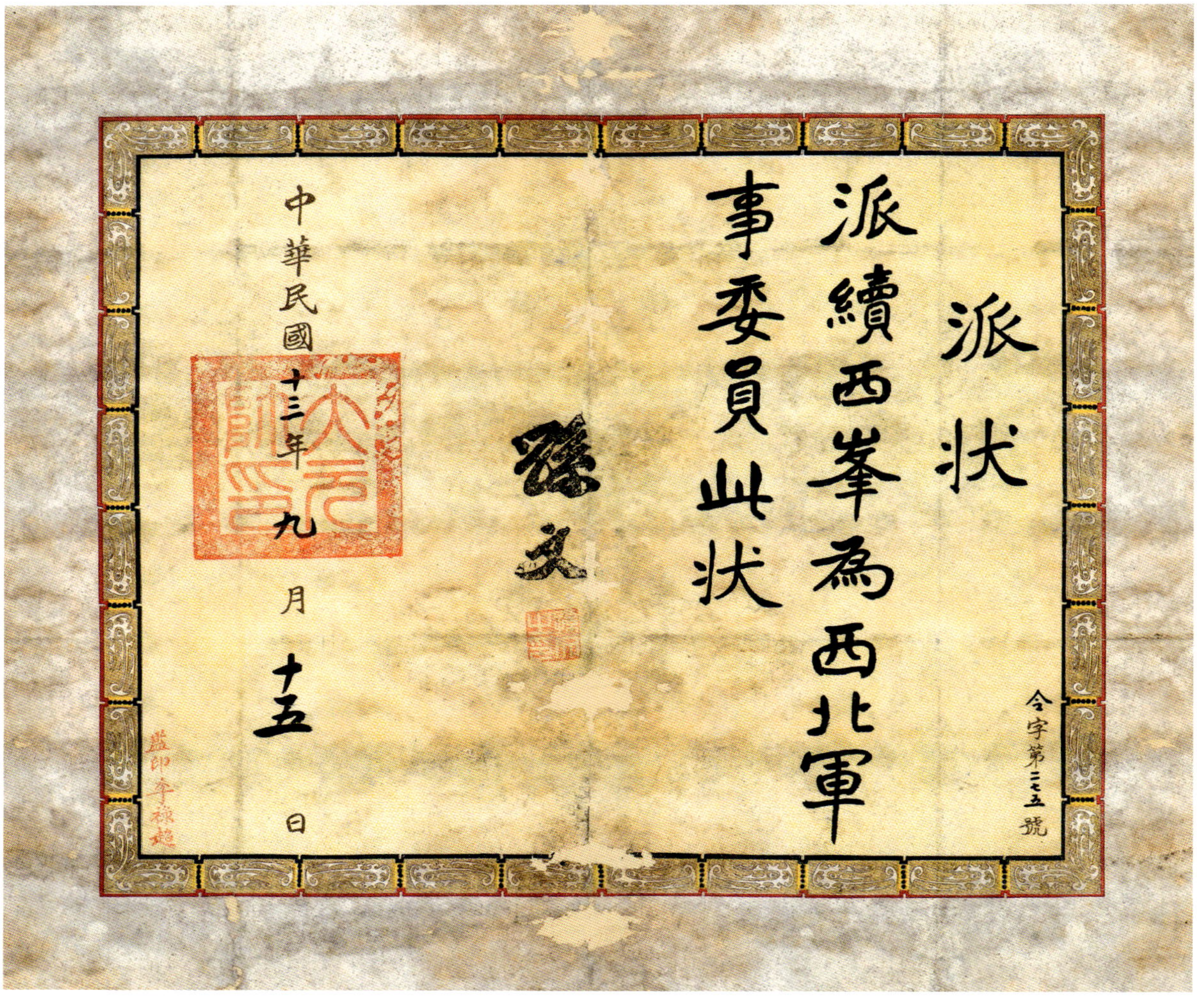
派狀
派續西峯為西北軍事委員此狀
孫文
中華民國十三年九月十五日
令字第二七五號
監印李祿超

续西峰为西北军事委员的派状

1924 年 9 月 15 日
纵 42.4 厘米，横 50 厘米
1962 年山西省原平县征集

此委任状为1924年第二次直奉战争期间，孙中山颁发给续西峰的“西北军事委员”派状。

续西峰（1880~1926年），名桐溪，字西峰，山西崞县（今山西原平市）西社村人。1902年入山西大学西斋学习。1905年同盟会成立后，致函东京友人代为申请加入同盟会。辛亥革命太原起义后，组织成立忻代宁公团，率团与清军作战，夺取大同。之后，追随孙中山，先后对袁世凯、曹锟、吴佩孚、阎锡山的统治进行过不懈反抗。1925年反阎失败后，悲愤交集，一病不起，1926年5月10日病逝于天津。

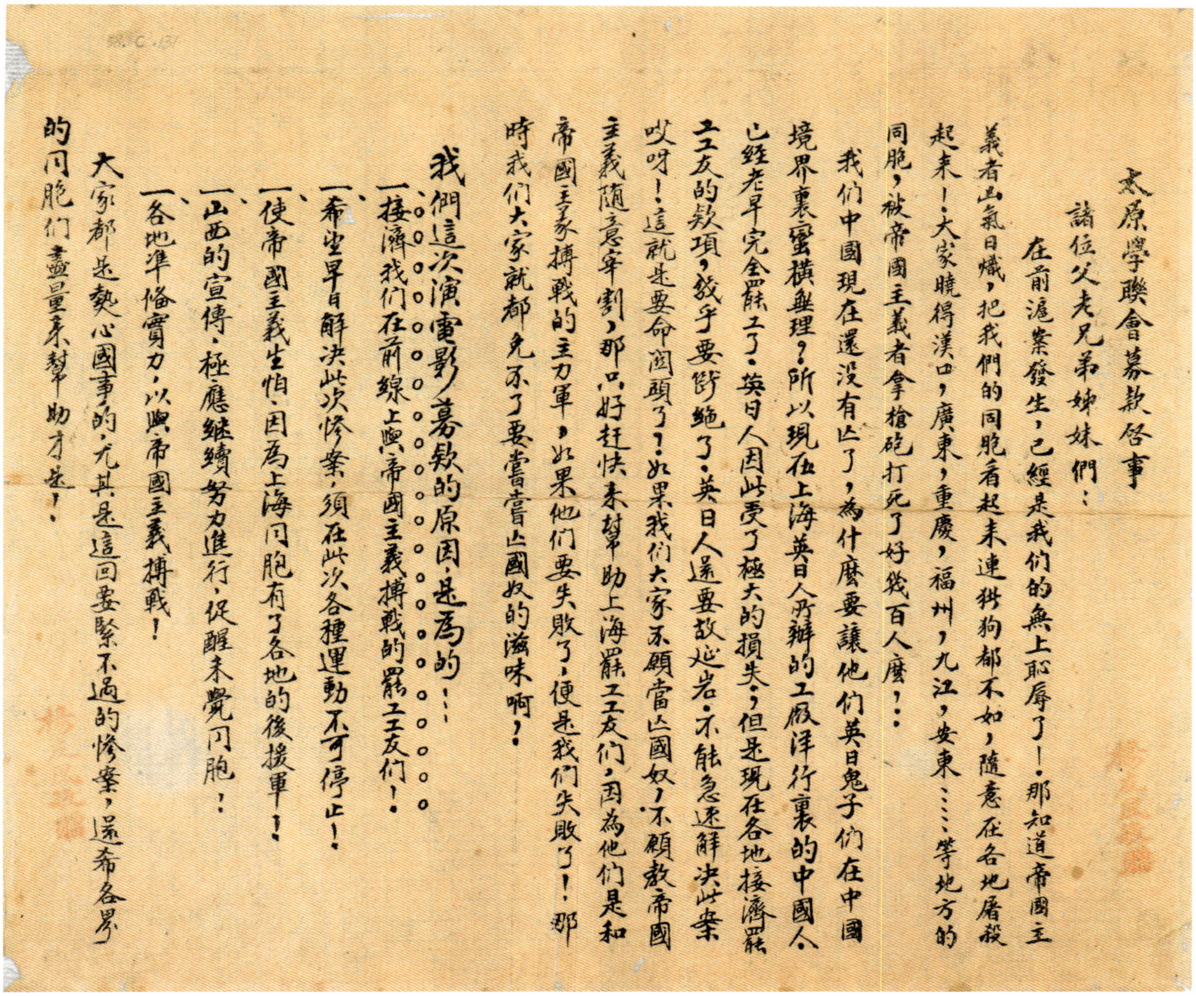
太原學聯會募款啓事
諸位父老兄弟姊妹們：
在前滬案發生，已經是我们的無上恥辱了！那知道帝國主義者凶氣日熾，把我們的同胞看起來連猪狗都不如，隨意在各地屠殺起來！大家曉得漢口，廣東，重慶，福州，九江，安東……等地方的同胞，被帝國主義者拿槍砲打死了好幾百人麼？……
我们中國現在還沒有亡了，為什麼要讓他们英日鬼子们在中國境界裏蠻橫無理？所以現在上海英日人所辦的工廠洋行裏的中國人已經老早完全罷工了。英日人因此受了極大的損失；但是現在各地接濟罷工工友的款項，幾乎要斷絕了。英日人還要故延宕，不能急速解決此案。哎呀！這就是要命關頭了！如果我们大家不願當亡國奴，不願被帝國主義隨意宰割，那只好趕快來幫助上海罷工工友們，因為他們是和帝國主義搏戰的主力軍，如果他們要失敗了，便是我們失敗了！那時我们大家就都免不了要嘗嘗亡國奴的滋味啊！
我們這次演電影，募款的原因，是為的：
一接濟我们在前線上與帝國主義搏戰的罷工工友们！
一希望早日解決此次慘案，須在此次各種運動不可停止！
一使帝國主義生怕，因為上海同胞有了各地的後援軍！
一山西的宣傳，極應繼續努力進行，促醒未覺同胞！
一各地準備實力，以與帝國主義搏戰！
大家都是熱心國事的，尤其是這回要緊不過的慘案，還希各界的同胞們盡量來幫助才是！

太原学联会募款启事

1925 年
纵 30.8 厘米，横 35.6 厘米
1964 年山西省稷山县杨友凤捐赠

此后为一组山西各界声援五卅运动的文物。这是太原学联会为支援上海罢工工人通过演电影而募集捐款的启事。

1925年，五卅惨案的消息传到山西，在省城太原引起强烈反响。山西党团组织负责人同山西国民党主要负责人、太原工商学各界代表取得联系，决定采取一致行动，援助沪案。在太原，广大学生以省立第一中学和国民师范学校学生为骨干，走上街头集会，举行了有史以来第一次反帝大游行。为加强运动的领导，还成立了太原市学联会，出版了报刊。随着运动的深入，为支援沪汉罢工的募捐活动也进一步开展起来。

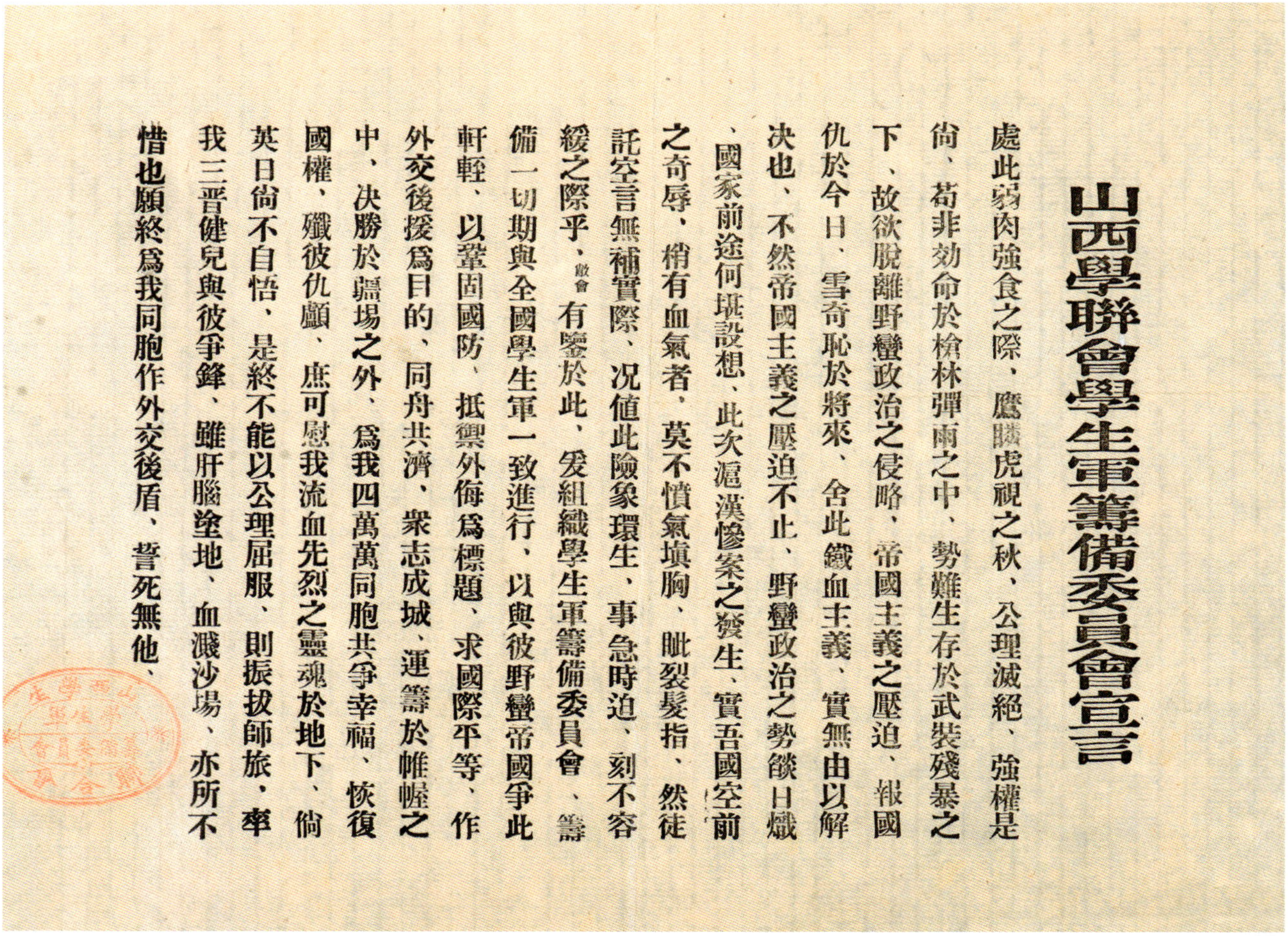

山西學聯會學生軍籌備委員會宣言

處此弱肉強食之際、鷹瞵虎視之秋、公理滅絕、強權是尚、苟非効命於槍林彈雨之中、勢難生存於武裝殘暴之下、故欲脫離野蠻政治之侵略、帝國主義之壓迫、報國仇於今日、雪奇恥於將來、舍此鐵血主義、實無由以解決也、不然帝國主義之壓迫不止、野蠻政治之勢燄日熾、國家前途何堪設想、此次滬漢慘案之發生、實吾國空前之奇辱、稍有血氣者、莫不憤氣填胸、眦裂髮指、然徒託空言無補實際、況值此險象環生、事急時迫、刻不容緩之際乎、敝會有鑒於此、爰組織學生軍籌備委員會、籌備一切期與全國學生軍一致進行、以與彼野蠻帝國爭此軒輊、以鞏固國防、抵禦外侮爲標題、求國際平等、作外交後援爲目的、同舟共濟、衆志成城、運籌於帷幄之中、決勝於疆場之外、爲我四萬萬同胞共爭幸福、恢復國權、殲彼仇讎、庶可慰我流血先烈之靈魂於地下、倘英日尚不自悟、是終不能以公理屈服、則振拔師旅、率我三晉健兒與彼爭鋒、雖肝腦塗地、血濺沙場、亦所不惜也願終爲我同胞作外交後盾、誓死無他、

山西学联会学生军筹备委员会宣言

1925 年

纵 26.5 厘米，横 31.4 厘米

1964 年山西省稷山县杨友凤捐赠

此宣言系五卅运动中山西学联会奉行“铁血主义”，“以巩固国防，抵御外侮为标题，求国际平等，作外交后援为目的”而组织学生军筹备委员会而发布，号召三晋健儿以身许国，“振拔师旅”作外交后盾。

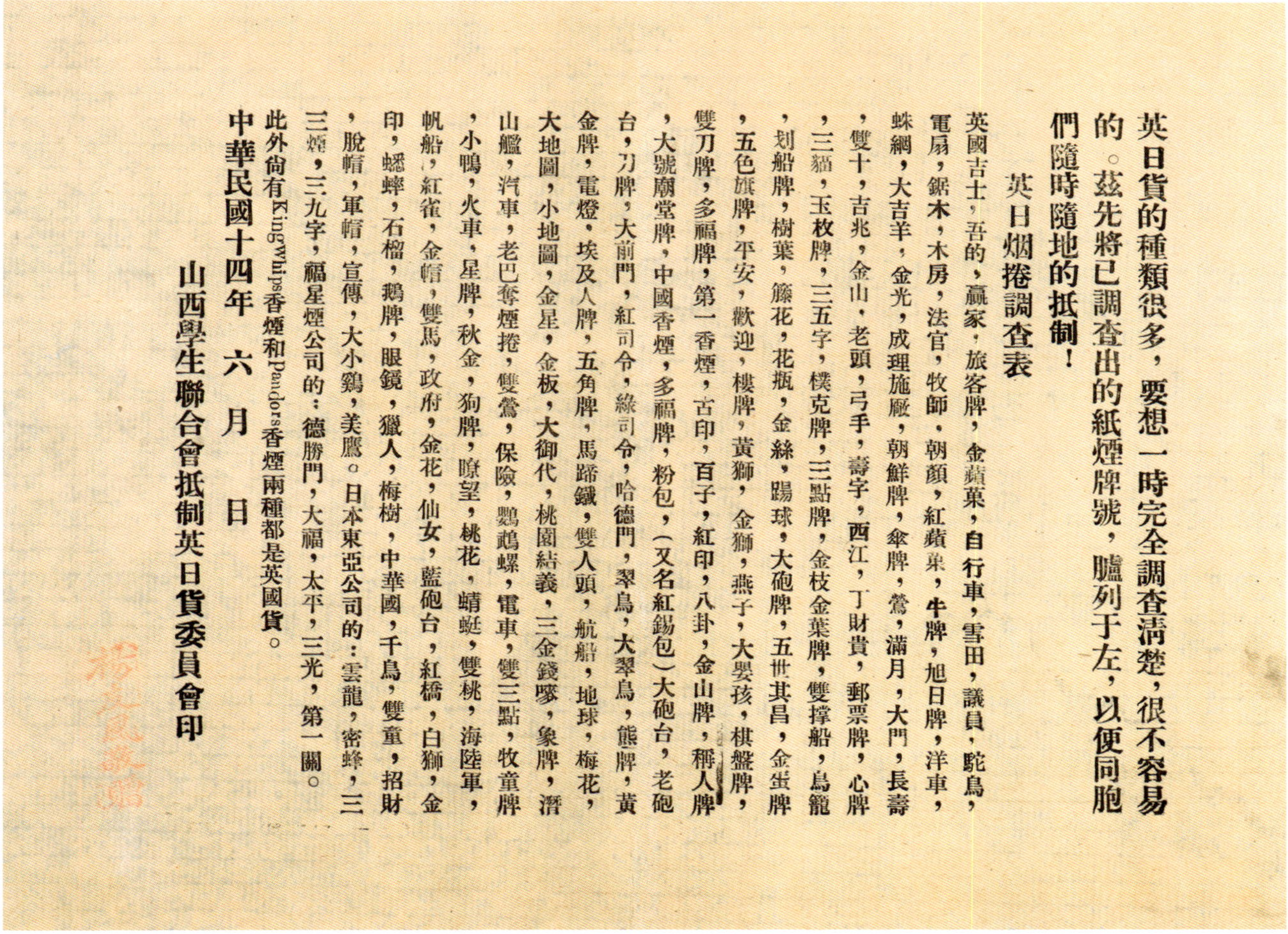
英日貨的種類很多，要想一時完全調查淸楚，很不容易的。茲先將已調查出的紙煙牌號，臚列于左，以便同胞們隨時隨地的抵制！

英日烟捲調查表

英國吉士，吾的，赢家，旅客牌，金蘋菓，自行車，雪田，議員，駝鳥，電扇，鋸木，木房，法官，牧師，朝顏，紅蘋菓，牛牌，旭日牌，洋車，蛛網，大吉羊，金光，成理施廠，朝鮮牌，傘牌，鶯，滿月，大門，長壽，雙十，吉兆，金山，老頭，弓手，壽字，西江，丁財貴，郵票牌，心牌，三貓，玉枚牌，三五字，樸克牌，三點牌，金枝金葉牌，雙撑船，鳥籠，划船牌，樹葉，籐花，花瓶，金絲，踢球，大砲牌，五世其昌，金蛋牌，五色旗牌，平安，歡迎，樓牌，黃獅，金獅，燕子，大嬰孩，棋盤牌，雙刀牌，多福牌，第一香煙，古印，百子，紅印，八卦，金山牌，稱人牌，大號廟堂牌，中國香煙，多福牌，粉包，（又名紅錫包）大砲台，老砲台，刀牌，大前門，紅司令，綠司令，哈德門，翠鳥，大翠鳥，熊牌，黃金牌，電燈，埃及人牌，五角牌，馬蹄鐵，雙人頭，航船，地球，梅花，大地圖，小地圖，金星，金板，大御代，桃園結義，三金錢嘜，象牌，潛山艦，汽車，老巴奪煙捲，雙鶯，保險，鸚鵡螺，電車，雙三點，牧童牌，小鴨，火車，星牌，秋金，狗牌，瞭望，桃花，蜻蜓，雙桃，海陸軍，帆船，紅雀，金帽，雙馬，政府，金花，仙女，藍砲台，紅橋，白獅，金印，蟋蟀，石榴，鵝牌，眼鏡，獵人，梅樹，中華國，千鳥，雙童，招財，脫帽，軍帽，宣傳，大小鷄，美鷹。日本東亞公司的：雲龍，密蜂，三三煙，三九字，福星煙公司的：德勝門，大福，太平，三光，第一關。

此外尚有King Whips香煙和Pandors香煙兩種都是英國貨。

中華民國十四年　六月　日

山西學生聯合會抵制英日貨委員會印

山西学联会抵制英日货委员会关于英日烟卷调查表

1925 年

纵 27.4 厘米，横 31.5 厘米

1964 年山西省稷山县杨友凤捐赠

在整个五卅运动中，抵制英、日货的呼声不绝于耳，这也是中国人民反抗英、日暴行的重要手段。为有效地抵制英货日货，山西学生联合会深入调查了解，编印各种传单，列陈英、日货品各种商标。正文则罗列了英、日公司生产的近二百种香烟的品牌，以供群众辨认。

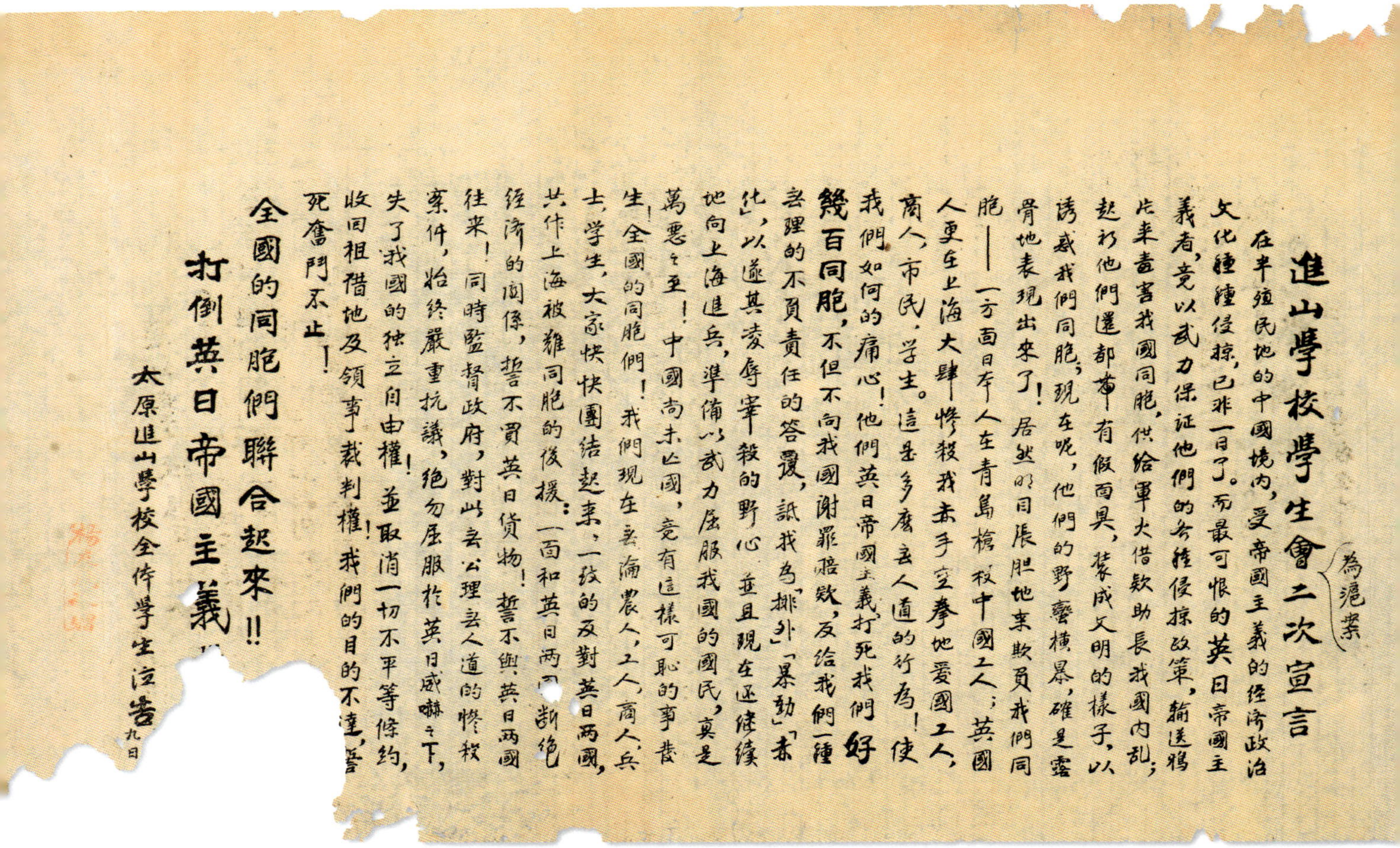

進山學校學生會為滬案二次宣言

在半殖民地的中國境內，受帝國主義的經濟政治
文化種種侵掠，已非一日了。而最可恨的英日帝國主
義者，竟以武力保証他們的經濟侵掠政策，輸送鴉
片來毒害我國同胞，供給軍火借款助長我國內亂；
起初他們還都帶有假面具，裝成文明的樣子，以
誘惑我們同胞；現在呢，他們的野蠻橫暴，確是露
骨地表現出來了！居然明目張胆地來欺負我們同
胞——一方面日本人在青島槍殺中國工人；英國
人更在上海大肆慘殺我赤手空拳地愛國工人，
商人，市民，学生。這是多麼無人道的行為！使
我們如何的痛心！他們英日帝國主義，打死我們好
幾百同胞，不但不向我國謝罪賠款，反给我們一種
無理的不負責任的答覆，誣我為「排外」「暴動」「赤
化」，以遂其凌辱宰殺的野心。並且現在还继續
地向上海進兵，準備以武力屈服我國的國民，真是
萬惡之至！中國尚未亡國，竟有這樣可恥的事發
生！全國的同胞們！我們現在無論農人，工人，商人，兵
士，学生，大家快快團結起來，一致的反對英日兩國，
共作上海被难同胞的後援：一面和英日兩國斷绝
經濟的關係，誓不買英日貨物！誓不與英日兩國
往來！同時監督政府，對此無公理無人道的慘殺
案件，始終嚴重抗議，絕勿屈服於英日威嚇之下，
失了我國的独立自由權！並取消一切不平等條約，
收回租借地及領事裁判權！我們的目的不達，誓
死奮鬥不止！

全國的同胞們聯合起來!!

打倒英日帝國主義!!

太原進山學校全體學生泣告 九日

进山学校学生会为沪案第二次宣言

1925 年

纵 31.4 厘米，横 55.5 厘米

1964 年山西省稷山县杨友凤捐赠

宣言向社会揭示了沪案真相，号召工农商兵学团结起来，一致反对英、日帝国主义，抵制英、日货物，指明了斗争的出路。

进山学校1922年创办，初名“山西私立进山学校”，1931年改名“山西省私立进山中学”，1953年改名“太原市第六中学校”。1985年恢复“进山中学”校名。

山右大学全体学生对于沪案宣言

1925 年

纵 63.5 厘米，横 73.3 厘米

1964 年山西省稷山县杨友凤捐赠

此宣言控诉了中国人民的艰难处境、英日帝国主义的罪行和反抗英日帝国主义的可能性和必要性。最后提出了山右大学学生要求必须予以解决的八项条款。

山右大学为1922年创办的一所私立高等学校。1929年与私立兴贤大学合并为私立并州大学。

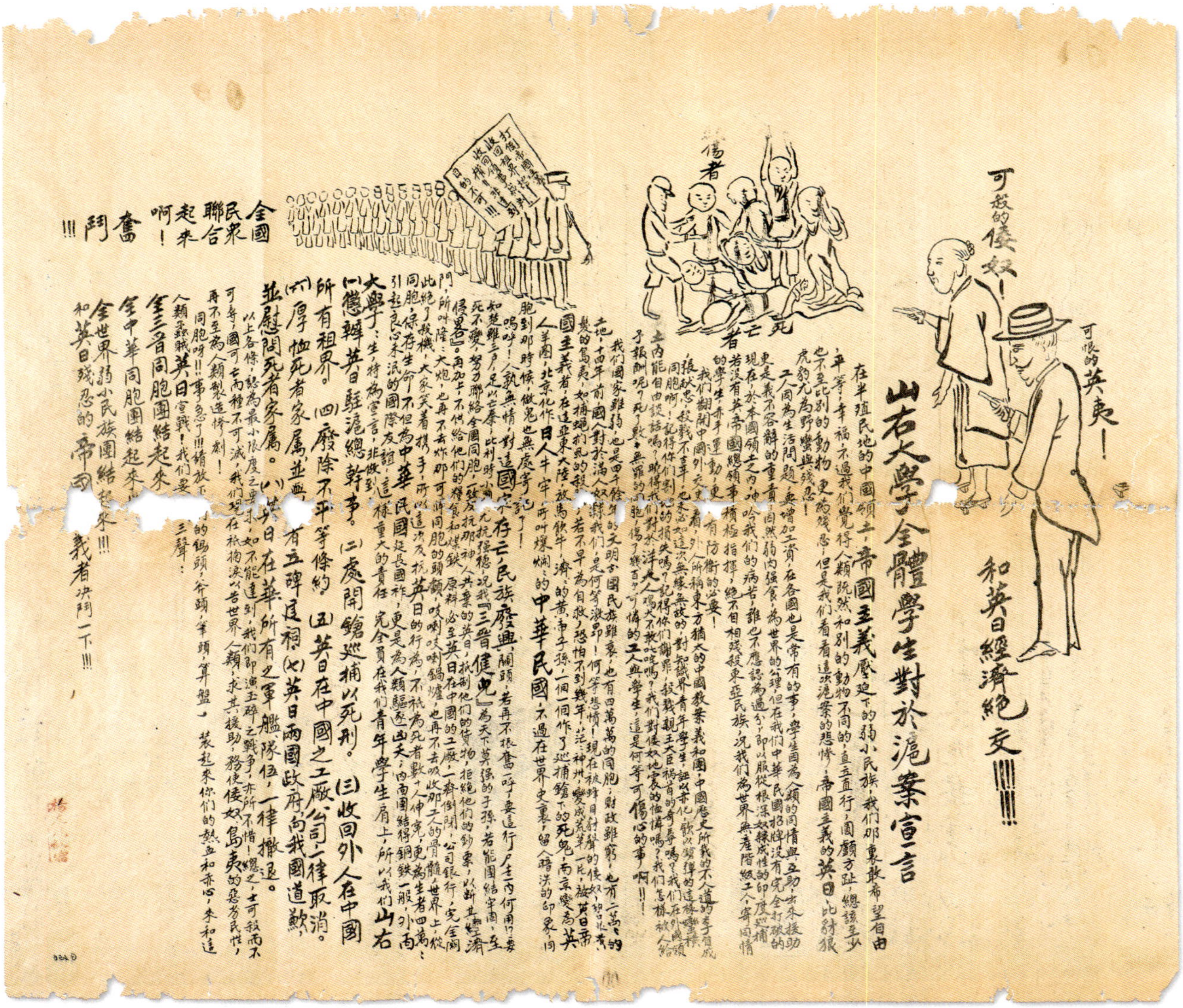

山右大學全體學生對於滬案宣言

可殺的倭奴！

可恨的英夷！

和英日經濟絕交!!!

傷者

死亡者

全國民眾聯合起來啊！奮鬥!!!

(一)懲辦英日駐滬總幹事。(二)處開鎗巡捕以死刑。(三)收回外人在中國所有租界。(四)廢除不平等條約。(五)英日在中國之工廠、公司一律取消。(六)厚恤死者家屬，並撫慰閔死者家屬。(七)英日兩國政府向我國道歉，並有立碑建祠。(八)英日在華所有之軍艦、隊伍，一律撤退。

全三晉同胞團結起來

全中華同胞團結起來

全世界弱小民族團結起來!!!

和英日殘忍的帝國主義者決鬥一下!!!

太原外国语专门学院为沪汉案宣言

1925 年

纵 21.1 厘米，横 14.1 厘米

1964 年山西省稷山县杨友凤捐赠

宣言为太原外国语专门学院发表的对沪汉案的五条倡议。

钤“山西太原外国语专门学院”图记。

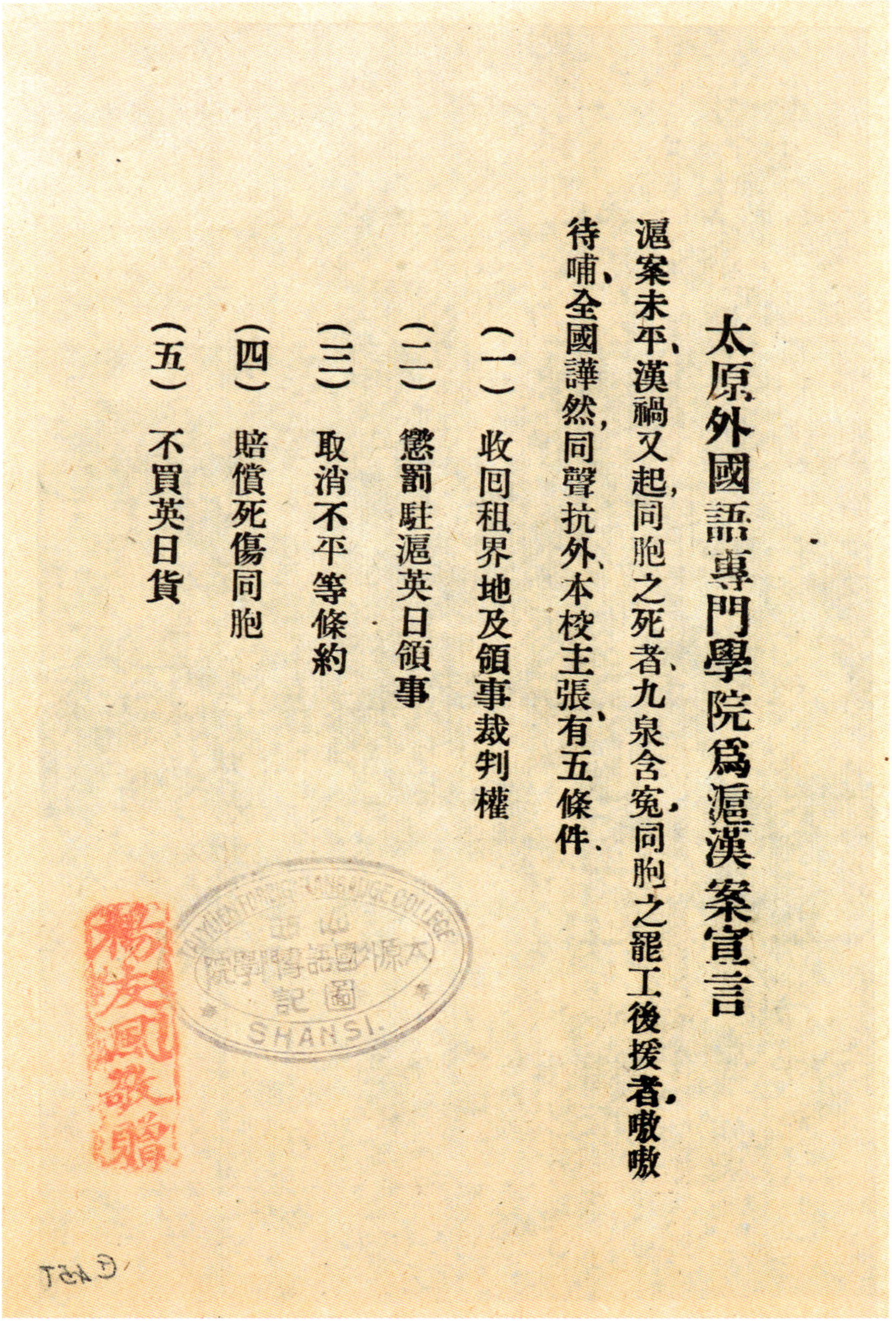

太原外國語專門學院爲滬漢案宣言

滬案未平、漢禍又起，同胞之死者、九泉含寃，同胞之罷工後援者，嗷嗷待哺、全國譁然，同聲抗外、本校主張有五條件、

（一）收回租界地及領事裁判權

（二）懲罰駐滬英日領事

（三）取消不平等條約

（四）賠償死傷同胞

（五）不買英日貨

山西太原外國語專門學院圖記 SHANSI

楊友鳳敬贈

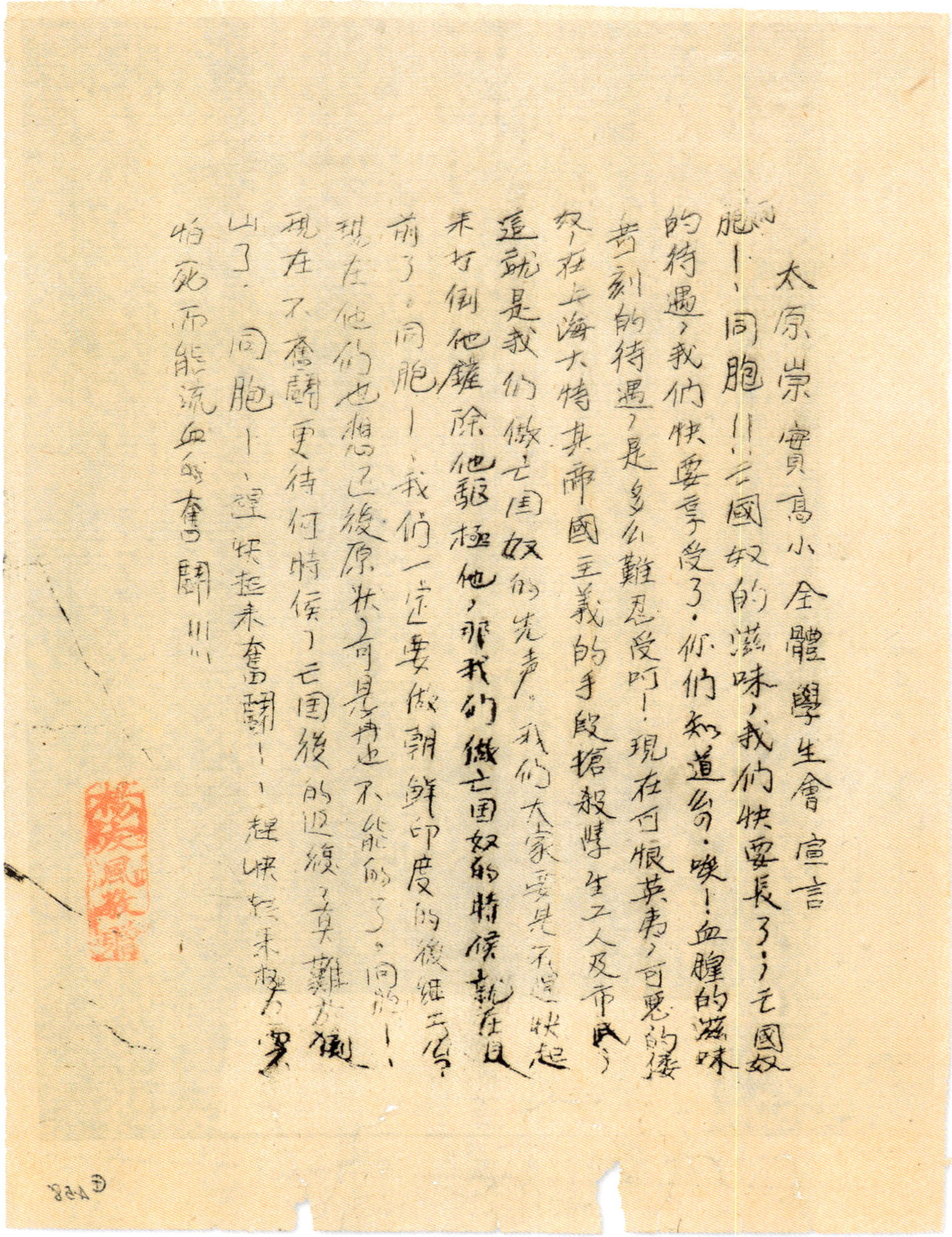
太原崇實高小全體學生會宣言

同胞!!同胞!!亡國奴的滋味,我們快要長了;亡國奴的待遇,我們快要享受了。你們知道么。唉!血腥的滋味苛刻的待遇,是多么難忍受呀!現在可恨英帝,可惡的倭奴,在上海大肆其帝國主義的手段摧殘學生工人及市民,這就是我們做亡国奴的先声。我們大家要是不趕快起來打倒他,鏟除他驅極他,那我們做亡国奴的時候就在眼前了。同胞!我們一定要做朝鮮印度的後継亡国。現在他們也想已後原狀,尚是再也不能够了。同胞!現在不奮鬪更待何時候,亡国後的恢復,更難於倒山了。同胞!趕快起來奮鬪!!趕快起來極力要怕死而能流血的奮鬪!!!

太原崇实高小全体学生会宣言

1925 年

纵 28.5 厘米，横 21.2 厘米

1964 年山西省稷山县杨友凤捐赠

宣言抗议帝国主义的屠杀政策，号召全国人民不怕牺牲，奋起打倒帝国主义。

太原崇实学校，为1900年英国传教士创办的启蒙学校。后更名为崇实学校，分初小、高小、初中三个年级。五卅运动中，崇实学校学生积极投入反帝爱国运动，传教士恐惧，学校停办。

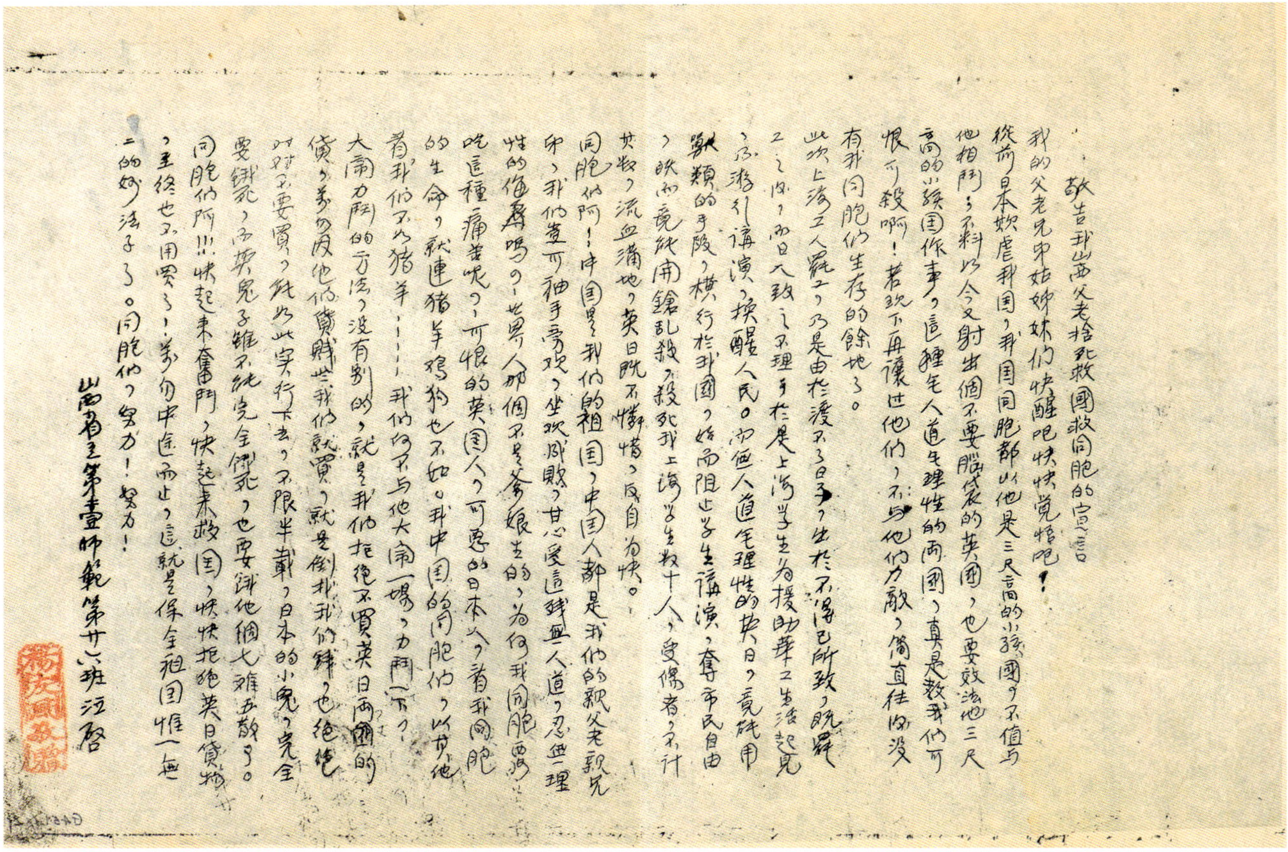
敬告我山西父老捨死救國救同胞的宣言

我的父老兄弟姑姊妹們快醒吧快快覺悟吧！
從前日本欺虐我国，我国同胞都以他是三尺高的小孩國，不值与他相鬥；不料以今又射出個不要腦袋的英國，也要效法他三尺高的小孩国作事，這種無人道無理性的兩國，真是教我們可恨可殺啊！若說不再讓他們，不与他們力敵，簡直使咱沒有我同胞們生存的餘地了。
此次上海工人罷工，乃是由於渡不了日子，出於不得已所致，既罷工之後，而日人置之不理，於是上海学生為援助華工生活起見，乃游行講演，喚醒人民。而無人道無理性的英日，竟敢用獸類的手段，橫行於我國，始而阻止学生講演，奪市民自由，既而竟敢用鎗亂殺，殺死我上海学生數十人，受傷者不計其數，流血滿地，英日既不憐惜，反自為快。
同胞們阿！！中国是我們的祖国，中国人都是我們的親父老親兄弟，我們豈可袖手旁观，坐觀成敗，甘心受這種無人道，忍無理性的侮辱嗎？世界人那個不是爹娘生的，為何我同胞要吃這種痛苦呢？可恨的英国人，可惡的日本人，看我同胞的生命，就連猪羊鸡狗也不如。我中国的同胞們，以前他看我們不如猪羊……我們何不与他大鬧一場，力鬥一下？大鬧力鬥的方法，沒有別的，就是我們拒絕不買英日兩國的貨，萬勿因他們貨賤些我們就買，就是倒找我們錢，也絕絕對對不要買，能如此實行下去，不限半載，日本的小鬼，完全要餓死，而英鬼子雖不能完全餓死，也要餓他個七離五散了。
同胞們阿!!!快起來奮鬥，快起來救国，快快拒絕英日貨物，至終也不用罢了！萬勿中途而止，這就是保全祖国惟一無二的妙法子了。同胞們，努力！努力！
山西省立第壹師範第廿六班泣啓

山西省立第一师范第 26 班《敬告我山西父老舍死救国救同胞的宣言》

1925 年

纵 29.4 厘米，横 42.5 厘米

1964 年山西省稷山县杨友凤捐赠

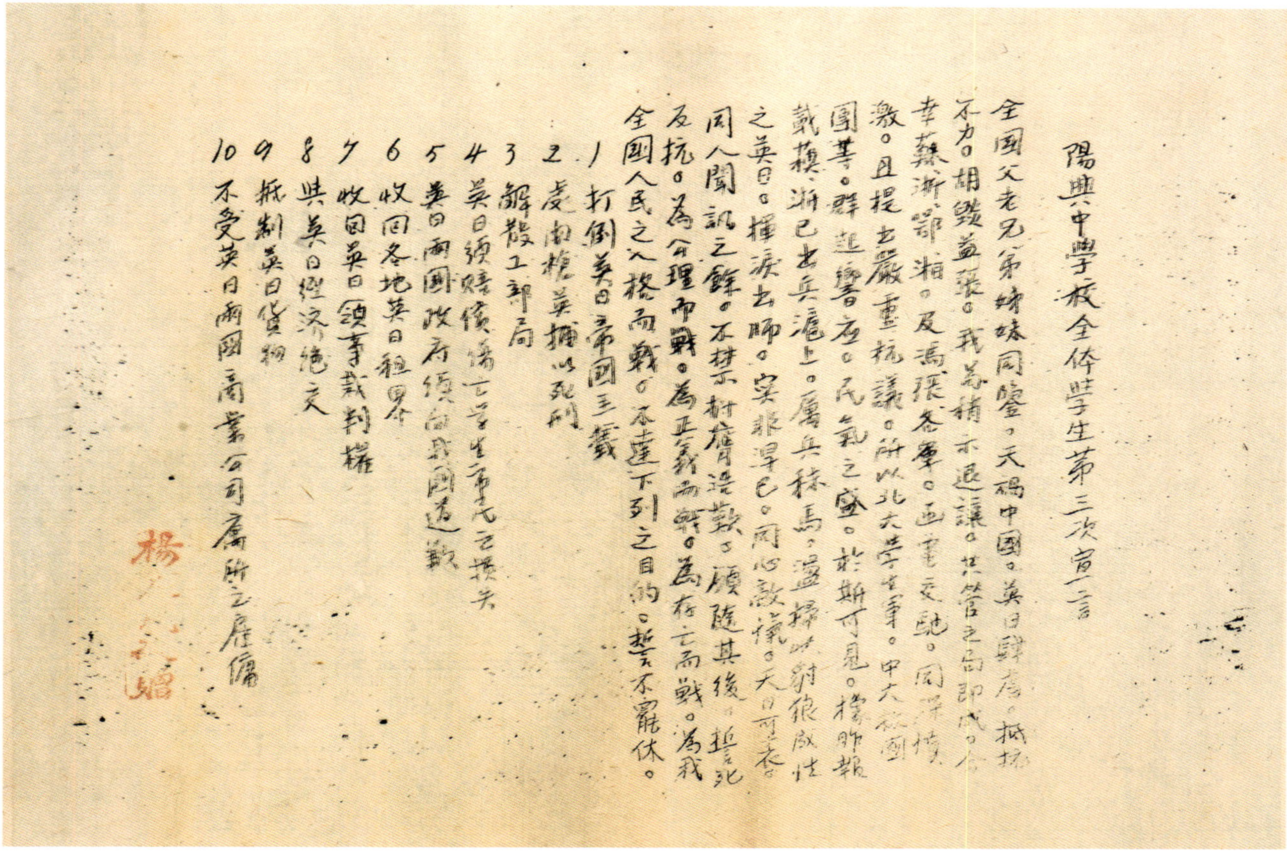

陽興中學校全体學生第三次宣言

全國父老兄弟姊妹同鑒：天禍中國，英日肆虐，抵抗不力，胡[illegible]益張。我[illegible]補救退讓，其[illegible]郎[illegible]。幸蘇、浙、鄂、湘，及馮、張各軍，函電交馳，同深憤激，且提出嚴重抗議，所以北大學生軍、中大[illegible]團等，群起響應，民氣之盛，於斯可見。據聞報載，粵、浙已出兵滬上，厲兵秣馬，[illegible]豺狼威性之英日，揮淚出師，實非得已，同心欲[illegible]，天日可表。同人聞訊之餘，不禁拊膺浩歎，願隨其後，誓死反抗。為合理而戰，為正義而戰，為存亡而戰，為我全國人民之人格而戰，不達下列之目的，誓不罷休。

1 打倒英日帝國主義
2 處[illegible]英捕以死刑
3 解散工部局
4 英日須賠償傷亡學生之損失
5 英日兩國政府須向我國道歉
6 收回各地英日租界
7 收回英日領事裁判權
8 與英日經濟絕交
9 抵制英日貨物
10 不受英日兩國商業公司處所之雇傭

楊[illegible]贈

阳兴中学校全体学生第三次宣言

1925 年

纵 25 厘米，横 30.5 厘米

1964 年山西省稷山县杨友凤捐赠

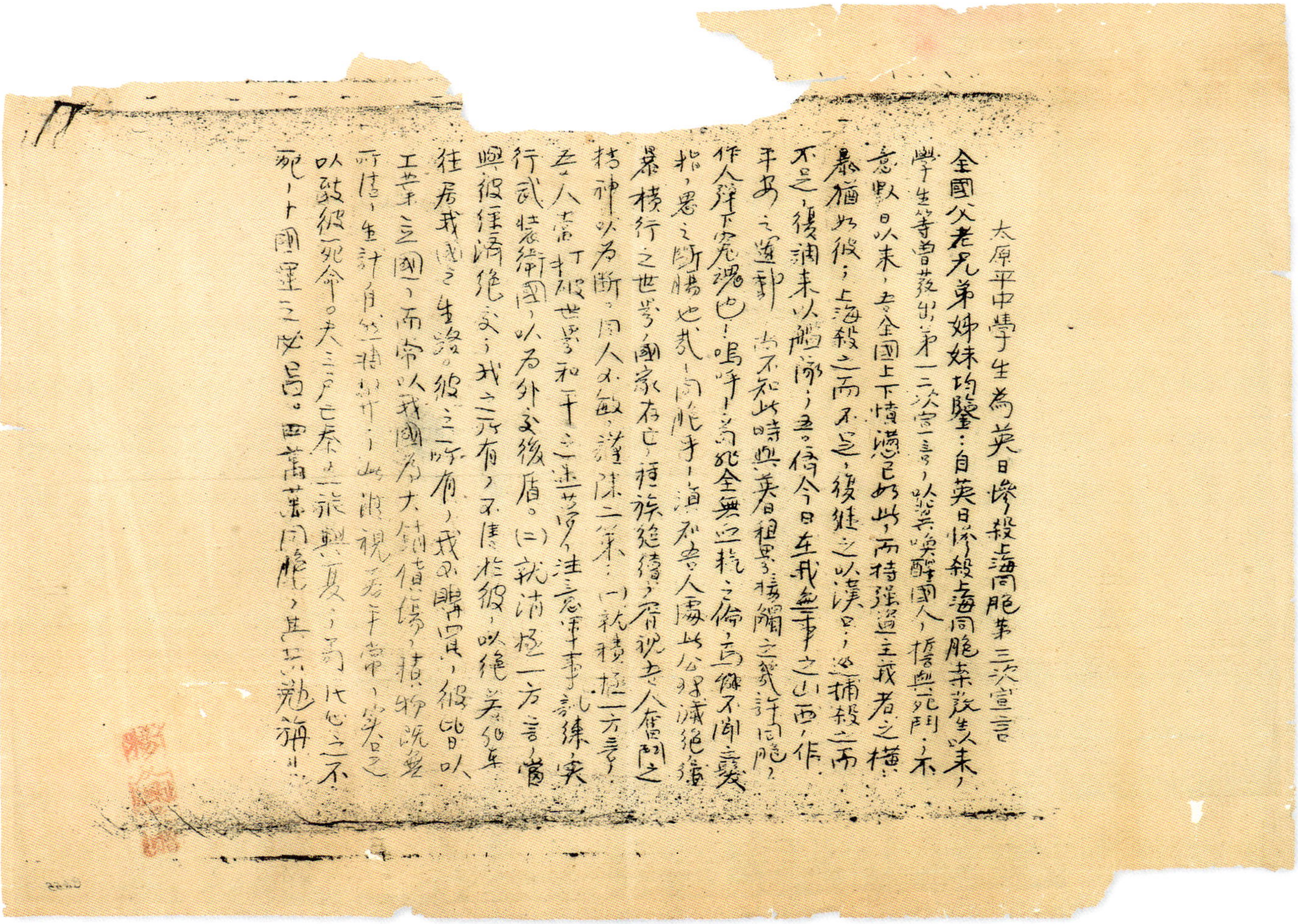

太原平中學生為英日慘殺上海同胞第三次宣言

全國父老兄弟姊妹均鑒：自英日慘殺上海同胞消息發生以來，學生等曾發出第一二次宣言，以冀喚醒國人，協與死鬥。不意數日以來，吾全國上下情感已如此，而特強盜主義者之橫暴猶如彼；上海殺之而不足，復繼之以漢口；漢口捕殺之而不足，復調來以艦隊，吾儕今日在我無事之山西，作平安之遊郡，尚不知此時與英日相見接觸之幾許同胞，作人群下冤魂也！嗚呼！為死全無抵抗之倫，[illegible]指，思之斷腸也哉，同胞乎！須知吾人處此公理滅絕強暴橫行之世界，國家存亡，種族絕續，胥視吾人奮鬥之精神以為斷。同人不敏，謹陳二策：(一)就積極一方言，吾人當打破世界和平之迷夢，注意軍事訓練，實行武裝衛國，以為外交後盾。(二)就消極一方言，當與彼經濟絕交，我之所有，不售於彼，以絕英日之往居我國之生路；彼之所有，我不購買，俾彼皆以工業立國，而常以我國為大銷貨場，積物既無所售，生計自然斷絕，此消極視若平常，實吾之以致彼死命。夫三戶亡秦，一旅興夏，一寸之心不死，十年國運之必昌。四萬萬同胞，其共勉旃！！

太原平民中学为英日惨杀上海同胞第三次宣言

1925 年

纵 29.2 厘米，横 40.4 厘米

1964 年山西省稷山县杨友凤捐赠

平民中学，1922 年由北京大学毕业的山西籍学生筹办创立。

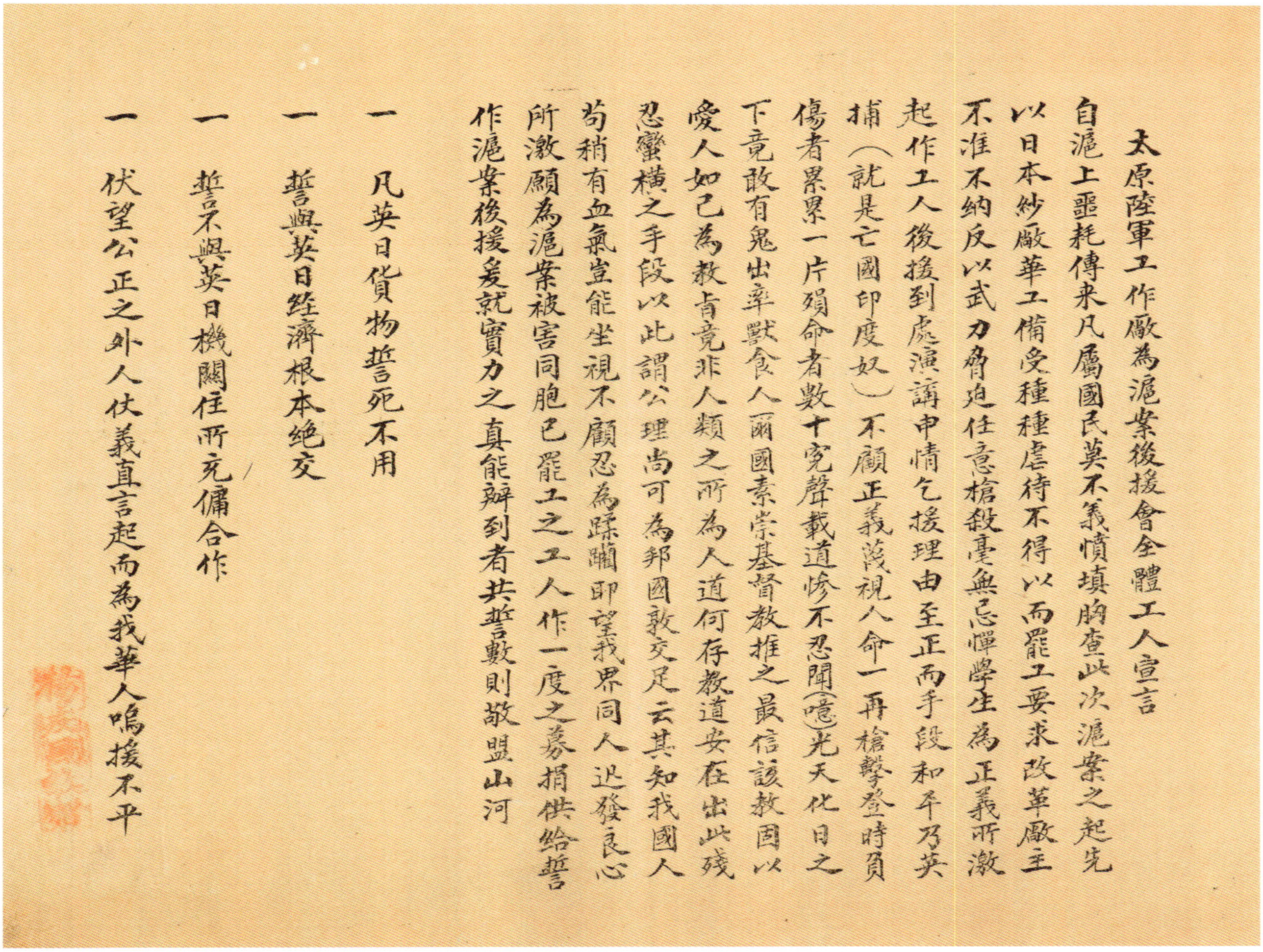

太原陸軍工作廠為滬案後援會全體工人宣言

自滬上噩耗傳来凡屬國民莫不義憤填胸查此次滬案之起先以日本紗廠華工備受種種虐待不得以而罷工要求改革廠主不准不納反以武力脅迫任意槍殺毫無忌憚學生為正義所激起作工人後援到處演講申情乞援理由至正而手段和平乃英捕（就是亡國印度奴）不顧正義蔑視人命一再槍擊登時負傷者累累一片殞命者數十冤聲載道慘不忍聞（噫）光天化日之下竟敢有鬼出率獸食人爾國素崇基督教推之最信該教固以愛人如己為教旨竟非人類之所為人道何存教道安在出此殘忍蠻横之手段以此謂公理尚可為邦國敦交足云其知我國人苟稍有血氣豈能坐視不顧忍為蹂躪即望我界同人迅發良心所激願為滬案被害同胞已罷工之工人作一度之募捐供給誓作滬案後援爰就實力之真能辦到者共誓數則敬盟山河

一 凡英日貨物誓死不用

一 誓與英日經濟根本絶交

一 誓不與英日機關任所充傭合作

一 伏望公正之外人仗義直言起而為我華人鳴援不平

太原陆军工作厂为沪案后援会全体工人宣言

1925 年

纵 26.9 厘米，横 30.9 厘米

1964 年山西省稷山县杨友凤捐赠

一万三千名太原陆军工作厂工人，联合发表宣言，揭示沪案真相，号召为上海罢工工人募捐，并作出四则誓言。

胞。以上四項。若能奮勇直前。極力進行。堅持到底。則在此
內。定可得最後勝利。不然則中國之亡。可立待也。將來人民受英
日人之慘苦。定沒過於吾們山西也。大家還不覺悟麼。
（二）吾國對於英日歷來外交之失敗
上海英日慘殺學生工人經過的情形。國內各地人民進行愛國
運動的熱烈。以及吾省同胞應當與英日格外抵抗的原因。昨天
已經說過了。茲不再述。而我今天要給大眾說的。就是英日欺侮
我們中國。不是從近年才起首。已經有多少年了。不僅這一次。已
經有許多次了。自前清末年以來。割我土地。得我賠款。害我民命。
一日一夜二十四箇鐘頭內。恐怕說也說不完的。我把大概情形。
略給大眾表一表吧。英國在歐洲最西部。與吾國相距甚遠。祇以
其國小民眾。生計艱難。自明末清初。漸次向東南開拓領土。印度
適當其衝。為吾國數千年鄰邦。歷史上很關密切。元時有蒙古人
名巴拜爾者。曾建國於其地。是吾國之屬邦矣。英人經營多年。至
道光二年間。遂併有印度全部。印度產物。以米麥棉蔴森林茶葉
為大宗。英人既得其地。則其衣食住三者。自無不足之憾矣。而印
度孟加拉者。又為鴉片產地。英人由海道販運。流毒我國。日甚一
日。清命林則徐赴廣東禁之。絕英人互市。焚鴉片二萬餘箱。英人
以兵攻粵。不克。轉擾沿海。進攻南京。清廷乃斥則徐與英人和。（一）
納軍費商欠及鴉片賠償費共二千一百萬兩。（二）開廣州、廈門、福
州、寧波、上海、五港。許英人通商。（三）以香港之主權。讓與英政府。（尚
有五條從略）事乃已。此南京條約。道光二十二年間事也。惟對於

《沪案演稿五种》宣传册

1925 年

纵 25 厘米，横 14.2 厘米

1964 年山西省稷山县杨友凤捐赠

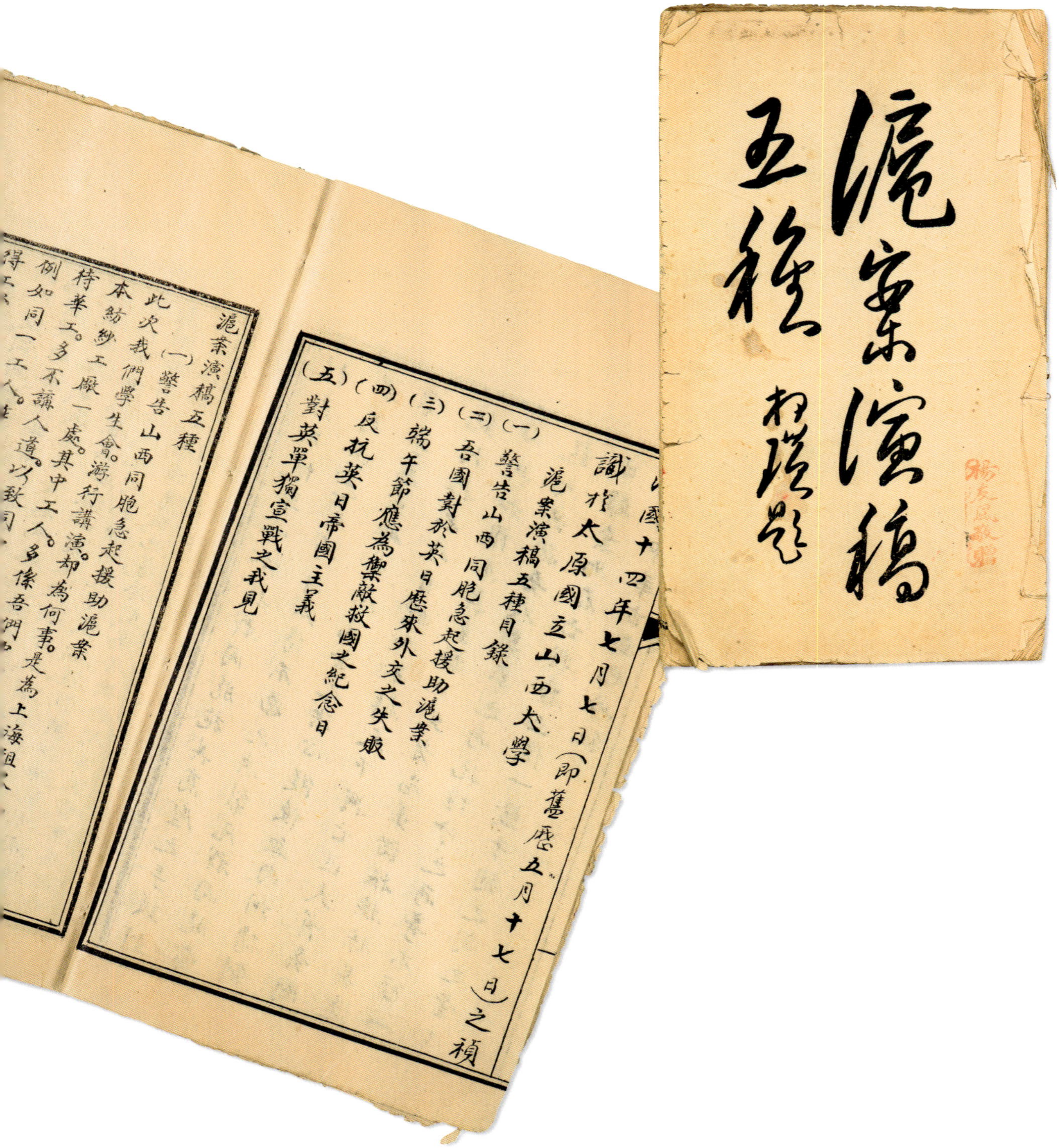

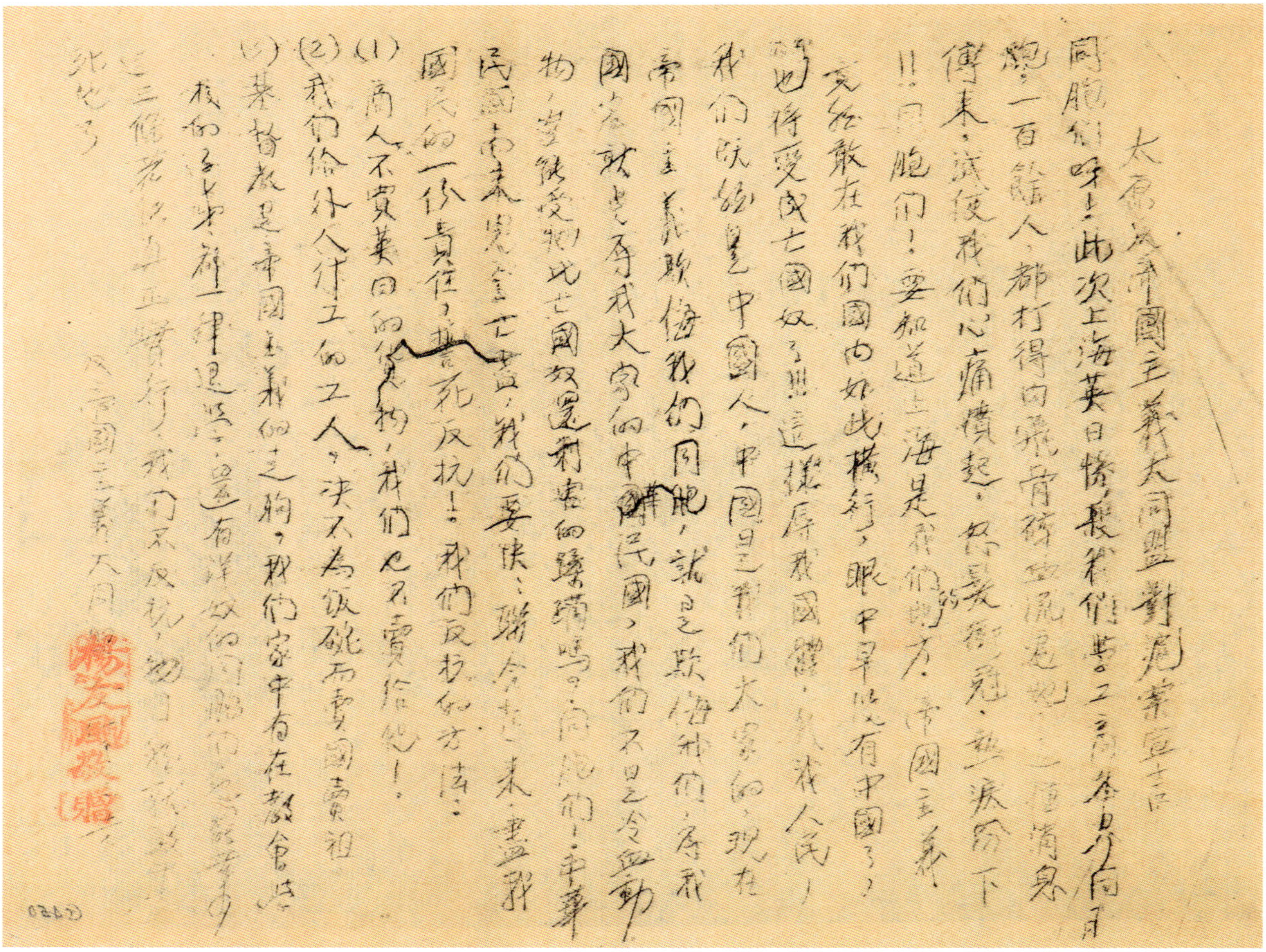
太原反帝國主義大同盟對滬案宣言
同胞們呀！！此次上海英日慘殺我們[illegible]二[illegible]
總一百餘人，都打得肉飛骨碎血流遍地，[illegible]這消息
傳來，誠使我們心痛憤起，怒髮衝冠，熱淚滴下
！！同胞們！要知道上海是我們的地方，帝國主義
竟然敢在我們國內如此橫行，眼中早[illegible]有中國了？
[illegible]也將變成亡國奴了，照這樣屠我國體，[illegible]我人民，
我們既然是中國人，中國是我們大家的，現在
帝國主義欺侮我們的同胞，就是欺侮我們，屠我
國家就是屠我大家的中華民國，我們[illegible]
物，豈能受那亡國奴還利害的蹂躪嗎？同胞們！中華
民國本來是[illegible]，我們要快快聯合起來，盡我
國民的一份責任，拼死反抗！！我們反抗的方法：
(1)商人不買英日的貨物，我們也不賣給他！
(2)我們給外人作工的工人，決不為飯碗而賣國賣祖
(3)基督教是帝國主義的[illegible]，我們家中有在教會學
校的，[illegible]一律退學，還有洋奴的[illegible]
這三條若不立即實行，我們不反抗，[illegible]
北伐了
反帝國主義大同盟
杨友凤敬赠
(0242)

太原反帝国主义大同盟对沪案宣言

1925 年

纵 20.4 厘米，横 26.5 厘米

1964 年山西省稷山县杨友凤捐赠

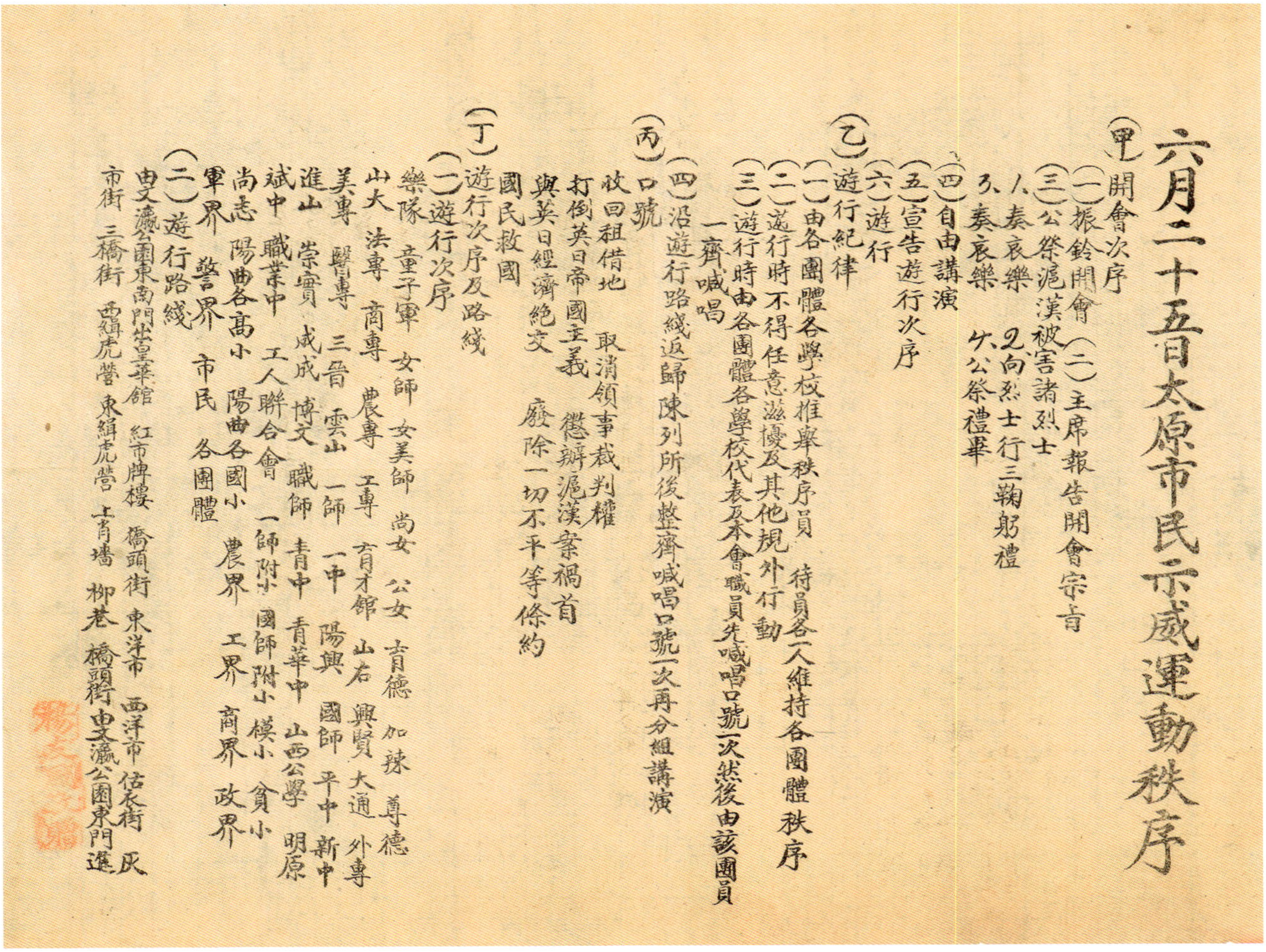
六月二十五日太原市民示威運動秩序
(甲)開會次序
(一)振鈴開會 (二)主席報告開會宗旨
(三)公祭滬漢被害諸烈士
1.奏哀樂 2.向烈士行三鞠躬禮
3.奏哀樂 4.公祭禮畢
(四)自由講演
(五)宣告遊行次序
(六)遊行
(乙)遊行紀律
(一)由各團體各學校推舉秩序員 待員各一人維持各團體秩序
(二)遊行時不得任意滋擾及其他規外行動
(三)遊行時由各團體各學校代表及本會職員先喊唱口號一次然後由該團員一齊喊唱
(四)沿遊行路綫返歸陳列所後整齊喊唱口號一次再分組講演
(丙)口號
收回租借地 取消領事裁判權
打倒英日帝國主義 懲辦滬漢案禍首
與英日經濟絕交 廢除一切不平等條約
國民救國
(丁)遊行次序及路綫
(一)遊行次序
樂隊 童子軍 女師 女美師 尚女 公女 青德 加辣 尊德
山大 法專 商專 農專 工專 育才館 山右 興賢 大通 外專
美專 醫專 三晉 雲山 一師 一中 陽興 國師 平中 新中
進山 崇實 成成 博文 職師 青中 青華中 山西公學 明原
斌中 職業中 工人聯合會 一師附小 國師附小 模小 貧小
尚志 陽曲各高小 陽曲各國小 農界 工界 商界 政界
軍界 警界 市民 各團體
(二)遊行路綫
由文瀛公園東南門出皇華館 紅市牌樓 橋頭街 東洋市 西洋市 估衣街 民市街 三橋街 西緝虎營 東緝虎營 上肖墻 柳巷 橋頭街 由文瀛公園東門進

六月二十五日太原市民示威运动秩序

1925 年
纵 30.4 厘米，横 35.8 厘米
1964 年山西省稷山县杨友凤捐赠

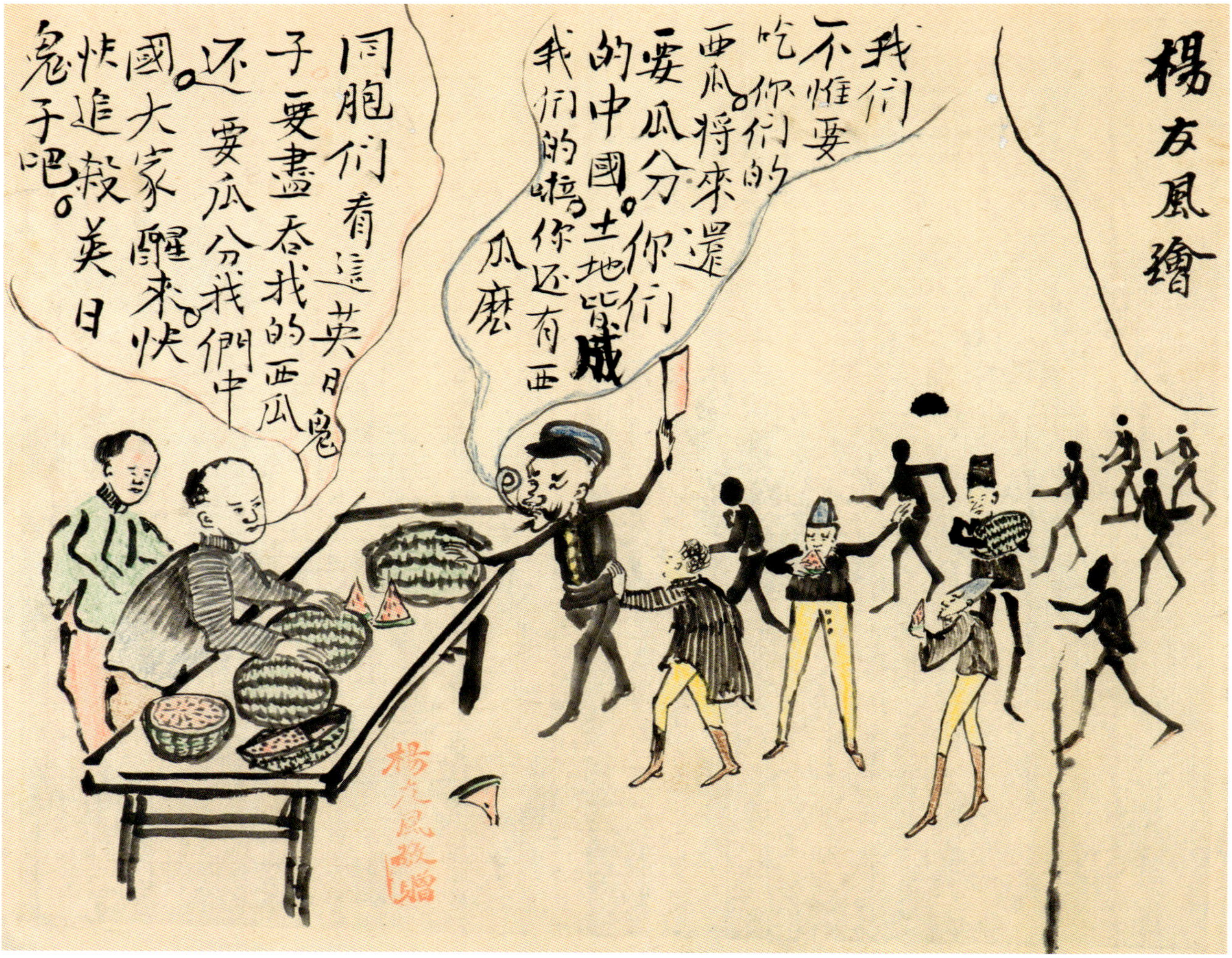

反英、日帝国主义宣传画

1925 年

纵 24.1 厘米，横 29.9 厘米

1964 年山西省稷山县杨友凤捐赠

杨友凤，山西稷山人，生卒年龄不详。1925年，青年杨友凤参与了山西学生声援五卅运动的一系列活动。期间创作出这两幅漫画，反映这一时期英、日帝国主义对我国政治、经济的压迫和领土、资源的掠夺，号召同胞一致对抗英、日帝国主义，保卫我国主权完整和人民的根本利益。

楊友風繪
同胞呀快快！全心合力保護咱们的國旗来，因為國旗是我國的代表，國旗若亡了，國當然是不能存在的。
大家都来吧！先奪中國的旗，再滅他的國。
不滅中國

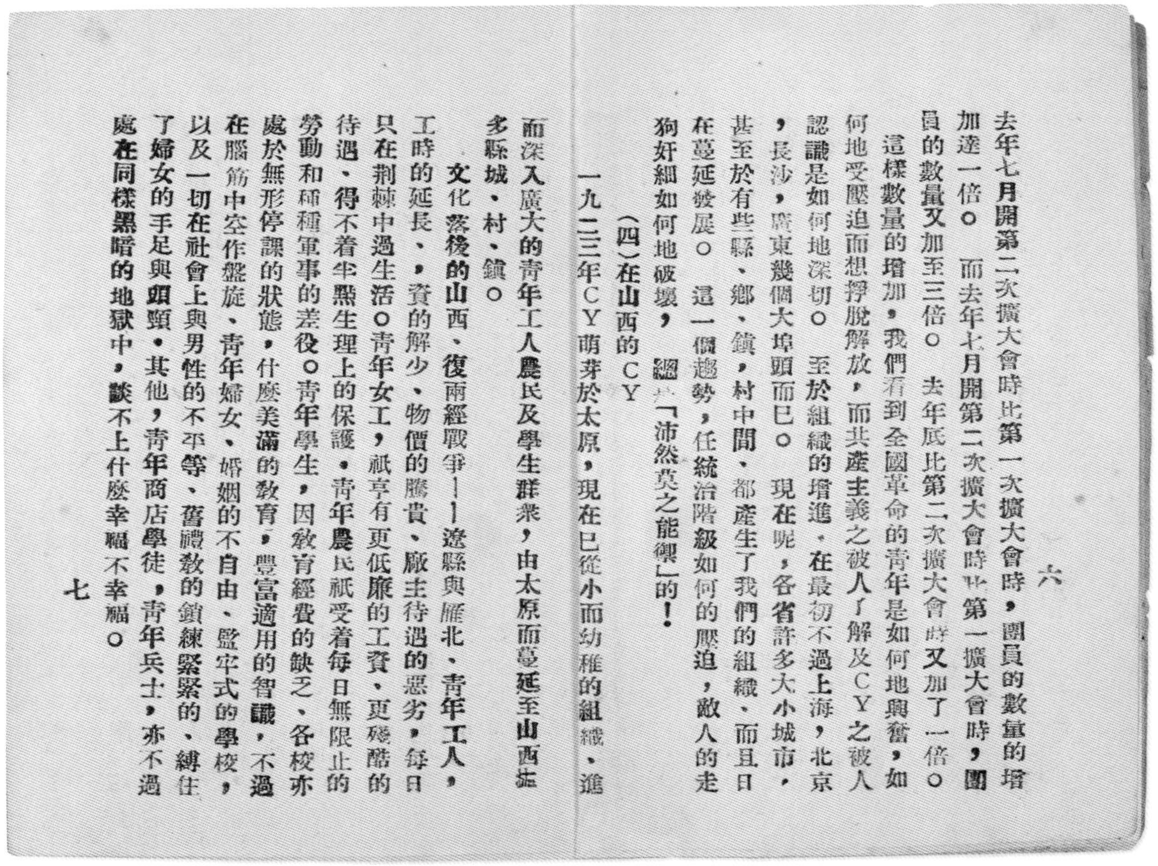

六

去年七月開第二次擴大會時比第一次擴大會時，團員的數量的增加達一倍。而去年七月開第二次擴大會時比第一擴大會時，團員的數量又加至三倍。去年底比第二次擴大會時又加了一倍。

這樣數量的增加，我們看到全國革命的青年是如何地興奮，如何地受壓迫而想掙脫解放，而共產主義之被人了解及CY之被人認識是如何地深切。至於組織的增進，在最初不過上海，北京，長沙，廣東幾個大埠頭而已。現在呢，各省許多大小城市，甚至於有些縣、鄉、鎮，村中間，都產生了我們的組織，而且日在蔓延發展。這一個趨勢，任統治階級如何的壓迫，敵人的走狗奸細如何地破壞，總是「沛然莫之能禦」的！

（四）在山西的CY

一九二三年CY萌芽於太原，現在已從小而幼稚的組織，進而深入廣大的青年工人農民及學生群衆，由太原而蔓延至山西許多縣城、村、鎮。

文化落後的山西，復兩經戰爭——遼縣與雁北，青年工人，工時的延長、，資的解少、物價的騰貴、廠主待遇的惡劣，每日只在荆棘中過生活。青年女工，祇享有更低廉的工資、更殘酷的待遇，得不着半點生理上的保護。青年農民祇受着每日無限止的勞動和種種軍事的差役。青年學生，因敎育經費的缺乏、各校亦處於無形停課的狀態，什麽美滿的敎育，豐富適用的智識，不過在腦筋中空作盤旋。青年婦女，婚姻的不自由、監牢式的學校，以及一切在社會上與男性的不平等、舊禮敎的鎖鍊緊緊的、縛住了婦女的手足與頭頸。其他，青年商店學徒，青年兵士，亦不過處在同樣黑暗的地獄中，談不上什麽幸福不幸福。

七

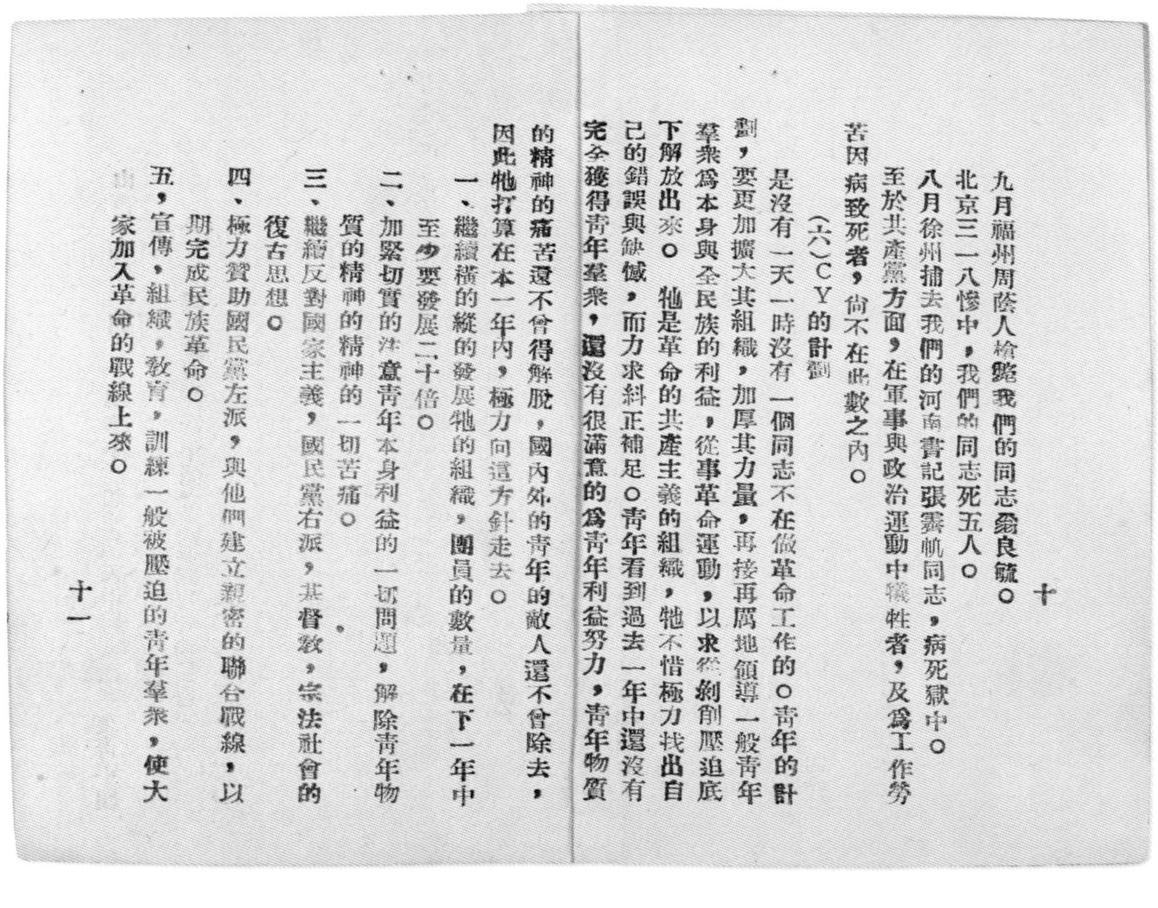

十

九月福州周蔭人槍斃我們的同志翁良毓。

北京三一八慘中，我們的同志死五人。

八月徐州捕去我們的河南書記張霽帆同志，病死獄中。

至於共產黨方面，在軍事與政治運動中犧牲者，及爲工作勞苦因病致死者，尚不在此數之內。

（六）CY的計劃

是沒有一天一時沒有一個同志不在做革命工作的。青年的計劃，要更加擴大其組織，加厚其力量，再接再厲地領導一般青年羣衆爲本身與全民族的利益，從事革命運動，以求從剝削壓迫底下解放出來。牠是革命的共產主義的組織，牠不惜極力找出自己的錯誤與缺憾，而力求糾正補足。青年看到過去一年中還沒有完全獲得青年羣衆，還沒有很滿意的爲青年利益努力，青年物質的精神的痛苦還不會得解脫，國內外的青年的敵人還不會除去，因此牠打算在本一年內，極力向這方針走去。

一、繼續橫的縱的發展牠的組織，團員的數量，在下一年中至少要發展二十倍。

二、加緊切實的注意青年本身利益的一切問題，解除青年物質的精神的一切苦痛。

三、繼續反對國家主義，國民黨右派，基督教，宗法社會的復古思想。

四、極力贊助國民黨左派，與他們建立親密的聯合戰線，以期完成民族革命。

五，宣傳，組織，教育，訓練一般被壓迫的青年羣衆，使大家加入革命的戰線上來。

十一

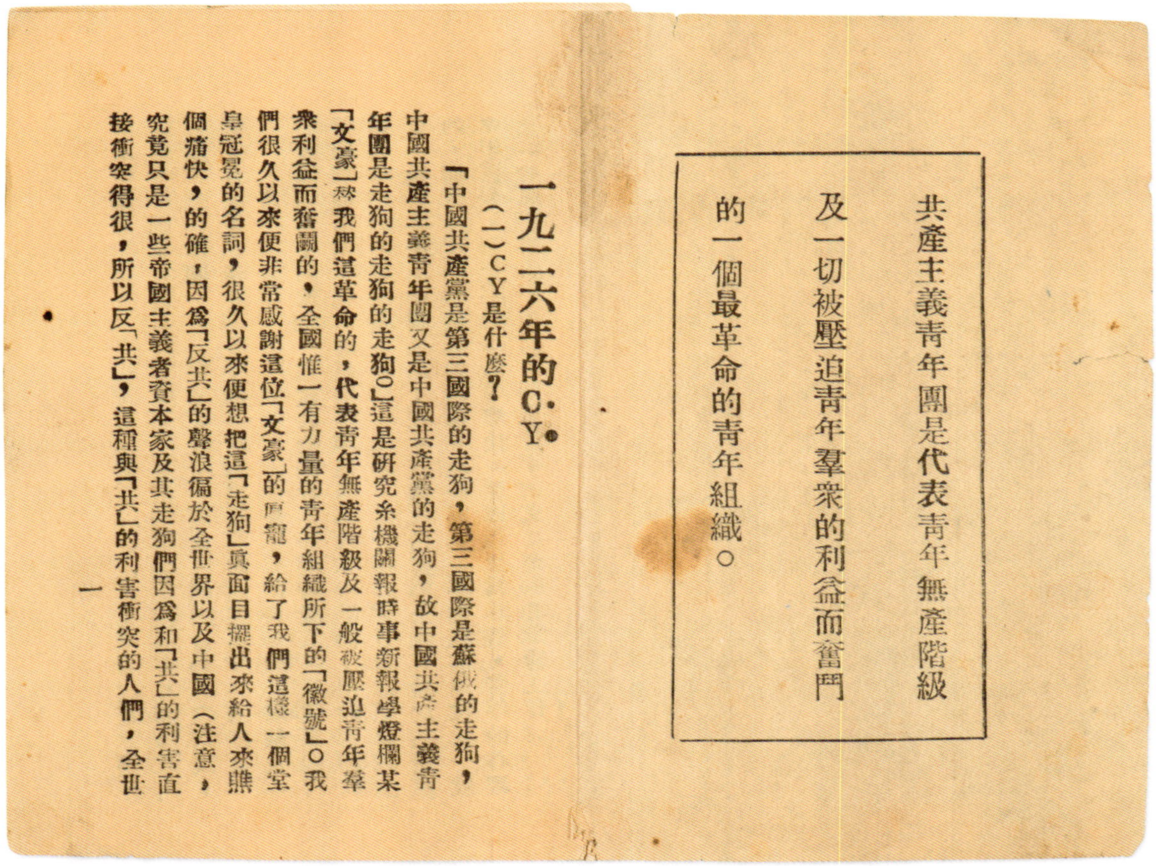

共產主義青年團是代表青年無產階級及一切被壓迫青年羣衆的利益而奮鬥的一個最革命的青年組織。

一九二六年的C.Y.

（一）CY是什麼？

「中國共產黨是第三國際的走狗，第三國際是蘇俄的走狗，中國共產主義青年團又是中國共產黨的走狗，故中國共產主義青年團是走狗的走狗的走狗。」這是研究系機關報時事新報學燈欄某「文豪」琴我們這革命的，代表青年無產階級及一般被壓迫青年羣衆利益而奮鬭的，全國惟一有力量的青年組織所下的「徽號」。我們很久以來便非常感謝這位「文豪」的恩寵，給了我們這樣一個堂皇冠冕的名詞，很久以來便想把這「走狗」真面目擺出來給人來瞧個痛快，的確，因爲「反共」的聲浪徧於全世界以及中國（注意，究竟只是一些帝國主義者資本家及其走狗們因爲和「共」的利害直接衝突得很，所以反「共」，這種與「共」的利害衝突的人們，全世

一

《一九二六年的C.Y.》宣传册

1927年3月12日

纵13.1厘米，横9.5厘米

1954年刘振华捐赠

纸本，铅印，共计14页。1927年3月12日由中国共产主义青年团太原地方执行委员会印制发行。该册就CY的性质及山西的CY等六个方面作了详细的介绍，号召山西青年群众行动起来，加入中国共产主义青年团。

C.Y.，即共产党领导下的青年群众组织共产主义青年团（简称“共青团”，英文为Communist Youth League）的缩写。1922年5月5日，中国社会主义青年团第一次全国代表大会在广州召开，正式宣告成立。1925年1月，在上海召开第三次全国代表大会，“中国社会主义青年团”正式更名为“中国共产主义青年团”。

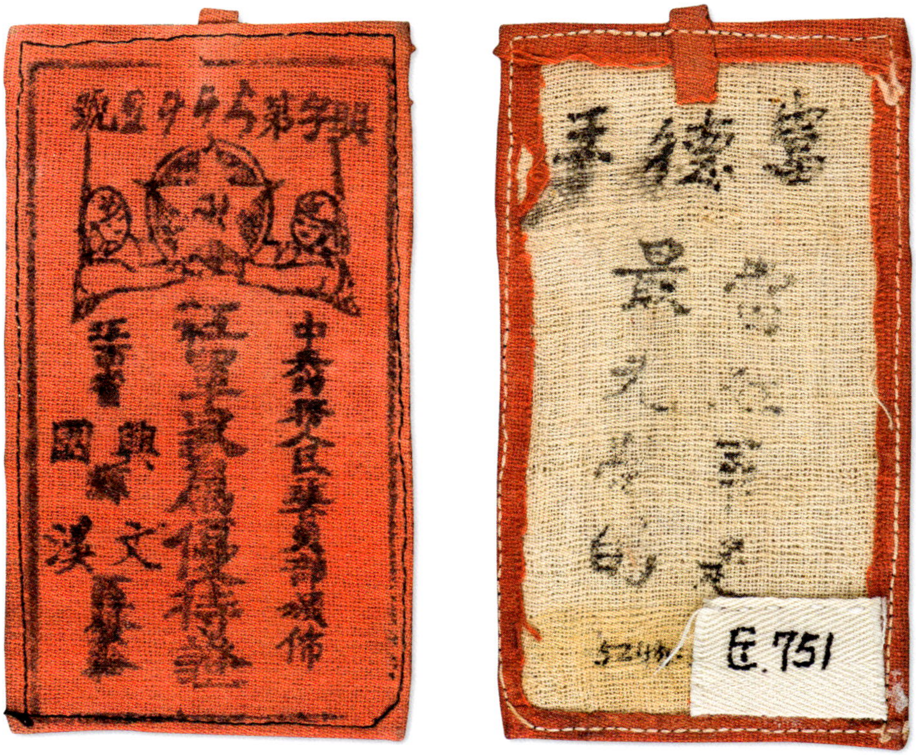

红军家属优待证

第二次国内革命战争时期
纵 10.8 厘米，横 6 厘米
1974 年中国革命博物馆拨交

该证为江西省兴国县文溪区发给王德富的红军家属优待证。

对中国工农红军战士和红军家属实行优待，是中国共产党在红军发展和根据地建设初期，为发展壮大红军队伍、加强根据地建设而采取的一项重要措施。1931年11月召开的中华工农兵苏维埃第一次全国代表大会，通过《中国工农红军优待条例》，使优待红军和红军家属的工作有了法律保障。1932年初，苏维埃临时中央政府颁布《红军抚恤条例》。1932年2月1日，苏维埃中央执行委员会发布第9号训令，颁布《执行优待红军条例的各种办法》，要求各省、县设立红军优待委员会，专门负责此项工作。

中国苦力运输工会会员证

1934 年 3 月 1 日

纵 11.6 厘米，横 7.4 厘米

1974 年中国革命博物馆拨交

中国苦力运输工会，成立于1933年9月1日，是中华全国总工会苏区中央执行局组织成立的、具有产业工会性质的机构，成员多为码头、木船、竹筏、土车、肩挑等运输工人。该工会成立后，领导运输工人不怕牺牲、克服困难，靠竹筏木船、肩挑背驮，为保障苏区内外物资运输作出了重要贡献。

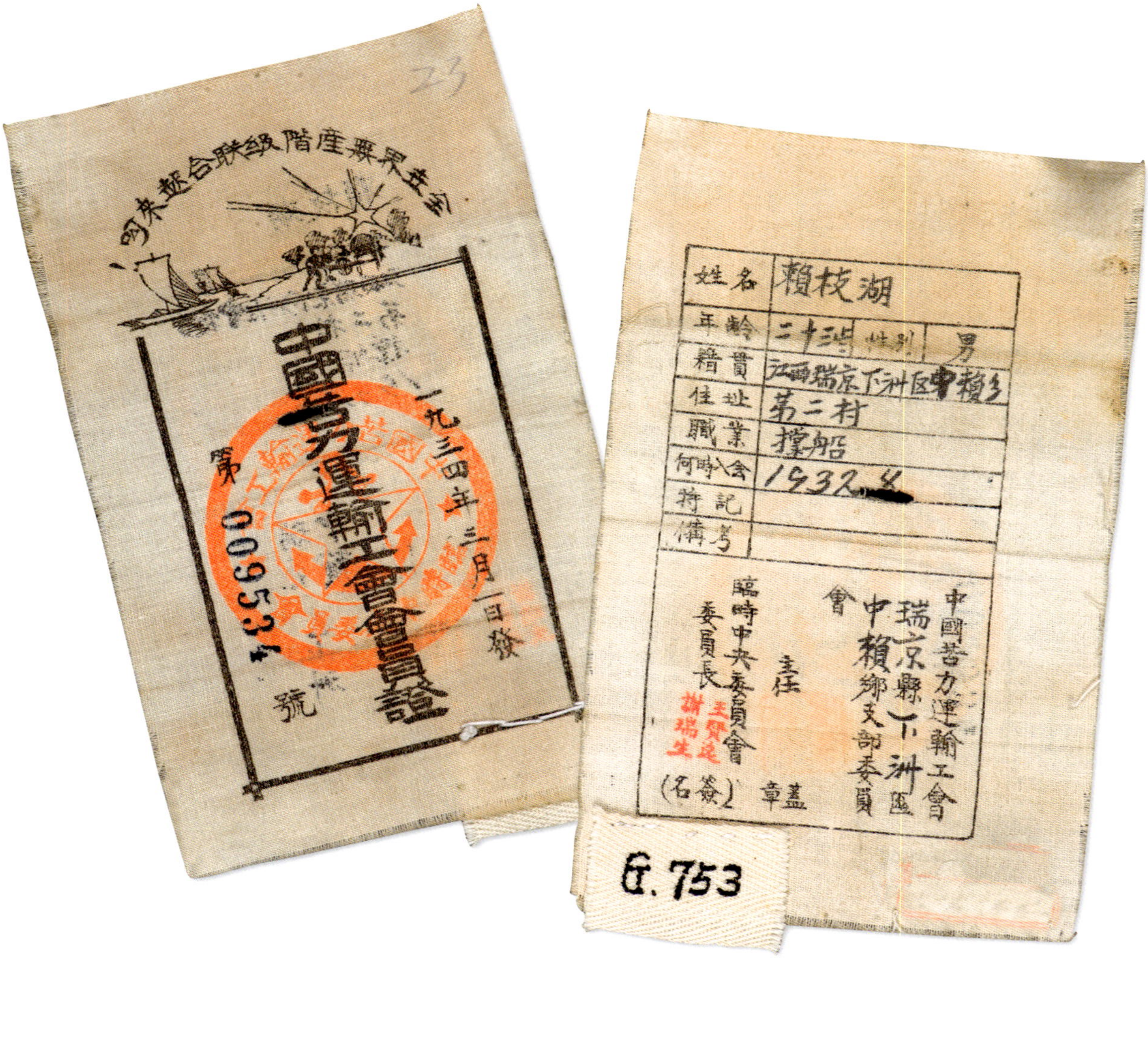

红军赠给洪洞白石村小学的风琴

1936 年
通高 104.5 厘米，长 9.5 厘米，宽 38 厘米
1954 年征集

该风琴为木质，日本产“雅马哈”牌。琴盖内阴刻“中国人民红军抗日先锋军总政治部赠白石村两级小学校留念”二十六字。

1936年1月19日，中国工农红军发布了《西北军事委员会关于红军东进抗日及讨伐卖国贼阎锡山命令》。为表明抗日决心、实现全国一致抗战，2月成立了中国人民红军抗日先锋军，东渡黄河、讨伐阎锡山。5月5日，中国工农红军革命军事委员会发表《停战议和一致抗日通电》，红军撤回陕北，东征结束。

中國人民红軍
抗日先鋒軍總政治部贈
白石村兩級小學校留念
YAMAHA ORGAN
HAMAMATSU

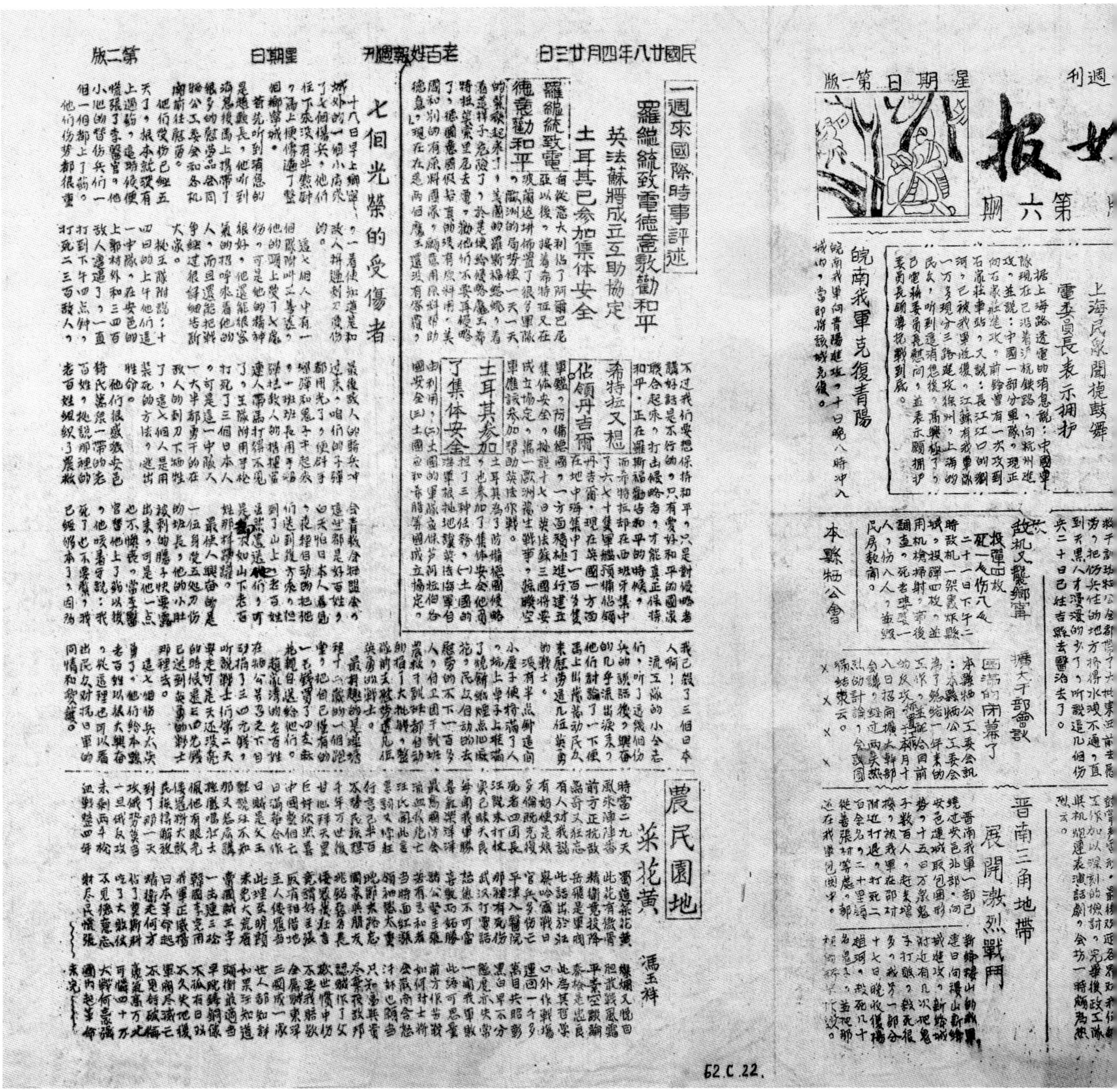
民國卅八年四月廿三日　老百姓報週刊　星期日　第二版

一週來國際時事評述

羅斯福總統致電德意敦勸和平

英法蘇將成立互助協定

土耳其已參加集体安全

羅斯福總統致電德意勸和平

希特拉又想佔領丹吉爾

土耳其參加了集体安全

七個光榮的受傷者

農民園地

菜花黃　馮玉祥

62.C.22.

週刊　老百姓報　第六期

星期日　第一版

上海民眾聞捷鼓舞　電委員長表示擁护

據上海路透電的消息說：中國軍隊現在已沿着滬杭鐵路，向杭州進攻，並說：中國一部分軍隊，現正向石家莊進攻，前幾曾有一次攻到石家莊車站，又說：長江江口的瀏河，已被我軍收復，江蘇有我軍隊一万多，現分三路進攻徐州，上海的民眾，听到這消息後，高興極了，已電稱委員長慰問，並表示願擁护委員長領導抗戰到底。

皖南我軍克復青陽

皖南我軍向青陽進攻，十日晚八時沖入城內，當即將該城克復。

敵機又襲鄉寧　投彈四枚　死一人傷八人

本縣牺公會

擴大干部會議

圓滿的閉幕了

晉南三角地帶　展開激烈戰鬥

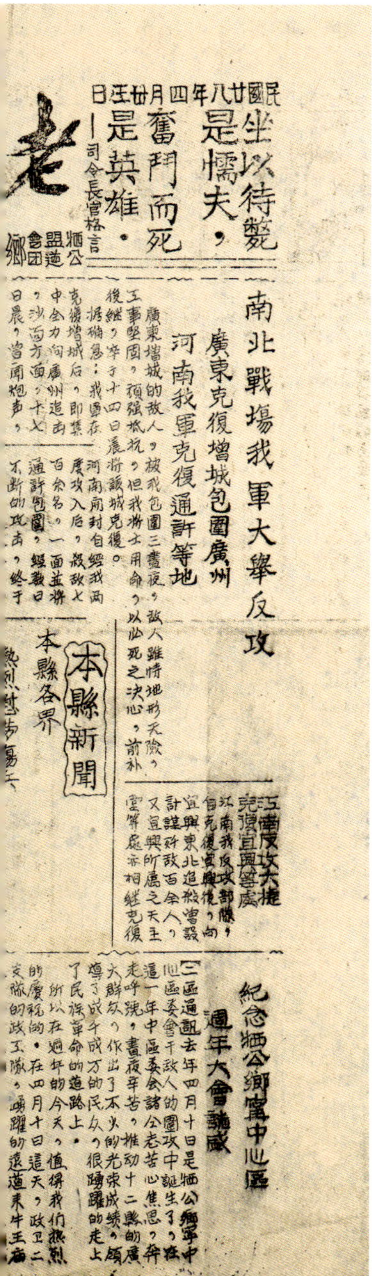

民國廿八年四月廿三日

坐以待斃，是懦夫；奮鬥而死，是英雄。——司令長官格言

老

南北戰場我軍大舉反攻

廣東克復增城包圍廣州

河南我軍克復通許等地

廣東增城的敵人，被我包圍三晝夜，敵人雖情地形天險，工事堅固，頑強抵抗，但我將士用命，以必死之決心，前仆後繼，卒于十四日晨將該城克復。據確息：我軍在克復增城后，即集中全力向廣州進击，沙河方面，十七日晨，當聞炮声，

河南南封白經我両廣攻入后，殺敵七百余名，一面並將通許包圍，經數日不斷的攻击，終于

江南反攻大捷克復宜興等處

江南我反攻部隊，自克復宜興後，向宜興東北追殺，當殲計謀殲敵百余人，又宜興所屬之天王堂等處亦相繼克復

本縣新聞

本縣各界熱烈慰勞傷兵

紀念牺公鄉寧中心區週年大會誌盛

〔三區通訊〕去年四月十日是牺公鄉寧中心區委會于敵人的圍攻中誕生了，在這一年中區委会諸公苦心焦思，奔走呼號，晝夜辛苦，推动十二縣的廣大群众，作出了不少的光榮成績，領導了成千成万的民众，很踴躍的走上了民族革命的道路上。所以在週年的今天，值得我們熱烈的慶祝的。在四月十日這天，政卫二支隊的政工隊，踴躍的遠道來牛王廟

牺公会乡宁工作委员会出版的《老百姓报》（第六期）

1939 年 4 月 23 日

纵 37 厘米，横 38.4 厘米

1962 年征集

纸质，单面油印，两版。第一版内容主要是近期国内时事及本县新闻，第二版内容为一周来国际时事评述及农民园地等栏目。本期报纸着重报道了乡宁青救会、牺公会救助7名抗日伤员及7名伤员英勇杀敌的事迹。

此后为一组山西牺牲救国同盟会的文物。山西牺牲救国同盟会，简称“牺盟会”，是国民政府时期山西地方军政首脑阎锡山在日本侵略者企图侵占华北与国民党介蒋石集团欲染指山西的双重压力下，为稳固其在山西的统治，顺应山西民众抗日热情而成立的抗日救国组织。1936年9月18日，牺盟会筹备委员会在太原市海子边召开万人宣传大会，发布《告各界同胞书》。10月18日，牺盟会在太原国民师范正式成立。牺盟会成立后，薄一波接受中共中央指令，回到山西协助参与牺盟会改组工作，将牺盟会事实上改组为中国共产党领导下的抗日民族统一战线组织。

牺盟会会员证章

抗日战争时期

直径 2.5 厘米

1962 年征集

铜质，圆形，图形为中国地图，东三省用红色表示，其余为深绿色，地图上镌“牺牲救国”四字。证章背面刻“会员证”，下有编号“37061”。

《战号》油印宣传报（第九、十合刊）

1939 年 3 月 22 日
纵 37.5 厘米，横 29.7 厘米
1962 年征集

《战号》报，由稷山动委会、牺公会、县政府合编，三日刊。本期主要介绍了当时国际、国内的战争形势。

动委会，全称“民族革命战争战地总动员委员会”，是由周恩来等同志代表党中央和八路军亲自向阎锡山提出并组织成立的抗日民族统一战线组织，名义上属于第二战区司令长官行营直辖，实际由中国共产党掌握领导权，主要负责动员群众参与援助抗战、组织领导游击战争。

公道团，全称“主张公道团”，又叫“好人团”，是阎锡山感到红军威胁后、以实行防共反共为宗旨而建立的右翼组织。公道团建立早于牺盟会，但牺盟会成立后，山西的抗日民族统一战线初步形成，公道团的反共行为逐渐消沉。日军侵入山西后，许多县、乡的公道团组织崩溃，逐渐与各地牺盟会联合成立牺公联合会。

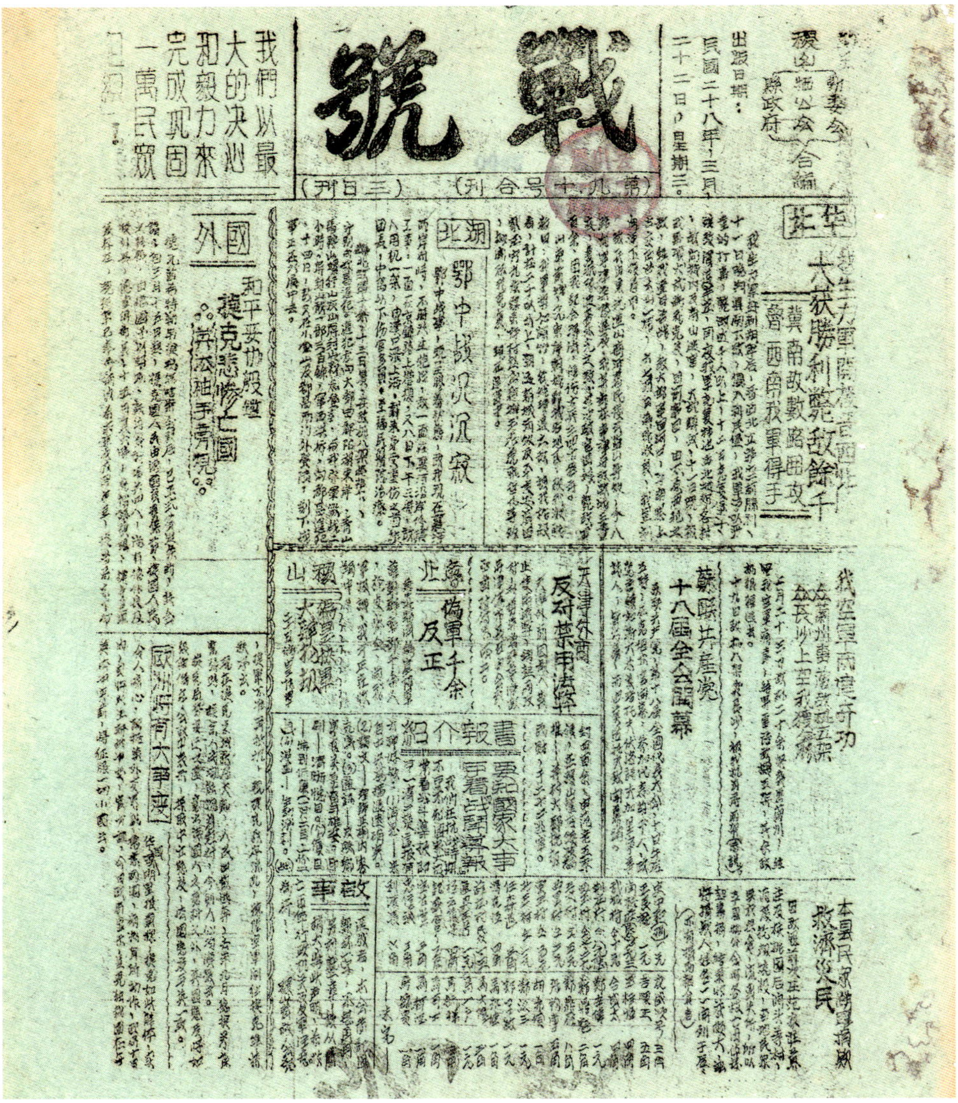

戰號

（三日刊）（第九十合刊）

出版日期：民國二十八年三月二十二日星期三

外國

湖北

鄂中戰況沉寂

華北

大獲勝利

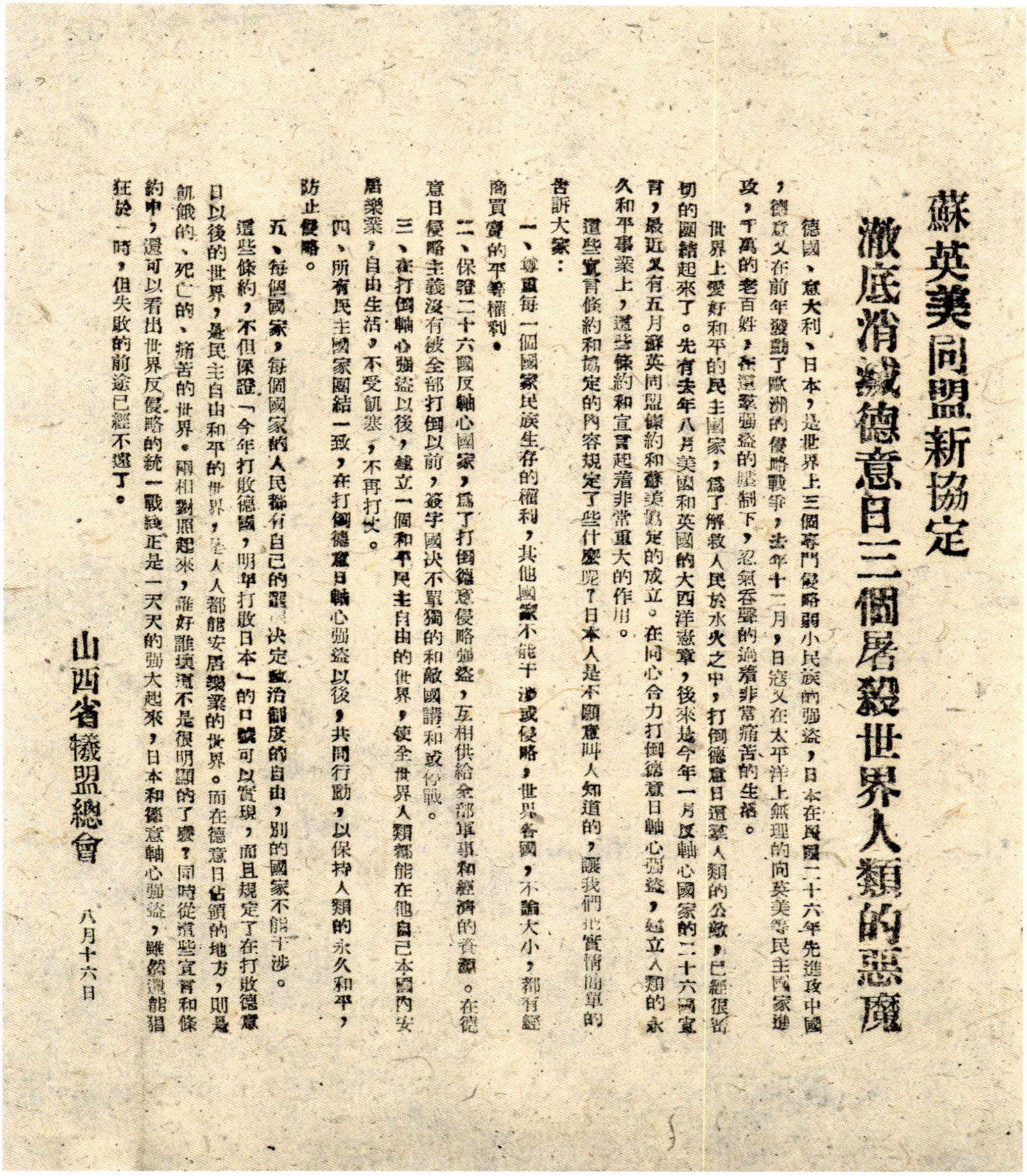

蘇英美同盟新協定

澈底消滅德意日三個屠殺世界人類的惡魔

德國、意大利、日本，是世界上三個專門侵略弱小民族的強盜，日本在民國二十六年先進攻中國，德意又在前年發動了歐洲的侵略戰爭，去年十二月，日寇又在太平洋上無理的向英美等民主國家進攻，千萬的老百姓，在這羣強盜的壓制下，忍氣吞聲的過着非常痛苦的生活。

世界上愛好和平的民主國家，為了解救人民於水火之中，打倒德意日這羣人類的公敵，已經很密切的團結起來了。先有去年八月美國和英國的大西洋憲章，後來是今年一月反軸心國家的二十六國宣言，最近又有五月蘇英同盟條約和蘇美協定的成立。在同心合力打倒德意日軸心強盜，建立人類的永久和平事業上，這些條約和宣言起着非常重大的作用。

這些宣言條約和協定的內容規定了些什麼呢？日本人是不願意叫人知道的，讓我們把實情簡單的告訴大家：

一、尊重每一個國家民族生存的權利，其他國家不能干涉或侵略，世界各國，不論大小，都有經商買賣的平等權利。

二、保證二十六國反軸心國家，為了打倒德意侵略強盜，互相供給全部軍事和經濟的資源。在德意日侵略主義沒有被全部打倒以前，簽字國決不單獨的和敵國講和或停戰。

三、在打倒軸心強盜以後，建立一個和平民主自由的世界，使全世界人類都能在他自己本國內安居樂業，自由生活，不受飢寒，不再打仗。

四、所有民主國家團結一致，在打倒德意日軸心強盜以後，共同行動，以保持人類的永久和平，防止侵略。

五、每個國家，每個國家的人民都有自己的選擇決定政治制度的自由，別的國家不能干涉。

這些條約，不但保證「今年打敗德國，明年打敗日本」的口號可以實現，而且規定了在打敗德意日以後的世界，是民主自由和平的世界，是人人都能安居樂業的世界。而在德意日佔領的地方，則是飢餓的、死亡的、痛苦的世界。兩相對照起來，誰好誰壞還不是很明顯的了麼？同時從這些宣言和條約中，還可以看出世界反侵略的統一戰線正是一天天的強大起來，日本和德意軸心強盜，雖然還能猖狂於一時，但失敗的前途已經不遠了。

山西省犧盟總會

八月十六日

山西省牺盟总会关于反法西斯同盟成立的宣传单

1942 年 8 月 16 日

纵 19.3 厘米，横 17.7 厘米

1961 年征集

传单为纸质，单面印，竖排版。该传单即为介绍反法西斯同盟成立，特别是苏英同盟条约和苏美协定的签署，对人类永久和平的重大作用。

1941年12月7日，日军偷袭珍珠港，日美太平洋战争爆发。1942年1月，中、苏、美、英等26国在华盛顿签署《联合国家宣言》，成立反法西斯同盟。

平型关战役八路军战士使用的铁锚

1937 年
最长 21 厘米，最宽 6.2 厘米
1959 年征集

此后为一组平型关战役的文物。1937年9月25日，八路军一一五师为配合第二战区国民党军作战，阻滞日军的攻势，在山西境内平型关附近，对企图南下夺取太原的日军精锐第5师第21旅一部发起的一次山地伏击战。平型关大捷是全面抗战开始以来中国军队取得的第一次重大胜利，打击了侵华日军的气焰，振奋了全国军民士气，提高了中国共产党和八路军的声威。

平型关战役民兵抬伤员使用的被子

1937 年
长 144 厘米，宽 94 厘米
1959 年征集

平型关战役游击队夜间集合使用的油灯

1937 年
长 10 厘米，宽 7.9 厘米，高 4 厘米
1959 年征集

平型关战役八路军战士使用的铁锹头

1937 年
最长 34.5 厘米，最宽 15 厘米
1961 年征集

平型关战役八路军战士使用的刺刀

1937 年

最长 50.5 厘米，最宽 9.5 厘米

1961 年征集

平型关战役八路军战士使用的地雷板

1937 年
长 45.2 厘米，宽 22 厘米
1961 年征集

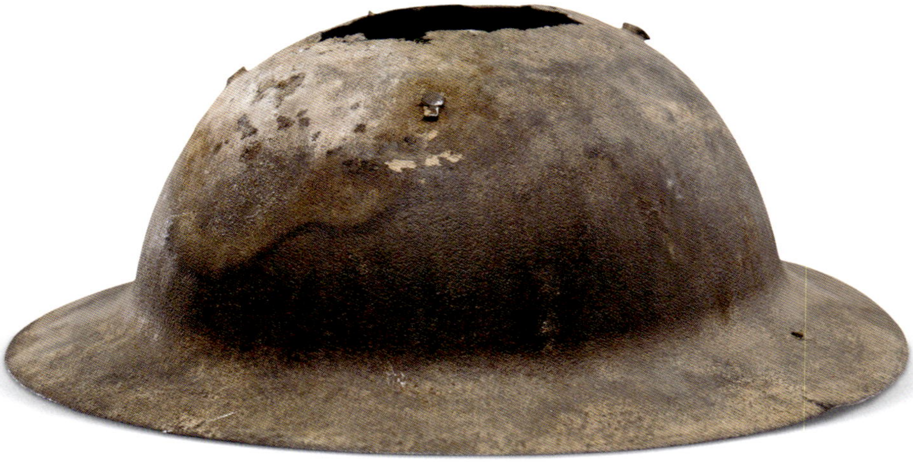

平型关战役八路军战士缴获的日军钢盔

1937 年
底径 30 厘米，高 11 厘米
1961 年征集

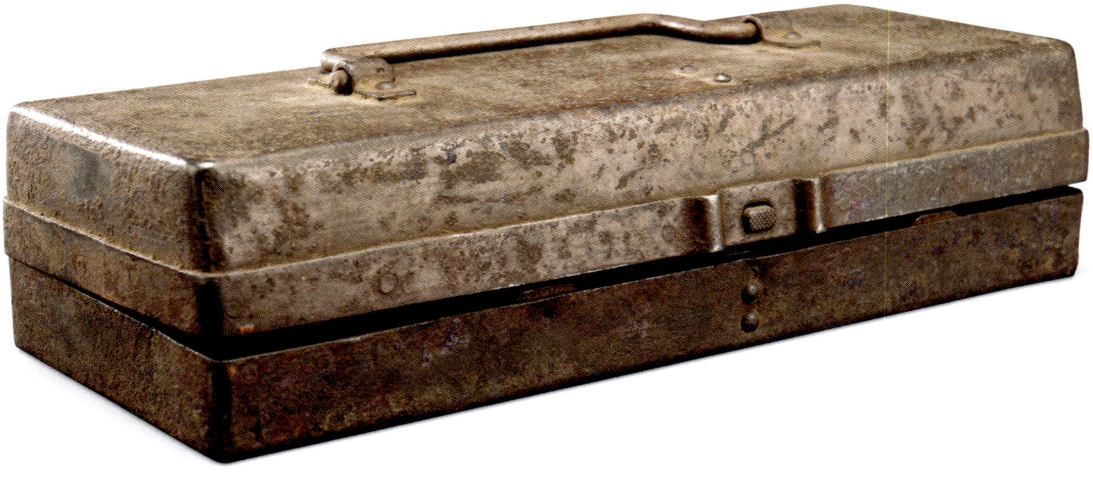

平型关战役八路军战士缴获的日军子弹箱

1937 年
长 29 厘米，宽 10 厘米，高 7 厘米
1959 年征集

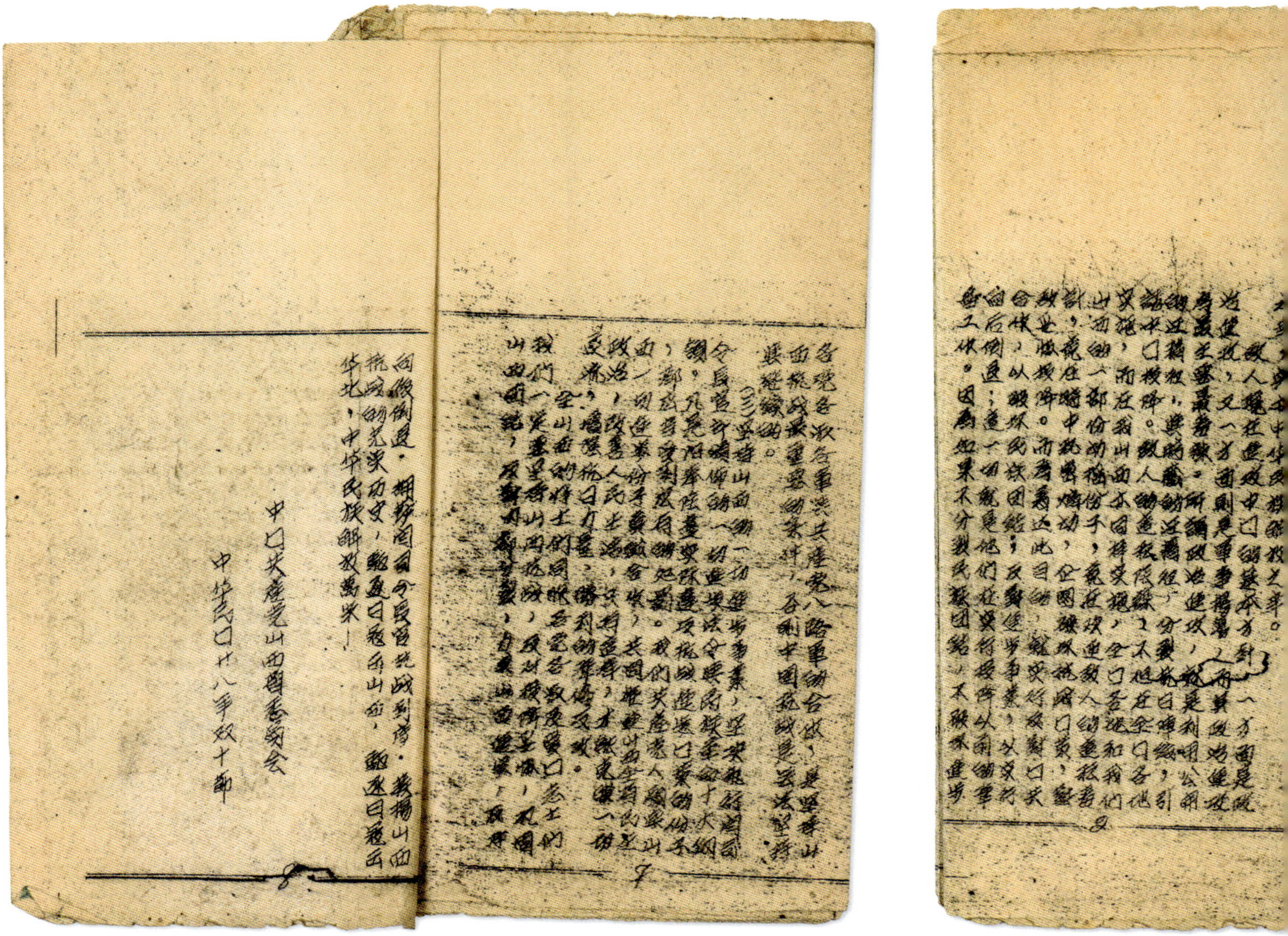

中国共产党山西省委关于坚持山西抗战克服危险倾向的宣言

1939 年 11 月 8 日

纵 16.8 厘米，横 10 厘米

1958 年征集

武汉会战后，抗战进入相持阶段。日本重新调整侵华策略，对国民党政府实行“政治诱降为主、军事进攻为辅”的方针，暂缓对正面战场的战略进攻，集中主要兵力进攻共产党领导的抗日根据地。西方英、美等国也劝说国民党政府“妥协”，妄图以牺牲中国的利益，来换取对日妥协，拆散德日同盟。之后，汪精卫公开叛变革命，以蒋介石为代表的国民党亲英美派开始推行消极抗日、积极反共的政策。此宣言即为此时中国共产党山西省委员会号召全体山西民众“为坚持山西抗战，克服危险倾向而奋斗到底”，除了防止军事袭击，更要警惕日本帝国主义的政治进攻，与分裂抗日阵线的行为作斗争。

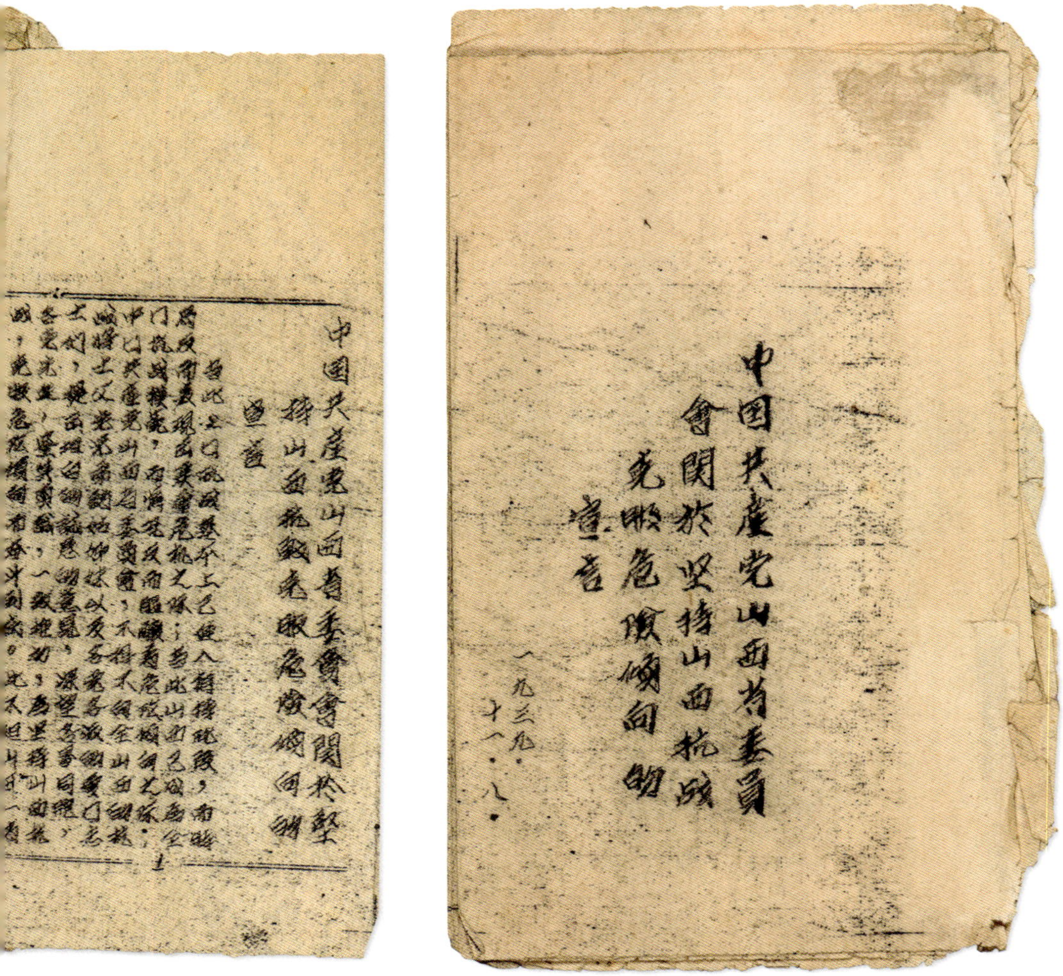
中国共産党山西省委員
會関於坚持山西抗战
克服危險傾向的
宣言
一九三九.
十一.八.

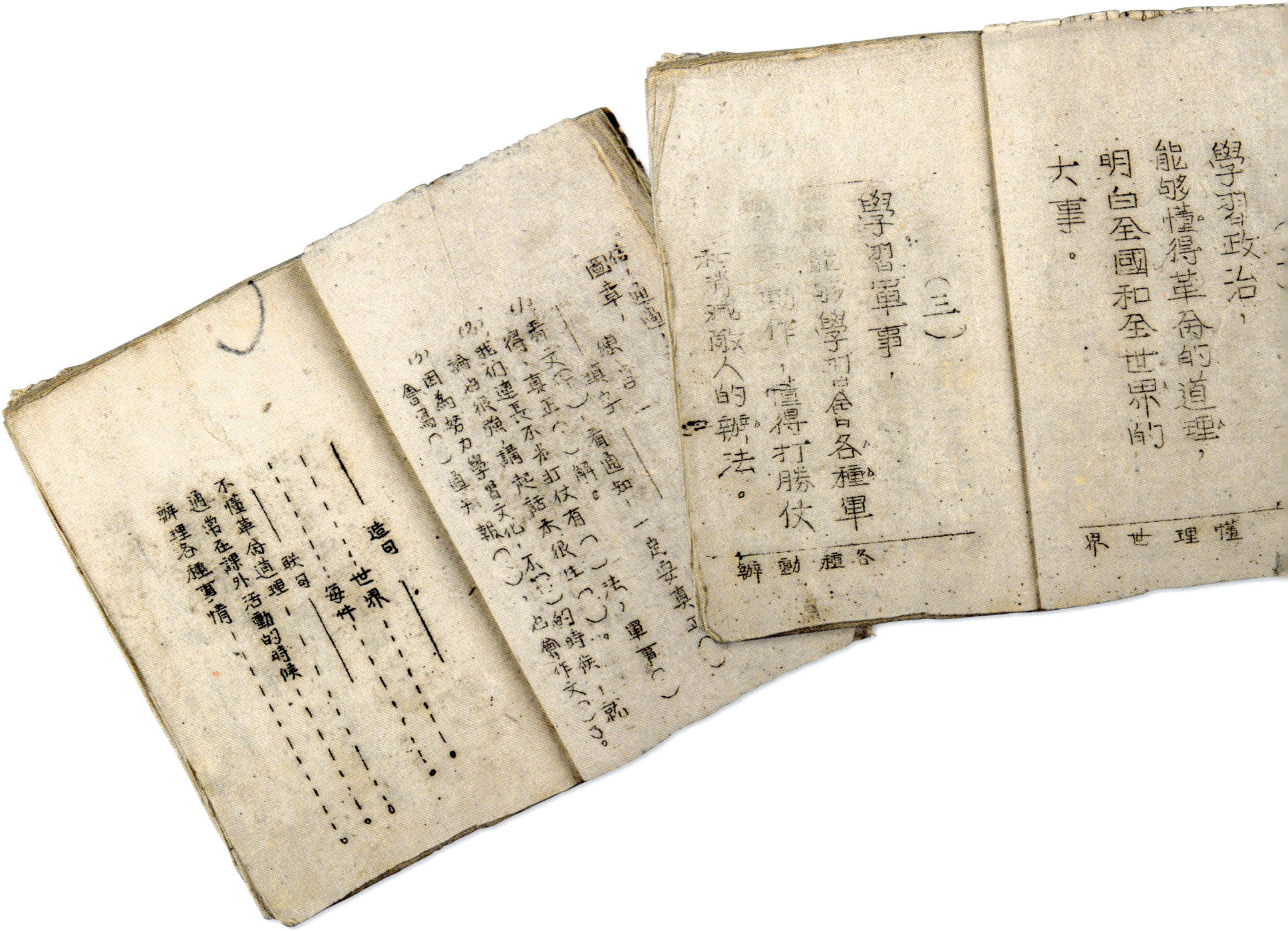

晋察冀军分区编《识字课本》（第三册）

1942 年 1 月

纵 13.3 厘米，横 8.8 厘米

1959 年石家庄烈士纪念馆拨交

该书为晋察冀军分区翻印的《识字课本》第三册，内容主要是有关政治、军事等方面通俗易懂的宣传口号，包括识字、练字、填字、造句等形式。

中国共产党在山西建立革命根据地后，社会教育的首要任务就是开展识字教育。识字教材以扫除文盲为目标，内容简单易懂，涵盖范围包括根据地生活的方方面面，并将在根据地开展的工作内容融入其中，通过识字教育巩固政治教育效果。

學習學習，要硬着頭皮，
今天記住一句，
明天記住兩句，
日子久了，就會有進步。
硬 皮 久

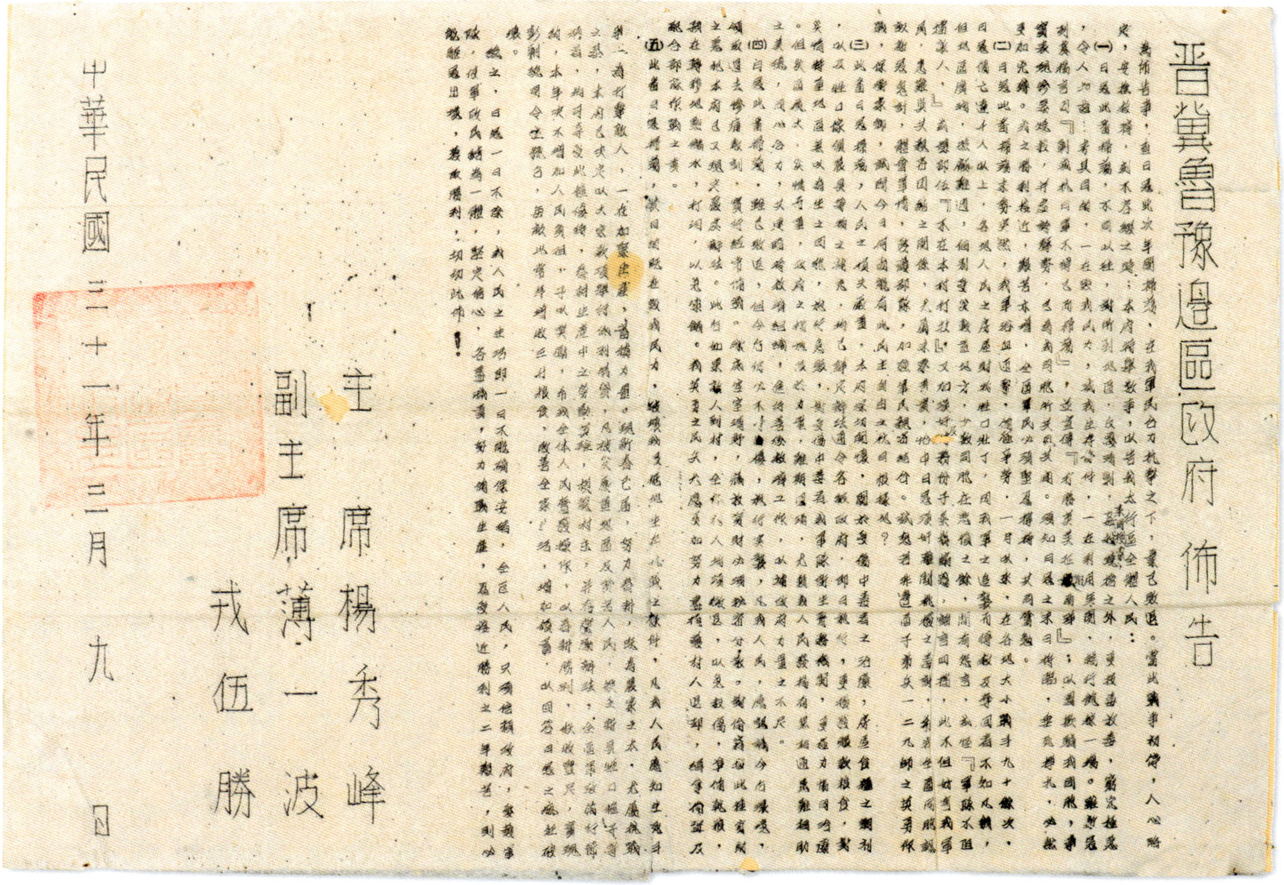
晉冀魯豫邊區政府佈告

主席 楊秀峰
副主席 薄一波
戎伍勝

中華民國三十一年三月九日

晋冀鲁豫边区政府布告

1942 年 3 月 9 日
纵 37.2 厘米，横 46.3 厘米
旧藏

1941年秋冬，日军华北方面军出动优势兵力，对华北各根据地发动大规模合围扫荡，并实行了臭名昭著的“三光”政策，企图消灭扎根在山区的八路军主力，为即将发动的太平洋战争作战略准备。各根据地军民在我党的领导下，同日寇进行了数月的艰苦战斗，付出了巨大牺牲，于1942年初粉碎了日军的围攻。

该布告发布于1942年3月，其内容是晋冀鲁豫边区政府对上年反“扫荡”战斗作出的总结，反映了抗日根据地的艰苦条件与生存危机，体现了我抗日军民同仇敌忾、坚强不屈的伟大意志。

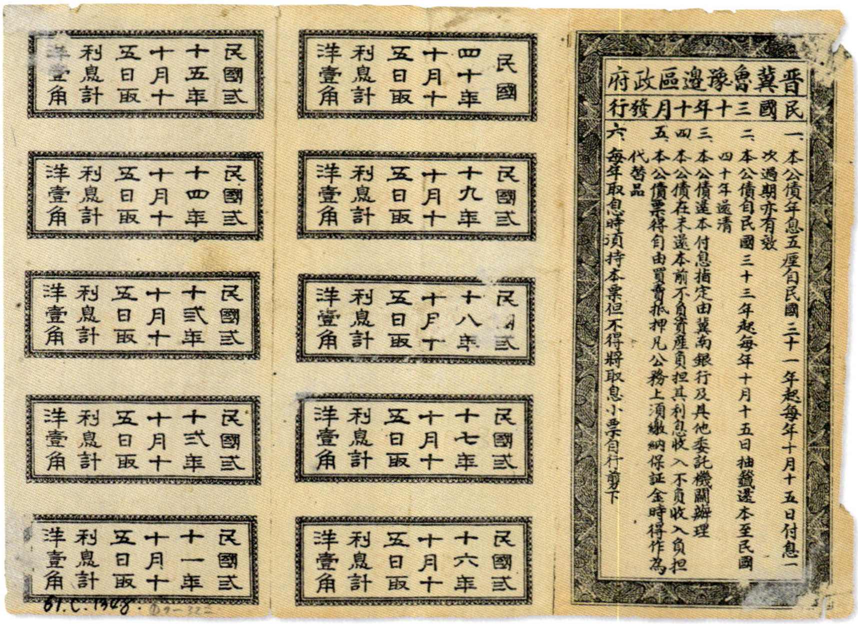

晋冀鲁豫边区政府发行的贰圆生产建设公债券

1941 年

纵 12.3 厘米，横 16.7 厘米

1961 年征集

1941年7月，晋冀鲁豫边区政府成立。边区政府成立之初，正是抗日根据地对敌斗争最严酷和财政经济最困难的时期。边区政府决定发行晋冀鲁豫边区生产建设公债券，分为“贰圆”“伍圆”“拾圆”“叁拾圆”四种面额，年息五厘，主要用于边区水利、生产、重要公营工业及商业等事业。本券面额为贰圆，编码6868002，由主票和十张息票组成。

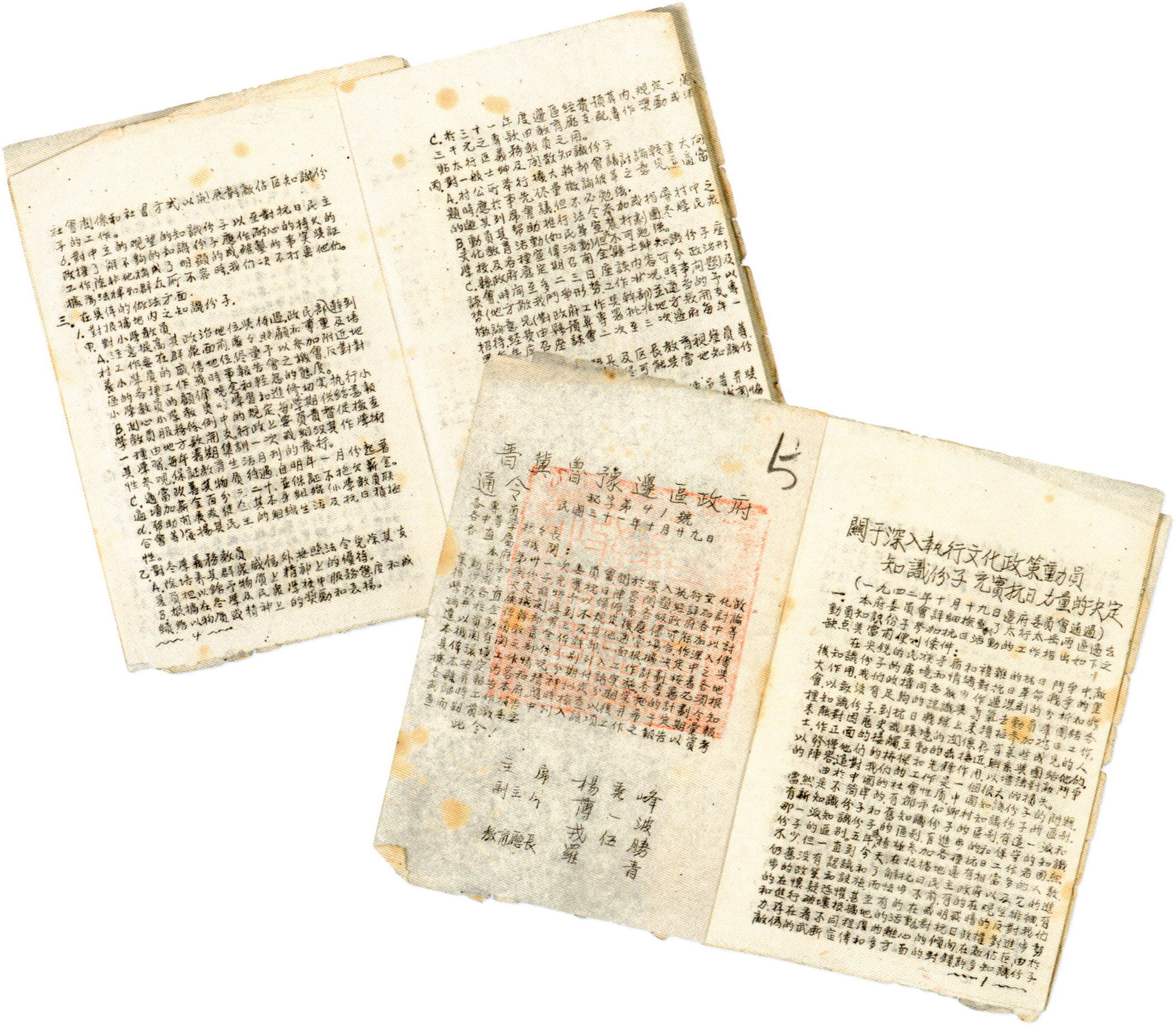

晋冀鲁豫边区政府委员会“关于团结知识分子的决定”册

1942 年 10 月 19 日

纵 18.8 厘米，横 14.3 厘米

1958 年征集

1941年，抗日战争陷入艰苦而关键的相持时期，在正面战场双方长期拉锯的情况下，日军加强了对沦陷区的控制和对共产党领导的敌后抗日根据地的封锁。为执行文化政策，动员知识分子充实抗日阵容，晋冀鲁豫边区政府发布此通告，明确了对知识分子群体的辩证认识，要求所辖的各专署贯彻执行团结根据地知识分子的政策，以期发挥他们的积极作用。这些举措体现了中国共产党始终坚持抗日民族统一战线的方针。

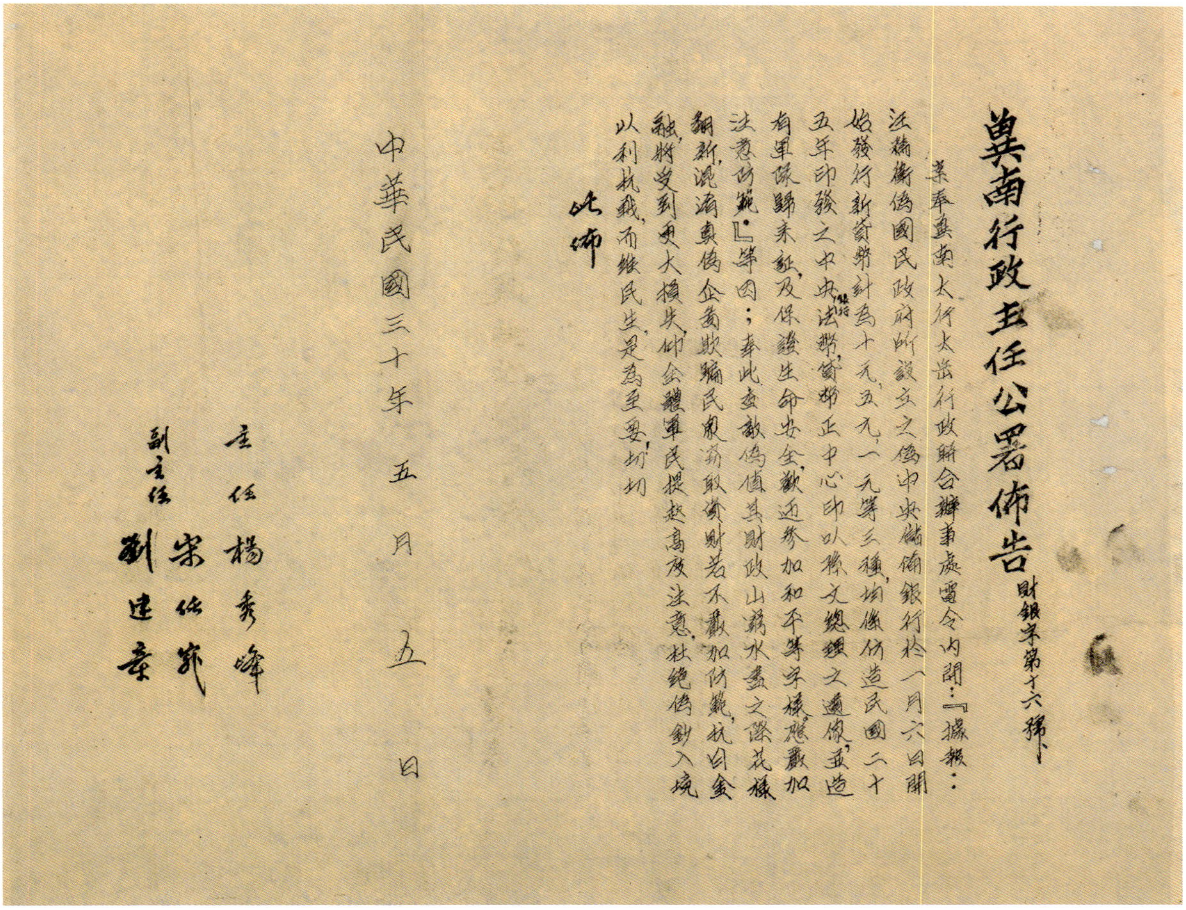

冀南行政主任公署佈告 財銀字第十六號

案奉冀南太行太岳行政聯合辦事處電令內開：『據報：汪精衛偽國民政府所設立之偽中央儲備銀行於一月六日開始發行新貨幣計為十元、五元、一元等三種，均係仿造民國二十五年印發之中央法幣，貨幣正中心印以孫文總理之遺像，並造有軍隊歸來証，及保證生命安全，歡迎參加和平等字樣，應嚴加注意防範』等因；奉此查敵偽值其財政山窮水盡之際花樣翻新，混淆真偽企圖欺騙民眾竊取資財，若不嚴加防範，抗日金融將受到更大損失，仰各軍民提起高度注意，杜絕偽鈔入境以利抗戰，而維民生，是為至要，切切

此佈

中華民國三十年五月五日

主任 楊秀峰
副主任 宋任窮 劉建章

冀南行政主任公署关于杜绝伪钞入境的布告

1941 年 5 月 5 日
纵 41 厘米，横 56.5 厘米
1954 年征集

该布告为冀南行政主任公署奉冀南、太行、太岳行政联合办事处电令而颁布，主要内容是为防止民众受欺骗被窃取资财以及抗日金融受到更大损失，告诫民众严加防范、提高注意，杜绝伪钞入境。

“中储券”，即“中央储备银行兑换券”，是1941年1月6日汪伪政权“中央储备银行”成立当日发行的纸币。“中央储备银行”亦仿造1936年发行的中央银行法币。

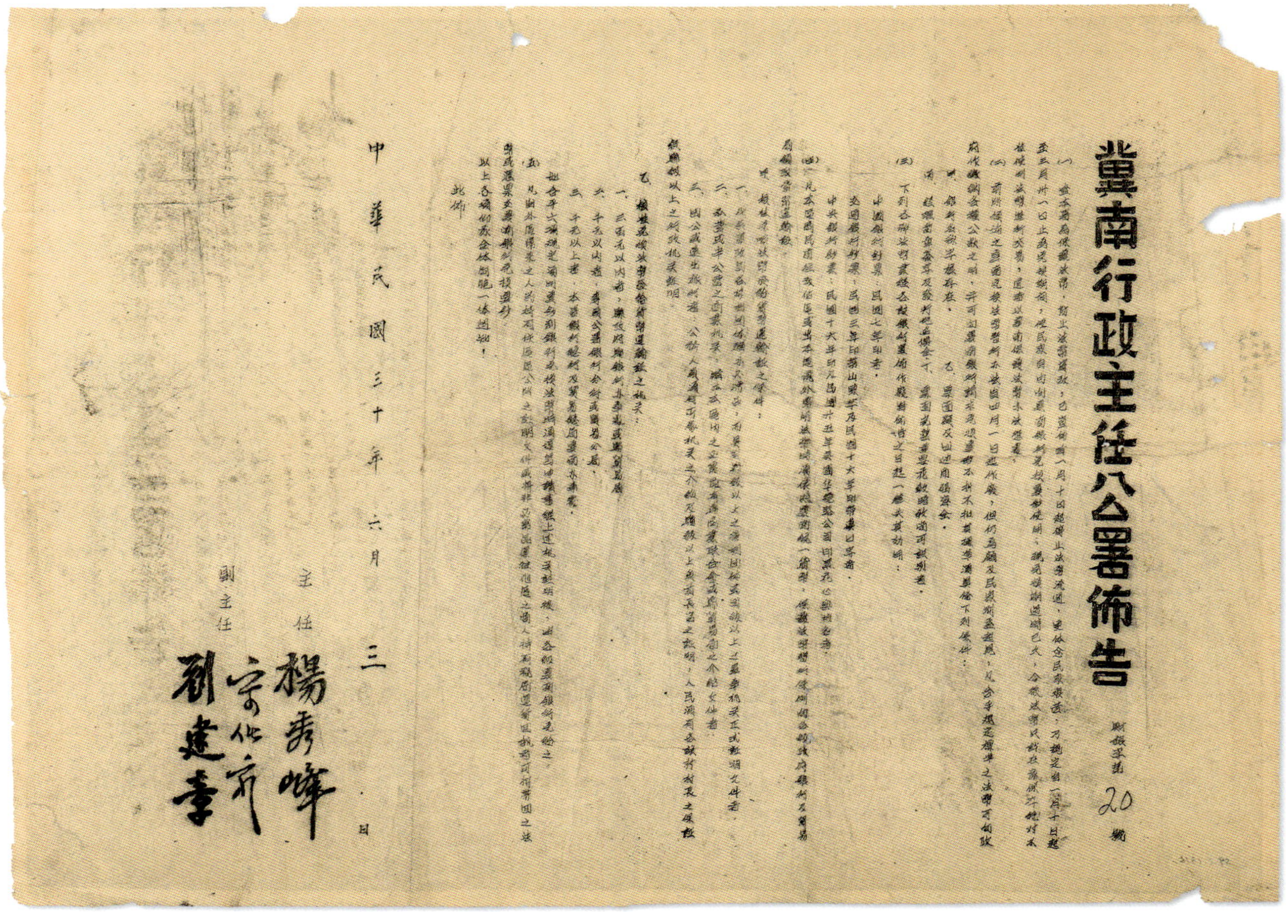
冀南行政主任公署佈告

字第 20 號

中華民國三十年六月三日

主任 楊秀峰

副主任 宋任窮 劉建章

冀南行政主任公署关于禁止法币流通及兑换法币新办法的布告

1941 年 6 月 3 日
纵 41 厘米，横 56.5 厘米
1954 年征集

该布告主要内容为为保护法币、防止法币资敌，呼吁民众向冀南银行兑换冀钞，一切交易需以冀钞为本位币，并对兑换时间和条件作了规定，对携带法币也进行了限制。

冀钞，亦称“冀南币”，是1939年10月由冀南银行发行的货币，主要流通于太行区和冀南区。1940年8月，冀太联办成立后，规定冀南、太行、太岳区以冀钞为本位币，并要求逐渐扩大冀钞的流通区域，巩固冀钞以支持边区的统一与建设。1940年11月，冀太联办决定采取“保护法币、统一货币”的政策，保护法币以稳定物价，巩固冀钞；收兑法币，可减少根据地内法币流通量，扩大冀钞流通区域。

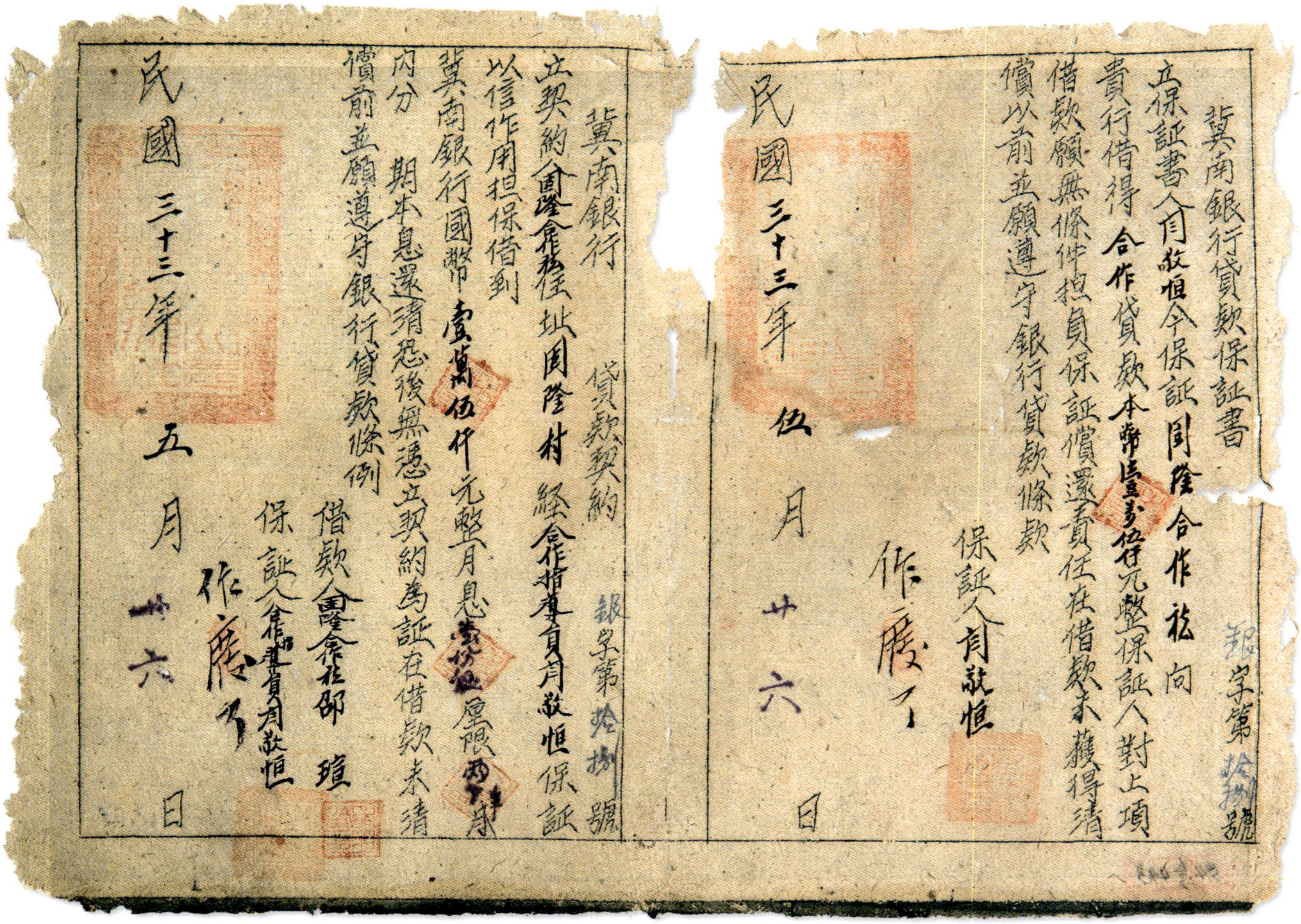
冀南銀行貸款保證書

報字第拾捌號

立保證書人閆敬恒今保証固隆合作社向

貴行借得合作貸款本幣壹萬伍仟元整保証人對上項

借款願無條件担負保証償還責任在借款未獲得清

償以前並願遵守銀行貸款條款

保証人閆敬恒

民國三十三年伍月廿六日

冀南銀行 貸款契約

報字第拾捌號

立契約人固隆合作社住址固隆村經合作指導員閆敬恒保証

以信作用担保借到

冀南銀行國幣壹萬伍仟元整月息壹分伍厘限本年 月

內分 期本息還清恐後無憑立契約為証在借款未清

償前並願遵守銀行貸款條例

借款人固隆合作社邵 瑄

保証人合作指導員閆敬恒

民國三十三年五月廿六日

冀南银行贷款保证书

1944 年 5 月 26 日

纵 18 厘米，横 25.2 厘米

1954 年阳城县政府捐赠

保证书为纸质，单面油印。右侧一栏为冀南银行贷款保证书，内容为固隆合作社指导员闫敬恒向冀南银行订的还款保证书；左侧一栏为贷款契约，内容为固隆合作社向冀南银行贷款一万五千元本币所立的契约。

冀南银行，是为巩固和发展中国共产党晋冀鲁豫抗日根据地经济，1939年10月15日在山西黎城成立的金融机构，对促进根据地经济建设、保障党政军各级机关财政物资供给、强化对敌经济斗争、改善商民生活均起到了重要作用。

太行第二专员公署“关于我区今年人民负担问题”的布告

1945 年 5 月 1 日

纵 49 厘米，横 33.4 厘米

1959 年征集

布告为纸质，竖排版，内容为太行第二专署在平衡区内各县、各区、各村经济特点的前提下绝不增加百姓负担，且规定每户按产量计算最高负担不超过35%，以保持广大百姓的生产积极性。

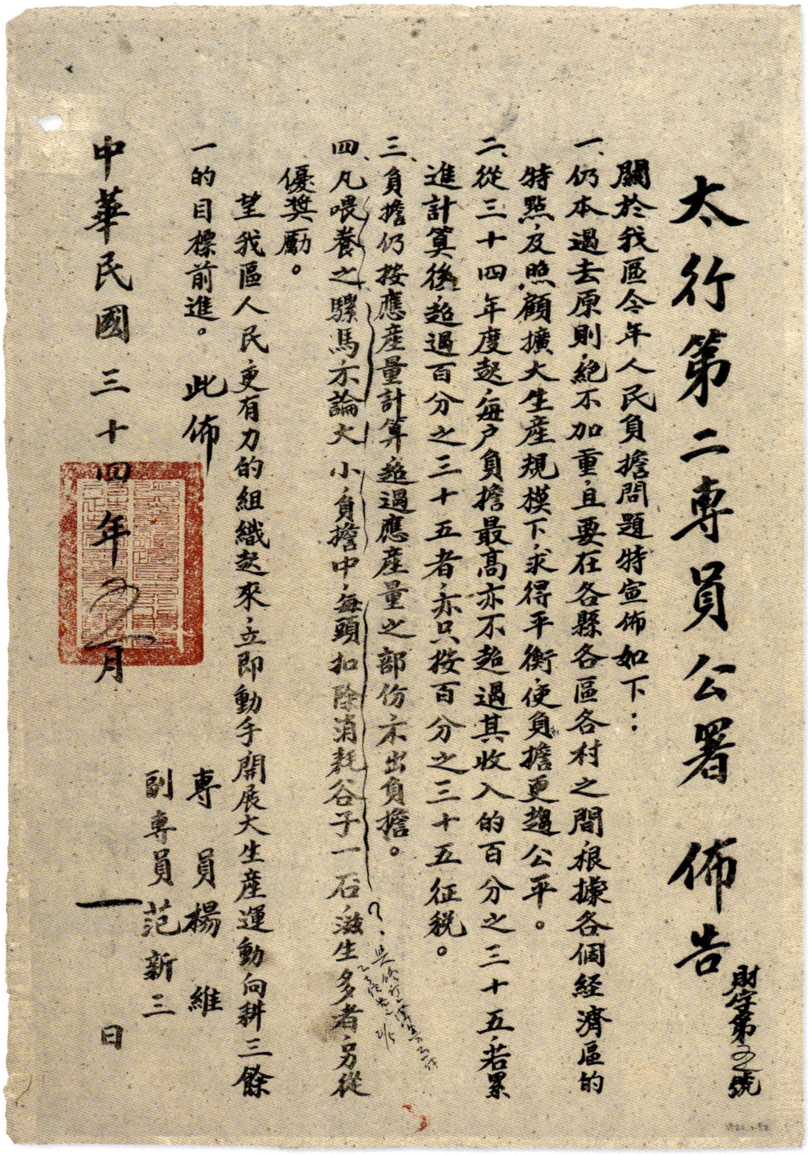

太行第二專員公署佈告

財字第二號

關於我區今年人民負擔問題特宣佈如下：

一、仍本過去原則，絕不加重，且要在各縣各區各村之間根據各個經濟區的特點，及照顧擴大生產規模下，求得平衡，使負擔更趨公平。

二、從三十四年度起，每戶負擔最高亦不超過其收入的百分之三十五，若累進計算後超過百分之三十五者，亦只按百分之三十五征稅。

三、負擔仍按應產量計算，超過應產量之部份，亦不出負擔。

四、凡喂養之騾馬，不論大小，負擔中每頭扣除消耗谷子一石，滋生多者另從優獎勵。

望我區人民更有力的組織起來，立即動手開展大生產運動，向耕三餘一的目標前進。此佈

專員 楊維

副專員 范新三

中華民國三十四年五月一日

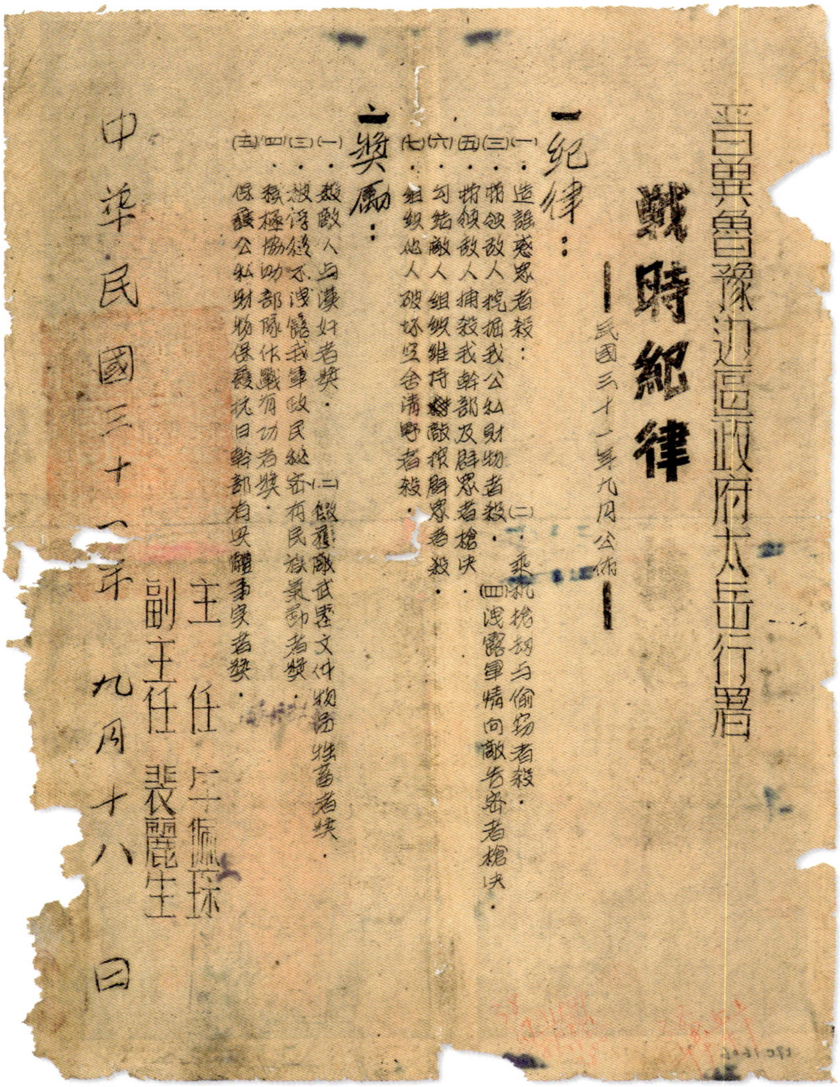
晋冀魯豫边區政府太岳行署
戰時紀律
—民國三十一年九月公佈—
一、紀律：
(一)造謠惑眾者殺；(二)乘機搶劫與偷竊者殺；
(三)帶領敵人挖掘我公私財物者殺；(四)洩露軍情向敵告密者槍決；
(五)帶領敵人捕殺我幹部及群眾者槍決；
(六)勾結敵人組織維持會敲詐群眾者殺；
(七)組織他人破壞空舍清野者殺。
二、獎勵：
(一)殺敵人與漢奸者獎；(二)繳獲敵武器文件物品牲畜者獎；
(三)被俘後不洩露我軍政民秘密有民族氣節者獎；
(四)積極協助部隊作戰有功者獎；
(五)保護公私財物保護抗日幹部有具體事實者獎。
主任 牛佩琮
副主任 裴麗生
中華民國三十一年九月十八日

晋冀鲁豫边区政府太岳行署《战时纪律》

1942 年 9 月
纵 36.6 厘米，横 27.4 厘米
1959 年征集

晋冀鲁豫边区太岳行署成立于1941年9月1日。1942年，为加强敌后斗争，太岳行署发布“晋冀鲁豫边区政府太岳行署临时纪律”，主要涵盖七条纪律和五条奖励：七条纪律分别为“造谣惑众者杀”“乘机抢劫与偷窃者杀”“带领敌人挖掘我公私财物者杀”“泄露军情向敌告密者枪决”“带领敌人捕杀我干部及群众者枪决”“勾结敌人组织维持敲诈群众者杀”“组织他人破坏空舍清野者杀”；五条奖励依次为“杀敌人与汉奸者奖”“缴获敌武器文件物品牲畜者奖”“被俘虏不泄露我军政民秘密有民族气节者奖”“积极协助部队作战有功者奖”“保护公私财产保护抗日干部有具体事实者奖”。奖惩严明，对当时的民众行为起了指引和导向作用，为打击日寇和保卫根据地作出了积极贡献。

太岳行署关于迎击敌人扫荡的紧急指示

1943 年 4 月 15 日

纵 18.3 厘米，横 14 厘米

1959 年征集

纸质，油印。文件题目为“晋冀鲁豫边区政府太岳行署紧急指示”，内容是太岳行署发给区内各专员县长的通知，要求各县立即动员起来、迎击敌人大扫荡，保证春耕工作不受影响。

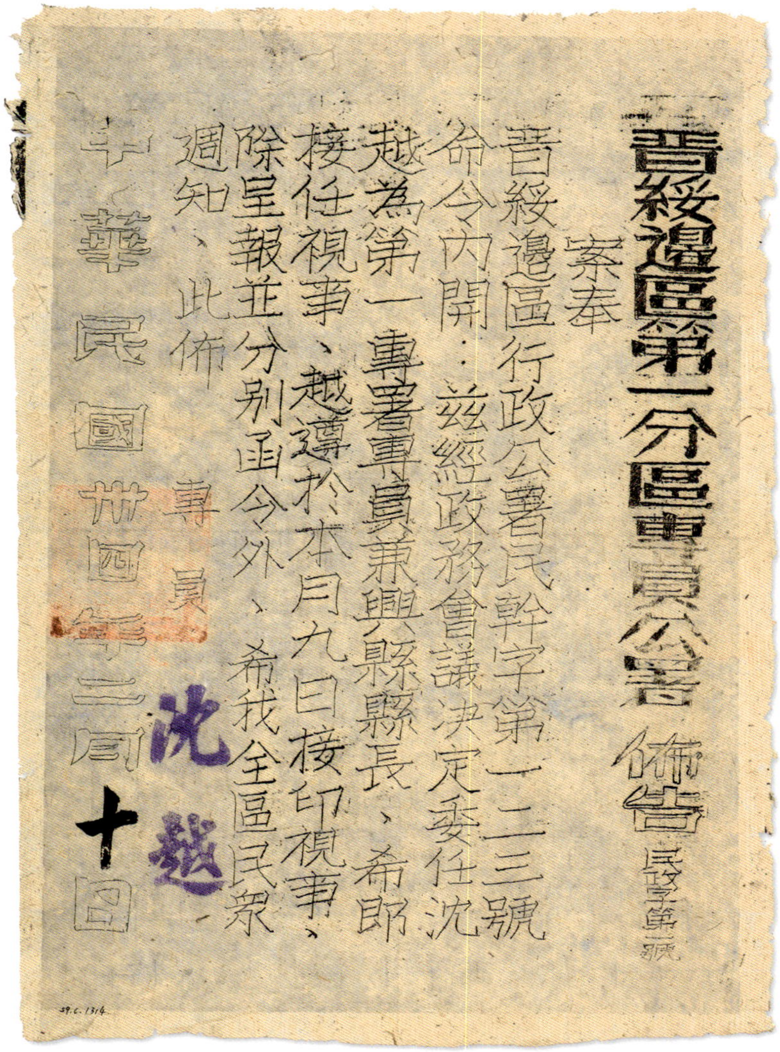
晉綏邊區第一分區專員公署佈告 民字第一號
案奉
晉綏邊區行政公署民幹字第一二三號
命令內開：茲經政務會議決定委任沈
越為第一專署專員兼興縣縣長、希即
接任視事、越遵於本月九日接印視事、
除呈報並分別函令外、希我全區民衆
週知、此佈
專員 沈越
中華民國卅四年二月十日

晋绥边区第一分区专员公署布告

1945 年 2 月 10 日
纵 50 厘米，横 36 厘米
1954 年征集

沈越（1916~1992年），吉林省吉林市人。抗战时期，沈越先后担任中共兴县县委宣传部部长、兴县县委书记、中共中央晋绥分局第一地委宣传部部长兼兴县县长。在任期间，他带领兴县军民反“蚕食”、反“扫荡”，开荒种田，大搞生产。兴县也在晋绥边区第四届群英会被评为模范县。1945年春，他被任命为晋绥边区第一分区专署专员兼兴县县长。布告为向群众张贴沈越到任视事的公告。

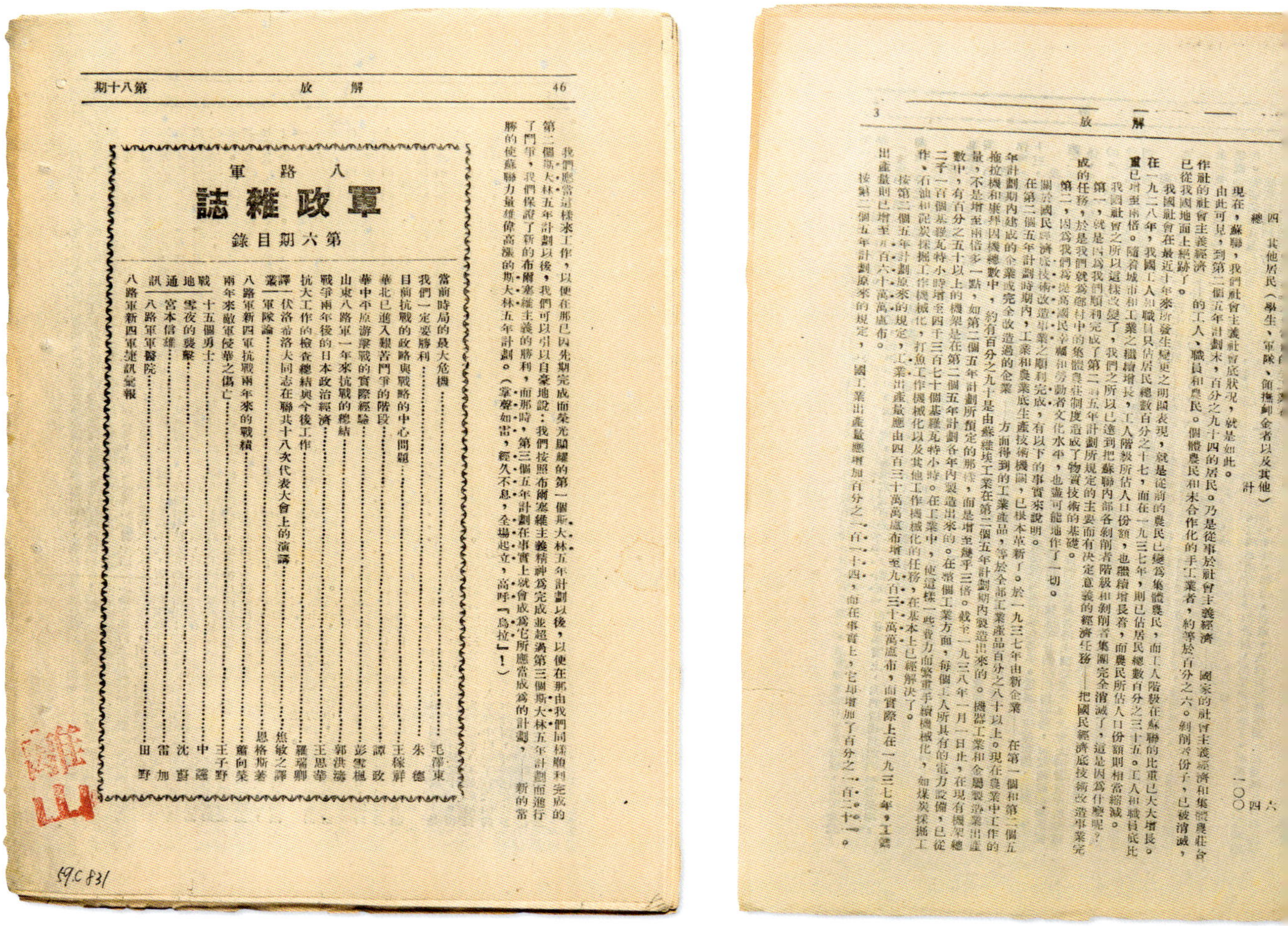
第八十期　　解　　放　　46

我們應當這樣來工作，以便在那已因先期完成而榮光顯耀的第一個斯大林五年計劃以後，以便在那由我們同樣順利完成的第二個斯大林五年計劃以後，我們可以引以自豪地說：我們按照布爾塞維主義精神爲完成並超過第三個斯大林五年計劃而進行了鬥爭，我們保證了新的布爾塞維主義的勝利，而那時，第三個五年計劃在事實上就會成爲它所應當成爲的計劃，——新的當勝的使蘇聯力量雄偉高漲的斯大林五年計劃。（掌聲如雷，經久不息，全場起立，高呼『烏拉』！）

八路軍
軍政雜誌
第六期目錄

3　解　放

《解放》杂志（第八十期）

1939 年 8 月 15 日
纵 26.2 厘米，横 19 厘米
1959 年征集

本期主要刊载了莫洛托夫关于发展苏联国民经济第三个五年计划的讲话内容。

《解放》杂志是中国共产党在抗日战争时期为争取民族解放出版的综合性政治刊物。1937年4月在延安创刊，1941年8月停办，周刊、半月刊，由延安解放社编辑、延安新华书店出版发行，共出版134期。该刊曾在上海、西安建立翻印所，使之得以在沦陷区和国统区发行。

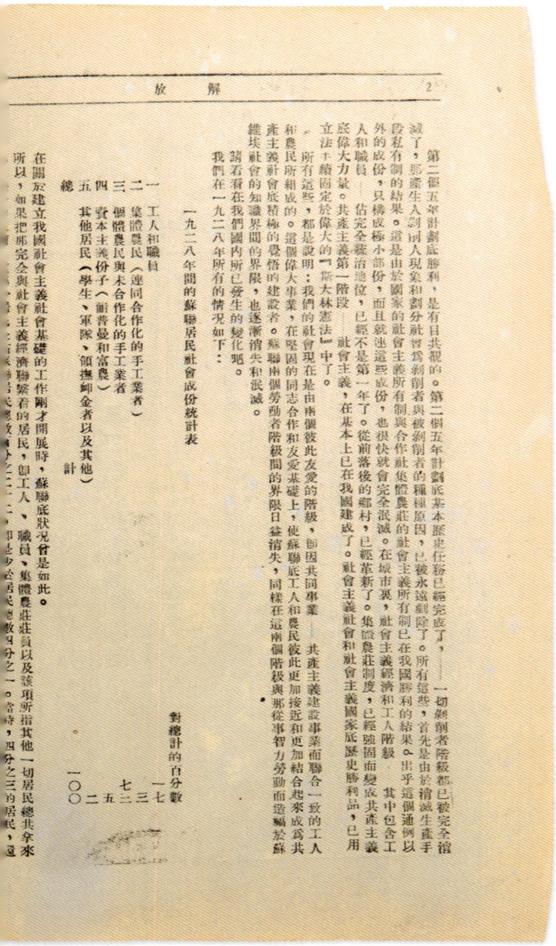

解放　2

第二個五年計劃底勝利，是有目共睹的。第二個五年計劃底基本歷史任務已經完成了，——一切剝削者階級都已被完全消滅了，那產生人剝削人現象和劃分社會爲剝削者與被剝削者的種種原因，已被永遠剷除了。所有這些，首先是由於消滅生產手段私有制的結果。這是由於國家的社會主義所有制與合作社集體農莊的社會主義所有制已在我國勝利的結果。出乎這個通例以外的成份，只構成極小部份，而且就連這些成份，也很快就會完全泯滅。在城市裏，社會主義經濟和工人階級——其中包含工人和職員——佔完全統治地位，已經不是第一年了。從前落後的鄉村，已經革新了。集體農莊制度，已經強固而變成共產主義底偉大力量。共產主義第一階段——社會主義，在基本上已在我國建成了。社會主義社會和社會主義國家底歷史勝利品，已用立法手續固定於偉大的『斯大林憲法』中了。

所有這些，都是說明：我們的社會現在是由兩個彼此友愛的階級，卽因共同事業——共產主義建設事業而聯合一致的工人和農民所組成的。這個偉大事業，在堅固的同志合作和友愛基礎上，使蘇聯底工人和農民彼此更加接近和更加結合起來成爲共產主義社會底積極的覺悟的建設者。蘇聯兩個勞動者階級間的界限日益消失，同樣在這兩個階級與那從事智力勞動而造編於蘇維埃社會的知識界間的界限，也逐漸消失和泯滅。

請看看在我們國內所已發生的變化吧。

我們在一九二八年所有的情況如下：

一九二八年間的蘇聯居民社會成份統計表

		對總計的百分數
一	工人和職員	一七
二	集體農民（連同合作化的手工業者）	三
三	個體農民與未合作化的手工業者	七二
四	資本主義份子（耐普曼和富農）	五
五	其他居民（學生、軍隊、領撫卹金者以及其他）	二
	總計	一〇〇

在關於建立我國社會主義社會基礎的工作剛才開展時，蘇聯底狀況會是如此。所以，如果把那完全與社會主義經濟聯繫着的居民，卽工人、職員、集體農莊莊員以及該項所指其他一切居民總共算來

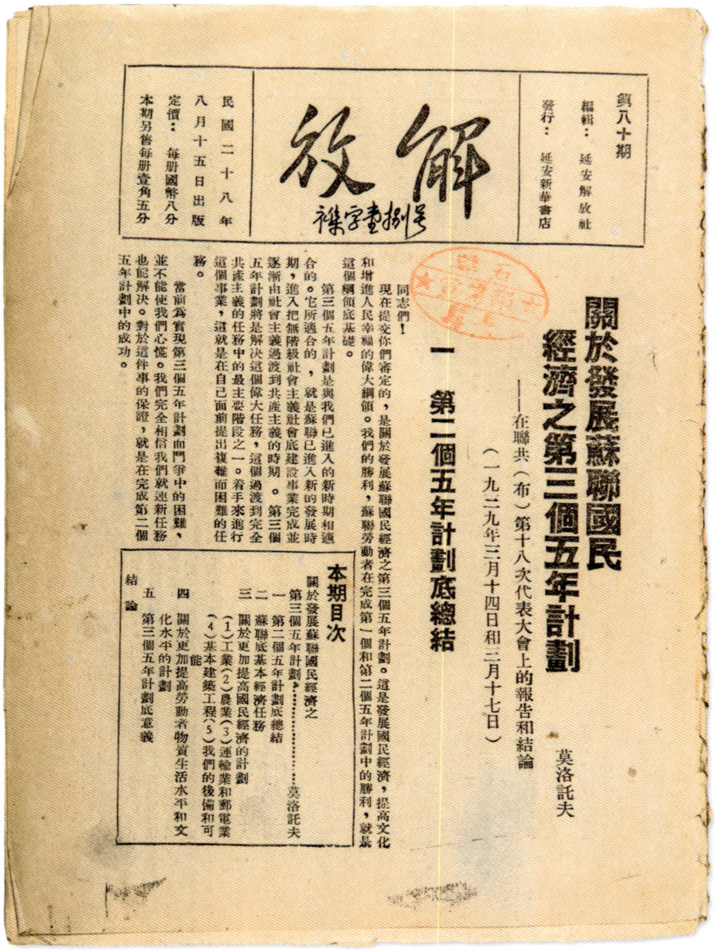

第八十期

編輯：延安解放社

發行：延安新華書店

解放

民國二十八年八月十五日出版

定價：每冊國幣八分

本期另售每冊壹角五分

關於發展蘇聯國民經濟之第三個五年計劃

——在聯共（布）第十八次代表大會上的報告和結論

（一九三九年三月十四日和三月十七日）

莫洛託夫

同志們！

現在提交你們審定的，是關於發展蘇聯國民經濟之第三個五年計劃。這是發展國民經濟，提高文化和增進人民幸福的偉大綱領。我們的勝利，蘇聯勞動者在完成第一個和第二個五年計劃中的勝利，就是這個綱領底基礎。

一　第二個五年計劃底總結

第三個五年計劃是與我們已進入的新時期相適合的。它所適合的，就是蘇聯已進入新的發展時期，進入把無階級社會主義社會底建設事業完成並逐漸由社會主義過渡到共產主義的時期。第三個五年計劃將是解決這個偉大任務，這個過渡到完全共產主義的任務中的最主要階段之一。着手來進行這個事業，這就是在自己面前提出複雜而困難的任務。

當前爲實現第三個五年計劃而鬥爭中的困難，並不能使我們心慌。我們完全相信我們就連新任務也能解決。對於這件事的保證，就是在完成第二個五年計劃中的成功。

本期目次

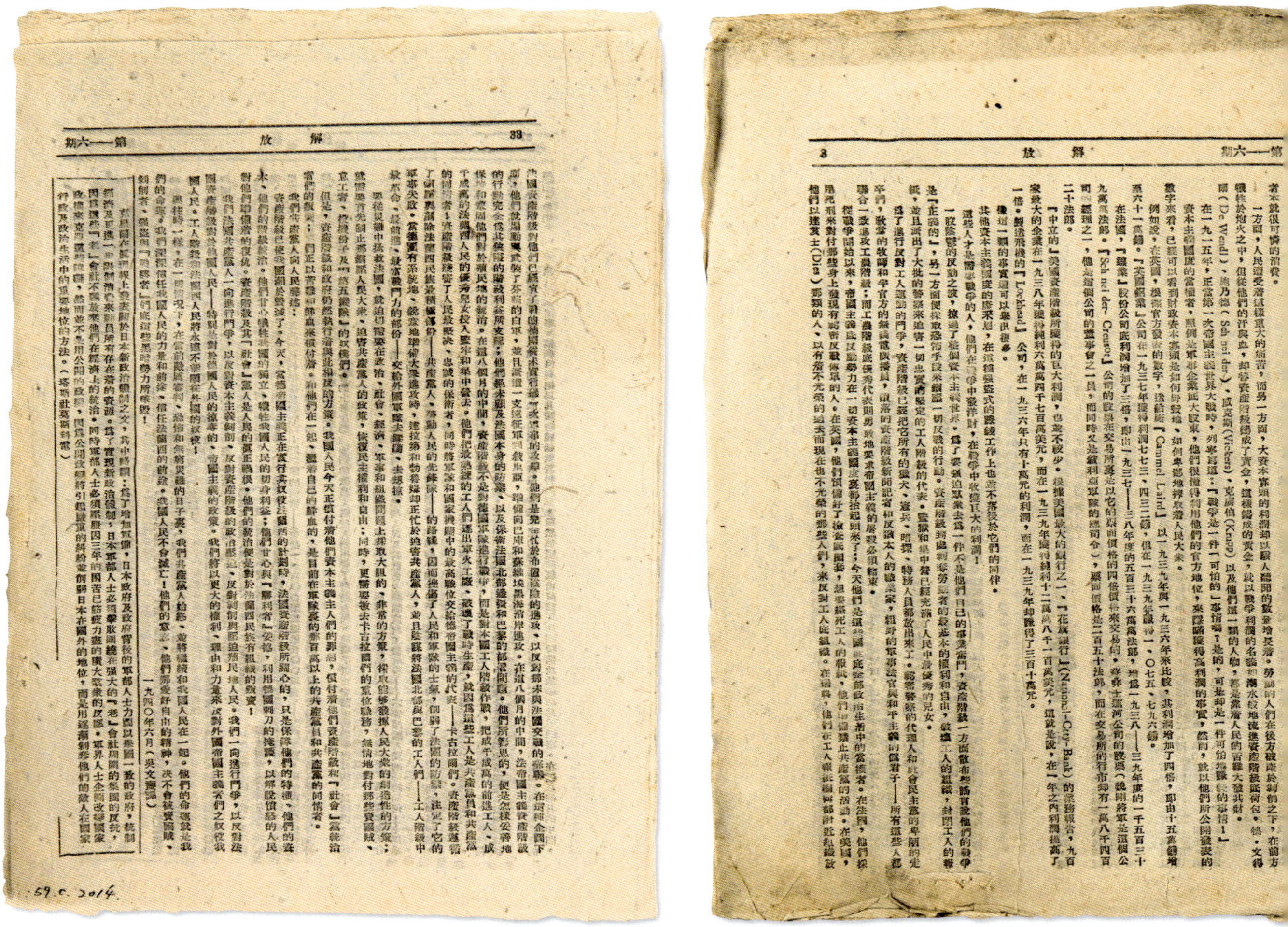

《解放》杂志（第一一六期）

1940 年 10 月 1 日

纵 27.5 厘米，横 19.2 厘米

1959 年征集

本期主要刊载了苏联、法国的社会主义建设理论及彭德怀论百团大战、东北抗战问题讨论、孙中山学说、日军侵占荷属东印度群岛（今印尼）等方面的文章。

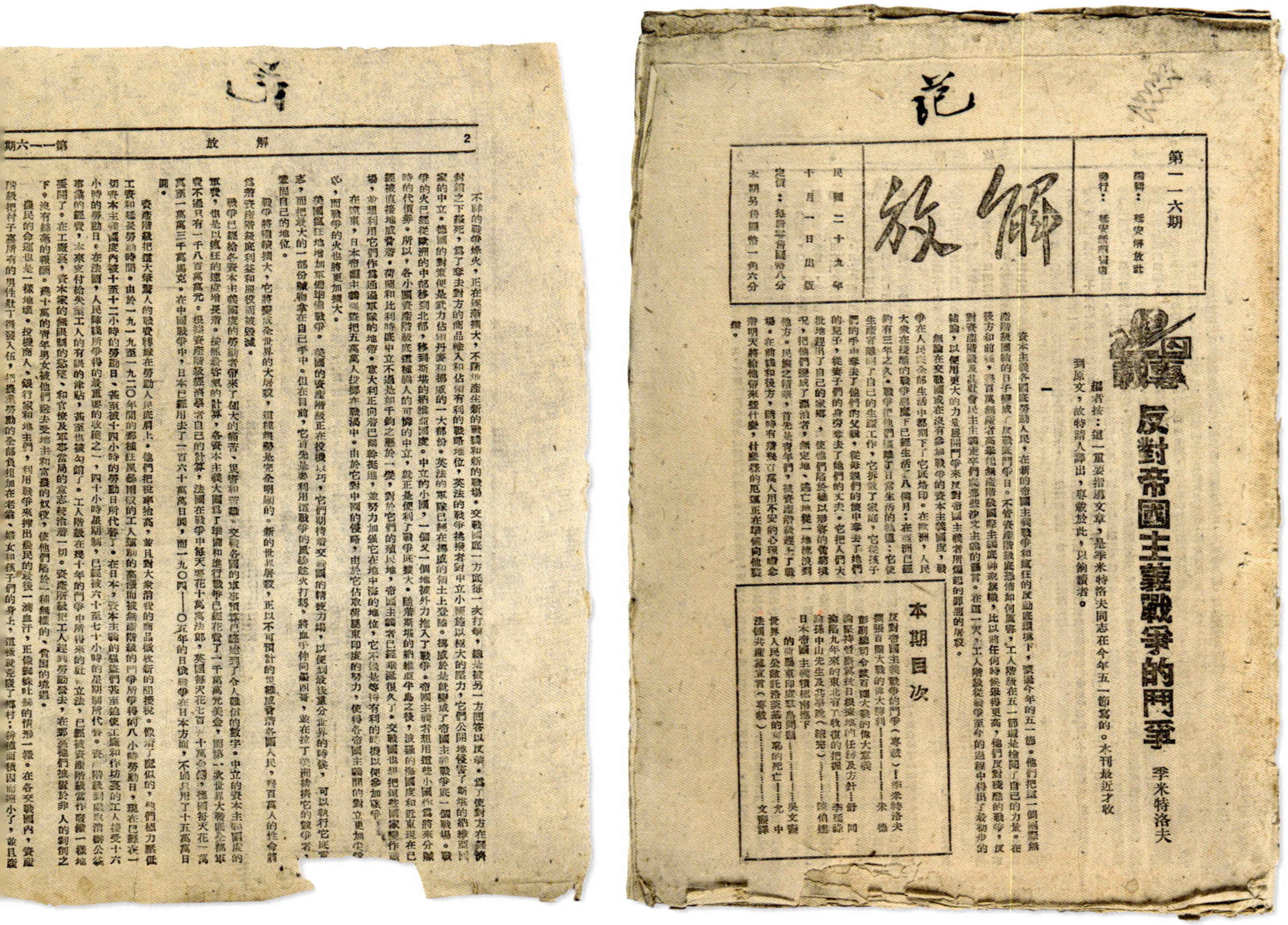
2
解放
第一一六期
解放
第一一六期
編輯：延安解放社
發行：延安新華書店
民國二十九年
十月一日出版
定價：每册本省國幣八分
本期另售國幣一角六分
專載
反對帝國主義戰爭的鬥爭
季米特洛夫
編者按：這一重要指導文章，是季米特洛夫同志在今年五一節寫的。本刊最近才收到原文，故特請人譯出，專載於此，以饗讀者。
本期目次
反對帝國主義戰爭的鬥爭（專載）……季米特洛夫
擴張百團大戰的偉大勝利……朱德
彭副總司令談百團大戰的偉大意義
論堅持晉察冀抗日根據地內任務及方針……舒同
論陷九年來的東北有了收復的把握……李延祿
論孫中山先生及其學說（續完）……陳伯達
日本帝國主義積極南進下的荷屬東印度羣島問題……吳文燾
世界人民公敵託洛茨基的可恥的死亡……允中
法國共產黨宣言（專載）……文壽譯

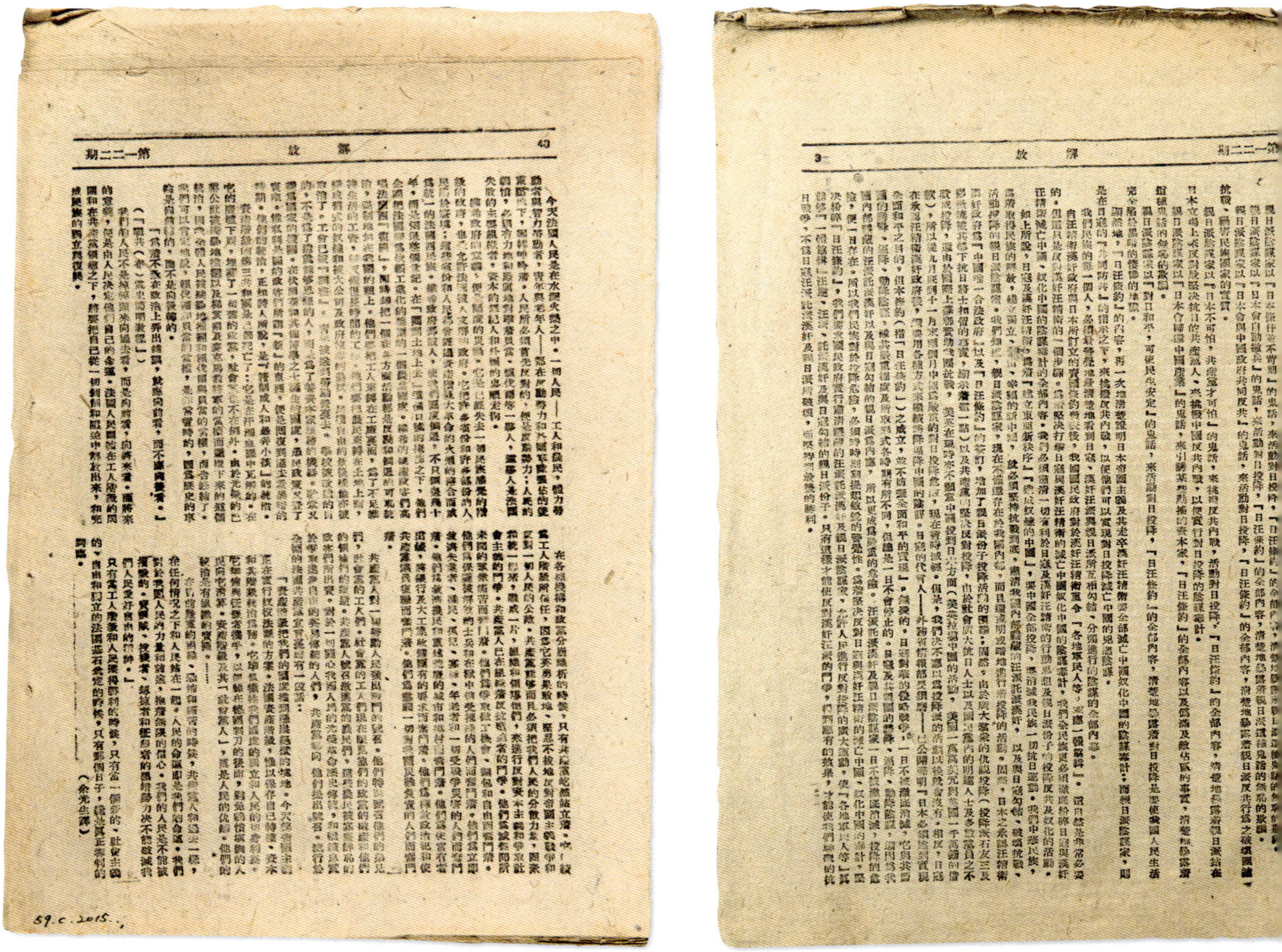

《解放》杂志（第一二二期）

1941 年 1 月 1 日

纵 28.3 厘米，横 18.8 厘米

1959 年征集

本期主要刊载了反对“日（本）汪（精卫）条约”、根据地建设、帝国主义战争、恩格斯传略、共产党宣言及法国共产党等方面的文章。

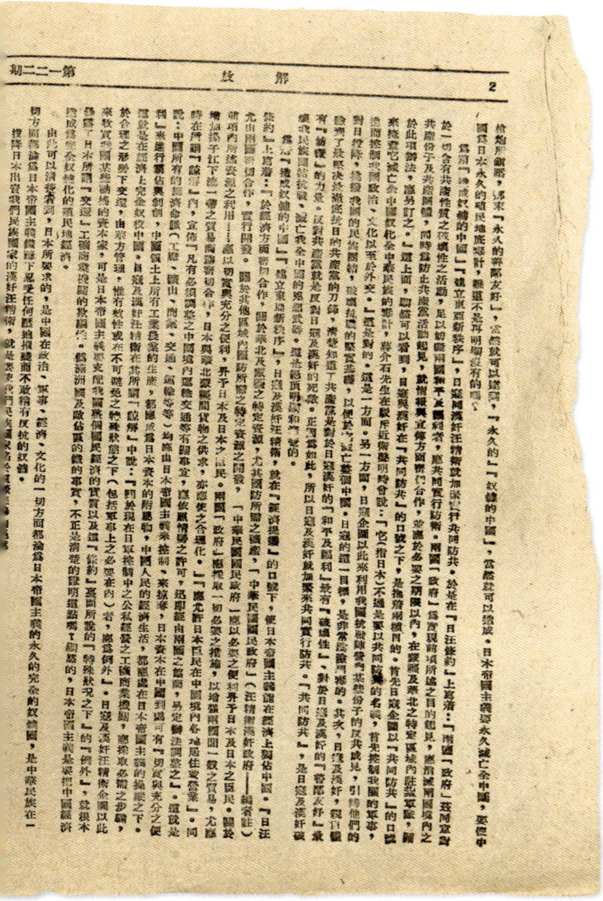
解放　2　第一二二期

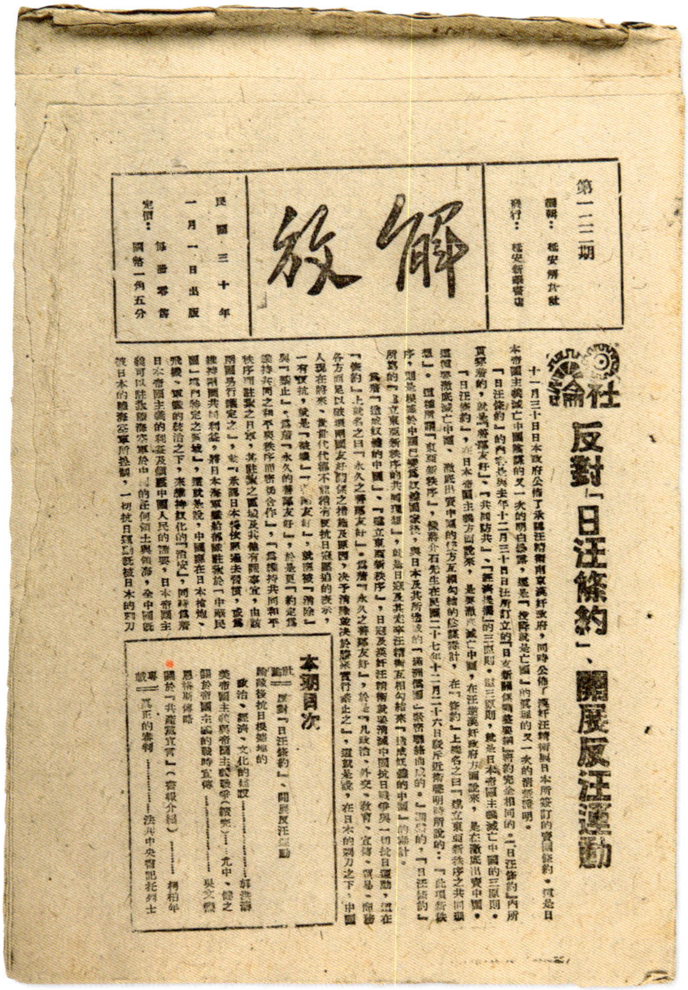
第一二二期
編輯：延安解放社
發行：延安新華書店

解放

民國三十年一月一日出版
每冊零售
定價：國幣一角五分

社論
反對「日汪條約」、開展反汪運動

十一月三十日日本政府公佈了承認汪精衛南京漢奸政府，同時公佈了與汪精衛偽日本所簽訂的賣國條約，這是日本帝國主義滅亡中國陰謀的又一次的明白表示……

本期目次

社論——反對「日汪條約」、開展反汪運動
論敵後抗日根據地的政治、經濟、文化的建設……彭德懷
美帝國主義與帝國主義戰爭（續完）……九中、健之
關於帝國主義的戰時宣傳……吳文燾
恩格斯傳略
關於「共產黨宣言」（書報介紹）……柯柏年
專載——真正的審判……法共中央書記杜列士

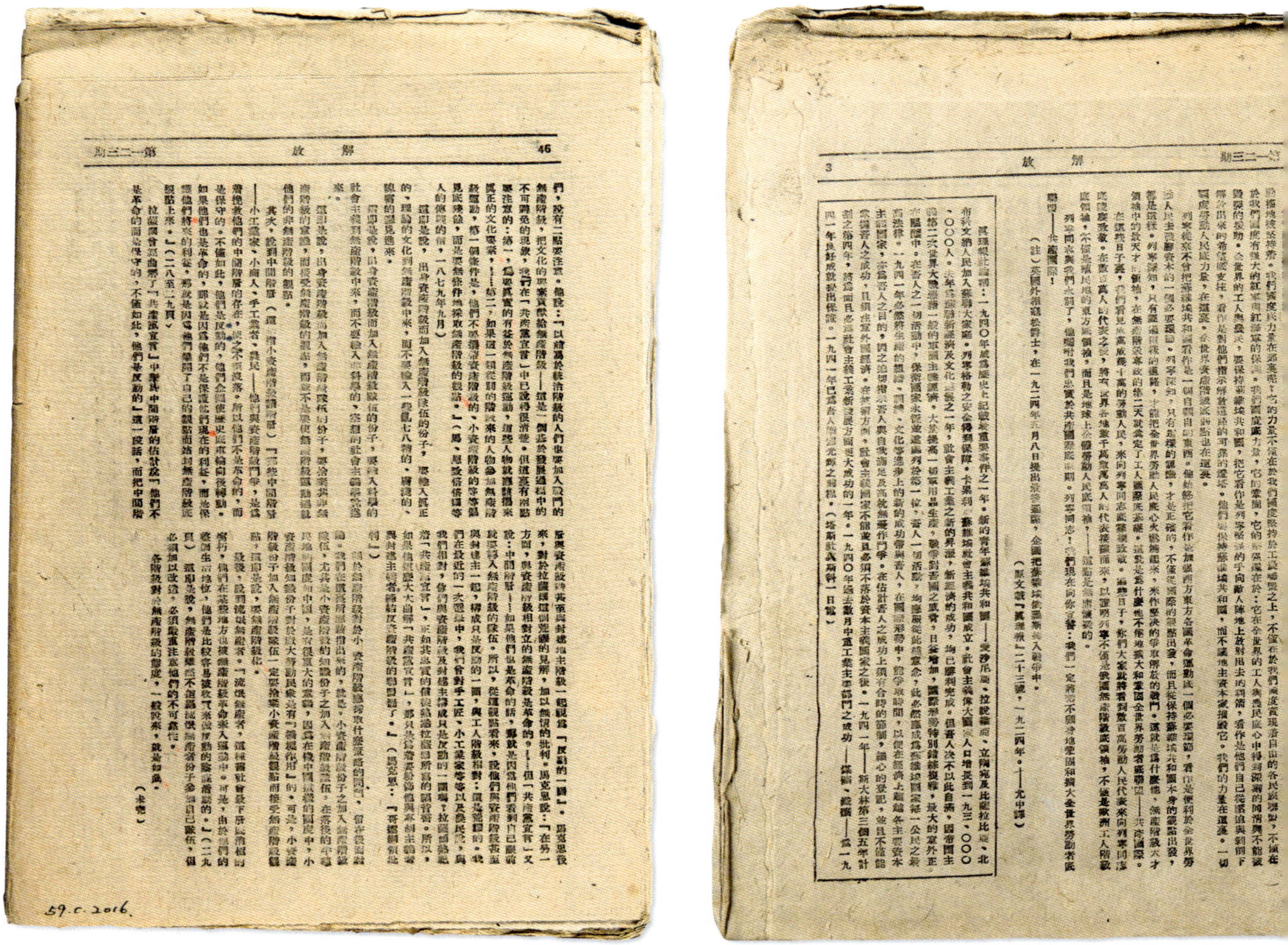

《解放》杂志（第一二三期）

1941 年 1 月 16 日

纵 29.1 厘米，横 19.3 厘米

1959 年征集

本期主要刊载了关于列宁逝世、根据地建设、民族气节、马列主义及共产党宣言等方面的文章。

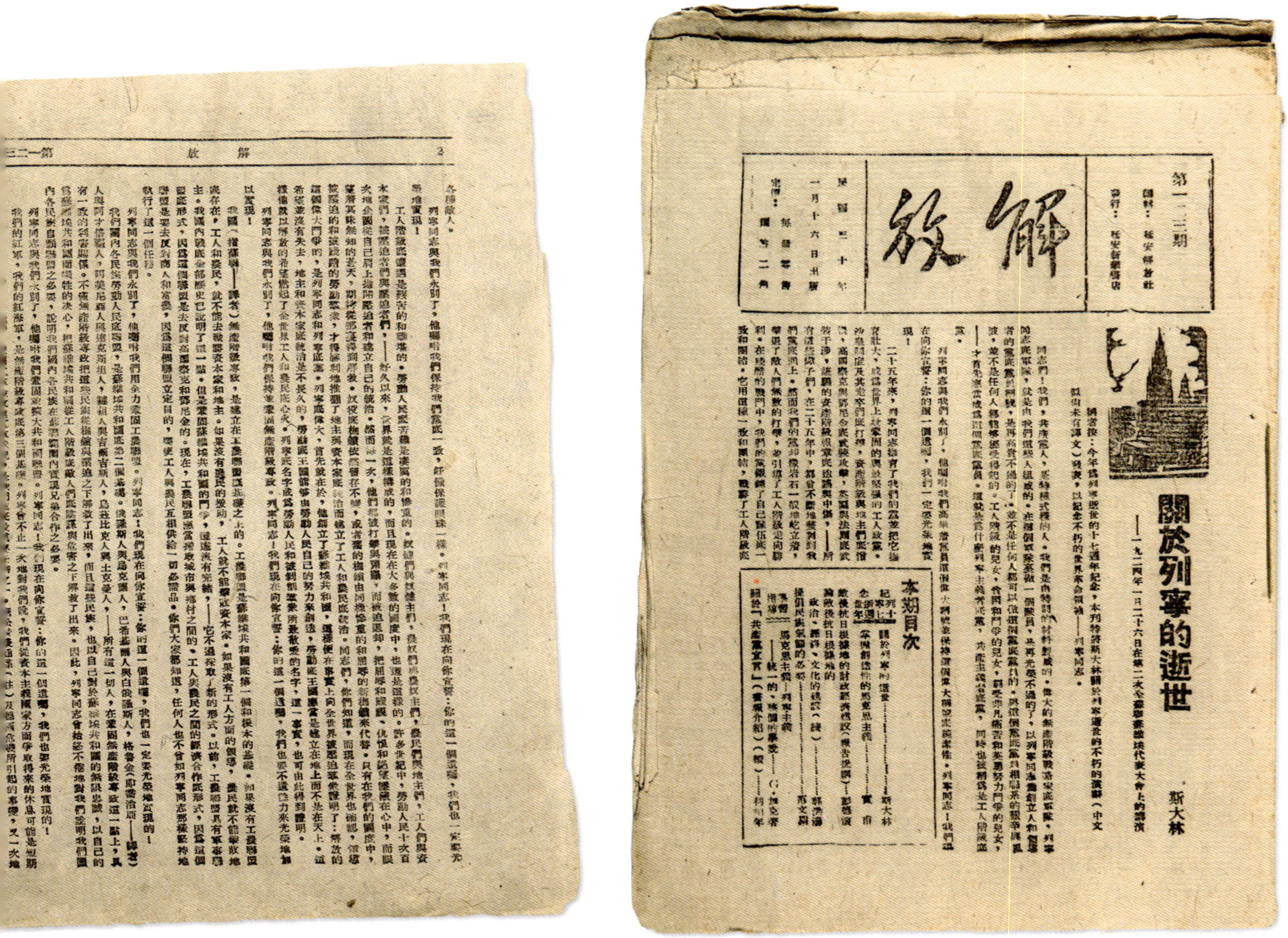

第一二三期

編輯：延安解放社
發行：延安新華書店

解放

民國三十年一月十六日出版
定價：每册零售國幣二角

關於列寧的逝世

——一九二四年一月二十六日在第二次全蘇聯蘇維埃代表大會上的講演

斯大林

編者按：今年爲列寧逝世的十七週年紀念，本刊特譯斯大林關於列寧逝世的不朽的演辭（中文似尚未有譯文）發表，以紀念不朽的世界革命領袖——列寧同志。

同志們！我們，共產黨人，是特種式樣的人。我們是由特別的材料製成的。偉大的無產階級戰略家底軍隊，列寧同志底軍隊，就是由我們這些人組成的。在這個軍隊裏做一個隊員，是再光榮不過的了。以列寧同志為創立人和領導者的黨底黨員稱號，是再高貴不過的了。……

本期目次

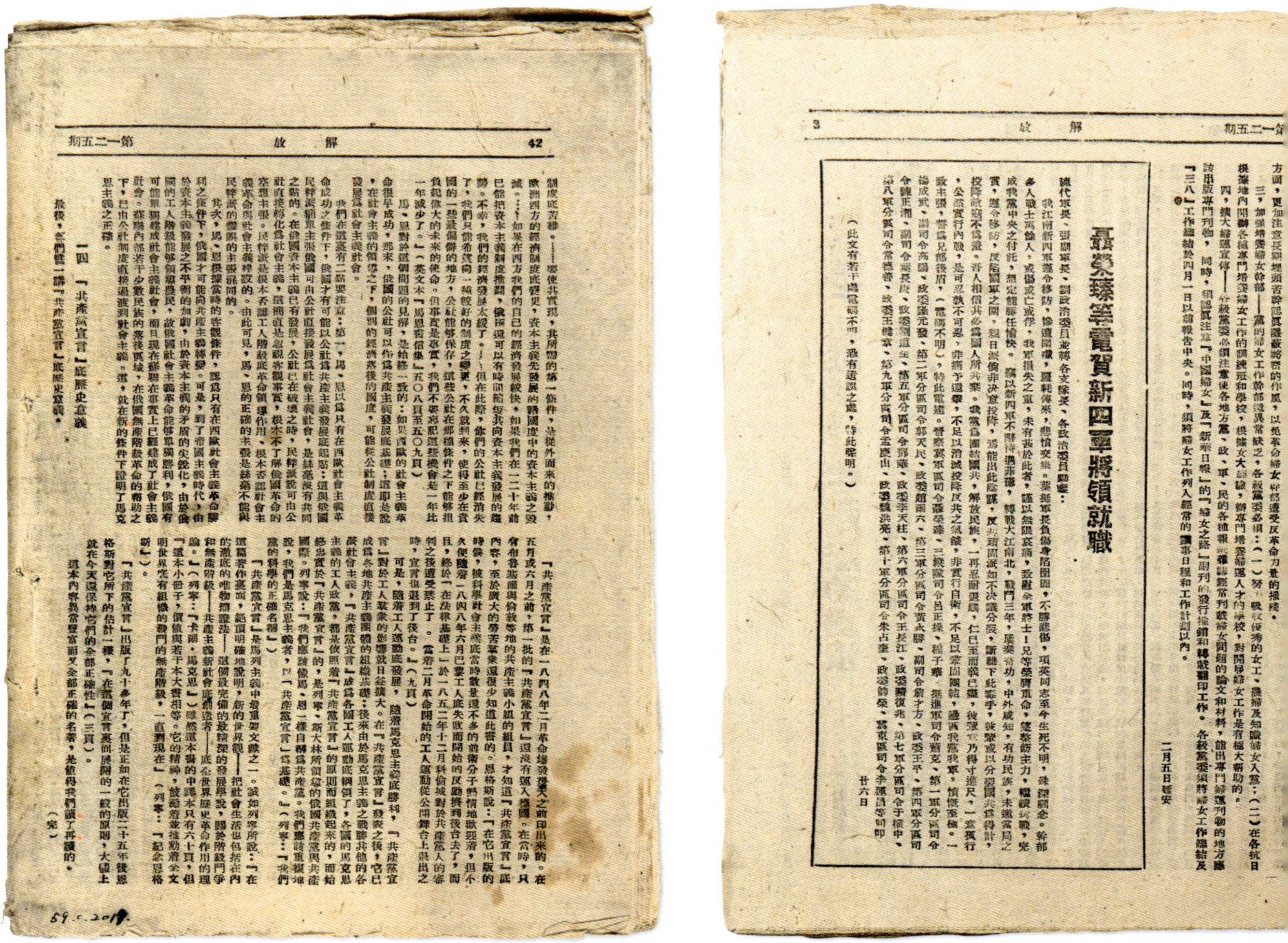

《解放》杂志（第一二五期）

1941 年 2 月 16 日
纵 27.1 厘米，横 18.5 厘米
1959 年征集

本期主要刊载了中共中央军事委员会关于军政委员会条例、第二国际、华北游击战、斯大林哲学思想及共产党宣言等方面的文章。

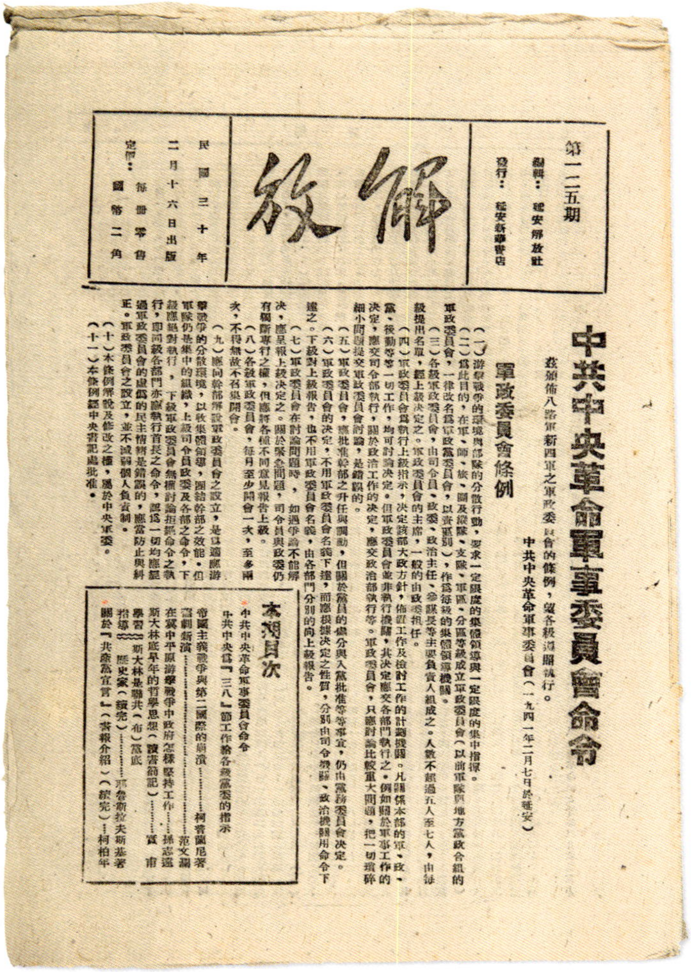

第一二五期

編輯：延安解放社

發行：延安新華書店

解放

民國三十年二月十六日出版

定價：每冊零售國幣二角

中共中央革命軍事委員會命令

茲頒佈八路軍新四軍之軍政委員會的條例，望各級遵照執行。

中共中央革命軍事委員會（一九四一年二月七日於延安）

軍政委員會條例

（一）游擊戰爭的環境與部隊的分散行動，要求一定限度的集體領導與一定限度的集中指揮。

（二）為此目的，在軍、師、旅、團及縱隊、支隊、軍區、分區等級成立軍政委員會（以前軍隊與地方黨政合組的軍政委員會，一律改名為軍政黨委員會，以資區別），作為每級的集體領導機關。

（三）各級軍政委員會，由司令員、政委、政治主任、參謀長等主要負責人組成之。人數不超過五人至七人，由每級提出名單，經上級決定之。軍政委員會的主席，一般的由政委担任。

（四）軍政委員會為執行上級指示，決定該部大政方針，佈置工作及檢討工作的計劃機關。凡關係本部的軍、政、黨、後勤等等一切工作，均可討論決定。但軍政委員會並非執行機關，其決定應交各部門執行之。例如關於軍事工作的決定，應交司令部執行，關於政治工作的決定，應交政治部執行等。軍政委員會，只應討論比較重大問題，把一切瑣碎細小問題提交軍政委員會討論，是錯誤的。

（五）軍政委員會，應批准幹部之升任與調動，但關於黨員的處分與入黨批准等等事宜，仍由黨務委員會決定。

（六）軍政委員會的決定，不用軍政委員會名義下達，而應根據決定之性質，分別由司令機關、政治機關用命令下達之。下級對上級報告，也不用軍政委員會名義，由各部門分別的向上級報告。

（七）軍政委員會在討論問題時，如遇爭論不能解決，應呈報上級決定之。關於緊急問題，司令員與政委仍有獨斷專行之權，但應將各種不同意見報告上級。

（八）各級軍政委員會，每月至少開會一次，至多兩次，不得無故不召集開會。

（九）應向幹部解說軍政委員會之設立，是以適應游擊戰爭的分散環境，以收集體領導，團結幹部之效能。但軍隊仍是集中的組織，上級司令員政委及各部之命令，下級應絕對執行，下級軍政委員會無權討論拒絕命令之執行，即同級各部門亦應執行首長之命令，認為一切均應經過軍政委員會的處置的民主情緒是錯誤的，應當防止與糾正。軍政委員會之設立，並不減弱個人負責制。

（十）本條例解說及修改之權，屬於中央軍委。

（十一）本條例經中央書記處批准。

本期目次

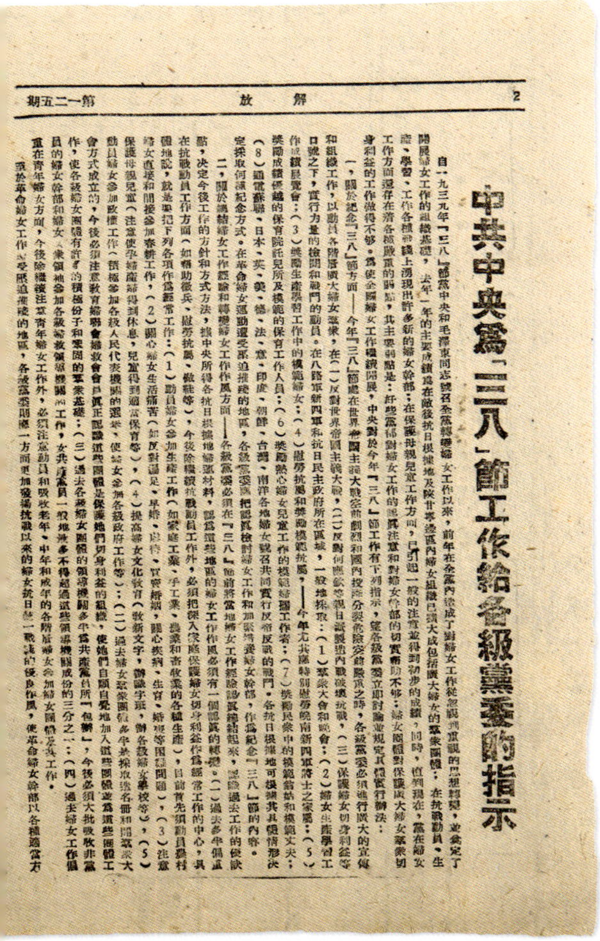

第一二五期　解放　2

中共中央為「三八」節工作給各級黨委的指示

自一九三九年「三八」節黨中央和毛澤東同志號召全黨轉變婦女工作以來，前年在全黨內造成了對婦女工作從忽視到重視的思想轉變，並奠定了開展婦女工作的組織基礎，去年一年的主要成績為在敵後抗日根據地及陝甘寧邊區內婦女組織已擴大成包括廣大婦女的群衆團體；在抗戰動員、生產、學習、工作各種戰線上湧現出許多新的婦女幹部；在保護母親兒童工作方面，已引起一般的注意並得到初步的成績，同時，直到現在，黨在婦女工作方面還存在着各種嚴重的弱點，其主要弱點是：許多黨部對婦女工作的認真注意和對婦女幹部的切實幫助不够；婦女團體對保護廣大婦女群衆切身利益的工作做得不够。為使全國婦女工作繼續開展，中央對於今年「三八」節工作有下列指示，望各級黨委立即討論並規定其具體實行辦法：

一，關於紀念「三八」節方面——今年「三八」節處在世界帝國主義大戰空前劇烈和國內投降分裂危險空前嚴重之時，各級黨委必須進行廣大的宣傳和組織工作，以動員各階層廣大婦女群衆，在（一）反對世界帝國主義大戰，（二）反對何應欽等親日派製造內戰破壞抗戰，（三）保護婦女切身利益等口號之下，實行力量的檢閱和戰鬥的動員。在八路軍新四軍和抗日民主政府所在區域，一般地採取：（1）群衆大會和晚會；（2）婦女生產學習工作成績展覽會；（3）獎勵生產學習工作中的模範婦女；（4）慰勞抗屬和獎勵模範抗屬；——今年尤其應特別慰勞皖南新四軍將士之家屬；（5）獎勵成績優越的保育院托兒所及模範的保育工作人員；（6）獎勵熱心婦女兒童工作的模範婦孺工作者；（7）獎勵民衆中的模範翁姑和模範丈夫；（8）通電蘇聯、日本、英、美、德、法、意、印度、朝鮮、台灣、南洋各地婦女號召共同實行反帝反戰的戰鬥。各抗日根據地可根據其具體情形決定採取何種紀念方式。在革命婦女運動還受壓迫摧殘的地區，各級黨委應把認真檢討婦女工作和加緊培養婦女幹部，作為紀念「三八」節的內容。

二，關於總結婦女工作經驗和轉變婦女工作作風方面——各級黨委必須在「三八」節前將當地婦女工作經驗認真總結起來，認識過去工作的優缺點，決定今後工作的方針和方式方法，據中央所得各抗日根據地婦運材料，認為這些地區的婦女工作作風必須有一個認真的轉變。（一）過去多半偏重在抗戰動員工作方面（如幫助徵兵、慰勞抗屬、做鞋等），今後除繼續抗戰動員工作外，必須把深入家庭保護婦女切身利益作為經常工作的中心，具體地說，就是要把下列各項作為經常工作：（1）動員婦女參加生產工作（如家庭工業、手工業、農業和畜牧業的各種生產），目前首先須動員農村婦女直接和間接參加春耕工作，（2）關心婦女生活痛苦（如反對纏足、早婚、虐待、買賣婚姻，關心疾病、生育、婚姻等困難問題），（3）注意保護母親兒童（注意使孕婦產婦得到休息，兒童得到適當保育等），（4）提高婦女文化教育（教新文字，辦識字班，辦各級婦女學校等），（5）動員婦女參加政權工作（積極參加各級人民代表機關的選舉，使婦女參加各級政府工作等）；（二）過去婦女群衆團體多半采取按名冊和開群衆大會方式成立的，今後必須注意教育婦聯會婦救會會員真正認識這些團體是保護她們切身利益的組織，使她們自願自覺地加入這些團體並為這些團體工作，使各該婦女團體有許多的積極份子和鞏固的群衆基礎；（三）過去各級婦女團體的領導機關多半為共產黨員所「包辦」，今後必須大批吸收非黨員的婦女幹部和婦女領袖參加各級婦救領導機關和工作，女共產黨員一般地應多不得超過這些領導機關成份的三分之一；（四）過去婦女工作偏重在青年婦女方面，今後除繼續注意青年婦女工作外，必須注意動員和吸收老年，中年和成年的各階層婦女參加婦女團體及其工作。

至於革命婦女工作還受壓迫摧殘的地區，各該黨委則應一方面更加發揚抗戰以來的婦女抗日統一戰綫的優良作風，使革命婦女幹部以各種適當方

《八路军军政杂志》合订本

1939 年

纵 23 厘米，横 16.5 厘米

1962 年征集

本册为《八路军军政杂志》1939年1~8、10~12期合订本，主要刊载了毛泽东、刘伯承、王稼祥等人关于八路军与根据地等方面的文章。

《八路军军政杂志》，为八路军总政治部的机关刊物。1939年1月15日在延安创刊，1942年4月停刊，共出版4卷39期。该刊为月刊，24开本，每期发行量约3000多份，阅读对象主要是八路军营以上的军政干部。

八路軍軍政雜誌
第二期
國民革命軍
第八路軍軍政治部出版
第三期
軍政雜誌
創刊號目錄
發刊詞
論目前戰局與敵後抗戰的幾個問題
一一五師的政治教育工作
八路軍留守兵團的生產運動
八路軍留守兵團共產黨第一次代表大會
關於部隊本身工作的總結與今後任務
晉察冀邊區抗日根據地是怎樣創造起來的

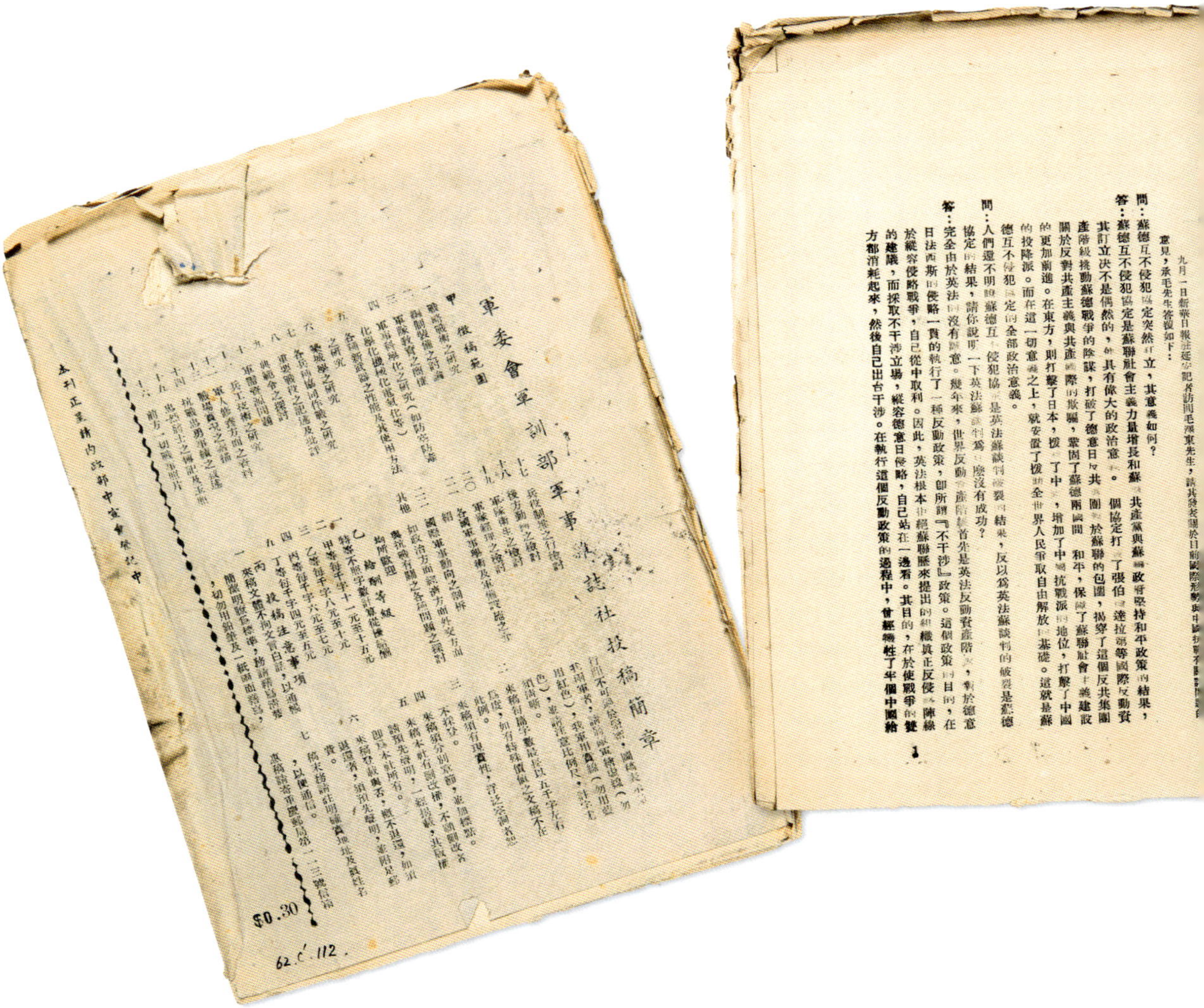

《八路军军政杂志》（第九期）

1939 年
纵 20.5 厘米，横 17 厘米
1962 年征集

本期主要刊载了毛泽东关于国际形势与抗战、刘伯承关于华北游击战争经验等方面的文章。

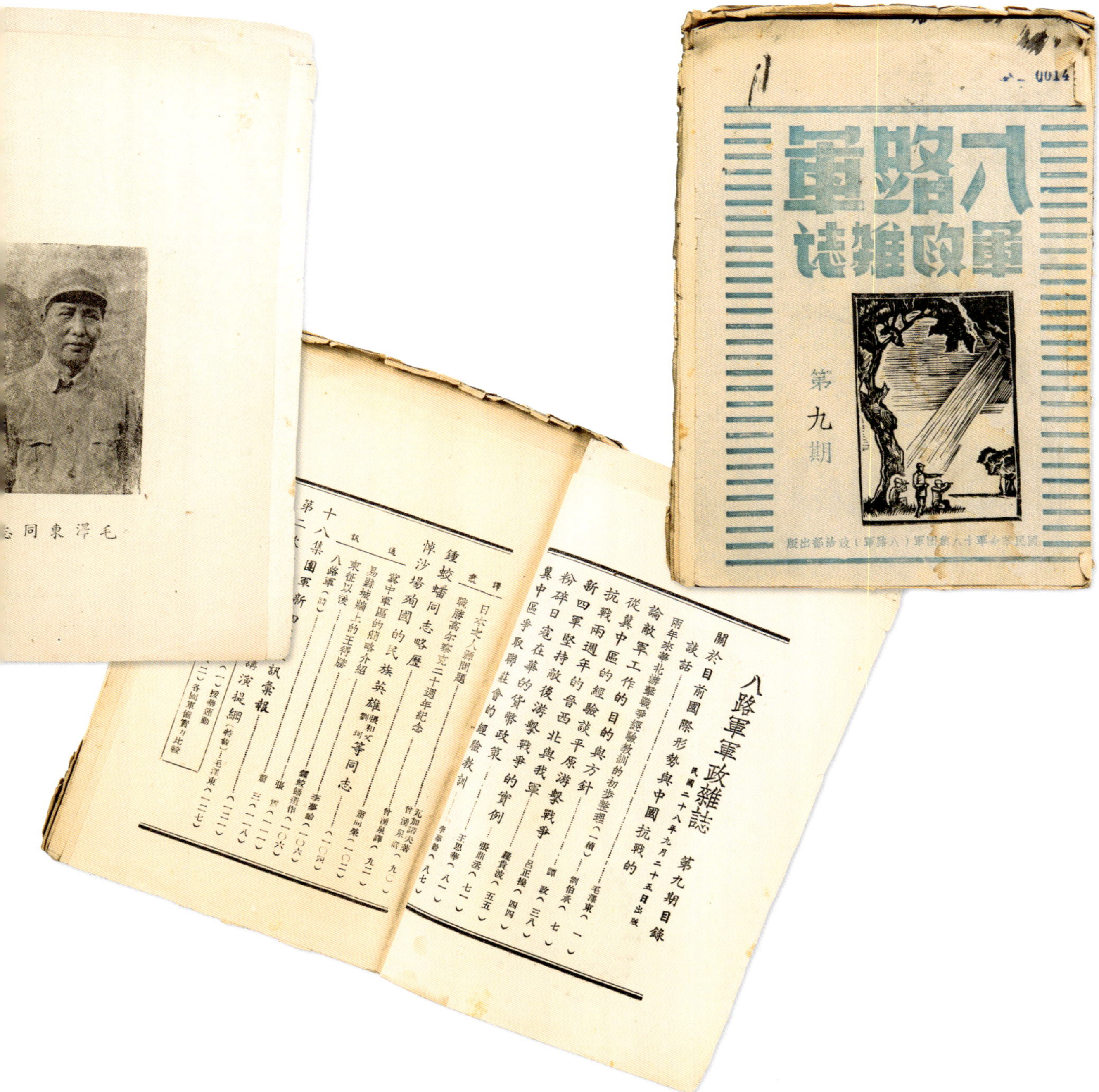
八路軍軍政雜誌
第九期
毛澤東同志
八路軍軍政雜誌 第九期目錄
民國二十八年九月二十五日出版

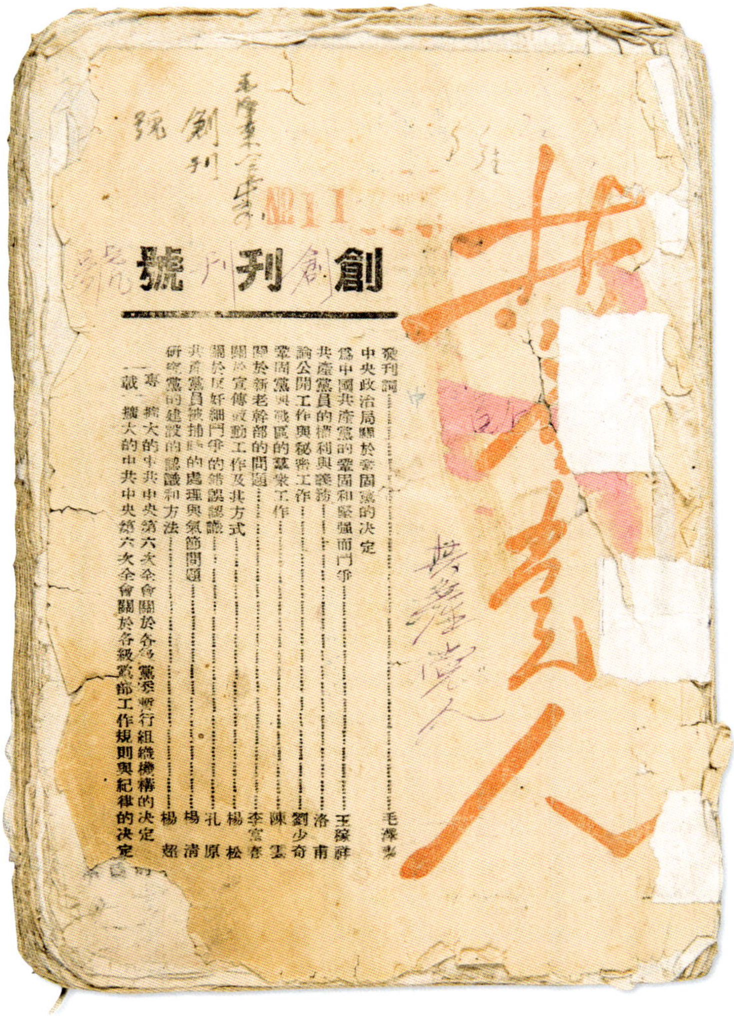

《共产党人》杂志（创刊号）

1939 年 1 月

纵 19.4 厘米，横 13.5 厘米

1954 年征集

本期为《共产党人》创刊号，主要刊载了《发刊词》《中共中央关于巩固党的决定》《共产党员的权利与义务》等文章。

《共产党人》杂志，为中共中央党内机关刊物。1939年10月20日创刊，1941年8月停刊，不定期出版，共出版2卷19期。毛泽东在发刊词中明确指出该刊宗旨在于“帮助建设一个全国范围的、广大群众性的、思想上政治上组织上完全巩固的布尔什维克化的中国共产党”。该刊形式以论文和通讯为主，内容以党的建设为重点。

《共产党人》杂志（第八期）

1940 年 5 月

纵 19.4 厘米，横 14.1 厘米

1954 年征集

本期主要刊载了关于国民党特务机关的内奸政策、边区民主建设等方面的文章。

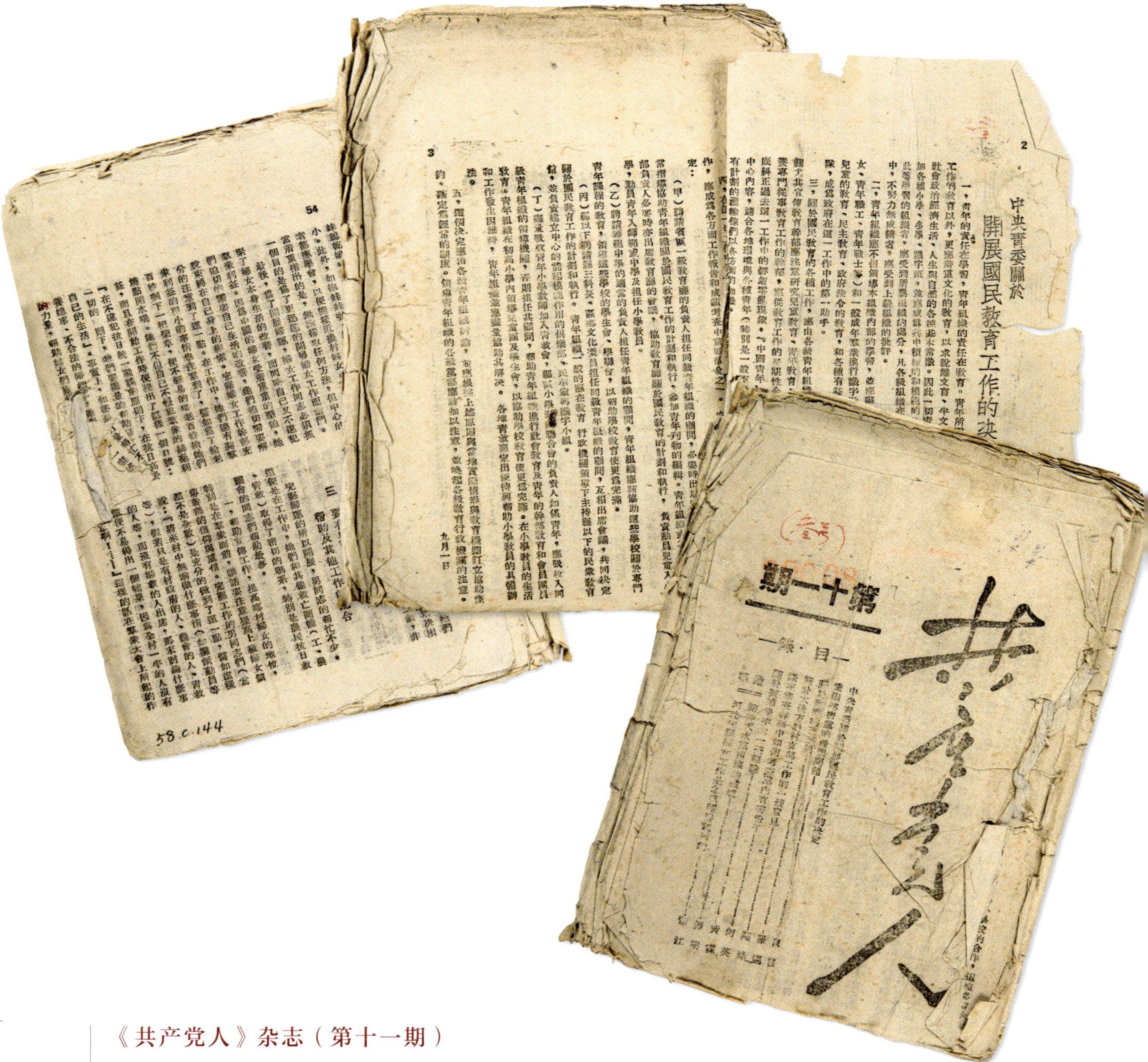

《共产党人》杂志（第十一期）

1940 年 9 月
纵 19.8 厘米，横 14.2 厘米
1954 年征集

本期主要刊载了中央青委关于开展国民教育工作的决定、“三三制”政权、后方农村支部工作等方面的文章。

《共产党人》杂志（第十五期）

1941 年 2 月
纵 20.4 厘米，横 14.2 厘米
1954 年征集

本期主要刊载了关于根据地文教工作、晋冀豫边区巩固党的几个问题、华北党支部组织工作等方面的文章。

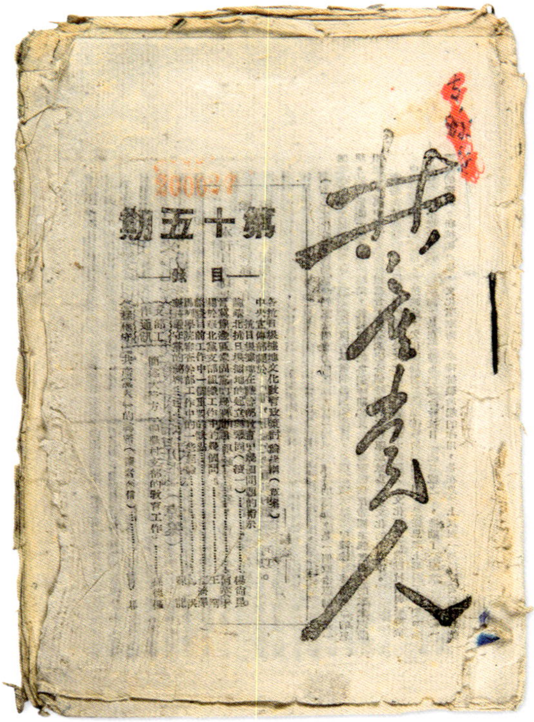

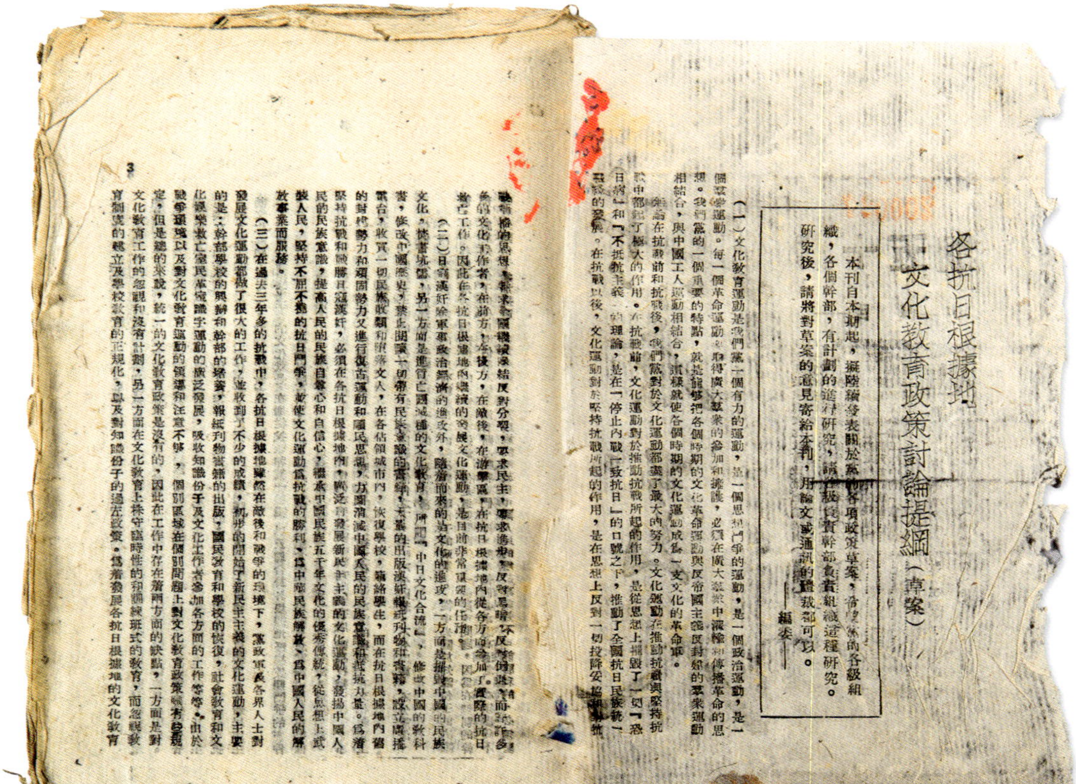

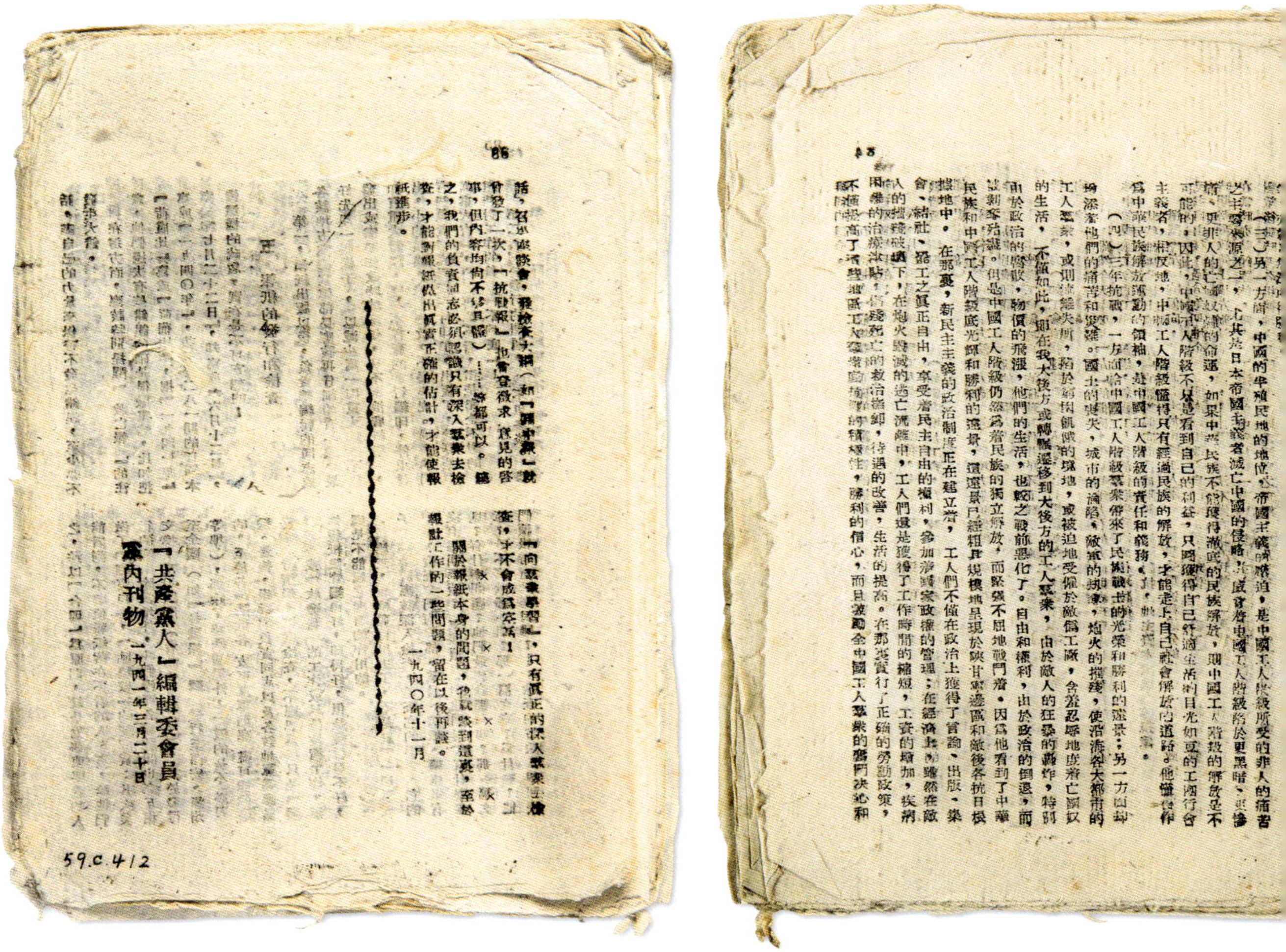
「共產黨人」編輯委員會
黨內刊物 一九四一年三月二十日
59.C.412

《共产党人》杂志（第十六期）

1941 年 3 月
纵 19.7 厘米，横 13.9 厘米
1954 年征集

本期主要刊载了关于劳动政策、皖南事变、华北抗日根据地等方面的文章。

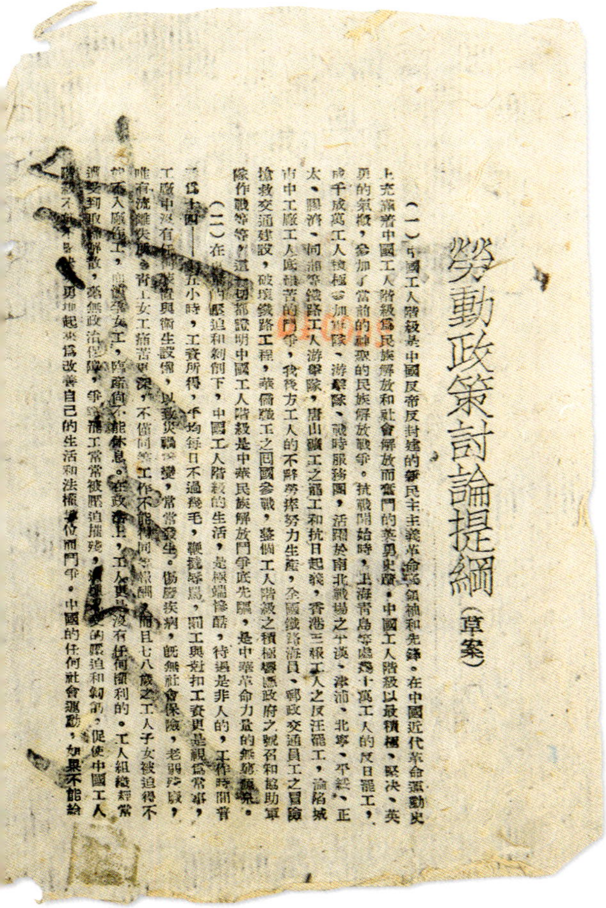
勞動政策討論提綱（草案）

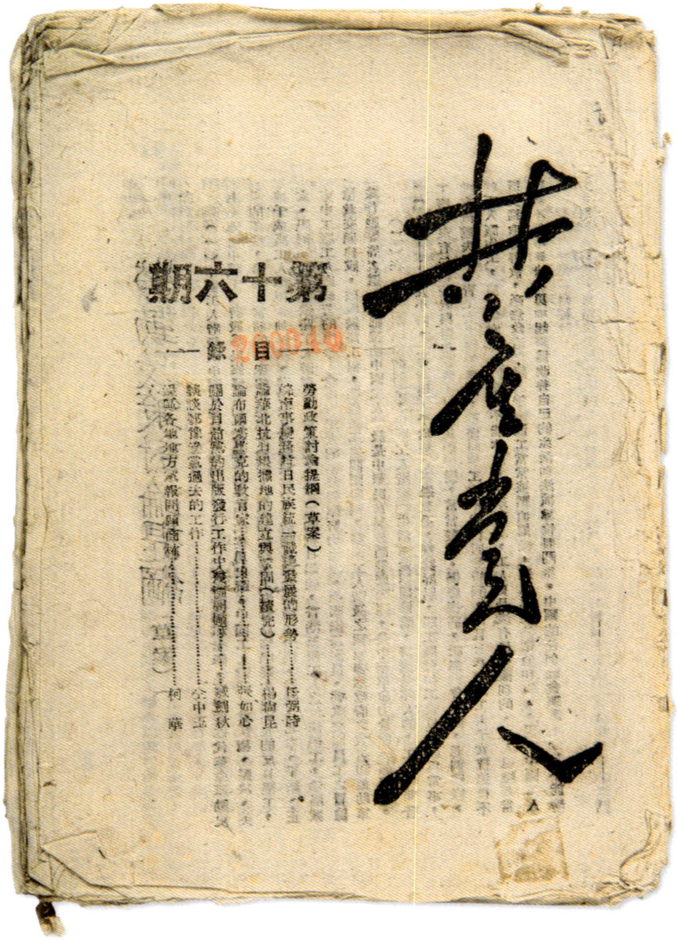
共產黨人
第十六期
目錄
勞動政策討論提綱（草案）

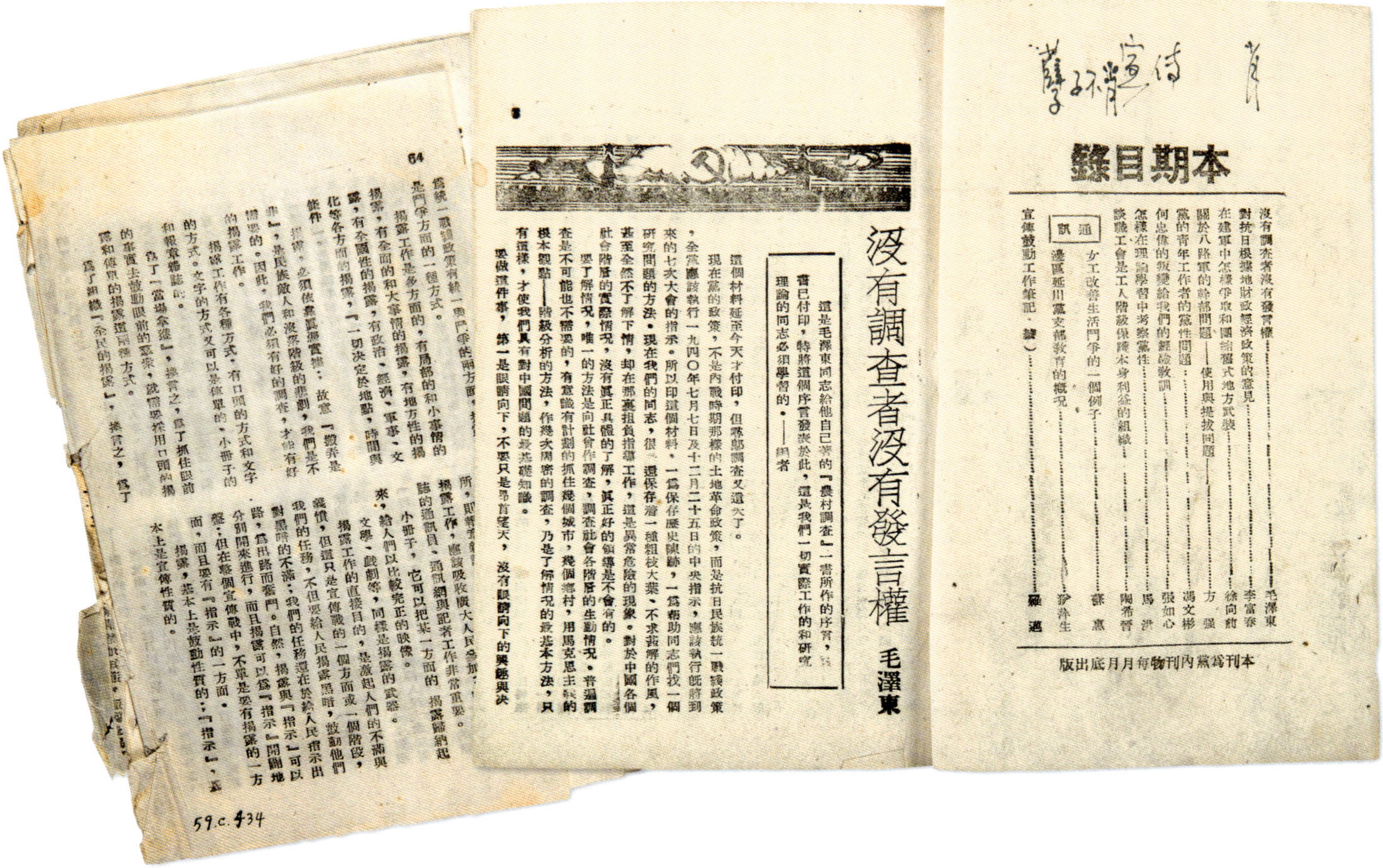

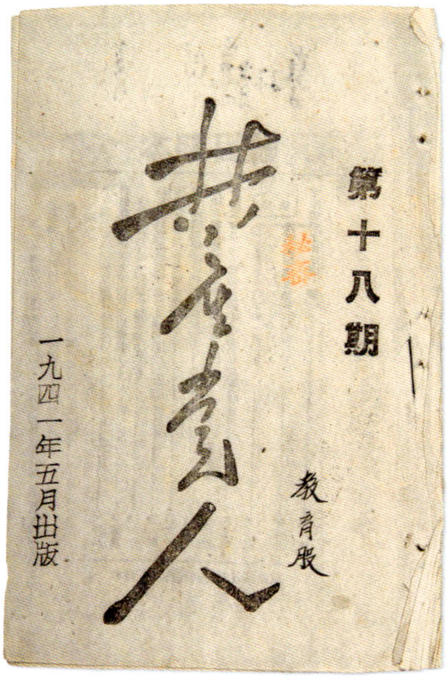

《共产党人》杂志（第十八期）

1941 年 5 月

纵 18.5 厘米，横 11.9 厘米

1954 年征集

本期主要刊载了没有调查者没有发言权、抗日根据地财政经济政策、八路军的干部问题等方面的文章。

《中国文化》杂志（一卷三期）

1940 年 5 月
纵 28.9 厘米，横 20.8 厘米
1958 年征集

此为《中国文化》第一卷第三期，主要刊载了关于新文化运动、文学革命、马克思列宁哲学等方面的文章。

《中国文化》杂志，为陕甘宁边区文化协会的机关刊物。1940年2月15日创刊，1941年8月20日停刊，不定期出版，共出版15期。由中国文化社编辑出版、新华书店发行，十六开本。《中国文化》杂志对延安乃至整个抗日民主根据地文化发展起到了重要的导向作用。

《中国文化》杂志（一卷六期）

1940 年 8 月
纵 29 厘米，横 22.5 厘米
1958 年征集

本期主要刊载了讨论当前文化运动的任务、社会主义社会的动力与矛盾、艺术工作与马列主义等方面的文章。

中國文化
當前文化運動的任務
文思奇
第一卷 第六期
目錄
中華民國二十九年八月二十五日

《中国文化》杂志（二卷二期）

1940 年 10 月
纵 27.3 厘米，横 21.1 厘米
1958 年征集

本期主要刊载了关于鲁迅的文化方向、黑格尔哲学、苏维埃社会主义社会的动力等方面的文章。

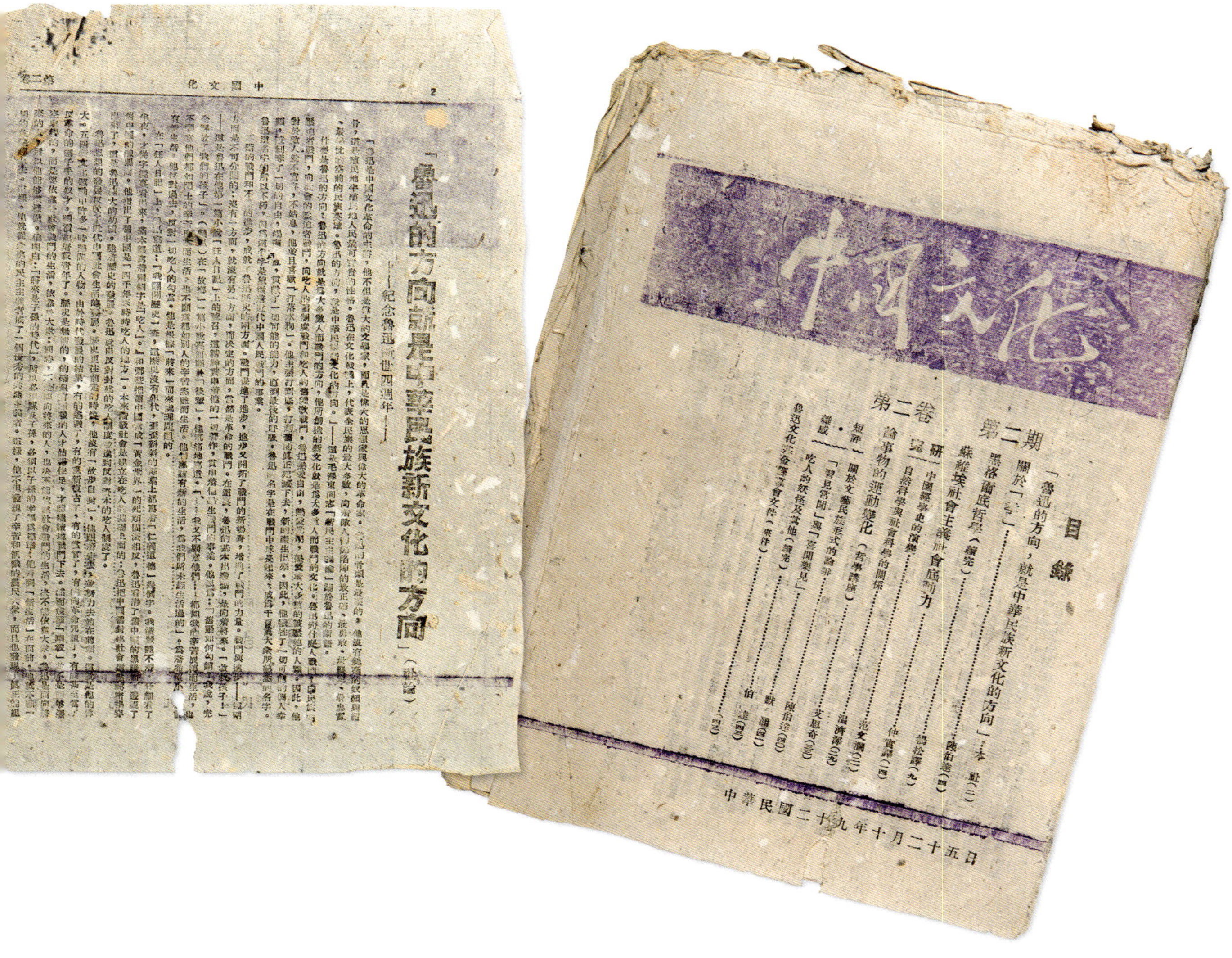
中國文化
第二卷 第二期
目錄
「魯迅的方向，就是中華民族新文化的方向」……本社
關於「三」……陳伯達
黑格爾底哲學（續完）……楊松譯
蘇維埃社會主義社會底動力
研究 中國哲學史的演變……仲實譯
自然科學與社會科學的關係
論事物的運動變化（哲學講座）……范文瀾
短評 關於文藝民族形式的論爭……溫濟澤
「習見常聞」與「喜聞樂見」……艾思奇
雜感 吃人的妖怪及其他（續完）……陳伯達
魯迅文化基金籌募會文件（來件）……伯達
中華民國二十九年十月二十五日
「魯迅的方向就是中華民族新文化的方向」（社論）
——紀念魯迅逝世四週年——

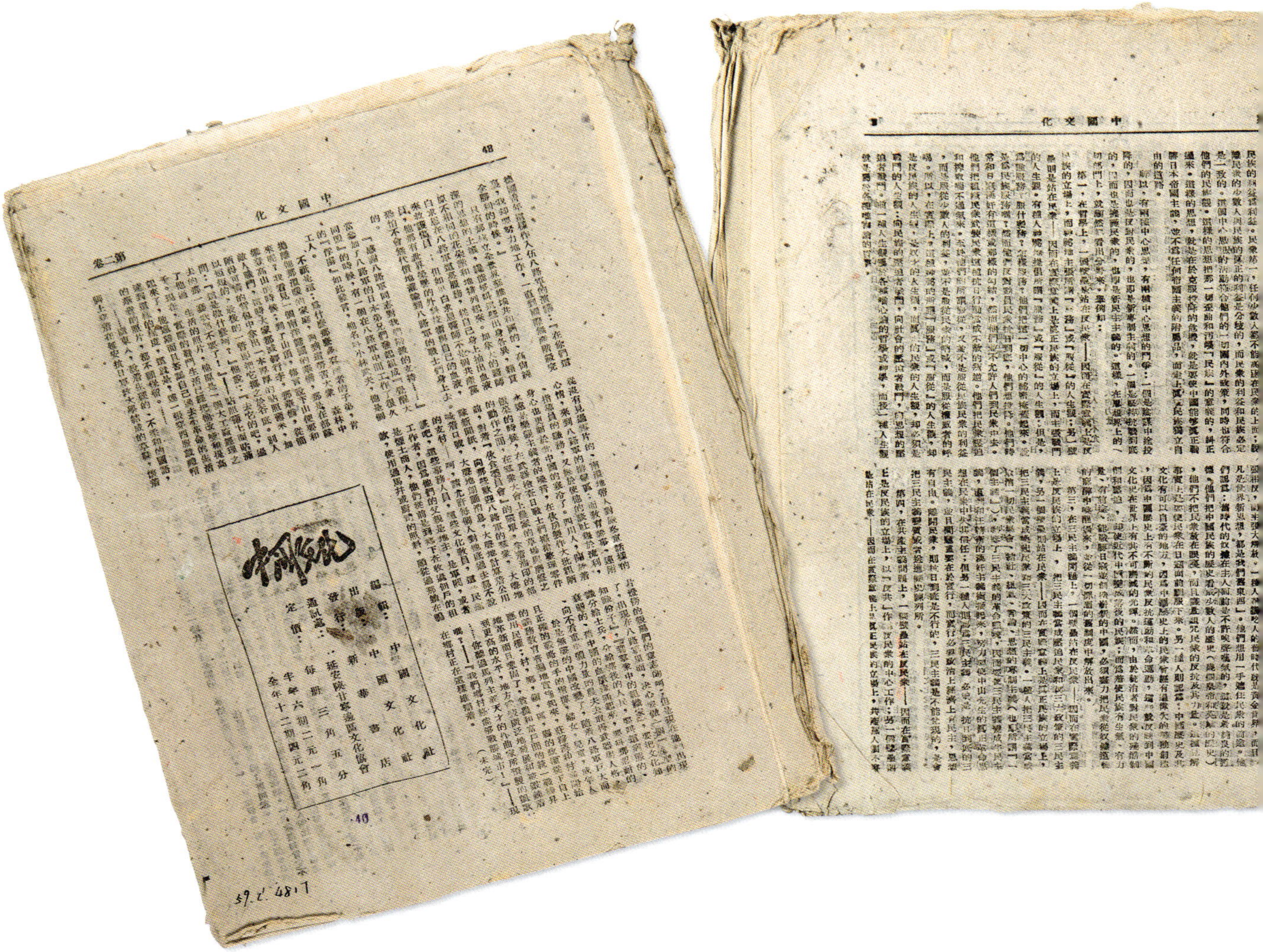

《中国文化》杂志（二卷三期）

1940 年 11 月

纵 27 厘米，横 21.7 厘米

1958 年征集

本期主要刊载了中国通史简编、文化大众化实践、中国经学史演变等方面的文章。

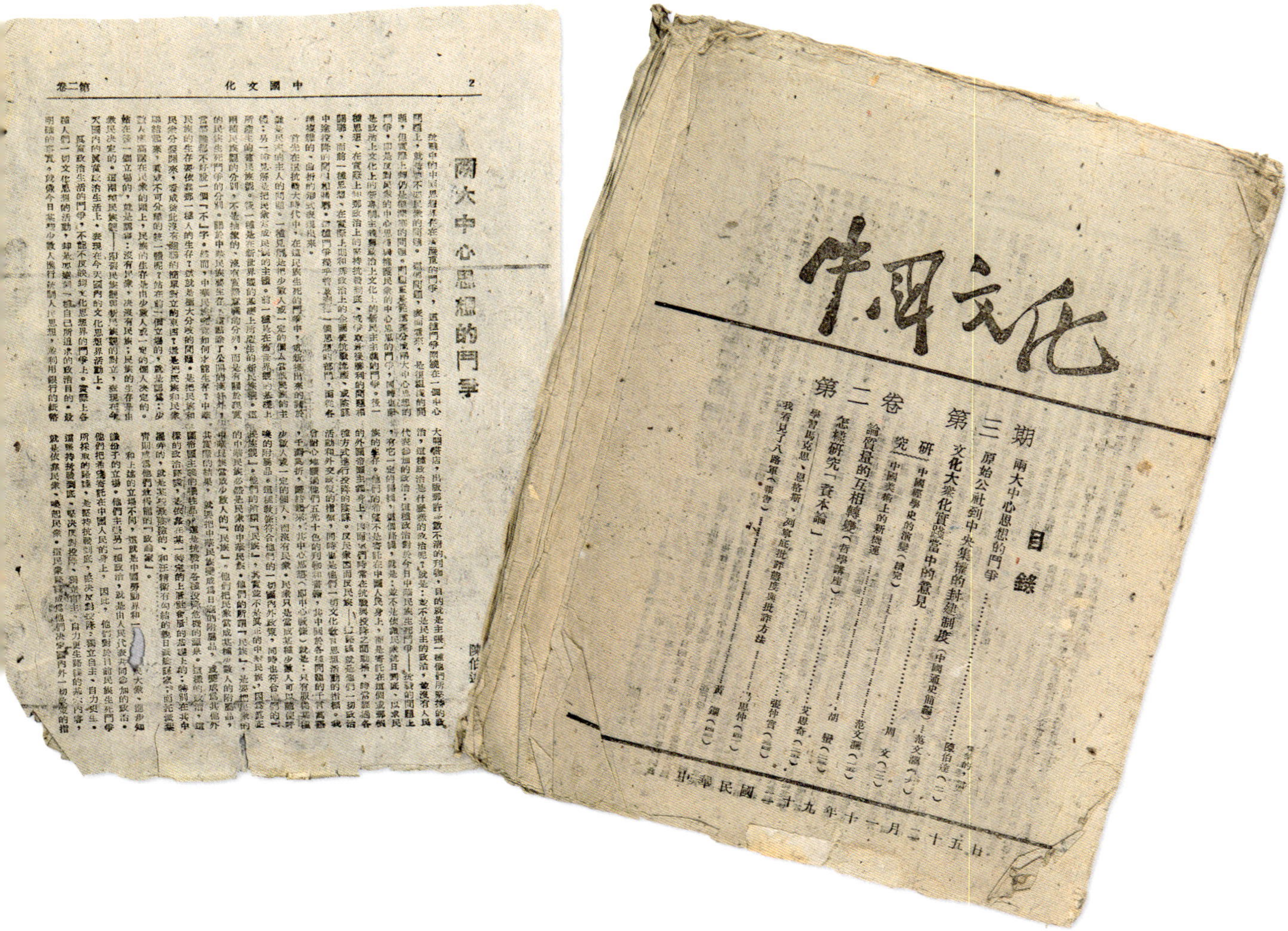
兩大中心思想的鬥爭
中國文化
第二卷 第三期
目錄
兩大中心思想的鬥爭
原始公社到中央集權的封建制度（中國通史簡編）……范文瀾
文化大衆化實踐當中的意見
中國經學史的演變（續完）……范文瀾
研究
中國美術上的新機運……周文
論質量的互相轉變（哲學講座）……范文瀾
怎樣研究「資本論」……胡繩
學習馬克思、恩格斯、列寧底批評態度與批評方法……艾思奇
我看見了八路軍（報告）……張仲實
中華民國二十九年十一月二十五日

《中国文化》杂志（二卷四期）

1940 年 12 月
纵 27.8 厘米，横 23 厘米
1958 年征集

本期主要刊载了关于自然科学研究、中国通史简编、文化大众化实践等方面的文章。

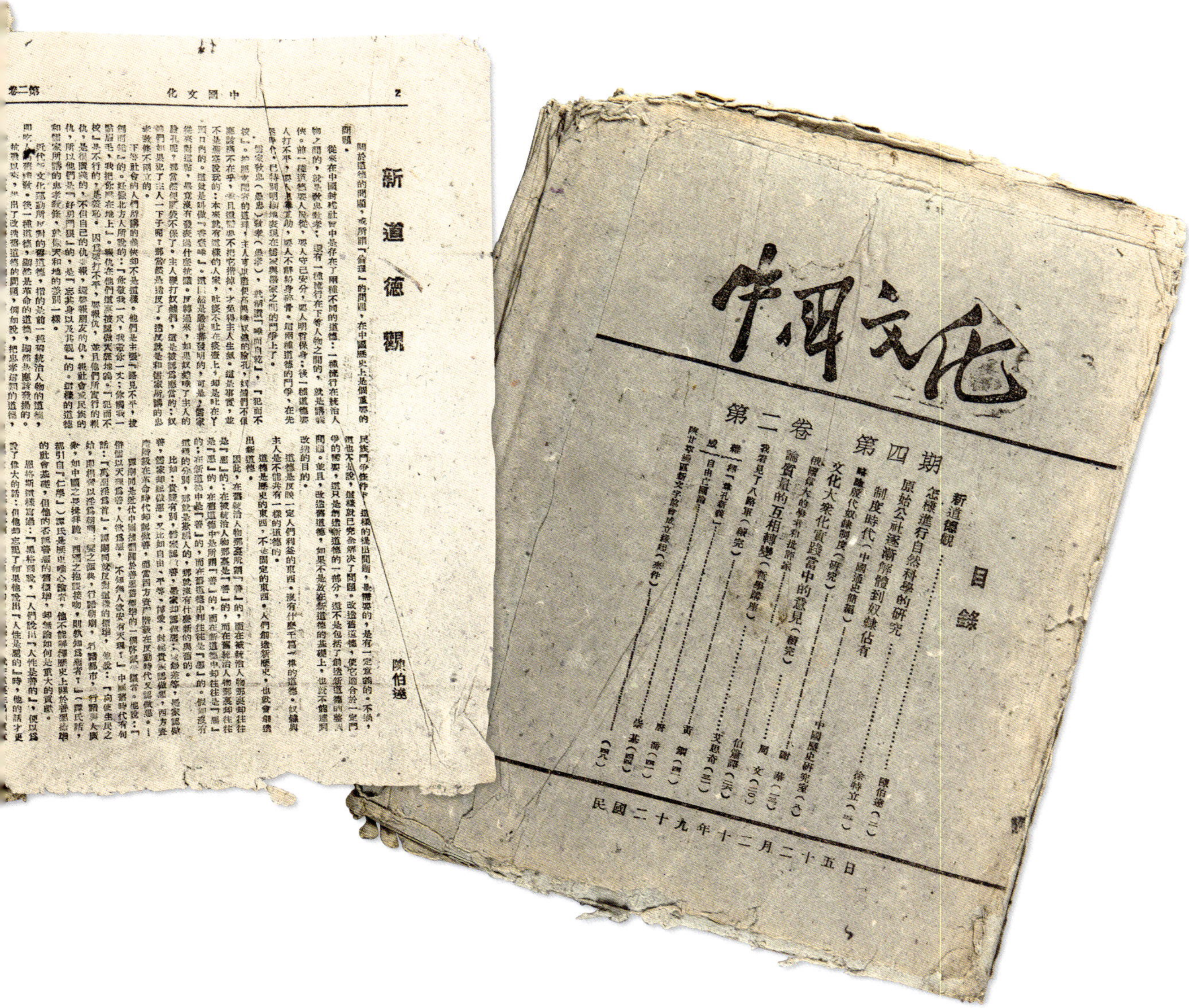
中國文化
第二卷 第四期
目錄
新道德觀 陳伯達
怎樣進行自然科學的研究 徐特立
原始公社逐漸解體到奴隸佔有制度時代（中國通史簡編） 中國歷史研究室
略論殷代奴隸制度（研究） 謝華
文化大衆化實踐當中的意見（續完） 周文
俄國偉大的學者和批評家 伯韓譯
論質量的互相轉變（哲學講座） 艾思奇
我看見了八路軍（續完） 黃鋼
雜評（一、孔教徒與康有為 二、自由亡國論） 磨喬
陝甘寧邊區新文字協會成立經過（來件） 崇基
民國二十九年十二月二十五日
新道德觀
陳伯達

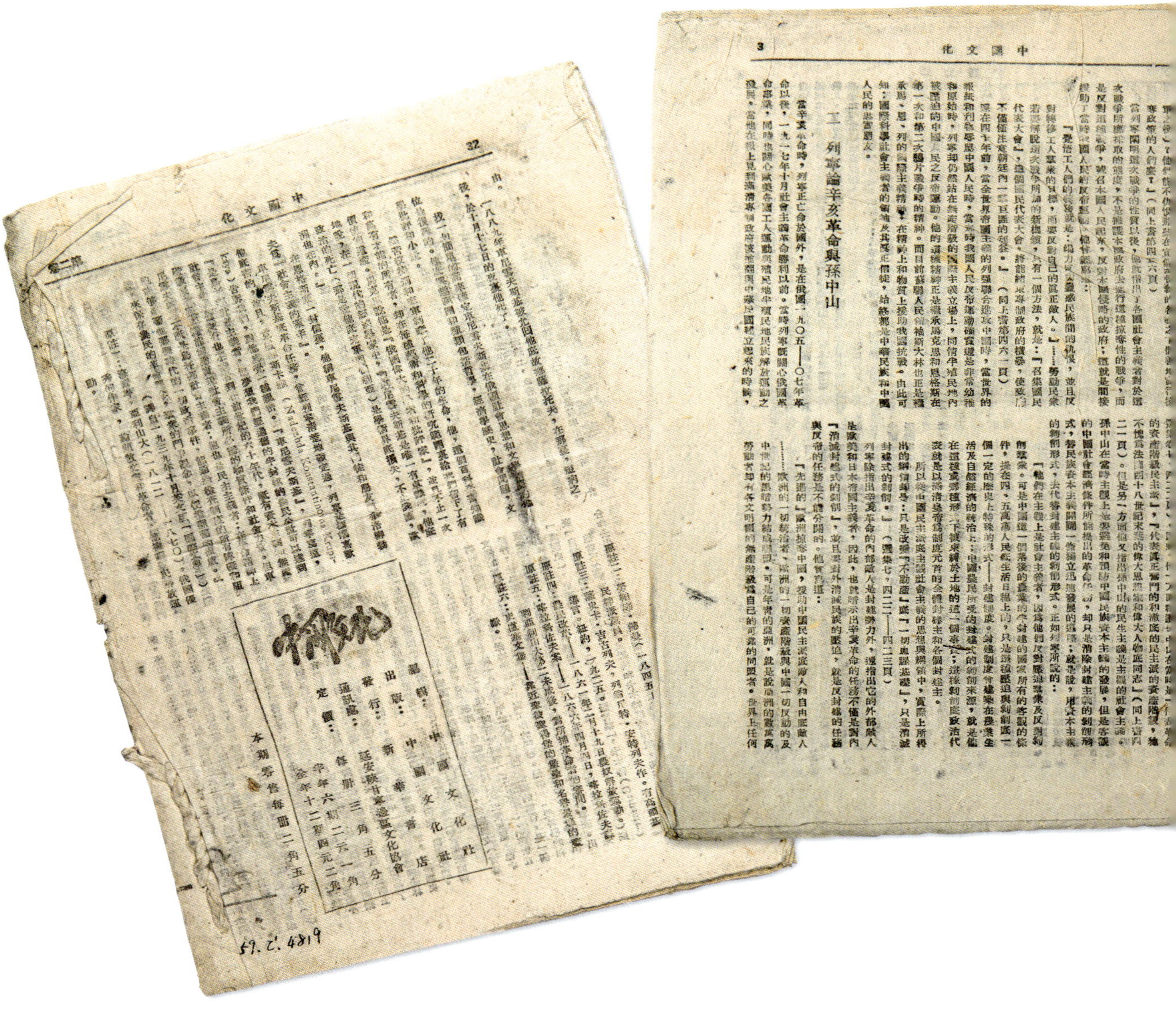

《中国文化》杂志（二卷五期）

1941 年 1 月
纵 25.8 厘米，横 18.9 厘米
1958 年征集

本期主要刊载了介绍列宁作品、新文字运动与新字母问题、中国通史简编等方面的文章。

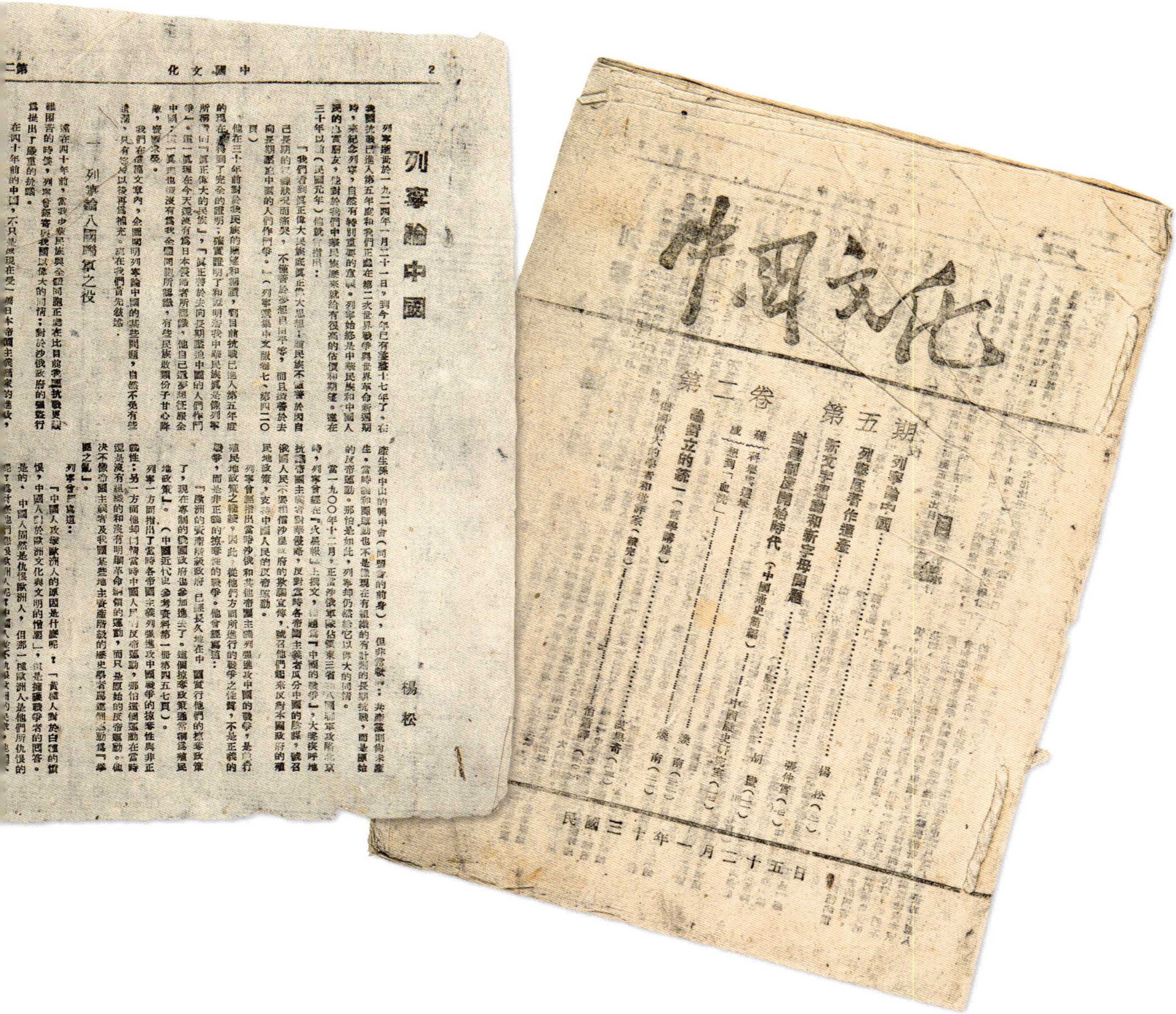
中國文化
第二卷 第五期
目錄
列寧論中國
楊松
民國三十年一月二十五日
中國文化
列寧論中國
楊松
一 列寧論八國聯軍之役

《抗战日报》

1941 年 9 月 ~1946 年 7 月

纵 40 厘米，横 27.6 厘米

1958 年李束为捐赠，1962 年山西省档案馆移交

院藏《抗战日报》为1941年9~12月、1942年4~5及9~12月、1943年1~4及8~12月、1944年及1945年全年、1946年1~7月等时段的月度合订本，共52册。

《抗战日报》（后为《晋绥日报》）。1939年12月的“晋西事变”后，中共晋西南、晋西北两个区党委合并组成晋西区委。1940年9月18日，在原晋西南区党委主办的《五日时事》和晋西北区党委主办的《晋西北报》基础上，《抗战日报》在山西兴县石楞子村创刊。《抗战日报》是中共晋西区委机关报，是晋西北有史以来第一份铅印报纸，以“抗战到底、团结到底、建设晋西北”作为办报宗旨和任务。1942年9月，中共中央晋绥分局成立。1946年7月1日，《抗战日报》更名为《晋绥日报》，为中共中央晋绥分局机关报，于1949年5月停刊。

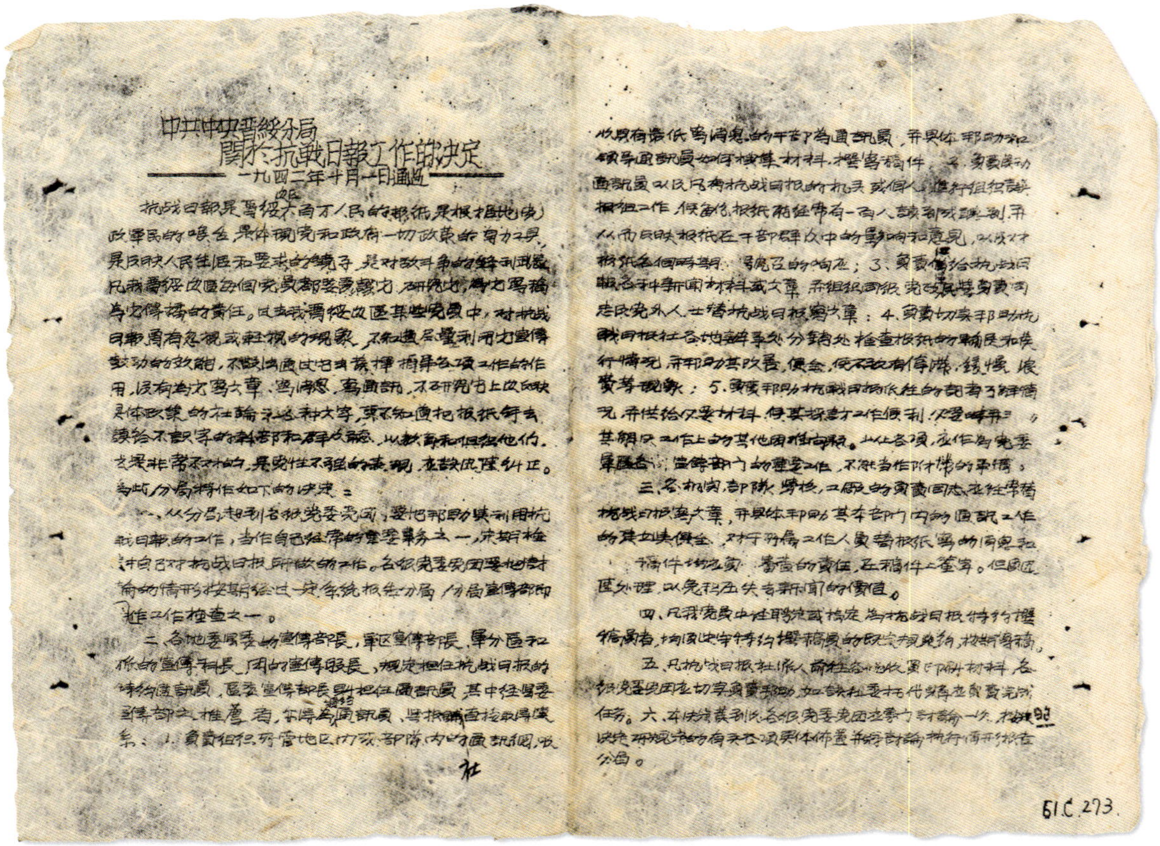
中共中央晋綏分局
關於抗戰日報工作的決定
——一九四二年十月一日通過——

中共中央晋绥分局关于抗战日报工作的决定

1942 年 10 月

纵 20 厘米，横 13.5 厘米

1961 年征集

该文件为1942年10月中共中央晋绥分局成立后不久，鉴于“晋绥边区某些党员……对《抗战日报》曾有忽视或轻视的现象”，要求各级机关工作人员及广大党员、干部、群众充分认识《抗战日报》在对敌斗争中如“锋利武器”一般的作用，积极撰稿并广泛传播该报。

《晋绥日报》

1946 年 8 月~1949 年 4 月

纵 39.2 厘米，横 26.5 厘米

山西省博物馆旧藏、1958 年李束为捐赠、1962 年山西省档案馆移交

院藏《晋绥日报》为自1946年8月更改报名伊始至1949年5月停刊之全部月度合订本，共33册。

《新华日报（太行版）》

1943年10月~1949年8月
纵38.5厘米，横27厘米
山西省博物馆旧藏、1957年山西日报编辑部资料组移交

院藏《新华日报（太行版）》，为自改版至停刊，除1945年11月、1947年7月、1949年8月之外的其余月度合订本，共68册。

《新华日报（太行版）》。前身为1939年1月创刊的中共中央北方局机关报——《新华日报（华北版）》。1943年10月，因抗战形势的需要，中共晋冀豫区党委改为中共太行区党委，《新华日报（华北版）》改为《新华日报（太行版）》，作为中共太行区党委的机关报，10月1日开始创刊版，1949年8月19日停刊。

《新华日报（太岳版）》

1944 年 4 月~1949 年 3 月
纵 37.3 厘米，横 25.2 厘米
山西省博物馆旧藏、1957 年山西日报编辑部资料组移交

山西博物院现藏《新华日报（太岳版）》，为除1944年10月、12月1945年1月、12月之外的其余月度合订本，共52册。

《新华日报（太岳版）》。前身为1940年6月7日创刊的中共太岳区委机关报——《太岳日报》。1944年初，太岳区党委准备将《太岳日报》改为铅印报纸。4月1日，《太岳日报》正式更名为《新华日报（太岳版）》。1949年4月1日，《新华日报（太岳版）》恢复原名《太岳日报》；至8月23日停刊。

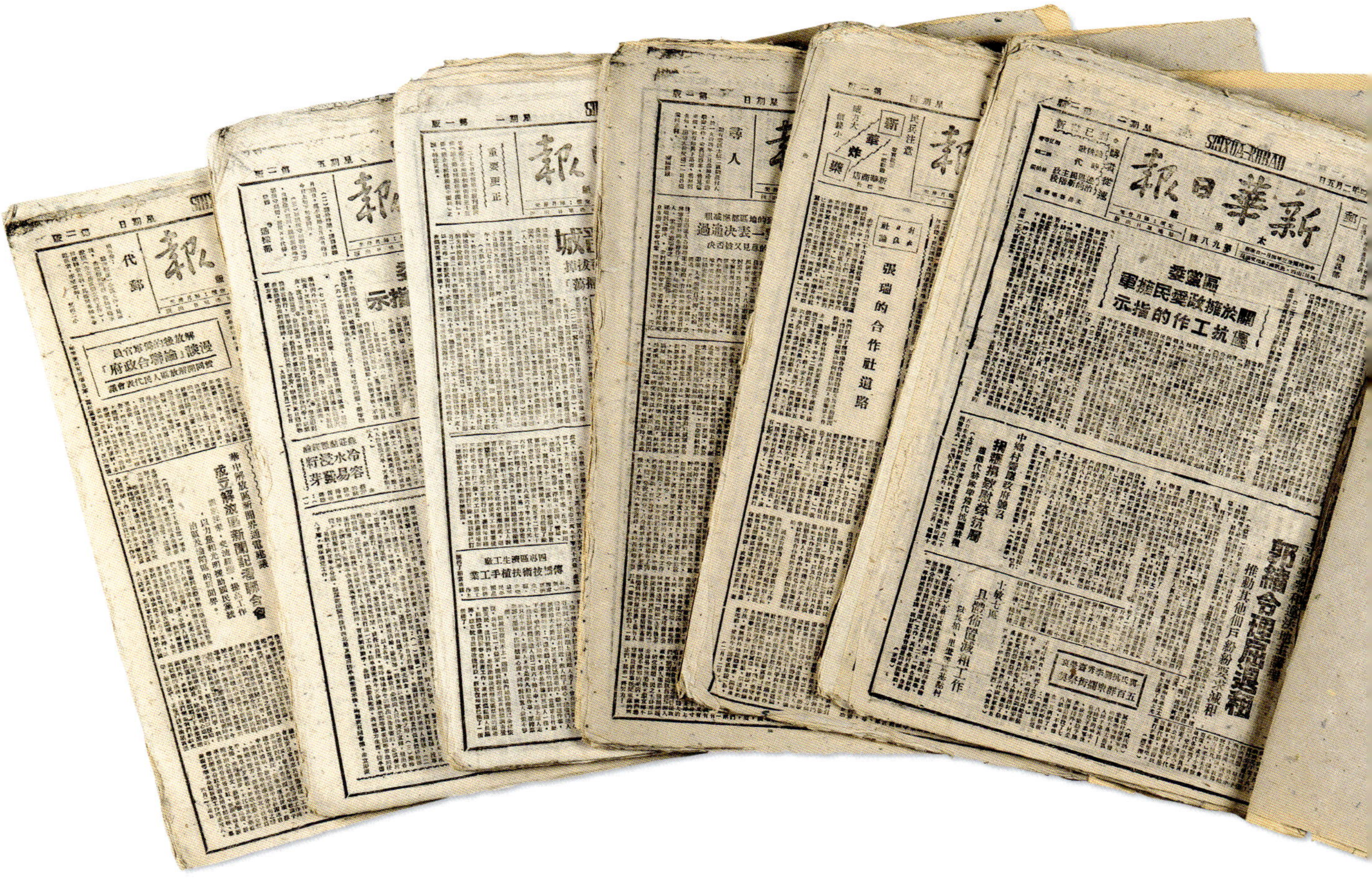

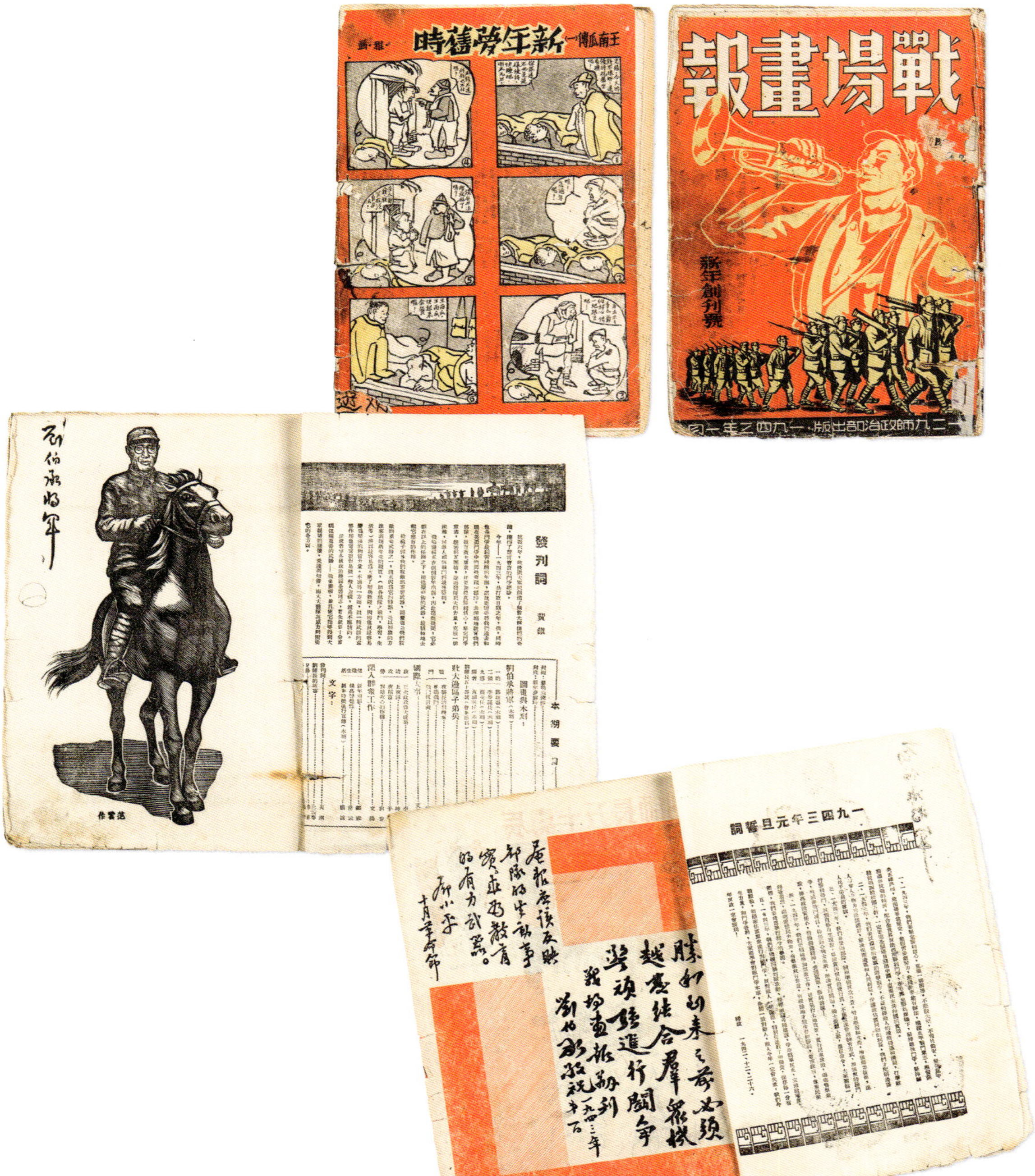

《战场画报》杂志（创刊号）

1943 年 1 月

纵 26.7 厘米，横 19.2 厘米

1949 年太行图书馆拨交

《战场画报》是八路军一二九师政治部为了提高部队的战斗信心而创办的刊物。1943年1月在太行抗日根据地创刊，深受广大指战员和民兵的喜爱。1945年上党战役后，《战场画报》改为晋冀鲁豫军区的《人民画报》。

本刊是1943年1月发行的创刊号，内容主要为展示八路军战士英勇作战、揭露敌伪丑恶嘴脸的漫画。

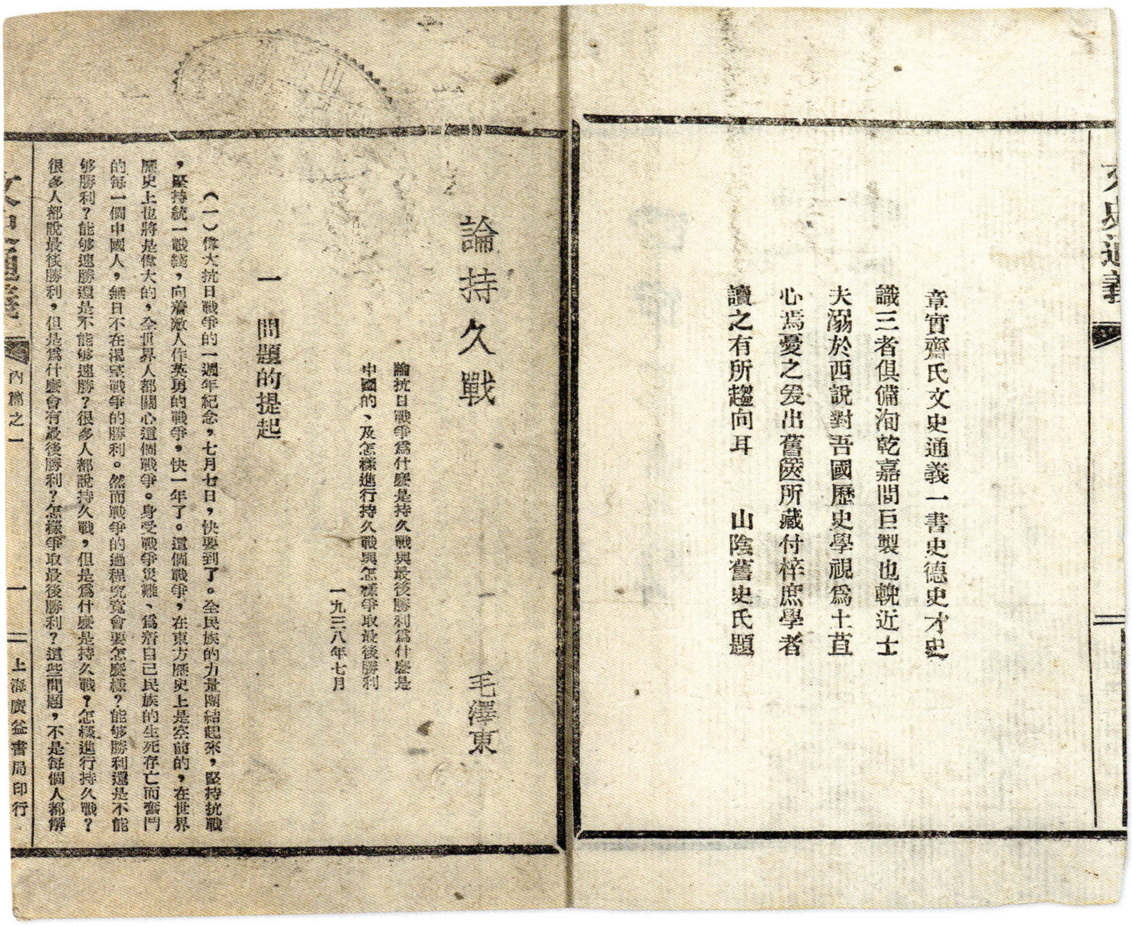

伪装为《文史通义》的《论持久战》

1938 年

纵 17.6 厘米，横 12.2 厘米

1949 年太行图书馆拨交

此封面、扉页和书口均印为“文史通义”，作为仿装，实际内容为毛泽东的著作——《论持久战》。该书于1938年由上海广益书局印行，应为日军占领上海后，为避免检查而伪装成《文史通义》的。

《文史通义》为清代学者章学诚的一部史学理论著作。

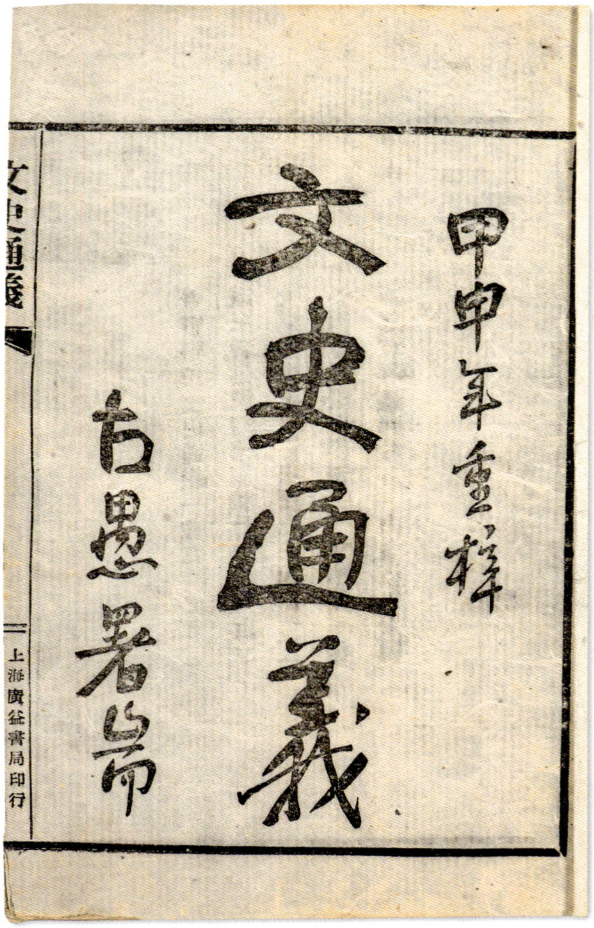
文史通義
甲申年重梓
文史通義
古愚署耑
上海廣益書局印行

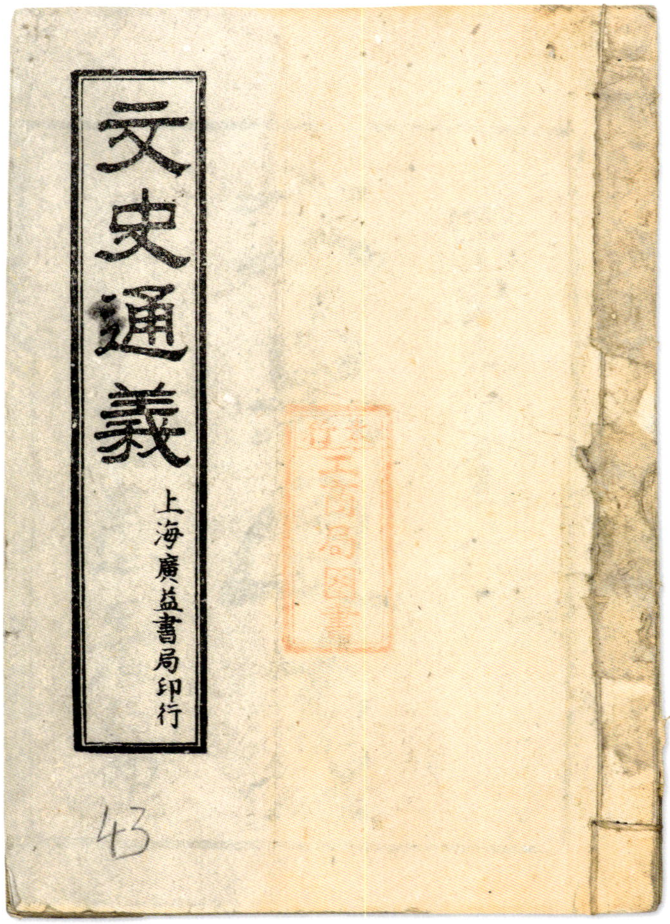
文史通義
上海廣益書局印行
43

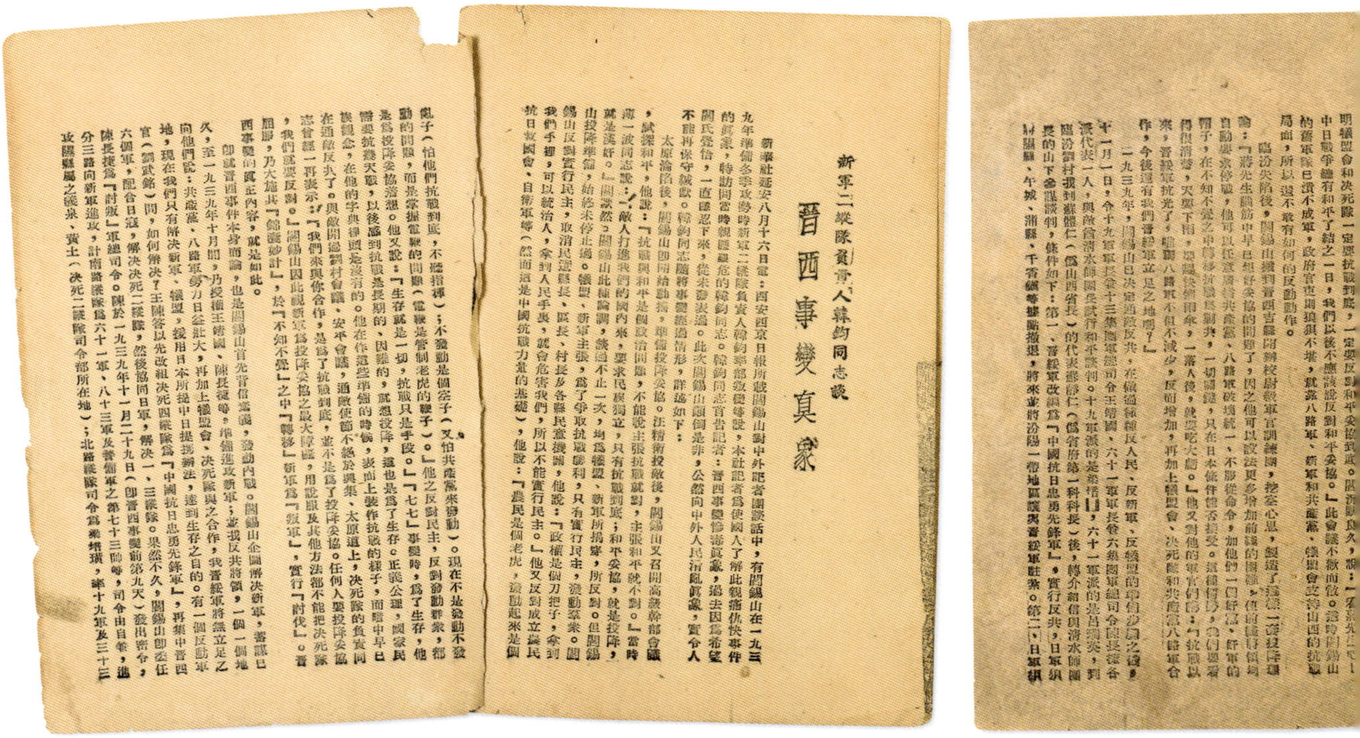

伪装为《告全华北青少年》的宣传册

抗日战争时期
纵 17.4 厘米，横 11.9 厘米
1959 年征集

纸质，铅印，共21页，竖排版。封面书名为“告全华北青少年”，左下方署名为“中华民国新民会中央总会”。而宣传册内三篇文章实际为：一、续范亭《寄山西土皇帝阎锡山的一封五千言书》；二、《薄一波同志驳斥阎锡山荒谬宣传》；三、《新军二纵队负责人韩钧同志谈晋西事变真相》。三篇文章内容均为八路军针对晋西事变与阎锡山的诋毁宣传进行反驳，旨在阐明真相、劝阎联合抗日。

中华民国新民会成立于1937年12月24日，是一个日军实施“以华制华”政策而扶植建立、隶属于日伪华北政务委员会的汉奸傀儡组织。由此观之，此册应为在日占区为规避检查而伪装为中华民国新民会发行之《告全华北青少年》的。

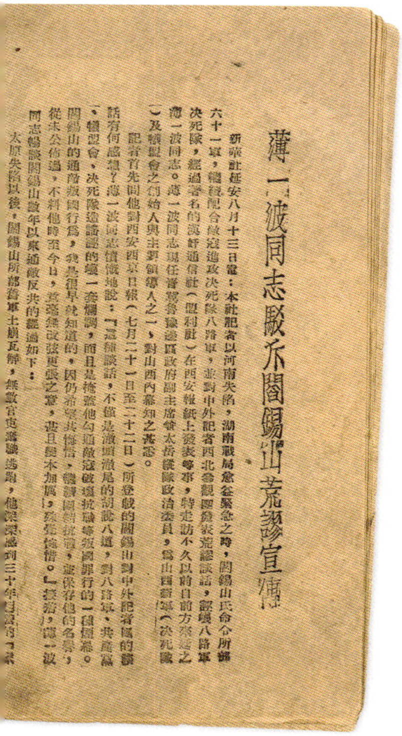

薄一波同志駁斥閻錫山荒謬宣傳

新華社延安八月十三日電：本社記者以河南失陷，湖南戰局愈益緊急之時，閻錫山氏命令所部六十一軍，積極配合倭寇進攻決死隊八路軍，並對中外記者西北參觀團發表荒謬談話，誣衊八路軍決死隊，經過著名的漢奸通信社（盟利社）在西安報紙上發表等事，特走訪不久以前自前方來延之薄一波同志。薄一波同志現任晉冀魯豫邊區政府副主席兼太岳縱隊政治委員，為山西新軍（決死隊）及犧盟會之創始人與主要領導人之一，對山西內幕知之甚悉。

記者首先問他對西安西京日報（七月二十一日至二十二日）所登載的閻錫山對中外記者團的談話有何感想？薄一波同志憤慨地說：「這種談話，不僅是澈頭澈尾的胡說八道，對八路軍、共產黨、犧盟會、決死隊造謠誣衊的一套濫調，而且是掩蓋他勾通敵寇破壞抗戰等叛國罪行的一種煙幕。閻錫山的通敵叛國行為，我是很早就知道的，因仍希望其悔悟，繼續團結抗戰，並保存他的名譽，從未公佈過，不料他時至今日，竟毫無改弦更張之意，並且變本加厲，殊堪惋惜。」接着，薄一波同志暢談閻錫山數年以來通敵反共的經過如下：

太原失陷以後，閻錫山所部舊軍士崩瓦解，無數官吏棄職逃跑，他深深感到三十年經營的

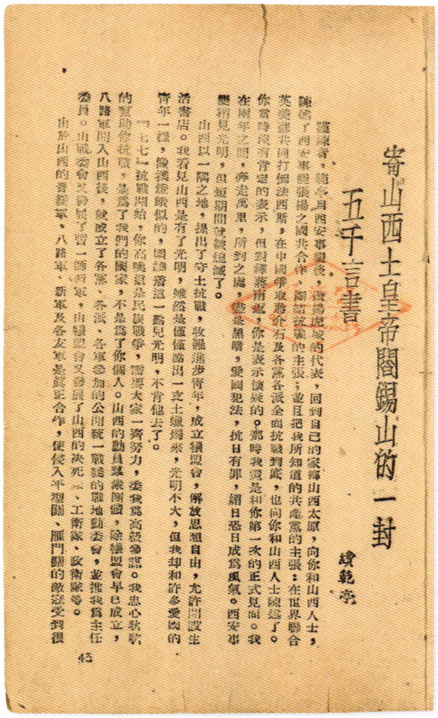

寄山西土皇帝閻錫山的一封五千言書

續範亭

續範亭，繼在西安事變後，做楊虎城的代表，回到自己的家鄉山西太原，向你和山西人士，陳述了西安事變張楊之國共合作，團結抗戰的主張；並且把我所知道的共產黨的主張：在世界聯合英美蘇共同打倒法西斯，在中國爭取蔣介石及各黨各派全面抗戰到底，也向你和山西人士陳述了。你當時沒有肯定的表示，但對擁蔣南攻，你是表示懷疑的。那時我還是和你第一次的正式見面。我在兩年之間，奔走萬里，所到之處，盡是黑暗，愛國犯法，抗日有罪，媚日恐日成為風氣。西安事變稍見光明，但短期間就被熄滅了。

山西以一隅之地，提出了守土抗戰，收羅進步青年，成立犧盟會，解放思想自由，允許開設生活書店。我看見山西是有了光明，雖然是僅僅露出一支土蠟燭來，光明不大，但我卻和許多愛國的青年一樣，像撲燈蛾似的，圍繞着這一點兒光明，不肯他去了。

「七七」抗戰開始，你高喚這是民族戰爭，需要大家一齊努力，委我為高級參謀。我忠心耿耿的贊助你抗戰，是為了我們的國家，不是為了你個人。山西的動員群眾團體，除犧盟會早已成立，八路軍開入山西後，就成立了各黨、各派、各軍參加的公開統一戰線的戰地動委會，並推我為主任委員。由戰委會又發展了暫一師新軍，由犧盟會又發展了山西的決死隊、工衛隊、政衛隊等。

由於山西的晉綏軍、八路軍、新軍及各友軍是真正合作，使侵入平型關、雁門關的敵寇受到很

43

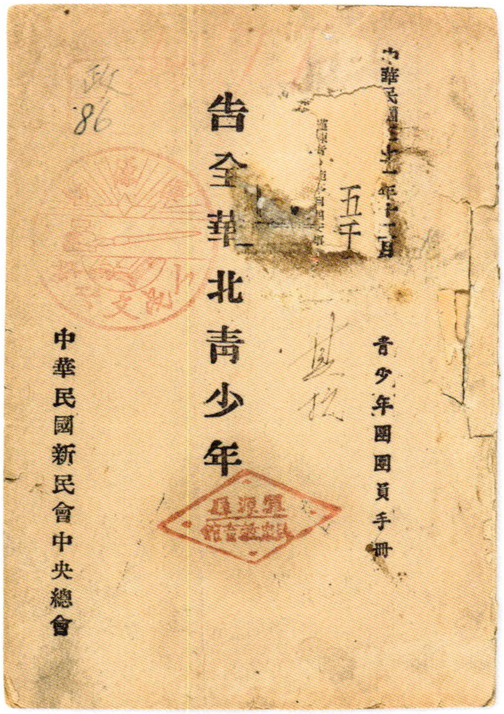

中華民國[illegible]年[illegible]月

五千

告全華北青少年

青少年團團員手冊

中華民國新民會中央總會

《不让敌人抢走麦子》宣传册

1942 年
纵 18.7 厘米，横 14.5 厘米
1961 年征集

抗战进入相持阶段后，日军对华北根据地进行扫荡、蚕食，实行“三光政策”，大肆烧杀抢掠，根据地面临严峻的粮食危机。针对敌人的计划，各根据地为了掌握粮食斗争的主动权，一方面开展政治宣传攻势，揭露敌人抢粮的阴谋诡计，提醒人民警惕并抵抗日军；另一方面开展对伪军、伪组织的工作，警告他们不要为日军效劳。该宣传册即为上述背景下印发的一组漫画。

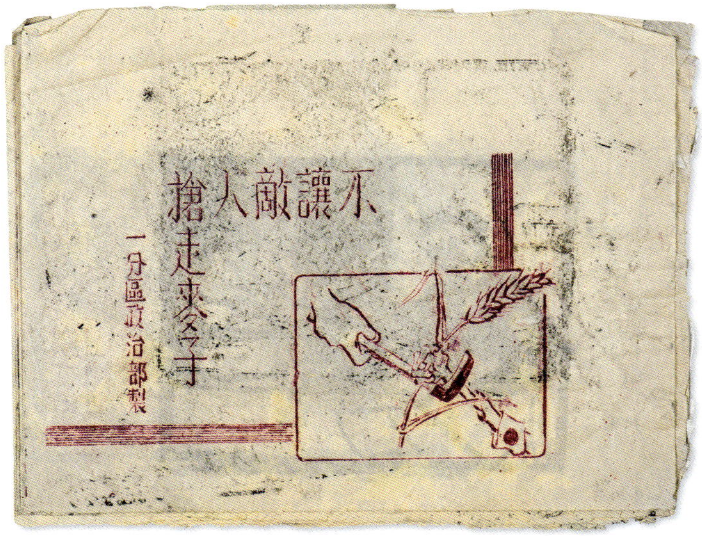

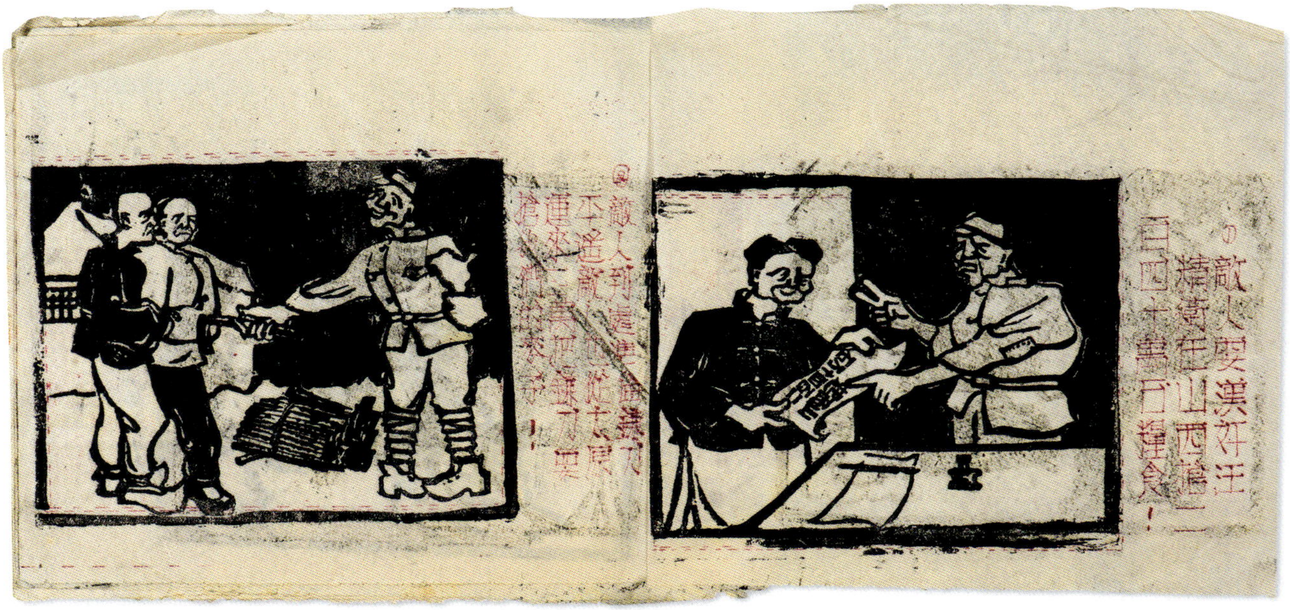

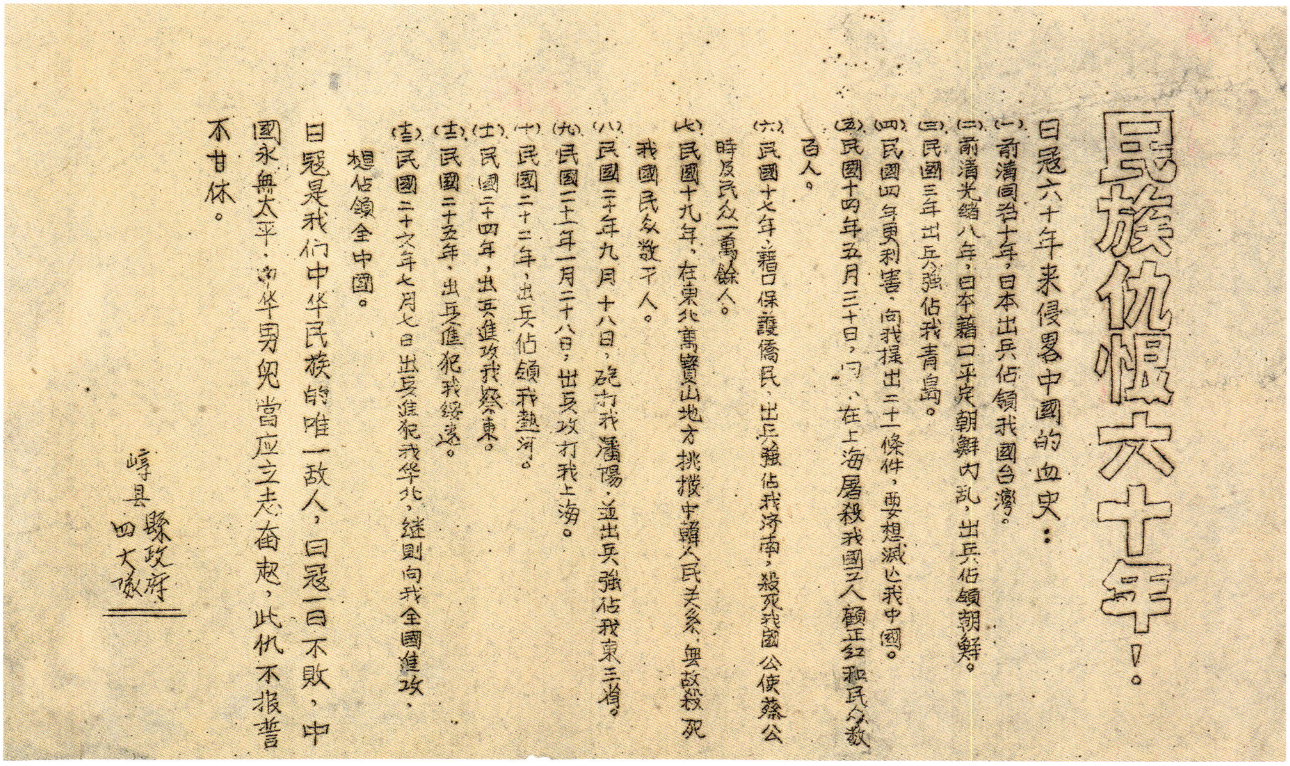
民族仇恨六十年！

日寇六十年来侵略中國的血史：

(一)前清同治十年，日本出兵佔領我國台灣。

(二)前清光緒八年，日本藉口平定朝鮮內亂，出兵佔領朝鮮。

(三)民國三年出兵強佔我青島。

(四)民國四年更利害，向我提出二十一條件，要想滅亡我中國。

(五)民國十四年五月三十日，在上海屠殺我國工人顧正红和民众数百人。

(六)民國十七年，藉口保護僑民，出兵強佔我济南，殺死我國公使蔡公時及民众一萬餘人。

(七)民國十九年，在東北萬寶山地方挑撥中韓人民关系，與故殺死我國民众数千人。

(八)民國二十年九月十八日，砲打我瀋陽，並出兵強佔我東三省。

(九)民國二十一年一月二十八日，出兵攻打我上海。

(十)民國二十二年，出兵佔領我熱河。

(十一)民國二十四年，出兵進攻我察東。

(十二)民國二十五年，出兵進犯我綏遠。

(十三)民國二十六年七月七日出兵進犯我华北，继則向我全國進攻，想佔領全中國。

日寇是我们中华民族的唯一敌人，日寇一日不敗，中國永無太平，御华男兒當应立志奋起，此仇不报誓不甘休。

崞县縣政府
四大隊

“民族仇恨六十年”宣传单

抗日战争时期

纵 27.4 厘米，横 16.5 厘米

1961 年征集

纸质，竖排版，油印。主要内容为揭露日寇从同治年间侵占台湾到卢沟桥事变企图占领全中国的十三条罪状，并号召“中华男儿当应立志奋起，此仇不报誓不甘休”。落款为“崞县县政府、四大队”。“四大队”，应为晋绥军区第六军分区下设的游击四大队，于崞县境内开展游击战争。崞县，今山西省原平市。

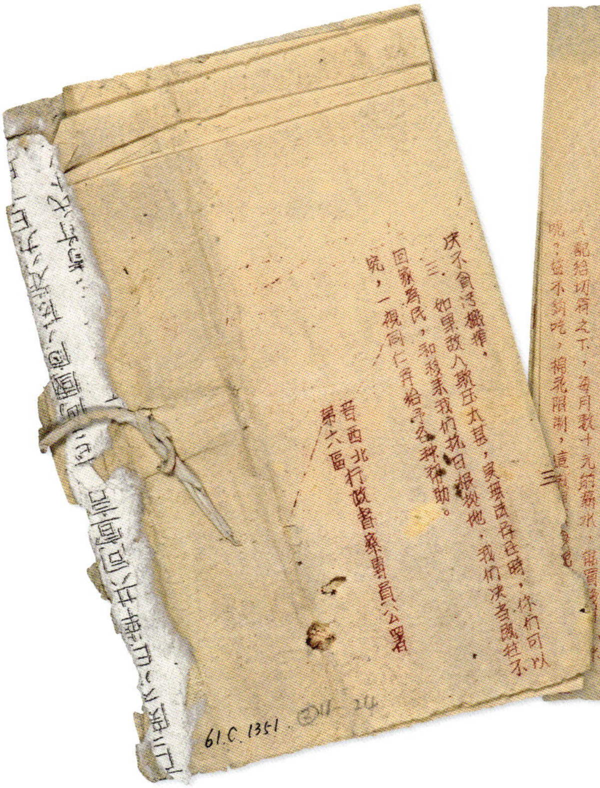

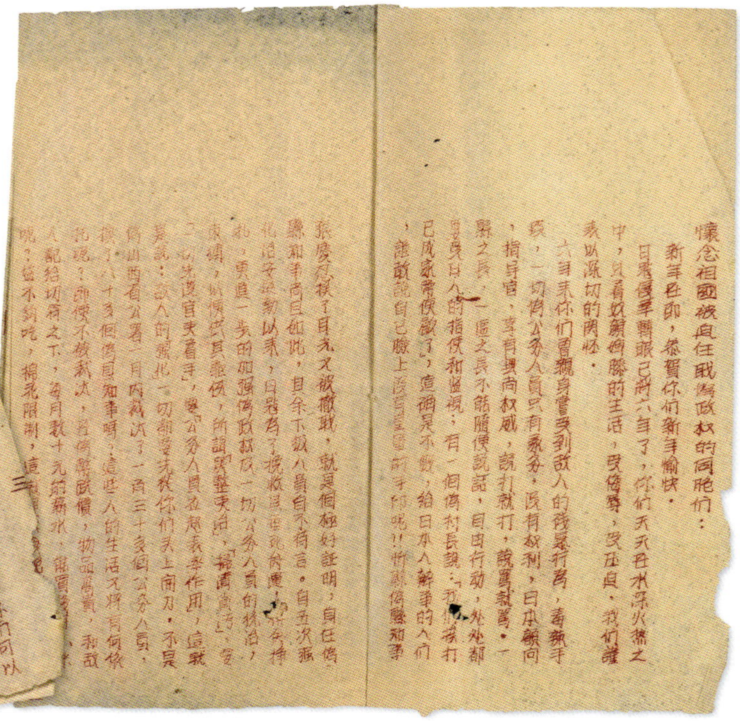

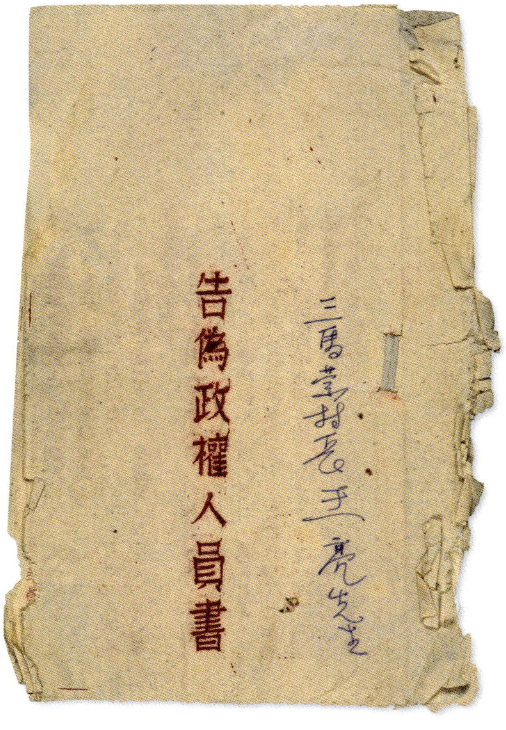

《告伪政权人员书》宣传册

抗日战争时期

纵 16.4 厘米，横 10.9 厘米

1961 年征集

纸质，红色油印，共八页，纸绳装订。晋西北第六区行政督察专员公署制。主要内容为揭出伪政权任职人员在日伪机关所受之非礼遭遇，讲述目前国际、国内形势及晋西北抗日根据地发展情况，呼吁同为中国人要紧密团结、为国为民、帮助抗日。

1941年8月，山西省第二游击区行署改为晋西北行政公署，第六专区辖宁武、静宁、崞县、崞山、忻县等五县。

“汾城难民的哭诉”宣传单

抗日战争时期

纵 18.7 厘米，横 15.6 厘米

1961 年征集

纸质，竖排版。主要内容为控诉日本人及阎锡山部队使用各种手段欺压百姓、掠夺百姓财务、影响百姓生活，老百姓十分想念八路军决死队，盼望早日得到解放。落款为“太岳军区政治部”。

汾城，今山西省襄汾县汾城镇，1914~1954年为汾城县，1954年与襄陵合并为襄汾县。

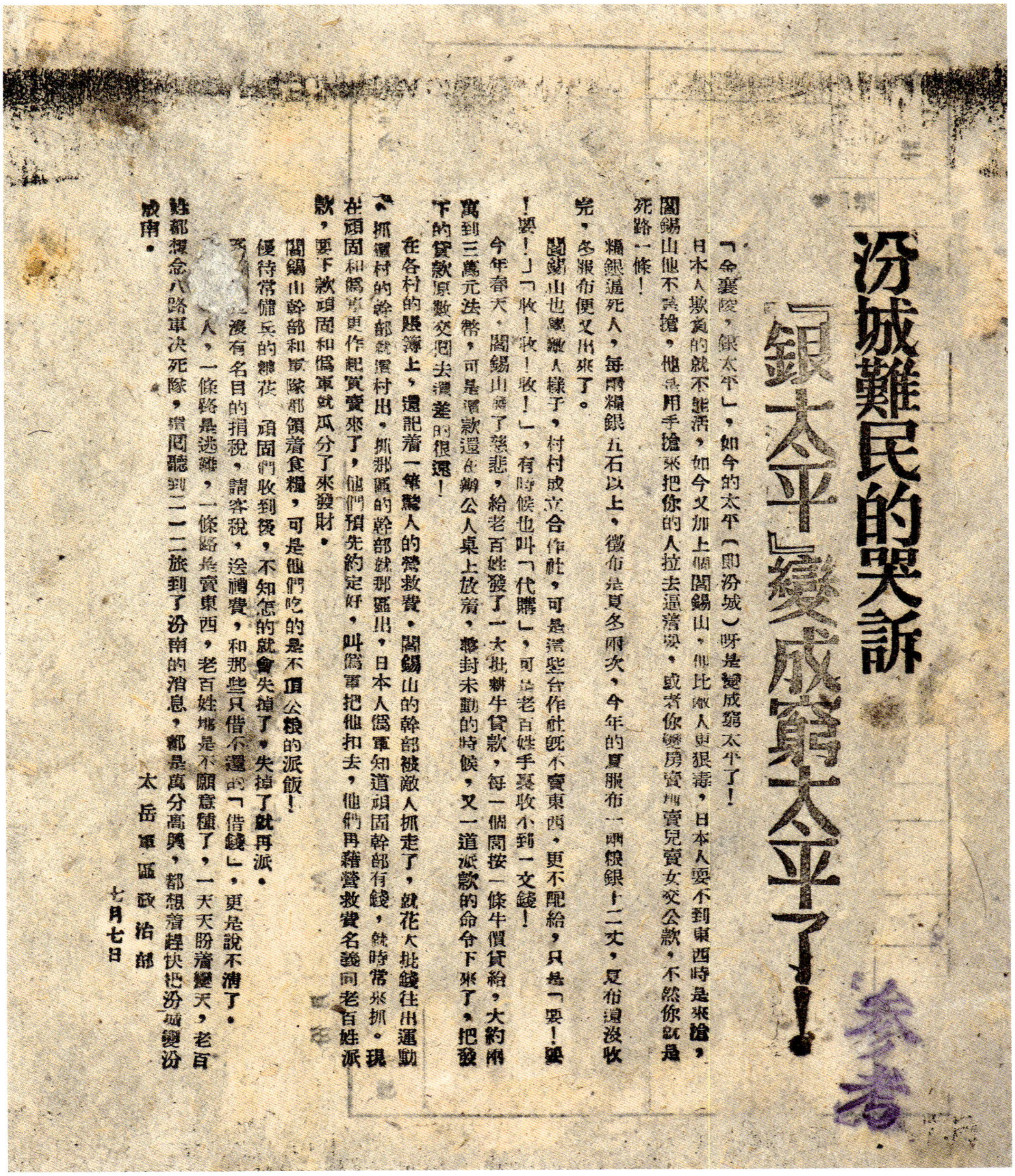
汾城難民的哭訴
『銀太平』變成窮太平了！

「金襄陵，銀太平」，如今的太平（即汾城）呀是變成窮太平了！

日本人欺負的就不能活，如今又加上個閻錫山，他比敵人更狠毒，日本人要不到東西時是來搶，閻錫山他不光搶，他是用手搶來把你的人拉去逼着要，或者你變房賣地賣兒賣女交公款，不然你就是死路一條！

糧銀逼死人，每兩糧銀五石以上，徵布是夏冬兩次，今年的夏服布一兩糧銀十二丈，夏布還沒收完，冬服布便又出來了。

閻錫山也學敵人樣子，村村成立合作社，可是這些合作社既不賣東西，更不配給，只是「要！要！要！」「收！收！收！」，有時候也叫「代購」，可是老百姓手裏收不到一文錢！

今年春天，閻錫山發了慈悲，給老百姓發了一大批耕牛貸款，每一個閭按一條牛價貸給，大約兩萬到三萬元法幣，可是這款還在鄉公人桌上放着，整封未動的時候，又一道派款的命令下來了，把發下的貸款原數交回去還差的很遠！

在各村的賬簿上，還記着一筆驚人的營救費。閻錫山的幹部被敵人抓走了，就花大批錢往出運動，抓這村的幹部就這村出，抓那區的幹部就那區出，日本人偽軍知道頑固幹部有錢，就時常來抓。現在頑固和偽軍更作起買賣來了，他們預先約定好，叫偽軍把他扣去，他們再藉營救費名義向老百姓派款，要下款頑固和偽軍就瓜分了來發財。

閻錫山幹部和軍隊都領着食糧，可是他們吃的是不頂公糧的派飯！

優待常備兵的棉花，頑固們收到後，不知怎的就會失掉了，失掉了就再派。

各[illegible]沒有名目的捐稅，請客稅，送禮費，和那些只借不還的「借錢」，更是說不清了。

[illegible]人，一條路是逃難，一條路是賣東西，老百姓都是不願意種了，一天天盼着變天，老百姓都想念八路軍決死隊，當聽到二一二旅到了汾南的消息，都是萬分高興，都想着趕快把汾城變汾南。

太岳軍區政治部

七月七日

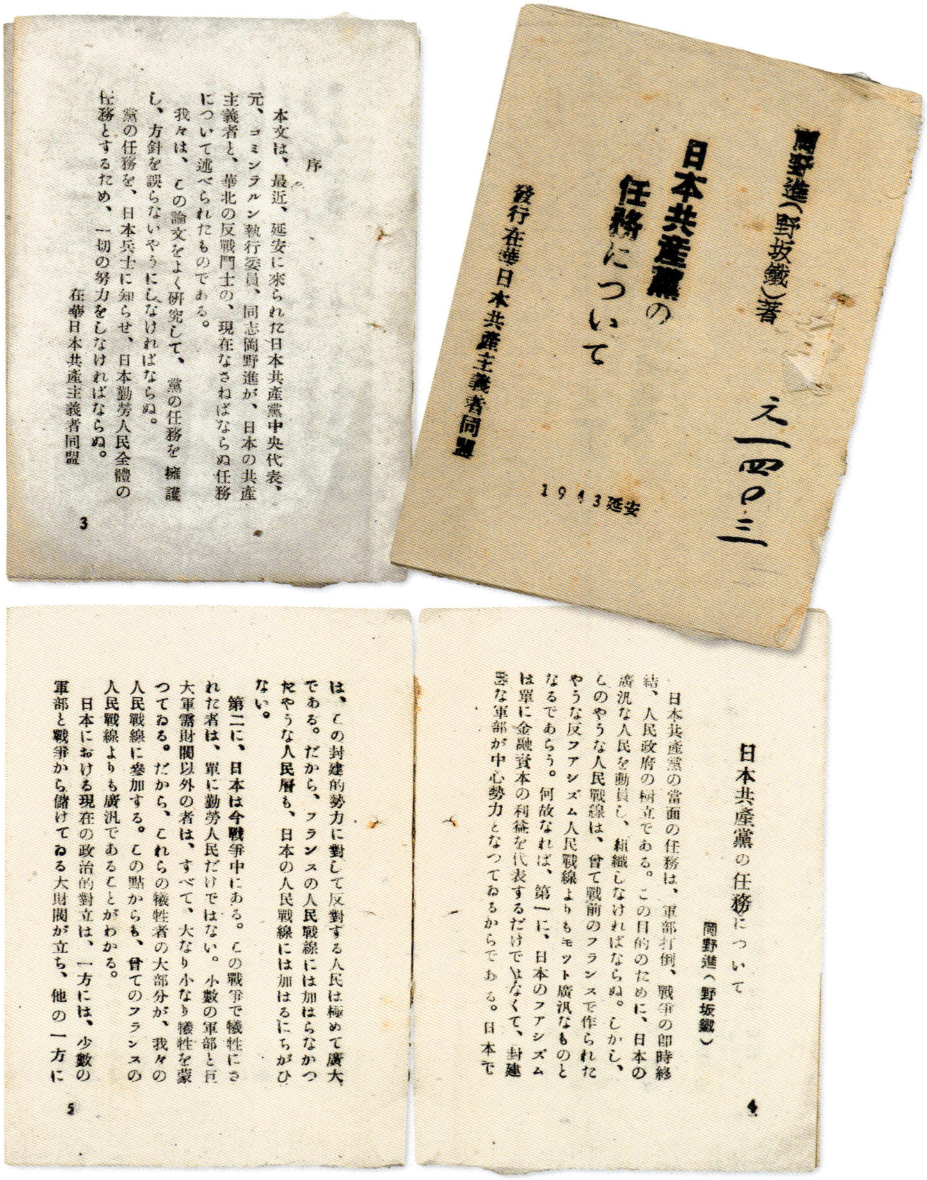

岡野進（野坂鐵）著

日本共產黨の任務について

發行 在華日本共產主義者同盟

1943 延安

序

本文は、最近、延安に來られた日本共產黨中央代表、元、コミンテルン執行委員、同志岡野進が、日本の共產主義者と、華北の反戰鬥士の、現在なさねばならぬ任務について述べられたものである。

我々は、この論文をよく研究して、黨の任務を擁護し、方針を誤らないやうにしなければならぬ。

黨の任務を、日本兵士に知らせ、日本勤勞人民全體の任務とするため、一切の努力をしなければならぬ。

在華日本共產主義者同盟

3

日本共產黨の任務について

岡野進（野坂鐵）

日本共產黨の當面の任務は、軍部打倒、戰爭の卽時終結、人民政府の樹立である。この目的のために、日本の廣汎な人民を動員し、組織しなければならぬ。しかし、このやうな人民戰線は、曾て戰前のフランスで作られたやうな反ファシズム人民戰線よりもモット廣汎なものとなるであらう。何故なれば、第一に、日本のファシズムは單に金融資本の利益を代表するだけではなくて、封建的な軍部が中心勢力となつてゐるからである。日本で

4

は、この封建的勢力に對して反對する人民は極めて廣大である。だから、フランスの人民戰線には加はらなかつたやうな人民層も、日本の人民戰線には加はるにちがひない。

第二に、日本は今戰爭中にある。この戰爭で犧牲にされた者は、單に勤勞人民だけではない。少數の軍部と巨大軍需財閥以外の者は、すべて、大なり小なり犧牲を蒙つてゐる。だから、これらの犧牲者の大部分が、我々の人民戰線に參加する。この點からも、曾てのフランスの人民戰線よりも廣汎であることがわかる。

日本における現在の政治的對立は、一方には、少數の軍部と戰爭から儲けてゐる大財閥が立ち、他の一方に

5

《日本共产党的任务》宣传册

1943 年 5 月 31 日

纵 12.6 厘米，横 8.9 厘米

1961 年征集

日文，油印，1943年日本共产党员岡野进著，在华日本共产主义者同盟发行，共10页。

在华日本共产主义者同盟，是1942年6月23日，在中国共产党的帮助下，由驻延安的日本同志在“反战同盟”的基础上发展创立起来，其盟员大多是曾把侵华战争视为“圣战”的被俘日本士兵。

岡野进，又名野坂参三、野坂铁，中国名字叫林哲。1922年加入日本共产党，是日共的创始人和最早的党员之一。1931~1940年初，作为日共代表在共产国际工作；于1935年当选为共产国际执行委员会委员，成为共产国际的重要领导人之一。1940年4月从莫斯科经新疆秘密来到延安，从事改造日军俘虏和对日军反战宣传工作，领导反战运动，1946年1月回国。

“所谓‘志愿兵扩大计划’”朝鲜文宣传单

抗日战争时期
纵 18 厘米，横 12.4 厘米
1961 年征集

纸质，单面油印。传单上方为一屠夫右手持刀，左手抓着一把人正在屠杀。屠夫脚穿木屐，衣服上有“JAP”字样，下方接血水桶有日本军旗旭日旗图案。图下印有红色竖版中文“所谓‘志愿兵扩大计划’”及其他中、朝两种文字。传单最下方署名“朝鲜义勇军华北支队”。该传单目的在于揭露并阻止朝鲜人参加日军的“志愿军扩大计划”。

朝鲜义勇军华北支队是抗日战争时期由在华北地区的朝鲜侨民组成的抗日武装力量，其前身是1938年10月10日在武汉成立的朝鲜义勇队。

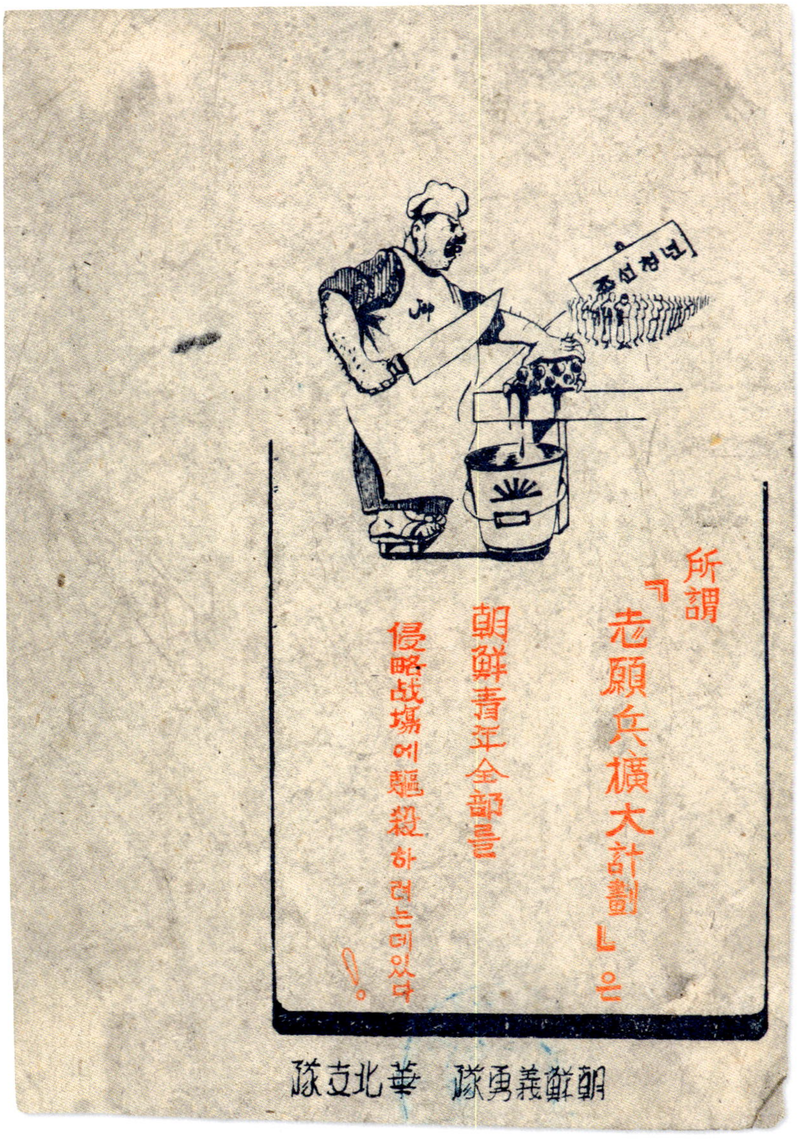

民兵英雄尹茂官自制石雷

1943 年
长 29 厘米，宽 26 厘米，高 17 厘米
1959 年征集

该石雷由一整块石头凿成，呈椭圆形，中间有一未穿的孔。

尹茂官，生于是1914年，卒年待考，山西平鲁辛按庄村人。三兄弟尹茂元、尹茂官、尹茂仁均为名扬塞北的抗日英雄，时称“尹氏三雄”。1938年8月，加入中国共产党，并担任村党支部书记兼自卫队长（民兵大队长）。1941年初，组织成立朔县西山抗日根据地民兵爆炸组，自制石雷、炸药，开展地雷战，战绩卓著。1944年11月出席晋绥边区群英会，被授予晋绥边区“特等民兵英雄”称号。

民兵英雄尹茂官自制铁雷

1943 年
径 10 厘米，高 15 厘米
1959 年征集

铁质，呈立体椭圆形。

民兵英雄尹茂官自制子母雷

1943 年
径 5 厘米，高 8.3 厘米
1959 年征集

铁质，呈立体椭圆形。

农民王贵女、段满清母子杀敌用的厨刀

抗日战争时期
最长 31 厘米，最宽 11 厘米
1955 年征集

王贵女、段满清，山西武乡凹里村人。该村处于日占区与抗日根据地之间的交错地带。1944年农历正月二十四，100多名敌人偷袭该村，段满清用声东击西的方法掩护群众转移，不幸被一名伪军抓住。在佯装带路时，遇见正在转移的二十多名老弱乡亲，其中有自己的母亲王贵女。母子俩配合默契，用王贵女提篮里藏的一把菜刀消灭了这名伪军，成功掩护群众转移。在1944年召开的太行区首届杀敌、劳动英雄大会上，他们被授予“母子杀敌英雄”的称号。

嘉康杰戴过的手表

1936 年
径 3.2 厘米
1959 年征集

嘉康杰（1889~1939年）又名寄尘，山西夏县人。早年留学日本，后归国参加了五四运动。1927年加入中国共产党。历任中共河东特委组织部长、河东中心县委书记、中共晋豫特委中条地委委员、晋豫边区八路军抗日游击支队后勤供给部部长兼第六大队政治部主任、第七大队大队长等职。1939年当选中共“七大”代表，同年在夏县武家坪被国民党特务杀害。1952年，山西省人民政府为纪念嘉康杰，将解放战争中创建的原“太岳五中”更名为“康杰中学”。

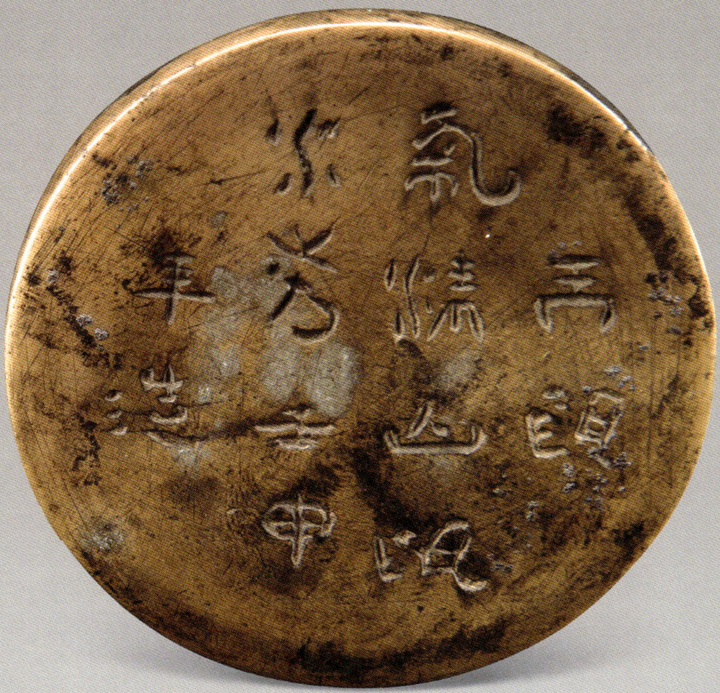

嘉康杰用过的墨盒

抗日战争时期

径 6 厘米，高 1.9 厘米

1973 年征集

嘉康杰用过的脸盆

1943 年
口径 20.7 厘米，高 9 厘米
1976 年征集

康俊仁用过的瓷碗

抗日战争时期
口径 12.4 厘米，高 6 厘米
1973 年征集

康俊仁（1908~1944年），山西夏县瑶峰镇周村人。1937年抗战全面爆发时任周村村长，响应共产党“减租减息”政策，率领农民同地主作斗争。1938年加入中国共产党。1941年，遵照中共条西地委指示，领导成立“夏县抗日游击队康大队”，1942年改称“康俊仁游击队”，1943年出任新成立的太岳军区第三军分区司令员，1944年在对日作战中不幸殉难。此碗是康俊仁在抗日战争时期随身携带的生活用品。

奖给张志全的“劳动英雄”奖章

1945 年
径 2.9 厘米
1973 年征集

此奖章为榆社县政府于1945年颁发给张志全的“劳动英雄”奖章。

张志全（1904~1978年），山西榆社西马乡大寨村人。1938年担任村农民救国会常委，1944年带领十几户农民办起榆社县第一个生产互助组，带领全村群众一手拿枪、一手拿锄，劳武结合、保卫生产，积极开展减租减息运动。1943年，张志全被晋冀鲁豫边区政府授予“太行劳动英雄”称号，先后20余次获得表彰奖励。1946年3月加入中国共产党，并以劳动英雄身份参加了太行第二届群英大会。

李雪峰用过的瓷油壶

抗日战争时期
底径 6.5 厘米，高 13.5 厘米
1959 年石家庄烈士纪念馆拨交

此瓷油壶是抗日战争时期李雪峰在李江儿老太太家居住时使用过。

李雪峰（1907~2003年），山西永济人。1925年考入太原国民师范学院，组织领导读书会和书报合作社。1931年被保送至山西大学学习，1932年参加中国共产党领导的山西互济会，1933年加入中国共产党。之后，历任中共山西省工委宣传部部长、北平市委书记、平汉线省委宣传部部长、晋冀鲁豫省委书记、晋冀鲁豫中央局委员、中共中央中原局委员等职。1949年，河南解放后，成为首任河南省委书记。新中国成立后，先后当选第一、二届全国人大委员会委员、中共中央书记处书记、中共中央华北局第一书记、中共中央政治局候补委员、中央顾问委员会委员等职。2003年病逝。

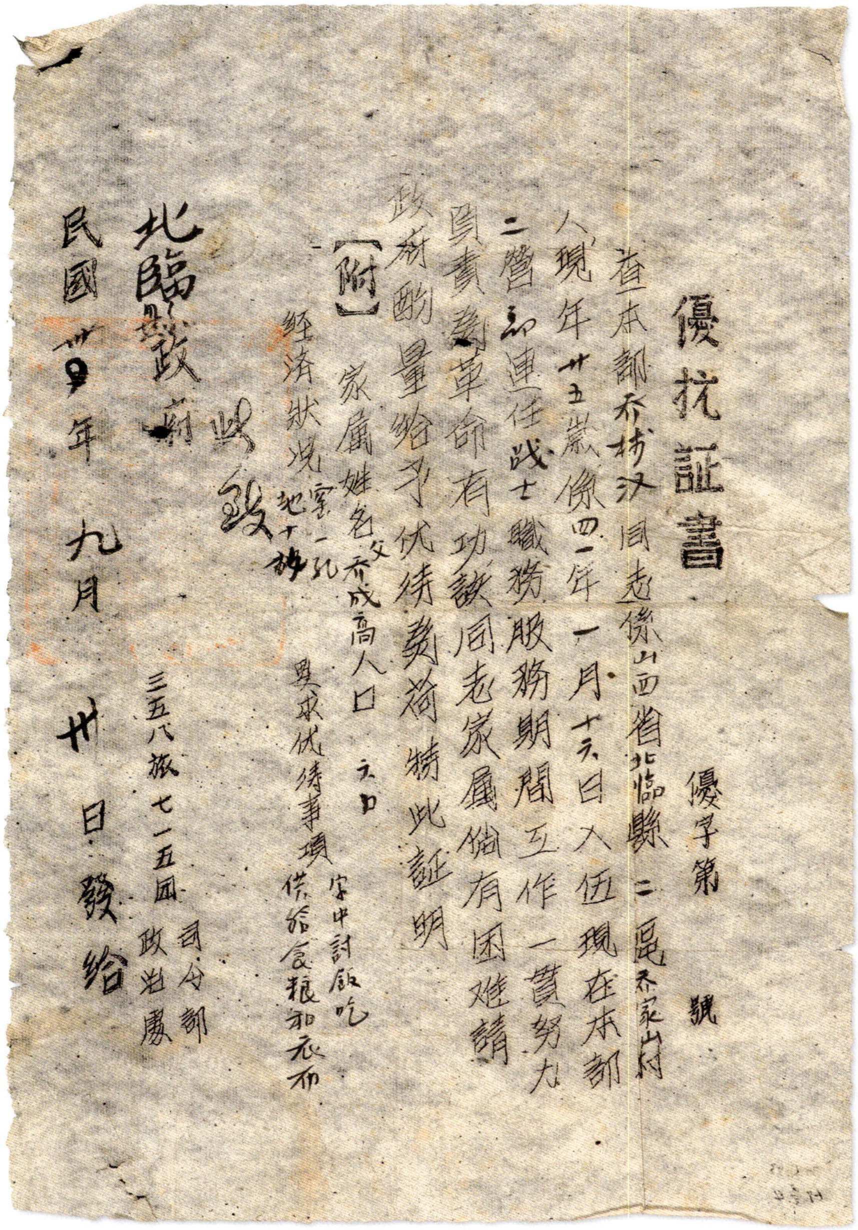
優抗証書
優字第　號
査本部乔林汉同志係山西省北臨縣二區不家山村人現年廿五歲係四一年一月十六日入伍現在本部二營四連任戰士職務服務期間工作一貫努力負責為革命有功該同志家屬倘有困難請政府酌量給予優待為荷特此証明
【附】家屬姓名 文 乔成高 人口 六口
經濟狀況 窑一孔 地十垧
要求優待事項 家中討飯吃 供給食糧和衣布
此致
北臨縣政府
三五八旅七一五團 司令部 政治處
民國卅年 九月 卅日 發給

乔林汉的优抗证书

1941 年 9 月 30 日

纵 27.6 厘米，横 18.2 厘米

旧藏

本优抗证书的主要内容是358旅715团二营四连战士乔林汉，因服务期间工作努力负责，为革命有功，特此证明，请北临县政府酌量给予优待，并附有家属姓名、经济状况和要求优待事项。

优抗，是指优待抗日军人家属，抗属则为“抗日军人之配偶、直系亲人及一向依靠其生活之亲生弟妹（十二岁以下者）”。按照条例规定，优抗工作以行政村村长、自然村主任为主要负责人，根据实际情况为抗属提供各种物质和精神上的优待。

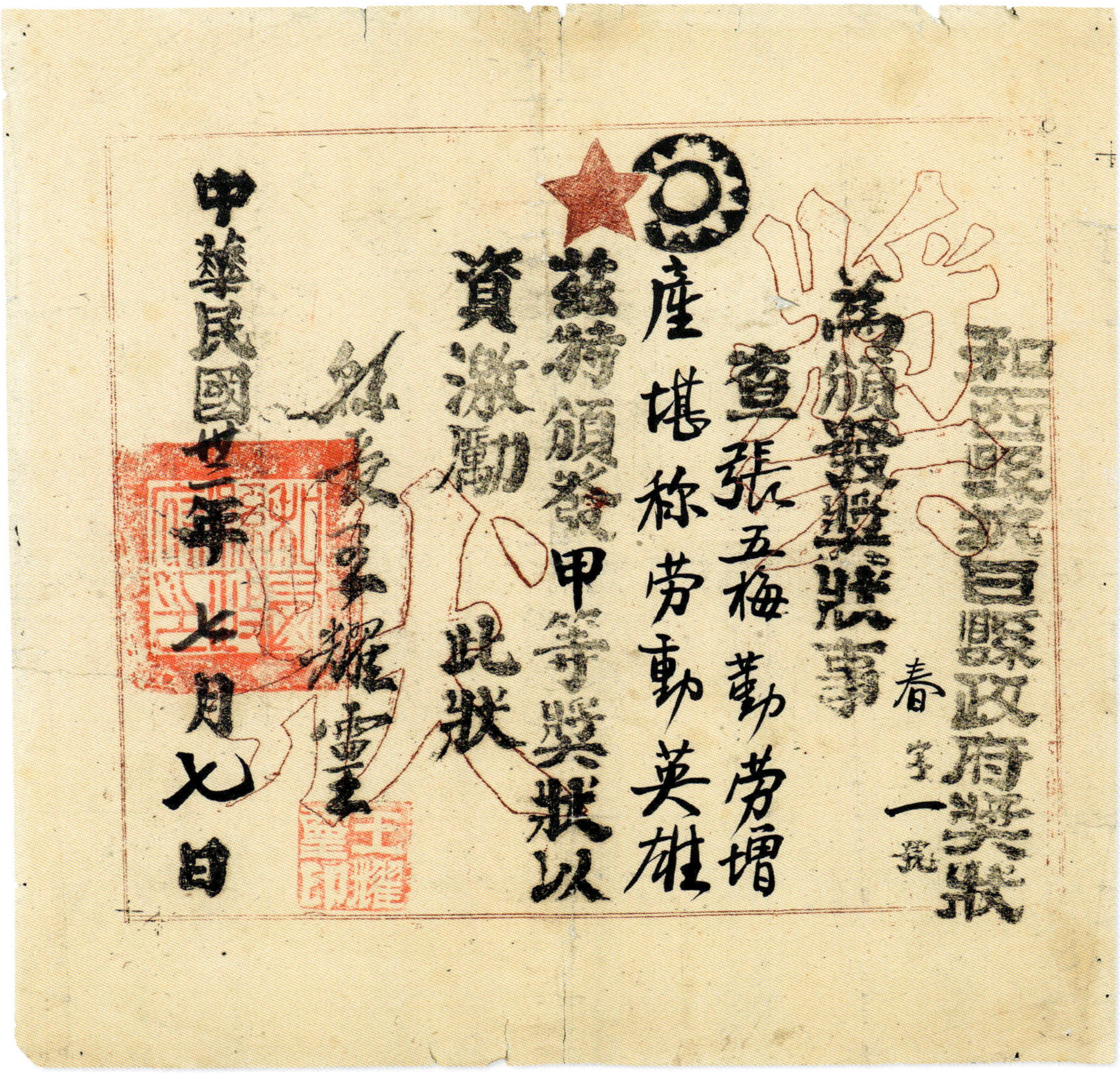

劳动英雄张五梅的奖状

1943 年 7 月 7 日

纵 28 厘米，横 28.2 厘米

1961 年征集

此奖状是大生产运动中和西县政府奖给“勤劳增产”的劳动英雄张五梅的奖励。

1940年1月，因日军封锁平（定）辽（县）公路，中共晋冀豫区党委决定，在和顺县平辽公路以西设立和西县，和顺抗日县政府改组为和西县抗日县政府。为应对日军封锁，和西县发动群众开展节约度荒和大生产运动，使极端困难的人民生活出现好转，人民生产生活积极性大为提高。

一等杀敌英雄刘兴喜的奖状

1944 年 5 月 21 日

纵 21 厘米，横 29 厘米

1975 年襄垣县城关公社大队刘兴喜捐赠

该奖状是晋冀鲁豫边区太行三分区因战功而奖给刘兴喜“一等杀敌英雄”光荣称号的奖励。

刘兴喜（1925~1995年），山西襄垣东关村人。抗日战争爆发后，少年刘兴喜投身中国共产党领导的抗日队伍，先后参加过数百次战斗。在担任襄垣独立营排长时，作战英勇、屡建战功，曾先后获得“杀敌能手”和“太行一等杀敌英雄”等光荣称号。中华人民共和国成立后，刘兴喜又带领东关村成为全县有名的小康村。

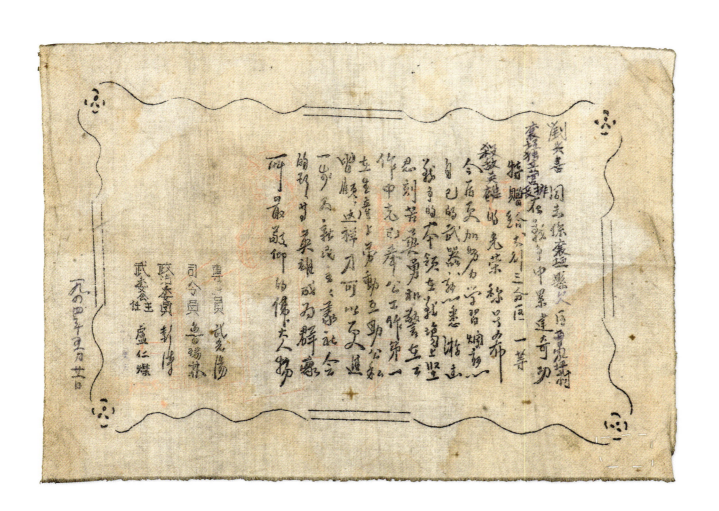

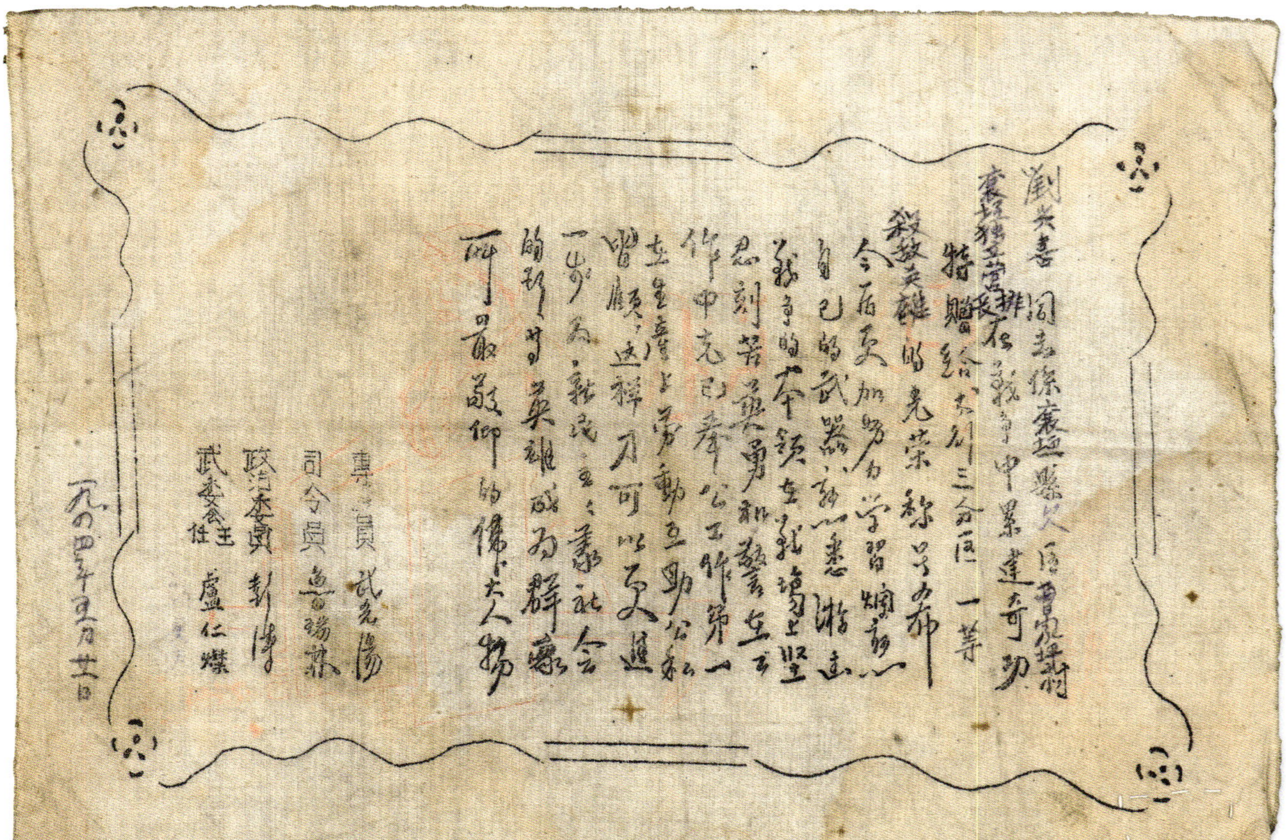
劉興喜同志係襄垣縣人 [illegible]
襄垣獨立營排長 在戰爭中累建奇功
特贈給太行三分區一等
殺敵英雄的光榮稱号 希
今后更加努力学習 熟練
自己的武器 [illegible]
[illegible]
[illegible]
[illegible]
[illegible]
[illegible]
[illegible]
[illegible]
所最敬仰的偉大人物
專員 [illegible]
司令員 [illegible]
政治委員 [illegible]
武委會主任 [illegible]
一九四四年五月廿一日

奖给温象拴的“特等农民劳动英雄”奖旗

1944 年 12 月
纵 90 厘米，横 70 厘米
1961 年征集

此奖旗为晋绥边区第四届群英大会颁发给温象拴的“特等农民劳动英雄”奖旗。

温象拴（1902~1987年），山西兴县温家寨村人。抗战爆发后加入村农会并担任干部。1943年，为大力发展生产，响应党中央“组织起来”的伟大号召，带领群众采取变工互助形式，劳武结合，既可组织生产，又能抽出人员支援前线。在晋绥边区第三届、第四节群英大会上均被予以表彰。

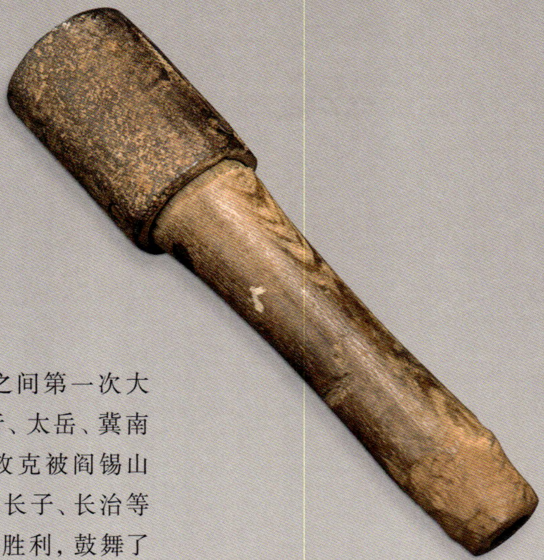

上党战役中八路军使用的手榴弹

1945 年 9~10 月
长 21.5 厘米，径 4.6 厘米
1975 年征集

上党战役是抗日战争胜利后，发生在国共两党之间第一次大规模的战役。1945年9~10月，晋冀鲁豫边区太行、太岳、冀南三地主力部队在地方武装的配合下，不仅先后攻克被阎锡山下属之史泽波部抢占的襄垣、屯留、潞城、壶关、长子、长治等地，还将增援而来的彭毓斌部消灭。上党战役的胜利，鼓舞了解放区军队的斗争勇气，打击了国民党部队的士气，为重庆谈判中的共产党代表提供了强有力的支持。

上党战役中八路军使用的三爪钩

1945 年 9~10 月
高 12.3 厘米，宽 23 厘米
1975 年征集

上党战役中八路军使用的“五〇”小炮弹

1945 年 9~10 月
通长 17.5 厘米，径 15.9 厘米
1975 年征集

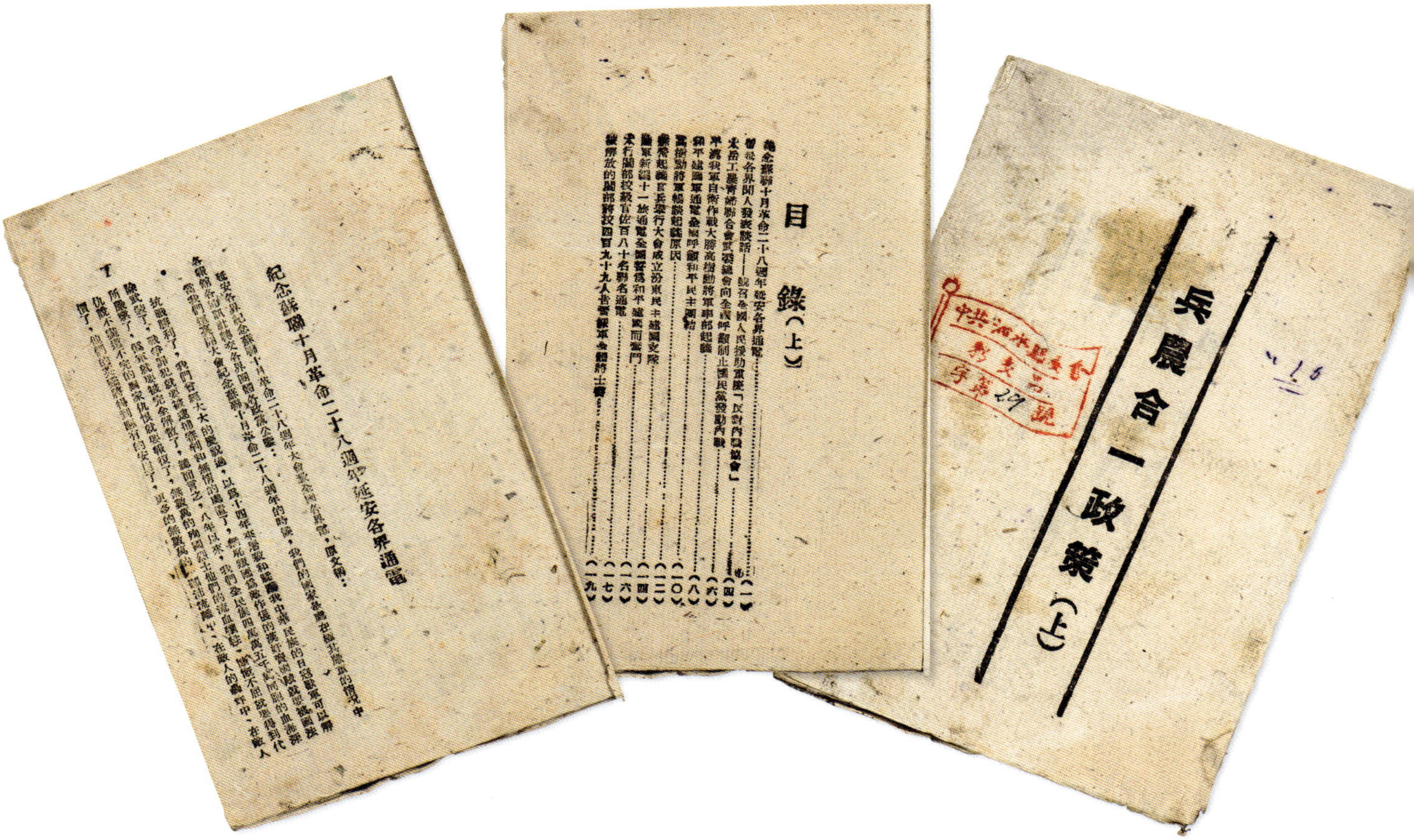

伪装为《兵农合一政策（上）》的宣传册

1945 年 11 月
纵 17.7 厘米，横 11.9 厘米
1961 年征集

纸本，铅印，共13页。宣传册封面名为“兵农合一政策（上）”。“兵农合一政策”是国民革命军第二战区司令长官阎锡山于1943年8月推行的、旨在解决阎军财政支出与兵源等问题的基本政策。册内实际内容为三大类：一为纪念苏联十月革命二十八周年；二为呼吁制止发动内战、争取和平建国；三为介绍国民党军各部队起义情况。由此观之，该册应为伪装成《兵农合一政策（上）》，是在第二战区内宣传中国共产党政治理念与斗争成果的宣传册。

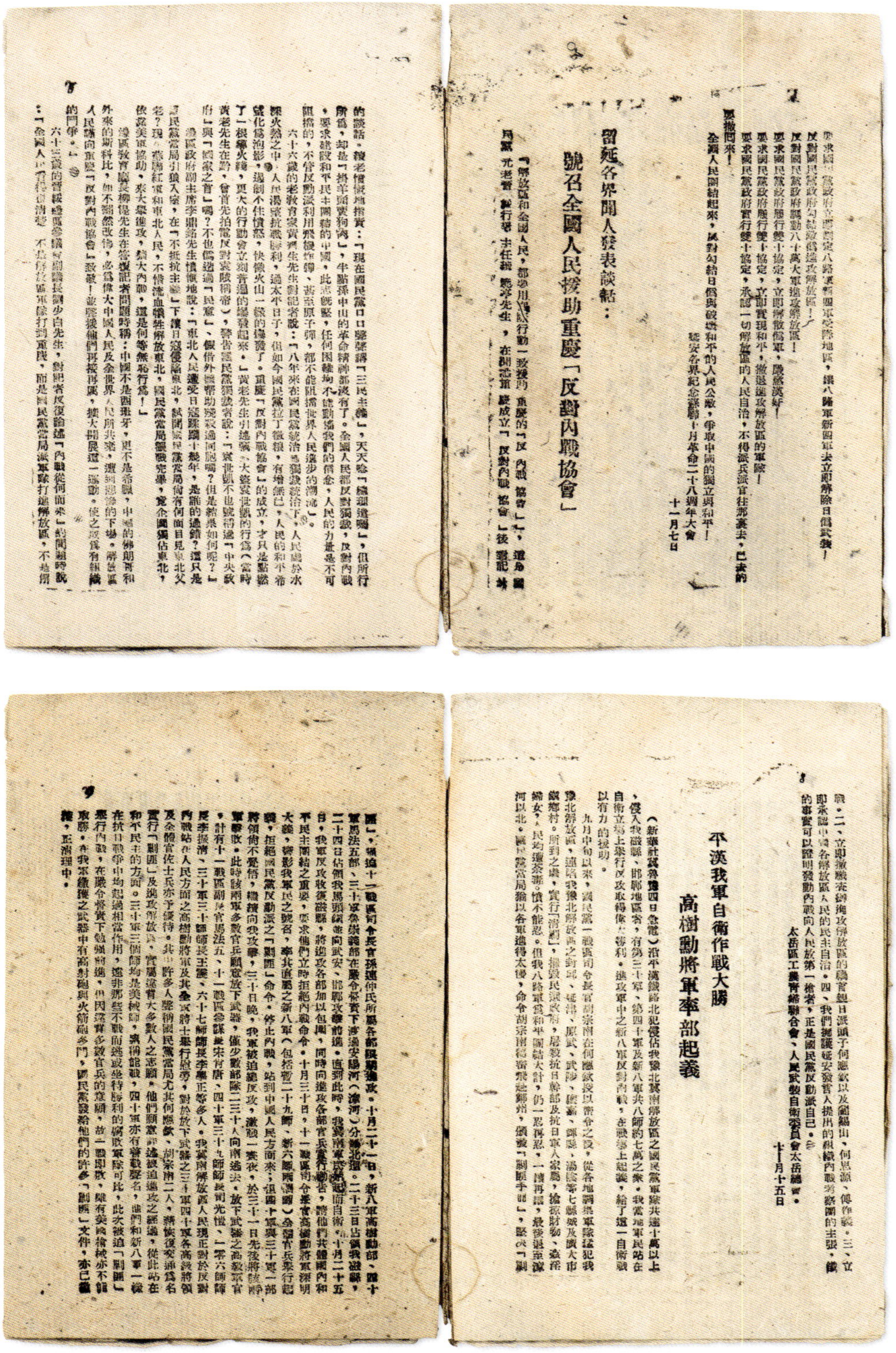
7

要求國民黨政府立即劃定八路軍新四軍受降地區，讓八路軍新四軍去立即解除日僞武裝！
反對國民黨政府勾結敵僞進攻解放區！
反對國民黨政府調動八十萬大軍進攻解放區！
要求國民黨政府履行雙十協定，立即解散僞軍，嚴懲漢奸！
要求國民黨政府履行雙十協定，立即實現和平，撤退進攻解放區的軍隊！
要求國民黨政府實行雙十協定，承認一切解放區的人民自治，不得派兵派官往那裏去，已去的要撤回來！
全國人民團結起來，反對勾結日僞與破壞和平的人民公敵，爭取中國的獨立與和平！

延安各界紀念蘇聯十月革命二十八週年大會
十一月七日

留延各界聞人發表談話：
號召全國人民援助重慶「反對內戰協會」

「解放區和全國人民，都要用實際行動一致援助重慶的『反內戰協會』」，這是國民黨元老晉綏行署主任續範亭先生，在聞悉重慶成立「反對內戰協會」後對記者

7

的談話。續老憤慨地指責：「現在國民黨口口聲聲講『三民主義』，天天唸『總理遺囑』，但所行所爲，卻是『掛羊頭賣狗肉』，半點孫中山的革命精神都沒有了。全國人民都反對獨裁，反對內戰，要求建設和平民主團結的中國，此志既堅，任何困難均不能動搖我們的信念，人民的力量是不可阻擋的，不管反動派利用飛機炸彈、甚至原子彈，都不能阻擋世界人民進步的潮流」。

六十六歲的老教育家黃齊生先生對記者說：「八年來在國民黨統治與獨裁統治下，人民處於水深火熱之中，人民渴望抗戰勝利，過太平日子，但如今國民黨拉丁徵糧，有增無已，人民的和平希望化爲泡影，遏制不住憤怒，快像火山一樣的爆發了。重慶『反對內戰協會』的成立，才只是點燃了一根導火線，更大的行動會立刻普遍的爆發起來。」黃老先生引述竊國大盜袁世凱的行爲（當時黃老先生在黔，曾首先拍電反對袁賊稱帝），警告國民黨獨裁者說：「袁世凱不也號稱過『中央政府』與『國家之首』嗎？不也僞造過『民意』、假借外援幫助殘殺過同胞嗎？但是結果如何呢？」

邊區政府副主席李鼎銘先生憤慨地說：「東北人民遭受日寇蹂躪十幾年，是誰的過錯？還只是國民黨當局引狼入室，在『不抵抗主義』下讓日寇侵略東北，試問國民黨當局尚有何面目見東北父老？現在蘇聯紅軍和東北人民，不惜流血犧牲解放東北，國民黨當局戰爭完畢，竟企圖獨佔東北，依靠美軍協助，來大舉進攻，擴大內戰，這是何等無恥行爲！」

邊區教育廳長柳湜先生在答復記者問題時稱：中國不是西班牙，更不是希臘，中國的佛朗哥和外來的斯科比，如不斷然改悔，必爲偉大中國人民及全世界人民所共棄，遭到悲慘的下場。解放區人民嚮向重慶『反對內戰協會』致敬！並願援助他們再接再厲，擴大開展這一運動，使之成爲有組織的鬥爭。」

六十三歲的晉綏邊區參議會副議長劉少白先生，對記者反復論述「內戰從何而來」的問題時說：「全國人民看得很清楚，不是解放區軍隊打到重慶，而是國民黨當局派軍隊打進解放區，不是僞

8

戰。二、立即撤職查辦掩攻解放區的禍首與日派頭子何應欽以及閻錫山、何思源、傅作義。三、立即承認中國各解放區人民的民主自治。四、我們擁護延安發言人提出的組織內戰考察團的主張，徵的事實可以證明發動內戰向人民放第一槍者，正是國民黨反動派自己。」

太岳區工農青婦聯合會、人民武裝自衛委員會太岳總會
十一月十五日

平漢我軍自衛作戰大勝
高樹勳將軍率部起義

（新華社冀魯豫四日急電）沿平漢鐵路北犯侵佔我豫北冀南解放區之國民黨軍隊共達十萬以上，侵入我磁縣、邯鄲地區者，有第三十軍、第四十軍及新八軍共八師約七萬之衆。我當地軍民站在自衛立場上舉行反攻取得偉大勝利。進攻軍中之新八軍反對內戰，在戰場上起義，給了這一自衛戰以有力的援助。

九月中旬以來，國民黨一戰區司令長官胡宗南在何應欽授以密令之後，從各地調集軍隊猛犯我豫北解放區，連陷我豫北解放區之封邱、延津、原武、武陟、獲嘉、輝縣、湯陰等七縣城及廣大市鎮鄉村。所到之處，實行「清剿」，摧毀民選政府，屠殺抗日幹部及抗日軍人家屬，搶掠財物，姦淫婦女，人民均遭荼毒。憤不能忍。但我八路軍爲和平團結大計，仍一忍再忍，一讓再讓，最後退至漳河以北。國民黨當局猶以各軍進得太慢，命令胡宗南督飭進逼鄭州，頒發「剿匪手冊」，堅決「剿

9

匪」，嚴令十一戰區司令長官孫連仲氏所屬各部限期猛攻。十月二十一日，新八軍高樹勳部、四十軍馬法五部、三十軍魯崇義部在嚴令督責下渡過安陽河（漳河）分路北犯。二十三日佔領我磁縣，二十四日佔領我馬頭鎮並向武安、邯鄲攻擊前進。直到此時，我冀南軍民始起而自衛。十月二十五日，我軍反攻收復磁縣，將進攻各部加以包圍，同時向進攻各部官兵展開喊話宣傳，將他們共體國內和平民主團結之重要，要求他們立時拒絕內戰命令。十月三十日，十一戰區副司令長官高樹勳將軍深明大義，響應我軍民之號召，率其直屬之新八軍（包括暫二十九師、新六師兩個師）全體官兵舉行起義，拒絕國民黨反動派之「剿匪」命令，停止內戰，站到中國人民方面來；但四十軍與三十軍一部將領尚不覺悟，繼續向我攻擊，三十日晚，我軍被迫繼續反攻，激戰一晝夜，於三十一日先後將該兩軍擊敗。此時該兩軍多數官兵願意放下武器，僅少數部隊二三十人向南逃去。放下武器之高級軍官，計有十一戰區副長官馬法五、十一戰區參謀長宋肯堂、四十軍三十九師師長司光恒、一零六師師長李振清、三十軍三十師師長王震、六十七師師長李學正等多人。我冀南解放區人民現正對於反對內戰站在人民方面之高樹勳將軍及其全體將士舉行慰勞，對於放下武器之三十軍四十軍各高級將領及全體官佐士兵亦予優待。其中許多人鑒於國民黨當局尤其何應欽、胡宗南二人，將恢復交通爲名實行「剿匪」及進攻解放區，實屬違背大多數人之志願。他們願意評論被迫進攻之經過，從此站在和平民主的方面。三十軍三個師均是美械師，號稱能戰，四十軍亦有響數聲名，他們和新八軍一樣在抗日戰爭中均起過相當作用，遠非那些不戰而逃或坐待勝利的腐敗軍隊可比，此次被迫「剿匪」舉行內戰，在嚴令督責下勉強前進，但因違背多數官兵的意願，故一戰即敗，雖有美國槍械亦不能取勝。在我軍繳獲之武器中有高射砲與火箭砲多門，國民黨發給他們的許多「剿匪」文件，亦已繳獲，正清理中。

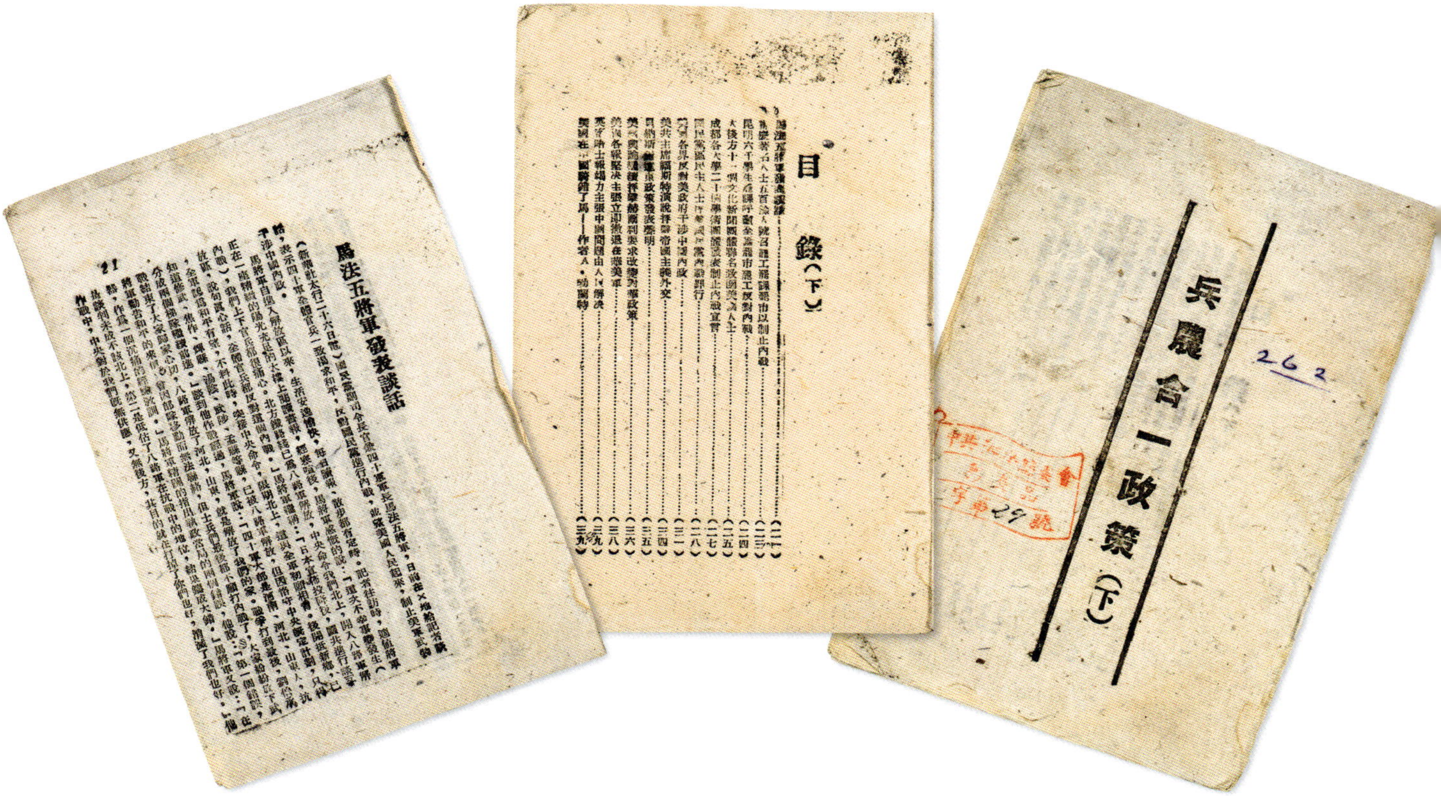

伪装为《兵农合一政策（下）》的宣传册

1945 年 11 月
纵 17.8 厘米，横 12 厘米
1961 年征集

纸本，铅印，共20页。宣传册封面名为“兵农合一政策（下）”。实际内容为两大类：一为呼吁制止发动内战、争取和平建国；二为揭露美军与国民党关系。可见，该册应为伪装成《兵农合一政策（下）》，是在第二战区内宣传中国共产党政治理念与斗争成果的宣传册。

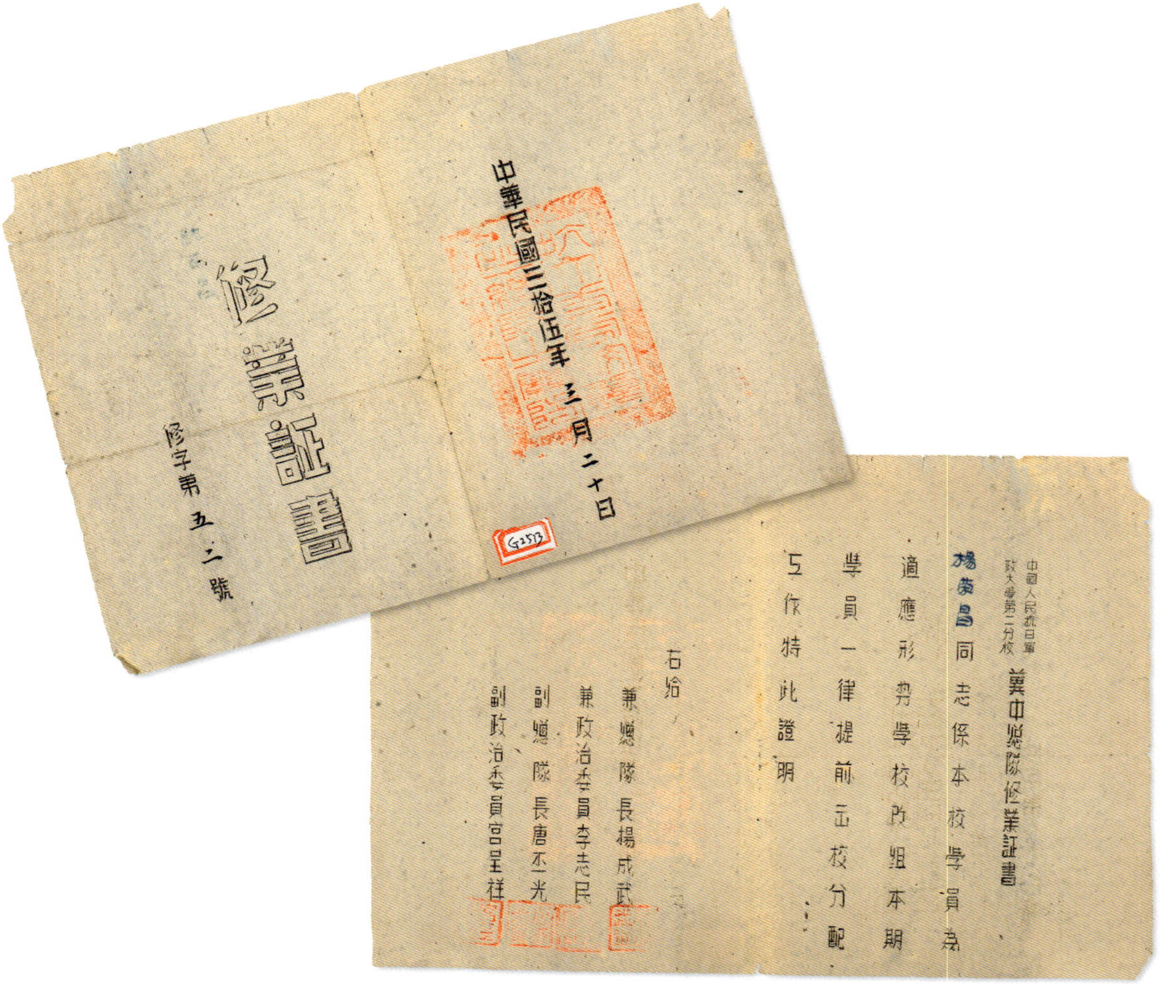

抗大二分校发给杨荣昌同志的修业证书

1946 年 3 月 20 日
纵 18.7 厘米，横 27.2 厘米
省医用杨荣昌电子仪器厂捐赠

杨荣昌，1926年生，河北高阳人。1945年8月起在抗大二分校冀中总队学习。此证书即为1946年学校因国内战场形势需要而发给杨荣昌的提前离校修业证书。

中国人民抗日军政大学，前身为1936年在陕北瓦窑堡成立的中国抗日红军大学，1937年初迁至延安，改名中国人民抗日军政大学，简称抗大。1939年6月，抗大移驻到华北敌后办学，在各地陆续创建分校。

夏耘
秋收秋耕中的計工折工法
秋收

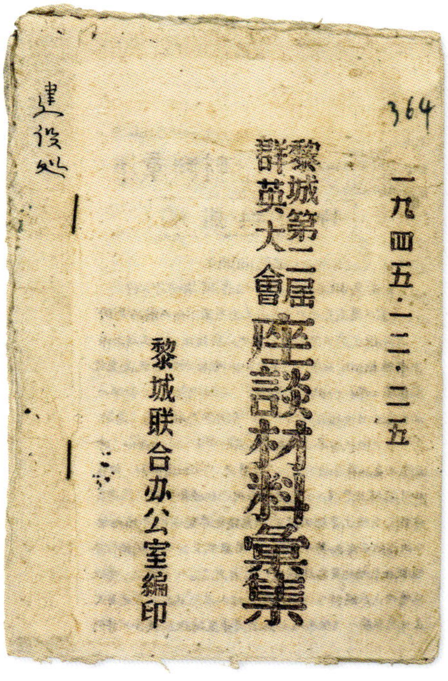
364
建設处
黎城第二屆群英大會座談材料彙集
一九四五·二·二五
黎城联合办公室編印

黎城二届群英大会座谈材料汇集

1945 年 12 月 25 日

纵 20 厘米，横 13 厘米

1954 年征集

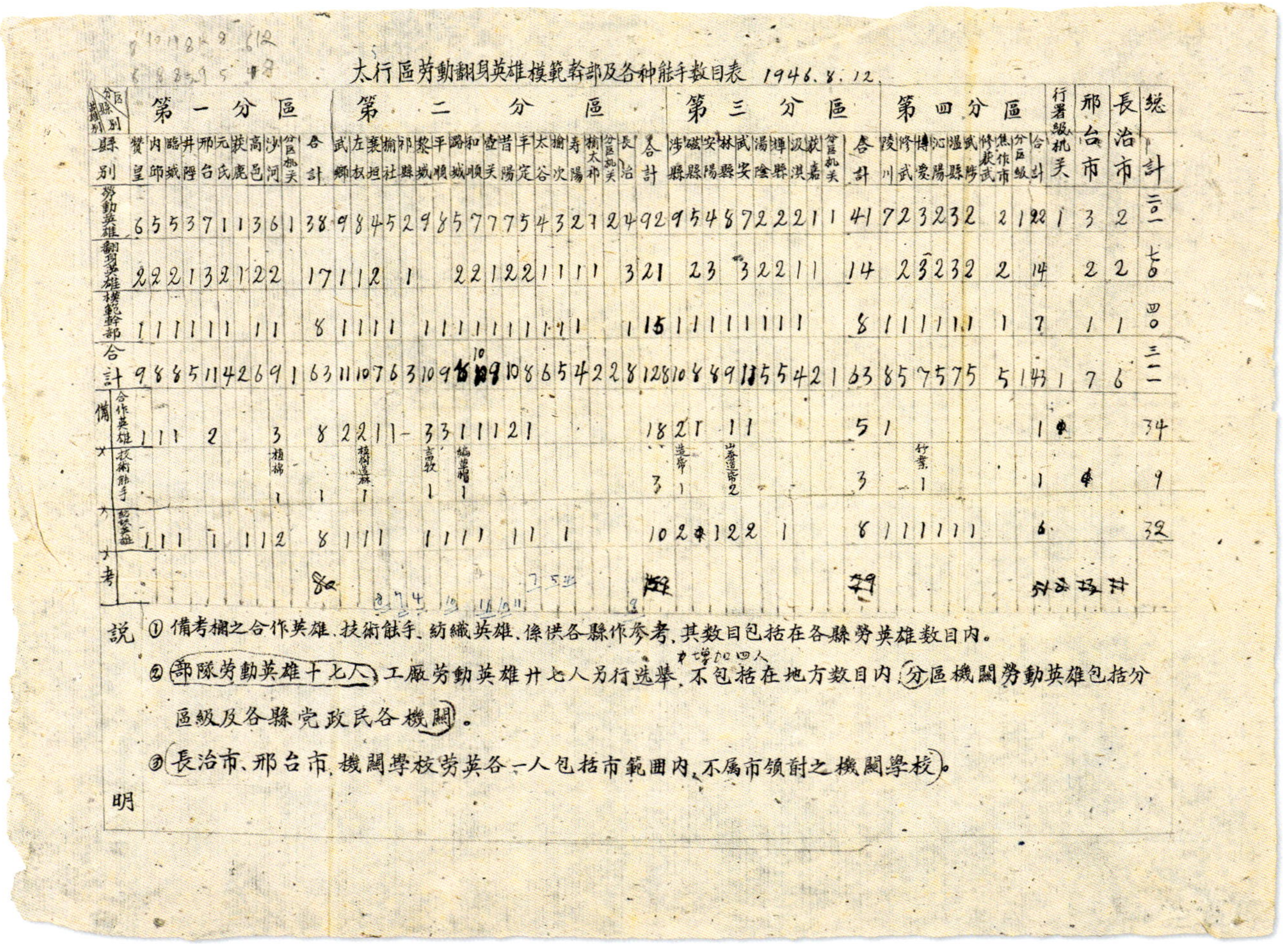
太行區勞動翻身英雄模範幹部及各种能手数目表 1946.8.12.

說明 ①備考欄之合作英雄、技術能手、紡織英雄，係供各縣作參考，其數目包括在各縣勞英雄數目内。
②部隊勞動英雄十七人，工廠勞動英雄廿七人另行選舉，不包括在地方數目内。分區機關勞動英雄包括分區級及各縣党政民各機關。
③長治市、邢台市，機關學校勞英各一人包括市範圍内，不屬市領尉之機關學校。

太行区劳动翻身英雄、模范干部及各种能手数目表

1946 年 8 月 12 日
纵 37.6 厘米，横 50.6 厘米
1954 年征集

此后为一组太行区第二届群英大会的文物。太行区第二届群英大会是太行区在杀敌、翻身、生产三大运动取得伟大胜利的情况下，为进一步动员和激发解放区军民的斗争热情、提升应对解放战争的信心而召开的一次十分重要的英模大会。1946年7月10日，太行行署、太行军区发出《关于召开劳动英雄战斗英雄大会的通告》。通过紧张筹备，12月2日，群英大会在长治开幕，参加这次大会的代表都是全区各条战线上的先进模范和英雄人物。大会由开闭幕式、颁奖仪式、分组业务讨论会、展馆展览等组成。21日，大会胜利闭幕。本次大会非常重视宣传工作，先后出版了《第二届群英大会会刊》《群众游击战争与民兵杀敌英雄》《翻身运动与翻身英雄》《生产运动与生产英雄》《纺织运动与纺织英雄》《合作运动与合作英雄》《工业生产与工业英雄》和《村级模范干部》等八种书籍，分发给各地用于学习和推广。

太行区第二届群英大会住址平面图

1946 年 12 月
纵 172.5 厘米，横 52.2 厘米
1954 年征集

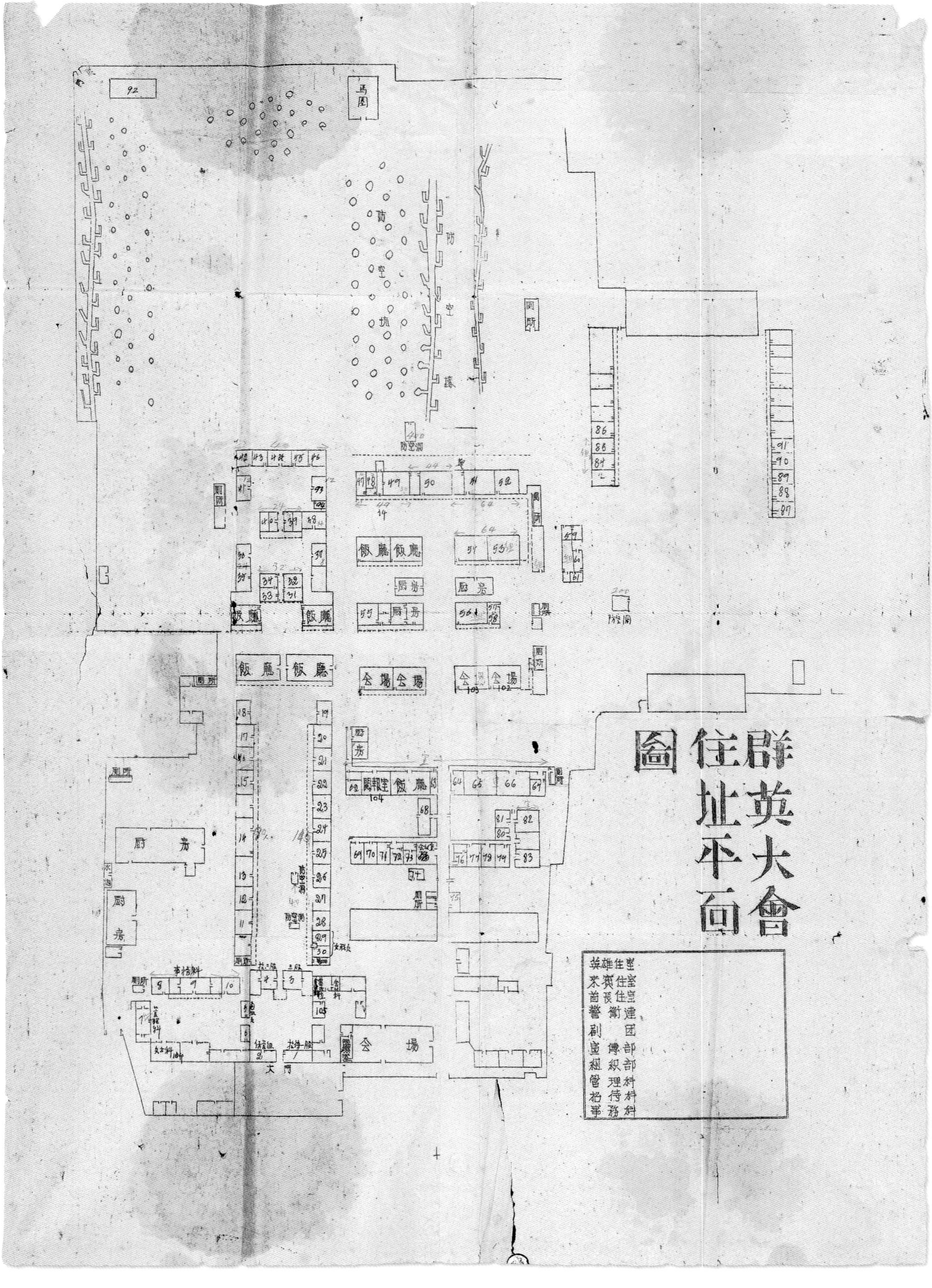
群英大會
住址平面圖
馬圈
防空壕
飯廳
會場
廚房
廁所
大門

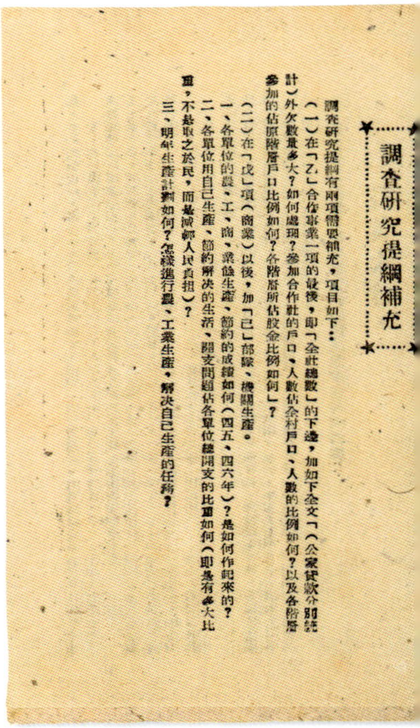

調查研究提綱補充

調查研究提綱有兩項需要補充，項目如下：

（一）在「乙」合作事業一項的最後，即「全社總數」的下邊，加如下全文「（公家貸款分別統計）外欠數量多大？如何處理？參加合作社的戶口，人數佔全村戶口、人數的比例如何？以及各階層參加的佔原階層戶口比例如何？各階層所佔股金比例如何」？

（二）在「戊」項（商業）以後，加「己」部隊、機關生產。

一、各單位的農、工、商、業餘生產、節約的成績如何（四五、四六年）？是如何作起來的？

二、各單位用自己生產、節約解決的生活、開支問題佔各單位總開支的比重如何（即是有多大比重，不是取之於民，而是減輕人民負担）？

三、明年生產計劃如何？怎樣進行農、工業生產，解決自己生產的任務？

《如何准备材料、研究问题，迎接群英大会》

1946 年 9 月 25 日

纵 17.4 厘米，横 11.7 厘米

1954 年征集

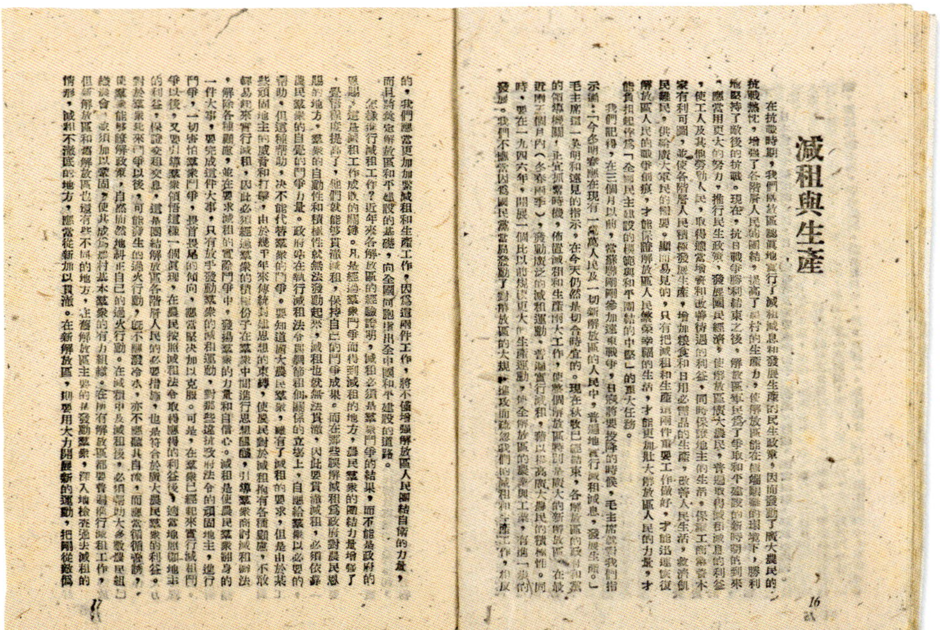

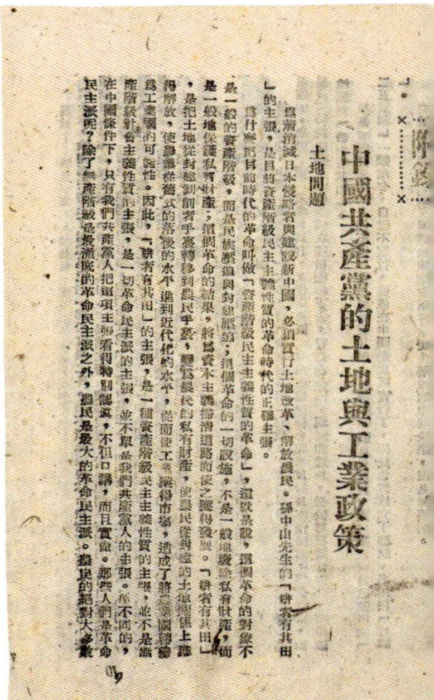

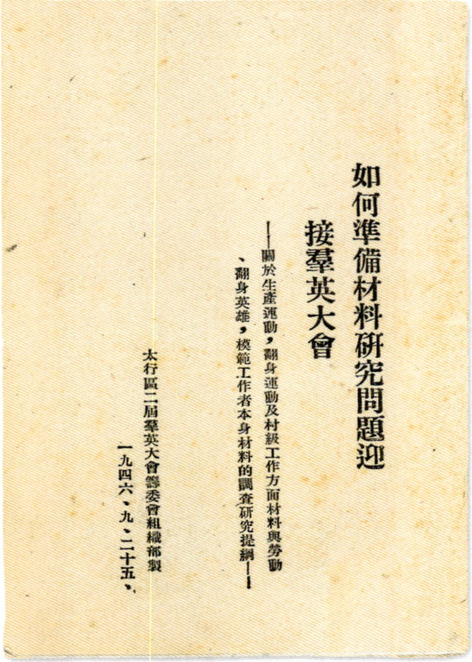

如何準備材料研究問題迎接羣英大會

——關於生產運動，翻身運動及村級工作方面材料與勞動、翻身英雄，模範工作者本身材料的調查研究提綱——

太行區二屆羣英大會籌委會組織部製

一九四六、九、二十五、

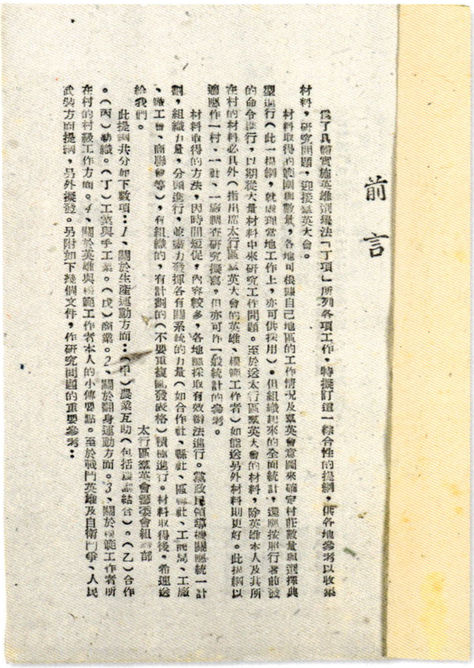

前言

為了具體實施英雄選舉法「丁項」所列各項工作，特擬訂這一綜合性的提綱，供各地參考以收集材料，研究問題，迎接羣英大會。

材料取得的範圍與數量，各地可根據自己地區的工作情況及羣英會意圖來確定村莊數量與選擇進行(此一提綱，就處理當地工作上，亦可供採用)。但組織起來的全面統計，還應按照行署前頒的命令進行，以期從大量材料中來研究工作問題。至於送太行區羣英大會的材料，除英雄本人及所在村的材料必具外(指出席太行區羣英大會的英雄、模範工作者)如能送另外材料則更好。此提綱以適應作一村，一社，一廠調查研究撰寫，但亦可作一般統計的參考。

材料取得的方法，因時間短促，內容較多，各地應採取有效辦法進行。黨政民領導機關應統一計劃，組織力量，分頭進行，並盡力發揮各有關系統的力量(如合作社、縣社、區聯社、工廠局、工廠、職工會、商聯會等)，有組織的，有計劃的(不要重複亂發表格)積極進行。材料取得後，希速送給我們。

太行區羣英會籌委會組織部

此提綱共分如下數項：1、關於生產運動方面：(甲)農業互助(包括農副業結合)。(乙)合作。(丙)紡織。(丁)工業與手工業。(戊)商業。2、關於翻身運動方面。3、關於模範工作者所在村的村級工作方面。4、關於英雄與模範工作者本人的小傳要點。至於戰鬥英雄及自衛鬥爭，人民武裝方面提綱，另外擬發。另附如下幾個文件，作研究問題的重要參考：

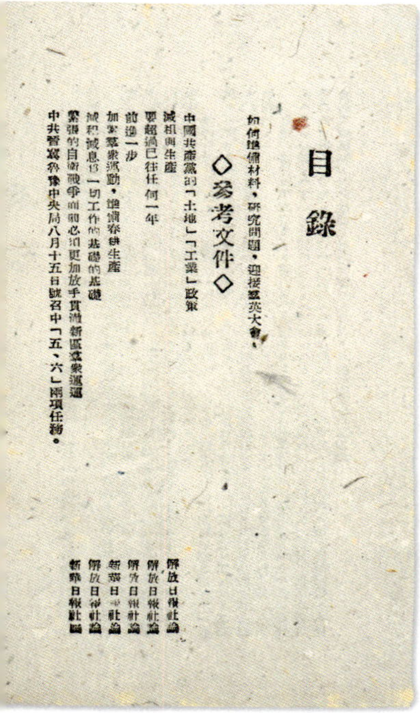

目錄

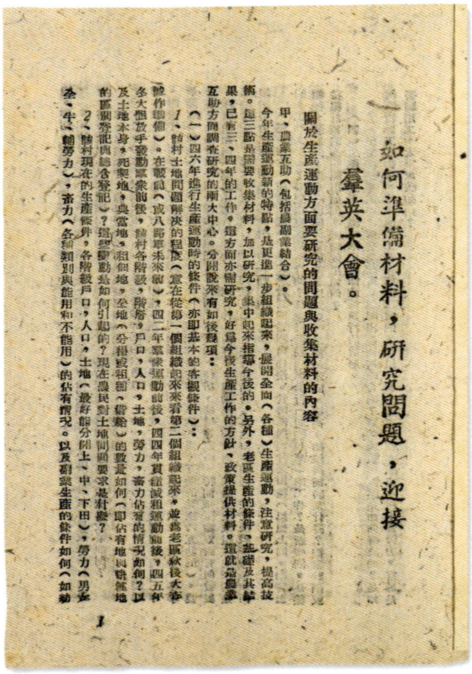

如何準備材料，研究問題，迎接羣英大會。

關於生產運動方面要研究的問題與收集材料的內容

甲、農業互助(包括農副業結合)。

今年生產運動新的特點，是更進一步組織起來，展開全面(各種)生產運動，注意研究，提高技術。這三點是需要收集材料，加以研究，集中起來指導今後的。另外，老區生產的條件，基礎及其結果，已有三、四年的工作，這方面亦需研究，好爲今後生產工作的方針，政策提供材料。這就是農業互助方面調查研究的兩大中心。分開說來有如後幾項：

(一)四六年進行生產運動時的條件(亦即基本的客觀條件)：

1、該村土地問題解決的程度(這在從第一個組織起來來看第二個組織起來，並爲老區秋後大參戰作準備)。在戰前(或八路軍未來前)，四二年羣衆運動前後，四四年貫徹減租運動前後，四五年冬大型放手發動羣衆前後，該村各階級，階層，戶口，人口，土地，勞力，畜力佔有的情況如何？以及土地本身，死契地，典當地，租佃地，公地(分得或租種、借給)的數量如何(即佔有地與耕種地的區別登記與綜合登記)？這些變動是如何引起的？現在農民對土地問題要求是什麼？

2、該村現在的生產條件，各階級戶口，人口，土地(最好能分開上、中、下田)，勞力(男女全、半、輔勞力)，畜力(各種類別與能用和不能用)的佔有情況。以及副業生產的條件如何(如動

1

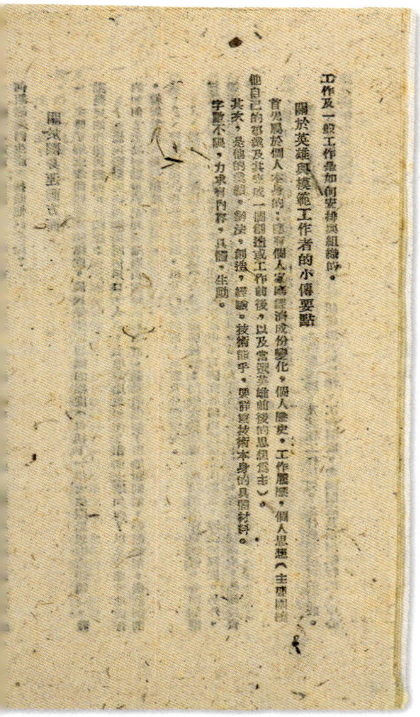

工作及一般工作是如何安排與組織的。

關於英雄與模範工作者的小傳要點

首先屬於個人本身的：應有個人家庭經濟成份變化，個人歷史，工作履歷，個人思想(主要應從他自己的認識及其完成一個創造或工作前後，以及當選英雄前後的思想爲主)。

其次，是他的經驗，辦法，創造，經驗，技術能手，要詳細技術本身的具體材料。

字數不限，力求有內容，具體，生動。

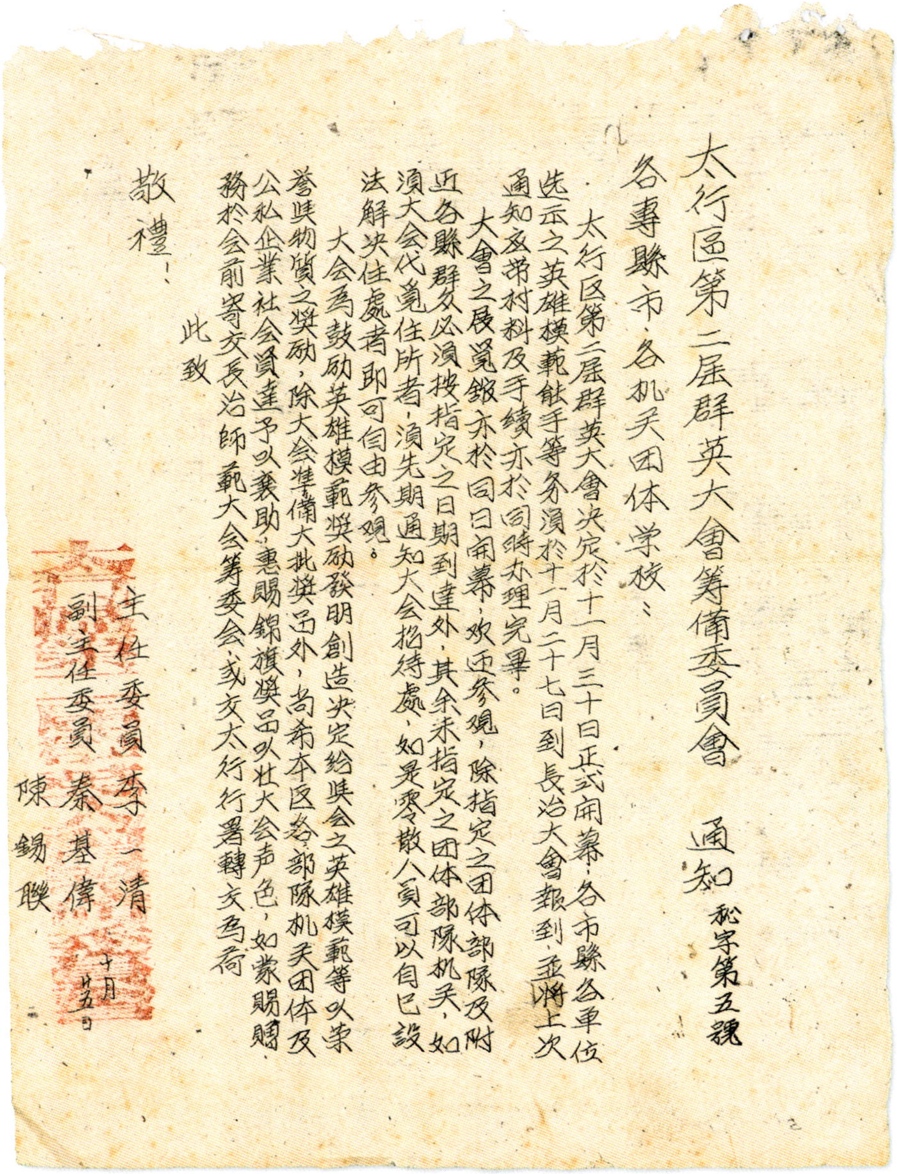

太行區第二屆群英大會籌備委員會 通知 秘字第五號

各專縣市、各机关团体学校：

太行区第二屆群英大會決定於十一月三十日正式開幕，各市縣各单位选出之英雄模範能手等务須於十一月二十七日到長治大會報到，並將上次通知及带村料及手續亦於同時办理完畢。

大會之展覽館亦於同日開幕，欢迎参观，除指定之团体部隊及附近各縣群众必須按指定之日期到達外，其余未指定之团体部隊机关，如須大会代覓住所者，須先期通知大会招待處，如是零散人員可以自己設法解决住處者即可自由参观。

大会為鼓励英雄模範奬励發明創造決定給與会之英雄模範等以榮誉奬物質之奬励，除大会準備大批奬品外，尚希本区各部隊机关团体及公私企業社会賢達予以襄助，惠賜錦旗奬品以壯大会声色，如蒙賜贈，務於会前寄交長治師範大会籌委会，或交太行行署轉交為荷

此致

敬禮！

主任委員 李一清

副主任委員 秦基偉

陳錫聯

十月廿五日

关于太行区第二届群英大会召开时间等问题的通知

1946 年 10 月 25 日

纵 25.5 厘米，横 19.4 厘米

1954 年征集

太行区第二届群英大会参观规则

1946 年 10 月

纵 26.7 厘米，横 19 厘米

1961 年征集

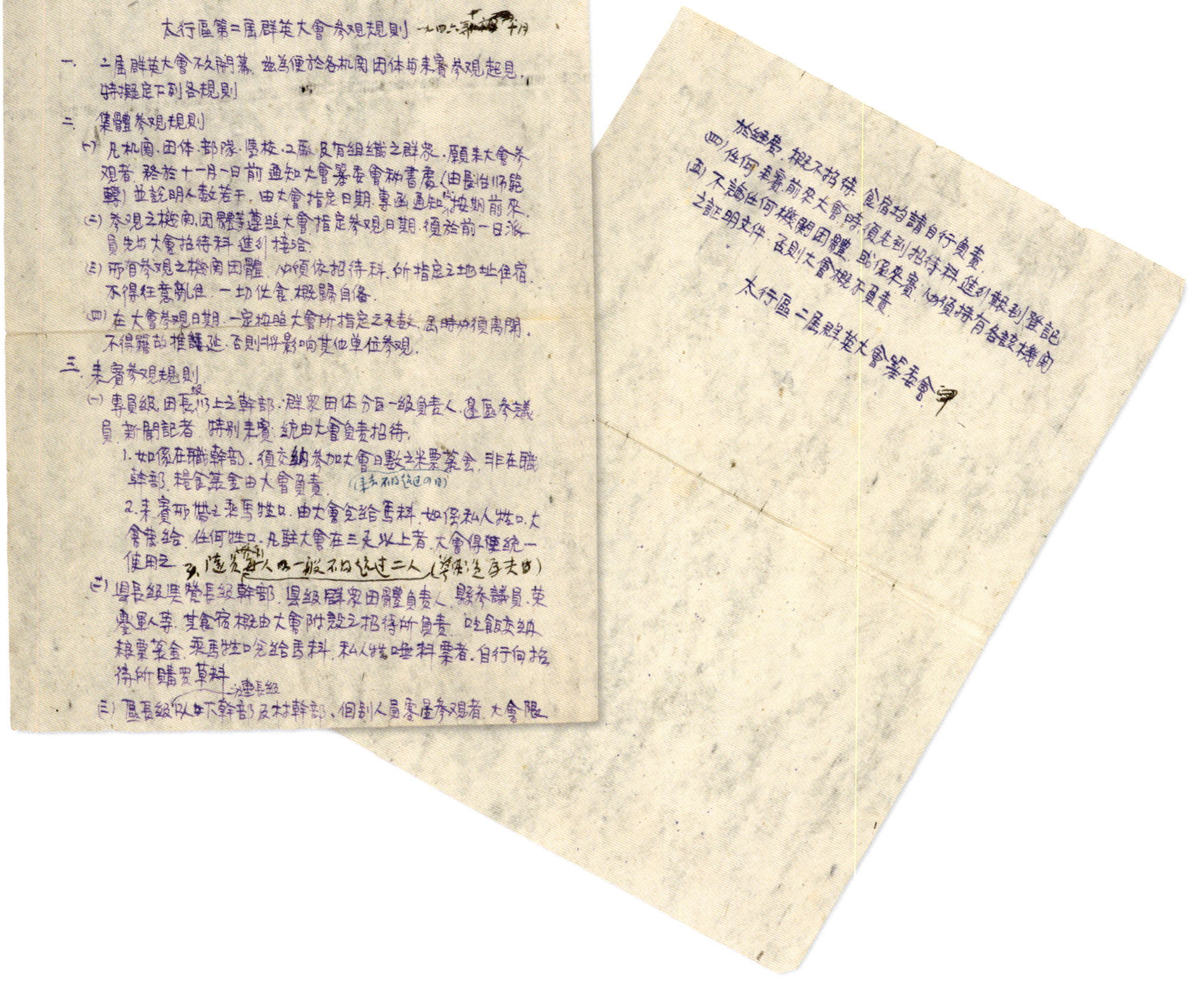

太行區第二屆群英大會參观規則 一九四六年十月

一、二屆群英大會不久開幕，茲為便於各机関团体与来賓参观起見，特擬定下列各規則

二、集體參观規則

(一) 凡机関、团体、部隊、學校、工廠及有組織之群衆，願來大會参观者，務於十一月一日前通知大會籌委會秘書處（由長治师範轉）並說明人數若干，由大會指定日期，專函通知，按期前來。

(二) 參观之機関、团體等遵照大會指定参观日期，須於前一日派員先與大會招待科進行接洽。

(三) 所有參观之機関团體，必須依招待科所指定之地址住宿，不得任意亂住，一切伙食概歸自備。

(四) 在大會參观日期，一定按照大會所指定之天數，屆時必須离開，不得藉故推諉延，否則将影响其他单位參观。

三、来賓參观規則

(一) 專員級、团長級以上之幹部、群衆团体分区一級負责人、邊區參議員、新聞記者、特别来賓，統由大會負责招待。

1. 如係在職幹部，須交納參加大會日數之米票菜金，非在職幹部，糧食菜金由大會負責。

2. 来賓所帶之乘馬牲口，由大會發給馬料，如係私人牲口，大會發給。任何牲口，凡駐大會在三天以上者，大會得使統一使用之。

3. 隨從人員一般不得超过二人

(二) 縣長級與營長級幹部、縣級群衆团體負責人、縣參議員、英雄、軍人等，其食宿概由大會附設之招待所負責，吃飯交納糧票菜金，乘馬牲口発給馬料，私人牲口無料票者，自行向招待所購買草料

(三) 區長級以下幹部及村幹部、個别人員零星參观者，大會限於經費，概不招待，食宿均請自行負責。

(四) 任何来賓前來大會時，須先到招待科進行報到登記

(五) 不論任何機関团體或個人来賓，必須持有各該機関之証明文件，否則大會概不負責。

太行區二屆群英大會籌委會

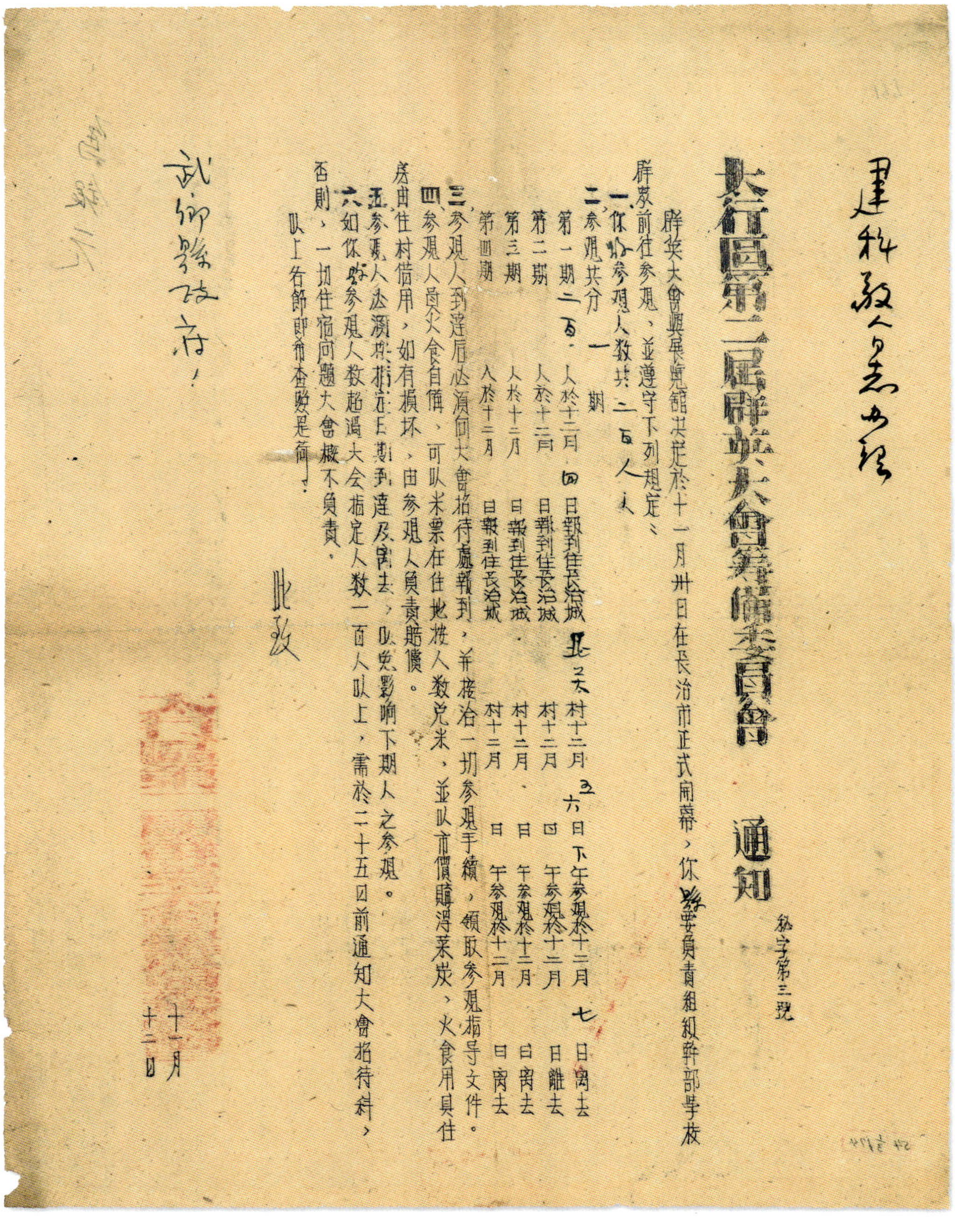

太行区第二届群英大会筹备委员会 通知 秘字第三号

群英大会暨展览馆决定于十一月卅日在长治市正式开幕，你县要负责组织干部学校群众前往参观，并遵守下列规定：

一、你县参观人数共二百人。

二、参观共分一期

第一期二百人于十二月四日报到住长治城北关村十二月五六日下午参观于十二月七日离去

第二期　人于十二月　日报到住长治城　村十二月　日　午参观于十二月　日离去

第三期　人于十二月　日报到住长治城　村十二月　日　午参观于十二月　日离去

第四期　人于十二月　日报到住长治城　村十二月　日　午参观于十二月　日离去

三、参观人到达后必须向大会招待处报到，并接洽一切参观手续，领取参观指导文件。

四、参观人员火食自备，可以米票在住地按人数兑米，并以市价购买菜炭，火食用具住房由住村借用，如有损坏，由参观人负责赔偿。

五、参观人必须按指定日期到达及离去，以免影响下期人之参观。

六、如你县参观人数超过大会指定人数一百人以上，需于二十五日前通知大会招待科，否则，一切住宿问题大会概不负责。

以上各节即希查照是荷！

此致

武乡县政府！

十一月十二日

太行区第二届群英大会筹备委员会致武乡县政府的通知

1946 年 11 月 12 日

纵 36.5 厘米，横 28 厘米

1954 年征集

太行区第二届群英大会纪律宣传单

1946 年 12 月

纵 18.5 厘米，横 27.6 厘米

1961 年征集

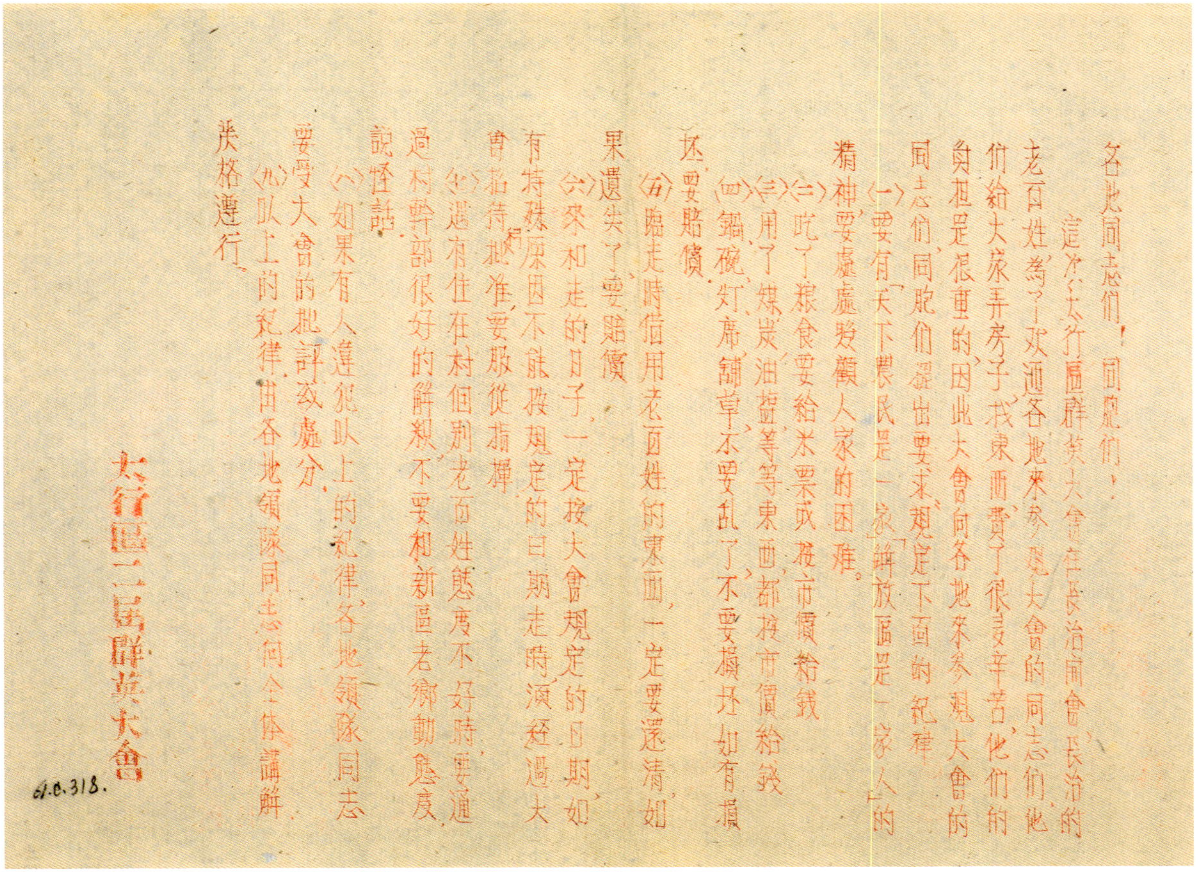

各地同志們，同胞們：

這次太行區群英大會在長治開會，長治的老百姓為了歡迎各地來參觀大會的同志們，他們給大家弄房子，找東西，費了很多辛苦，他們的負担是很重的，因此大會向各地來參觀大會的同志們同胞們提出要求，規定下面的紀律

（一）要有「天下農民是一家」「解放區是一家人」的精神，要處處照顧人家的困難。

（二）吃了糧食要給米票或按市價給錢

（三）用了煤炭油鹽等等東西都按市價給錢

（四）鍋碗、灯、席、鋪草不要亂了，不要損坏，如有損坏，要賠償。

（五）臨走時借用老百姓的東西，一定要還清，如果遺失了，要賠償

（六）來和走的日子，一定按大會規定的日期，如有特殊原因不能按規定的日期走時，須經過大會招待所批准，要服從指揮

（七）還有住在村個別老百姓態度不好時，要通過村幹部很好的解釋，不要和新區老鄉鬧態度，說怪話

（八）如果有人違犯以上的紀律，各地領隊同志要受大會的批評及處分。

（九）以上的紀律，由各地領隊同志向全体講解，严格遵行。

太行區二屆群英大會

61.8.318.

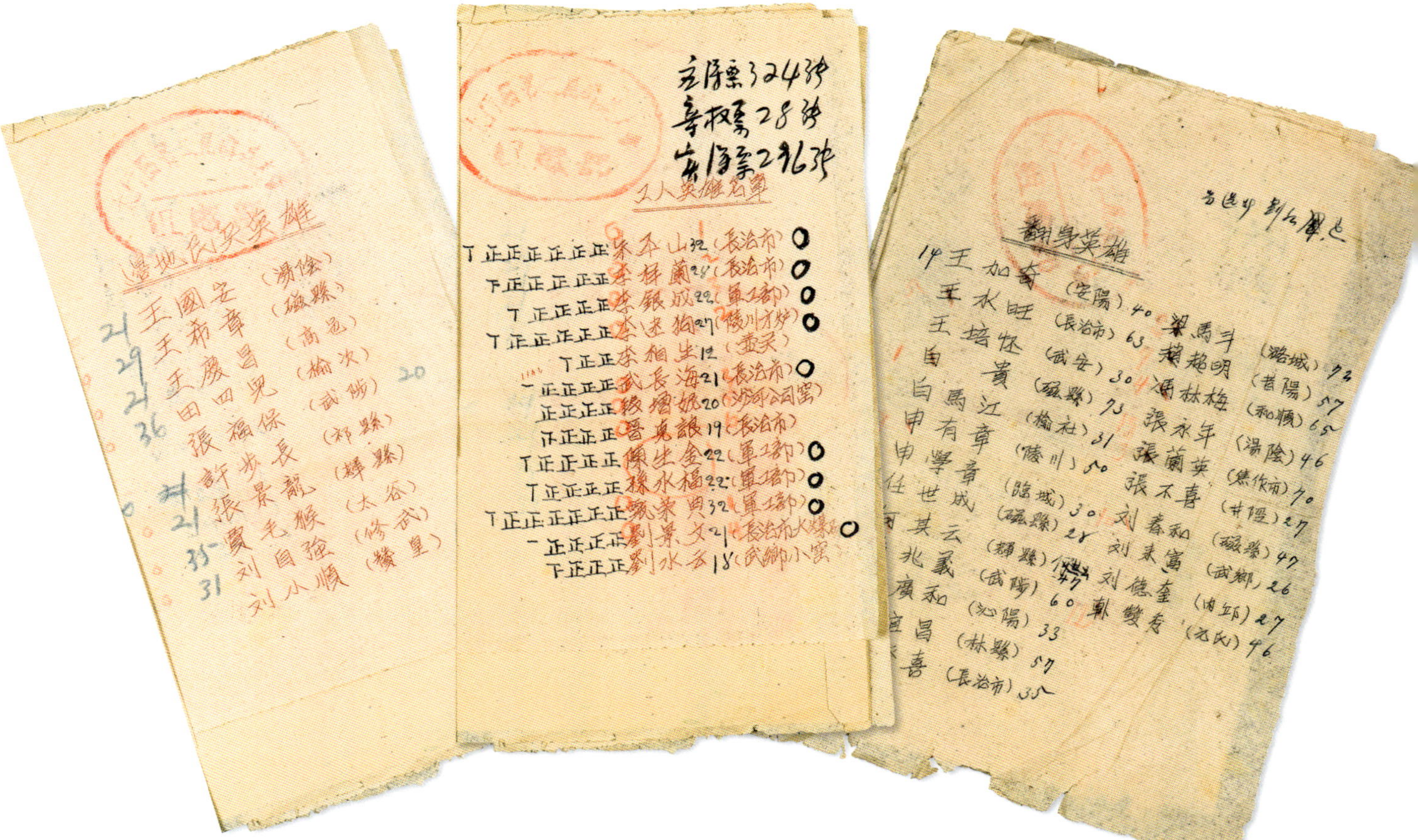

太行区第二届群英大会各类英雄评选统计单

1946 年 12 月

纵 22.7 厘米，横 15 厘米

1954 年征集

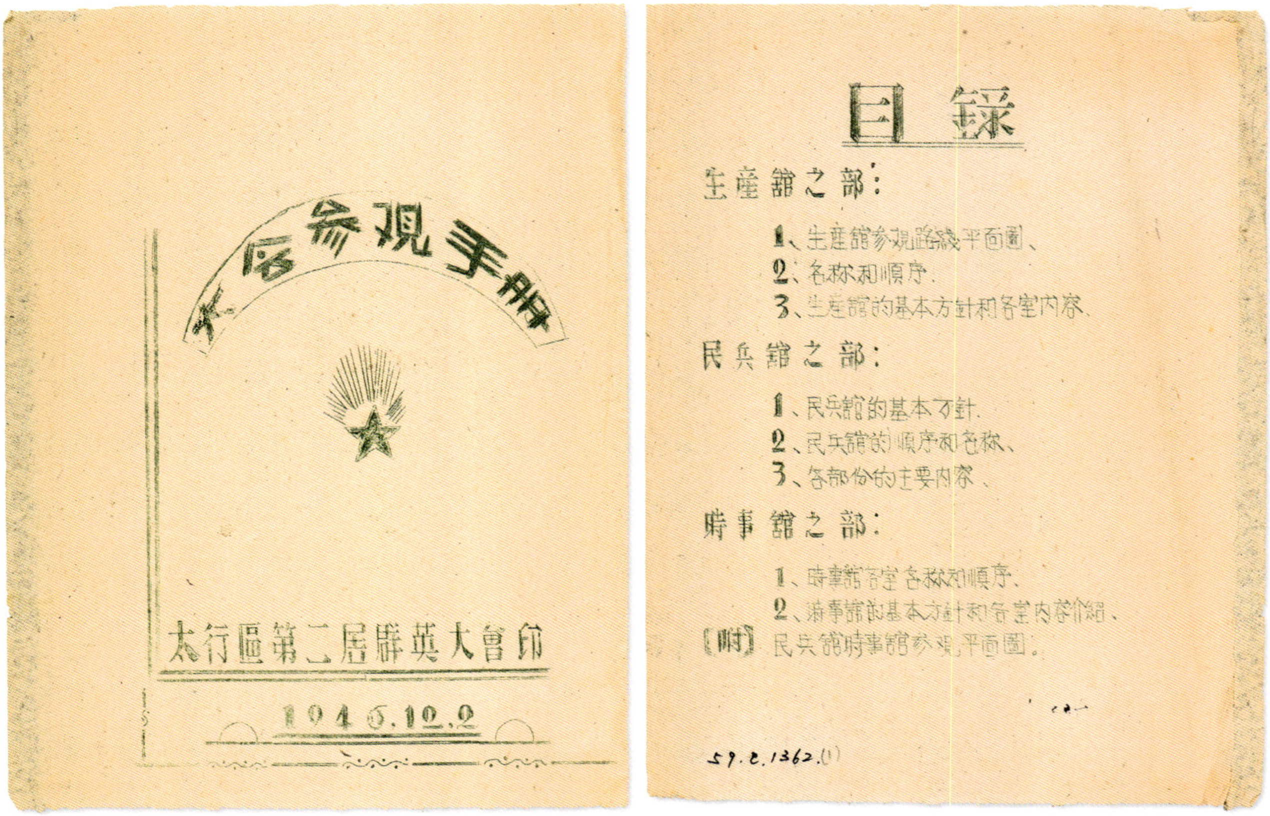

太行区第二届群英大会参观手册

1946 年 12 月 2 日
纵 18.5 厘米，横 27.4 厘米
1954 年征集

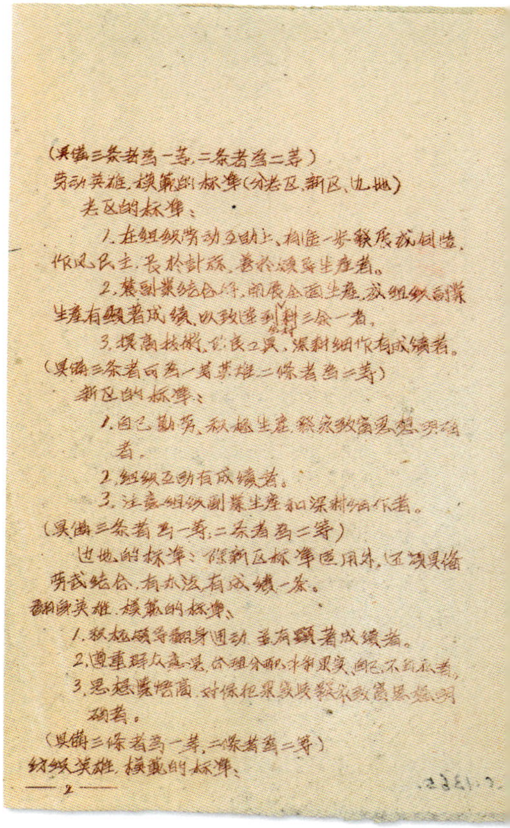
(具備三条者為一等，二条者為二等)
劳动英雄、模範的标準(分老区、新区、边地)
老区的标準：
1. 在組织劳动互助上，有進一步發展或创造，作风民主、長於計劃、善於領導生產者。
2. 某副業結合得，開展全面生產，或組织副業生產有顯著成績，以致達到耕三余一者。
3. 提高技術、改良工具、深耕細作有成績者。
(具備三条者可為一等英雄，二條者為二等)
新区的标準：
1. 自己勤勞、积極生產、發家致富思想明确者。
2. 組织互助有成績者。
3. 注意組织副業生產和深耕細作者。
(具備三条者為一等，二条者為二等)
边地的标準：除新区标準适用外，还須具備劳武結合，有办法有成績一条。
翻身英雄、模範的标準：
1. 积極領導翻身運動，並有顯著成績者。
2. 遵重群众意見，合理分配斗爭果实，自己不多拿者。
3. 思想覺悟高，对保衛果实發家致富思想明确者。
(具備三條者為一等，二條者為二等)
紡织英雄、模範的标準：
—2—

四、獎勵原則：
1. 表揚英雄、模範、能手以集体重於個人，榮譽重於物質為原則。
2. 獎品的分配，根據評選結果來分配。
3. 未當選英雄凡赴会的，亦予獎勵。
—完—
—6—

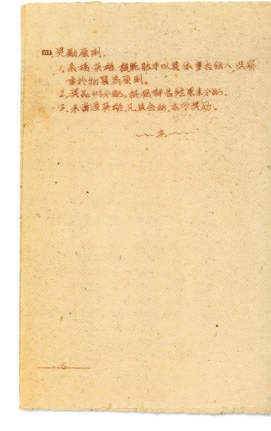

太行区全区英雄、模范、能手选举、评选与奖励办法

1946年12月
纵18.7厘米，横12.6厘米
1954年征集

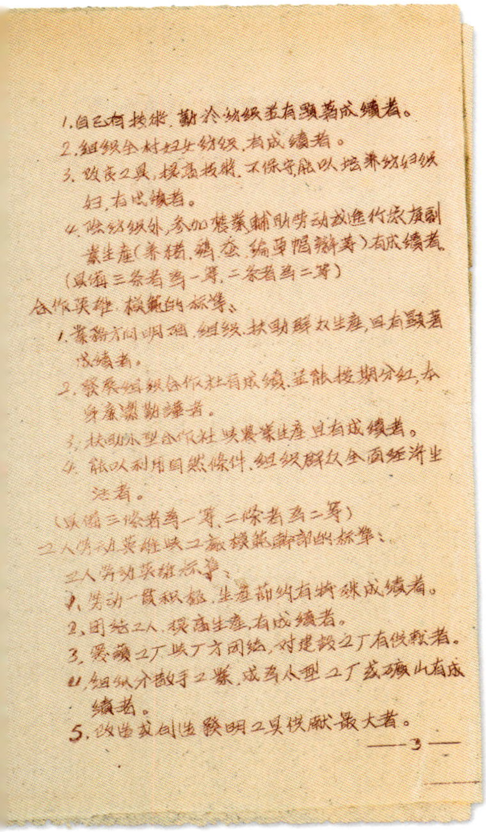

1.自己有技术，勤于纺织並有显著成绩者。
2.组织全村妇女纺织，有成绩者。
3.改良工具，提高技术，不保守能以培养纺织妇女，有成绩者。
4.除纺织外，参加農業辅助劳动或進行农村副業生産（养猪、養蚕、编草帽辮等）有成绩者
（具備三条者為一等，二条者為二等）
合作英雄、模範的标準：
1.業務方向明确，组织、扶助群众生産，且有显著成绩者。
2.發展组织合作社有成绩，並能按期分红，本身廉潔勤謹者。
3.扶助小型合作社或農業生産且有成绩者。
4.能以利用自然條件，组织群众全面经济生活者。
（具備三條者為一等，二條者為二等）
工人劳动英雄或工厂模範幹部的标準：
工人劳动英雄标準：
1.劳动一貫积極，生產節约有特殊成绩者。
2.团结工人，提高生產，有成绩者。
3.爱護工厂或工方团结，对建设工厂有貢献者。
4.组织个散手工業，成為小型工厂或礦山有成绩者。
5.改造或创造發明工具貢献最大者。
——3——

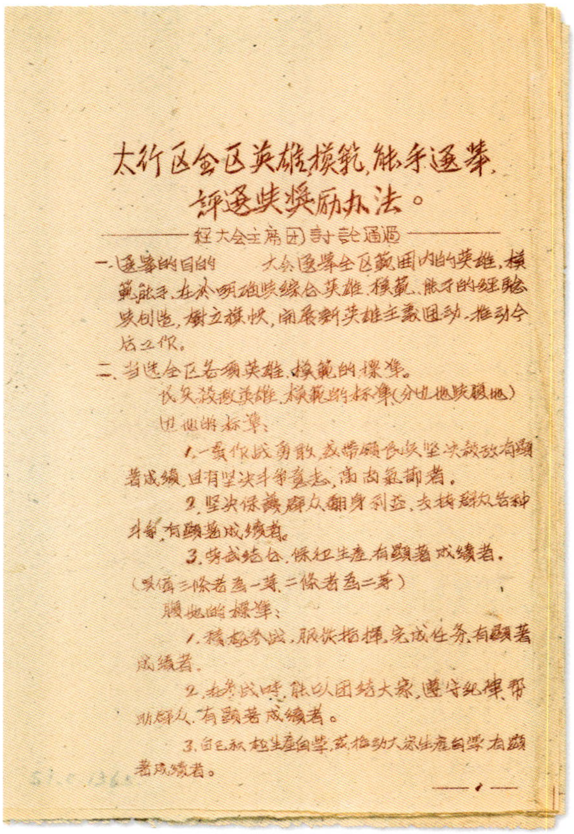

太行区全区英雄模範、能手选举、評选與奬励办法。
——經大会主席团討論通過——
一、选举的目的　大会选举全区範围内的英雄、模範能手，在於明确與综合英雄、模範、能手的經驗與创造，樹立旗帜，開展新英雄主義運動，推动今后工作。
二、当选全区各项英雄、模範的標準。
民兵战斗英雄、模範的标準（分边地與腹地）
边地的标準：
1.一貫作战勇敢，或带领民兵坚决殺敌有显著成绩，且有坚决斗争意志，富有氣節者。
2.坚决保護群众翻身利益，支持群众各种斗爭，有显著成绩者。
3.劳武结合，保证生產，有显著成绩者。
（具備三條者為一等，二條者為二等）
腹地的標準：
1.積極参战，服從指揮，完成任务，有显著成绩者。
2.在参战時，能以团结大家，遵守紀律，帮助群众，有显著成绩者。
3.自己积極生產自学，或推动大家生產自学有显著成绩者。
——1——

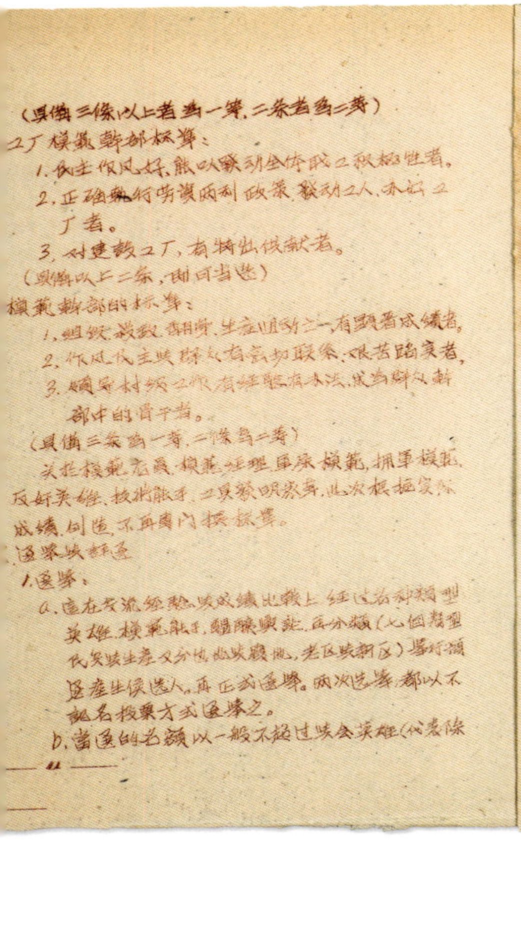

（具備三條以上者為一等，二条者為二等）
工厂模範幹部标準：
1.民主作风好，能以發动全体职工积極性者。
2.正確執行劳資两利政策，發动工人，办好工厂者。
3.对建設工厂，有特出貢献者。
（具備以上二条，即可当选）
模範幹部的标準：
1.組織群众翻身、生産明确之一，有显著成绩者。
2.作风民主與群众有密切联系，艰苦踏实者。
3.領导村级工作有經驗有办法，成為群众幹部中的骨干者。
（具備三条為一等，二條為二等）
关於模範店員、模範經理、模範家庭、模範、擁軍模範、反奸英雄、技術能手、工具發明家等，此次根據实際成绩創造，不再專门提标準。
选举與評选
1.选举：
a.在交流經驗與成绩比較上，經过各种類型英雄、模範、能手醞釀與討論，再分類（七個類型民兵與生產又分边地與腹地，老区與新区）進行預选產生候选人，再正式选举。兩次选举，都以不記名投票方式选举之。
b.当选的名額以一般不超过與会英雄（代表除
——4——

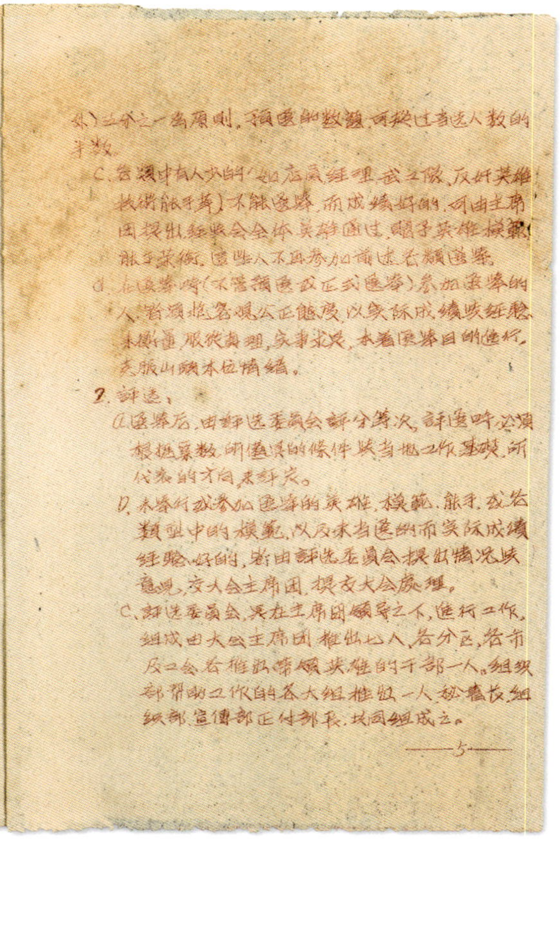

外）三分之一為原則，預选的数額，可超过當选人数的半数。
c.各類中有人少的（如店員經理、武工隊、反奸英雄技術能手等）不能选举，而成绩好的，可由主席团提出經與会全体英雄通过，贈予英雄、模範、能手荣衔，這些人不再参加前述各類选举。
d.在选举時（不管預选或正式选举）参加选举的人，皆須抱客觀公正態度，以实际成绩與經驗來衡量，服從真理，实事求是，本着选举目的進行，克服山头本位情绪。
2.評选：
a.选举后，由評选委員会評分等次，評选時必須根據票数，所具備的條件與当地工作環境，所代表的方向來評定。
b.未參加或参加选举的英雄、模範、能手，或各類型中的模範，以及未当选的而实际成绩經驗好的，均由評选委員会提出情况與意見，交大会主席团，提交大会處理。
c.評选委員会，是在主席团领導之下，進行工作，組成由大会主席团推出七人，各分区、各市及工会各推出帶領英雄的干部一人。組织部帮助工作的各大组推出一人，秘書長、組织部、宣傳部正付部長，共同組成之。
——5——

太行区第二届群英大会与会英雄模范能手代表名录

1946 年 12 月 2 日

纵 13.4 厘米，横 18.7 厘米

1959 年山西省文管会移交

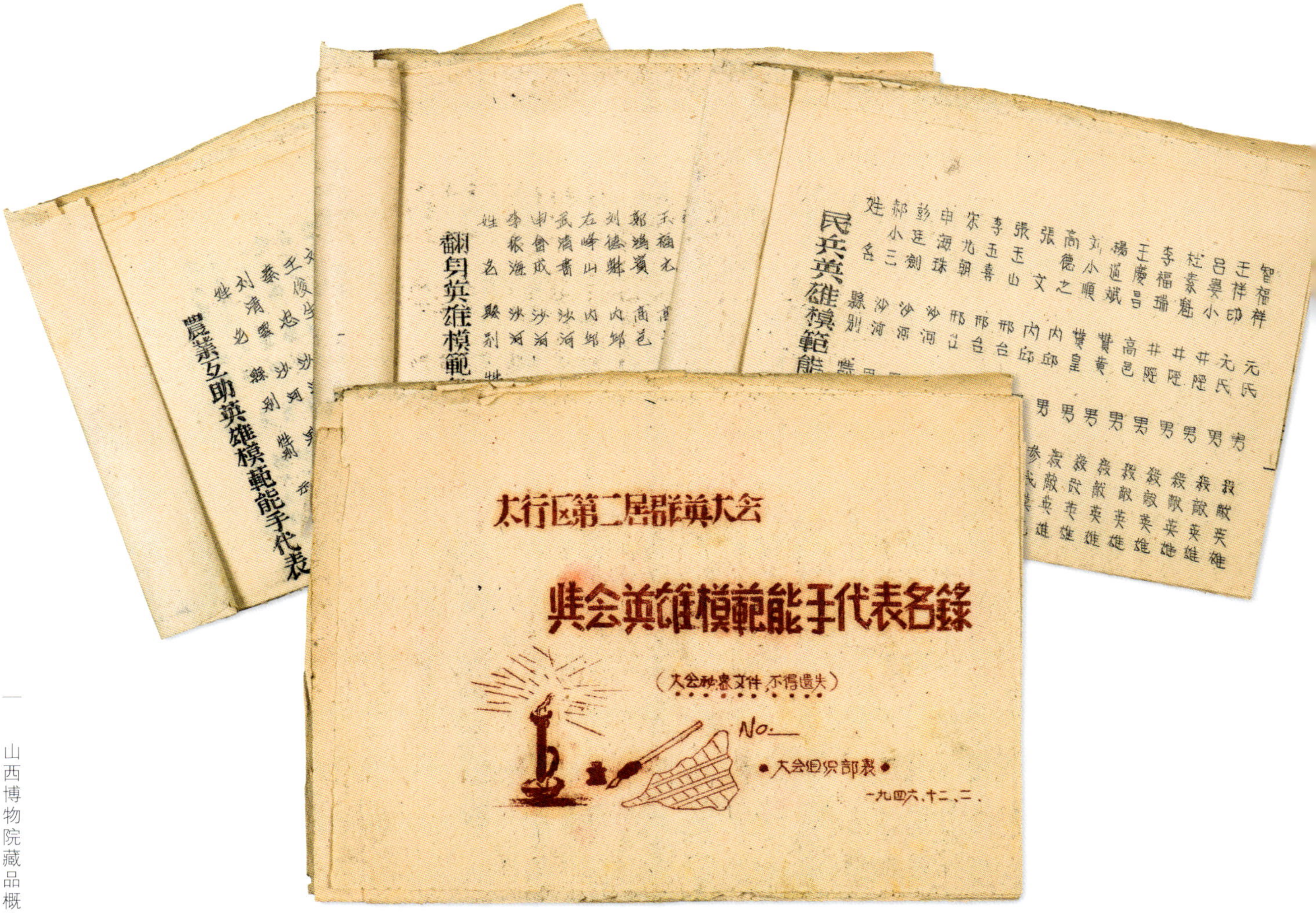

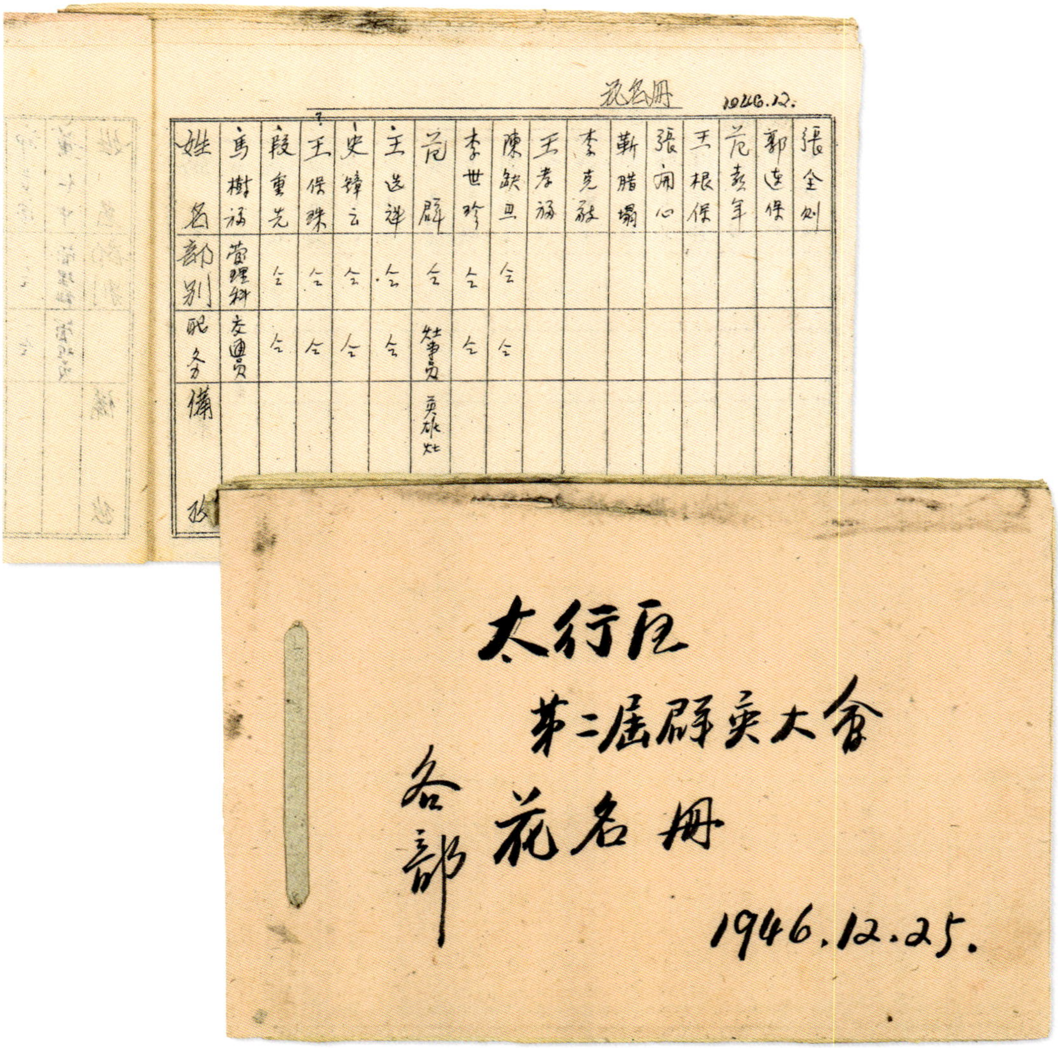

太行区第二届群英大会花名册

1946 年 12 月 25 日

纵 13.8 厘米，横 19.4 厘米

1954 年征集

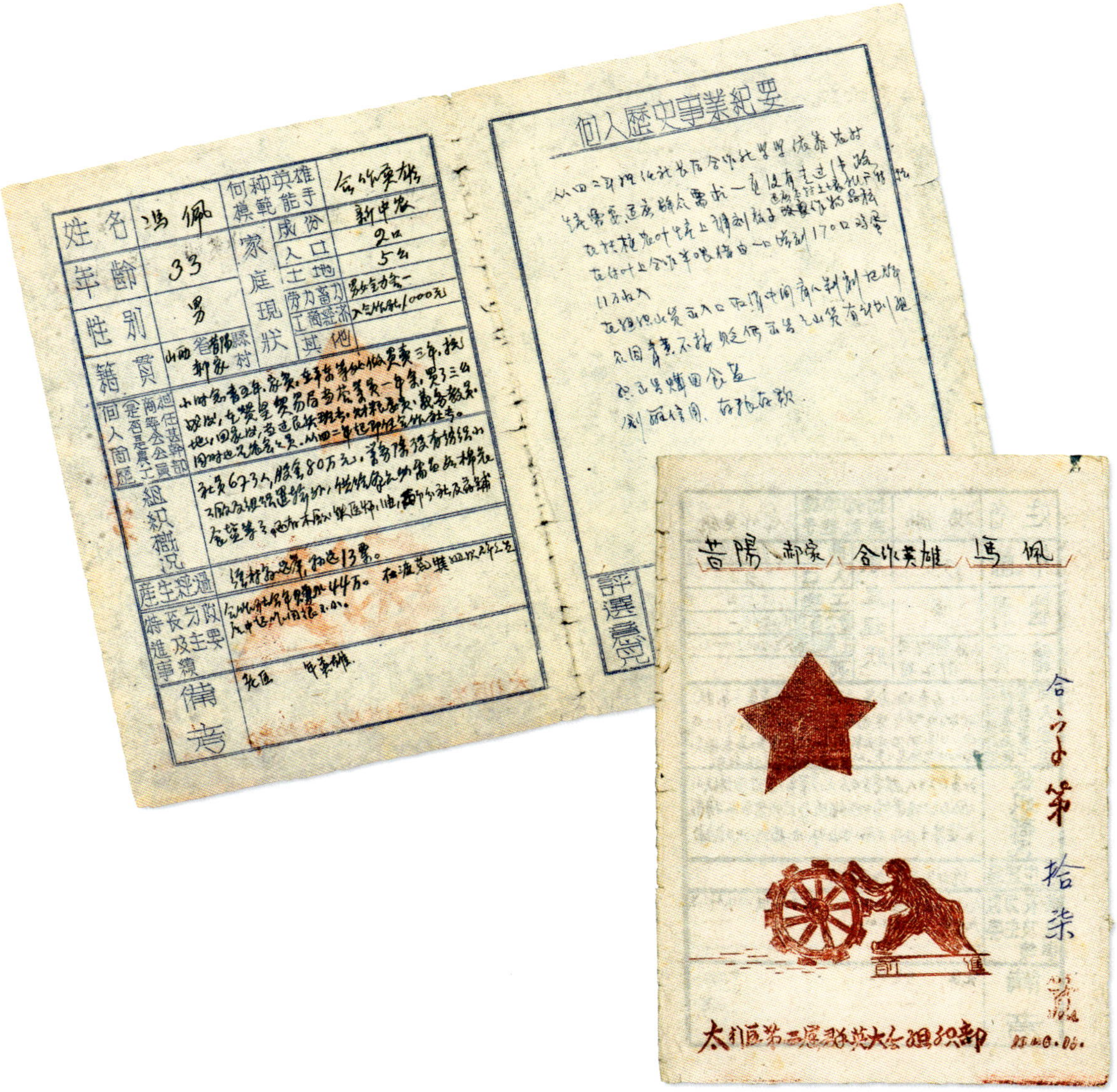

合作英雄冯佩个人情况登记表

1946 年 11 月

纵 19.7 横 27.5

1954 年征集

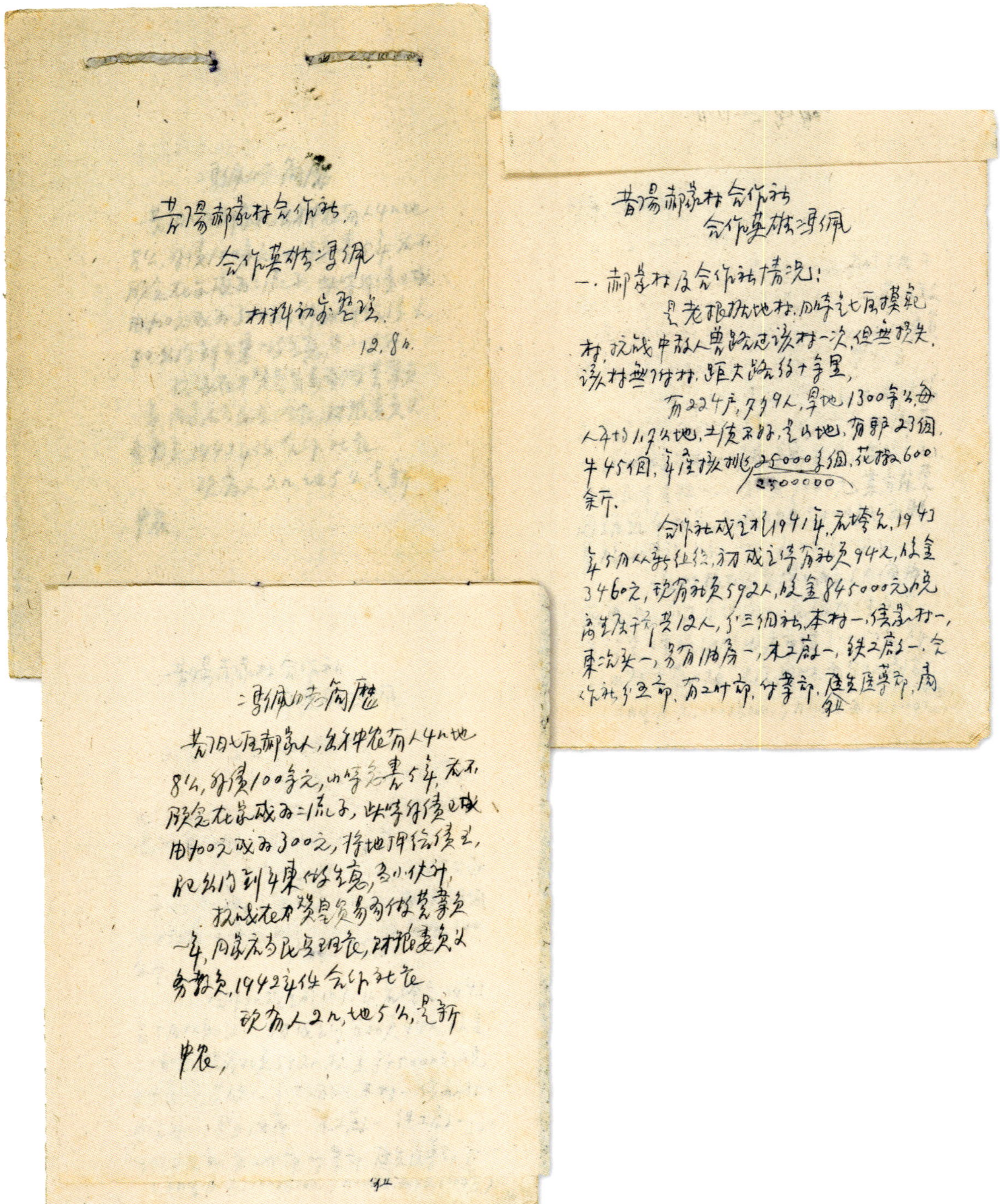

昔陽郝家林合作社

合作英雄冯佩

材料初步整理

12.8日

昔陽郝家林合作社

合作英雄冯佩

一、郝家林及合作社情况：

是老根据地村，四区七区模範村，抗战中敌人曾路过该村一次，但無损失，该村無伪村，距大路约十余里，

有224户，779人，旱地1300余公亩，每人平均1.7公地，土质不好，是山地，有驴23個，牛45個，年产核桃25000余個（2500000），花椒600余斤。

合作社成立于1941年，后垮台，1943年5月从新组织，初成立時有社员94人，股金3460元，现有社员592人，股金845000元，脱离生产干部共12人，分三個社，本村一，[illegible]村一，东冶头一，另有油房一，木工厂一，铁工厂一，合作社分五部，有工作部，[illegible]部，医生医药部，商业

二、冯佩的简历

昔阳七区郝家人，父辈中农，有人4口，地8公，负债100余元，小时念书5年，后不脱离在家成为二流子，此时负债已由40元成为300元，将地押给债主，他出门到外東做生意，当小伙计，

抗战后在太行贸易局做营业员一年，回家后当民兵班长，财粮委员，义务教员，1942年任合作社长

现有人2口，地5公，是新中农，

合作英雄冯佩个人材料（一）

1946年12月8日

纵18.8厘米，横13.2厘米

1954年征集

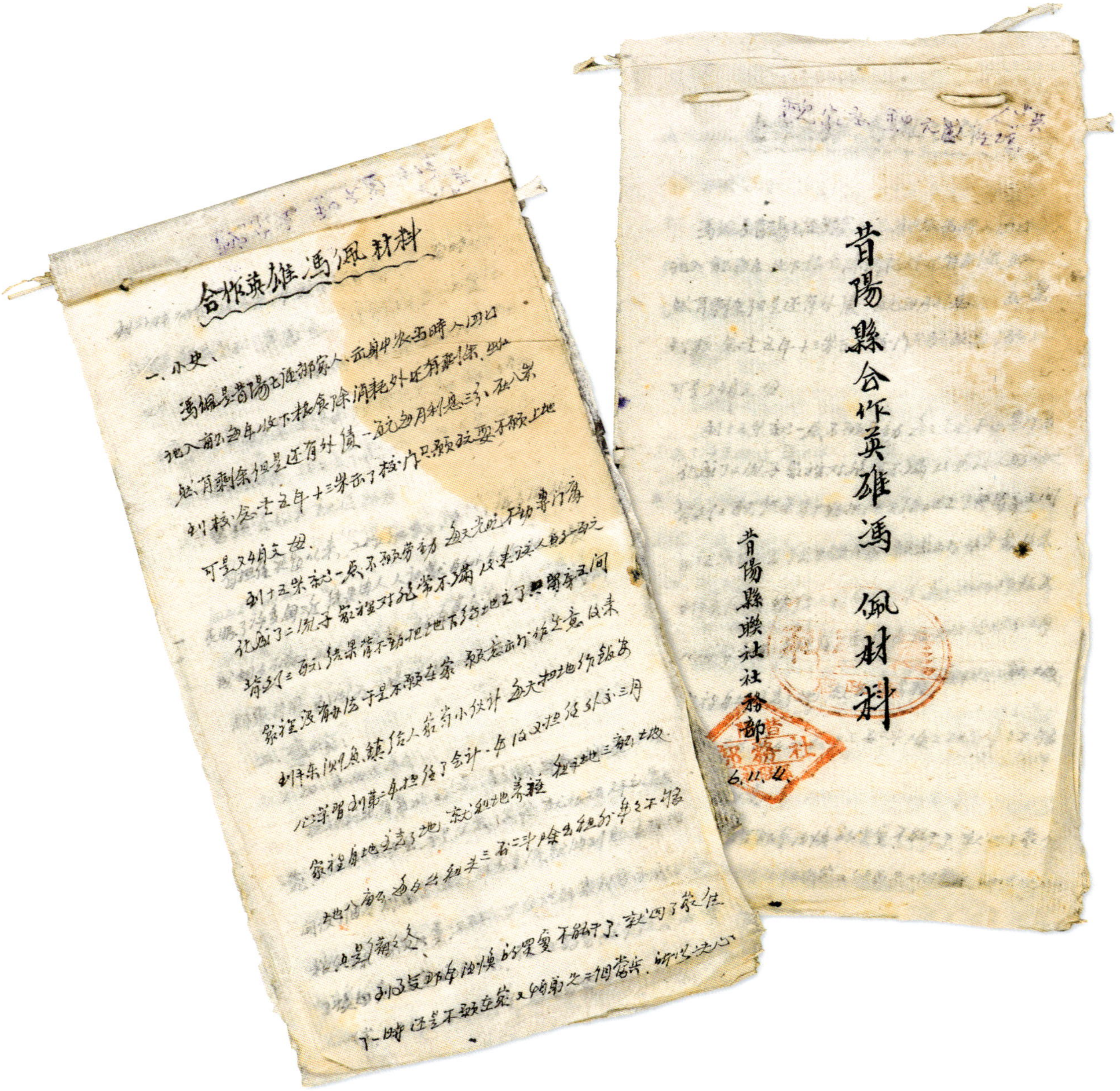

合作英雄冯佩个人材料（二）

1946 年 11 月 4 日

纵 23.2 厘米，横 13.5 厘米

1954 年征集

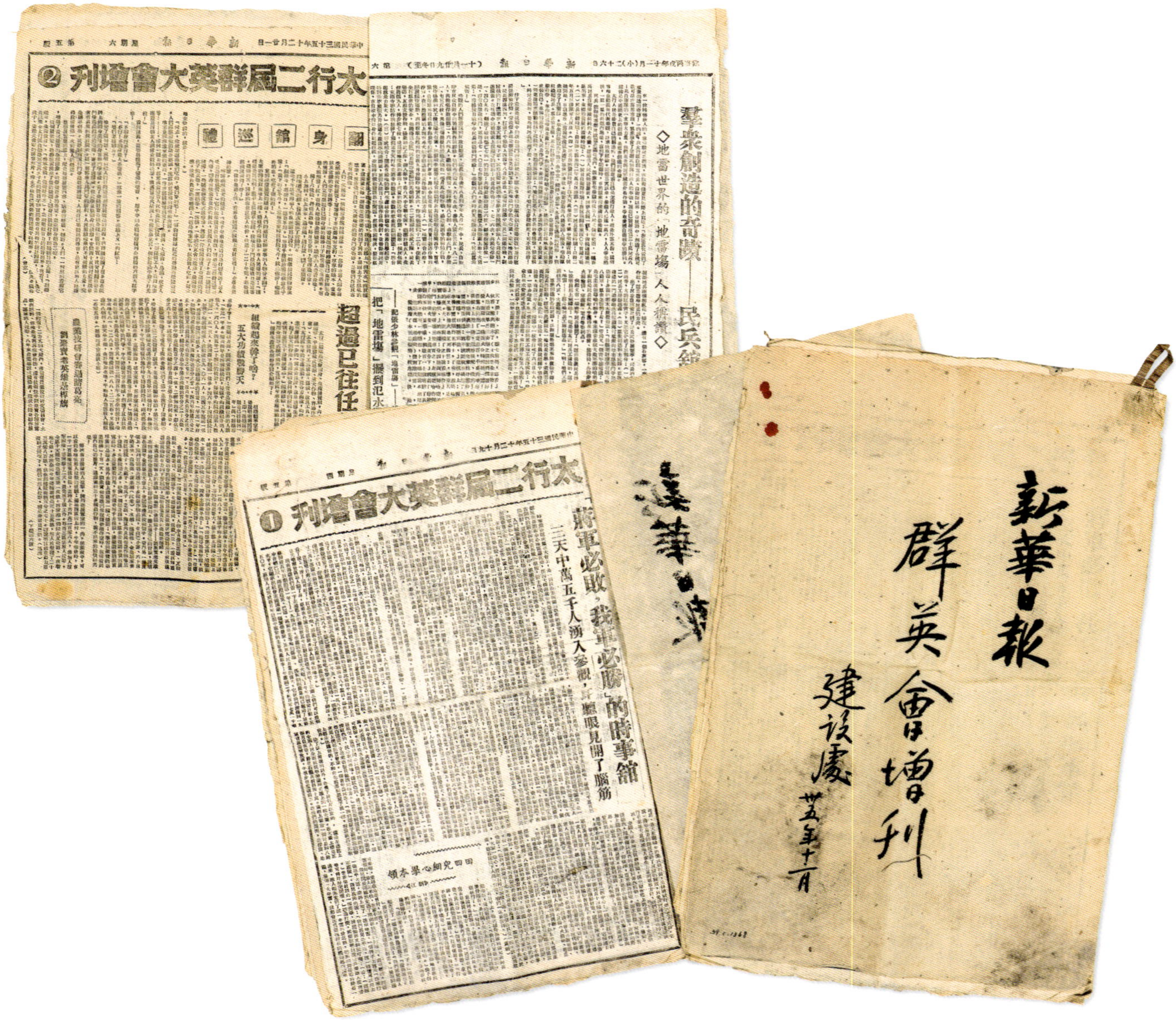

《新华日报》关于太行区第二届群英大会的增刊

1946 年 12 月 19 日

纵 39.6 厘米，横 25.8 厘米

1954 年征集

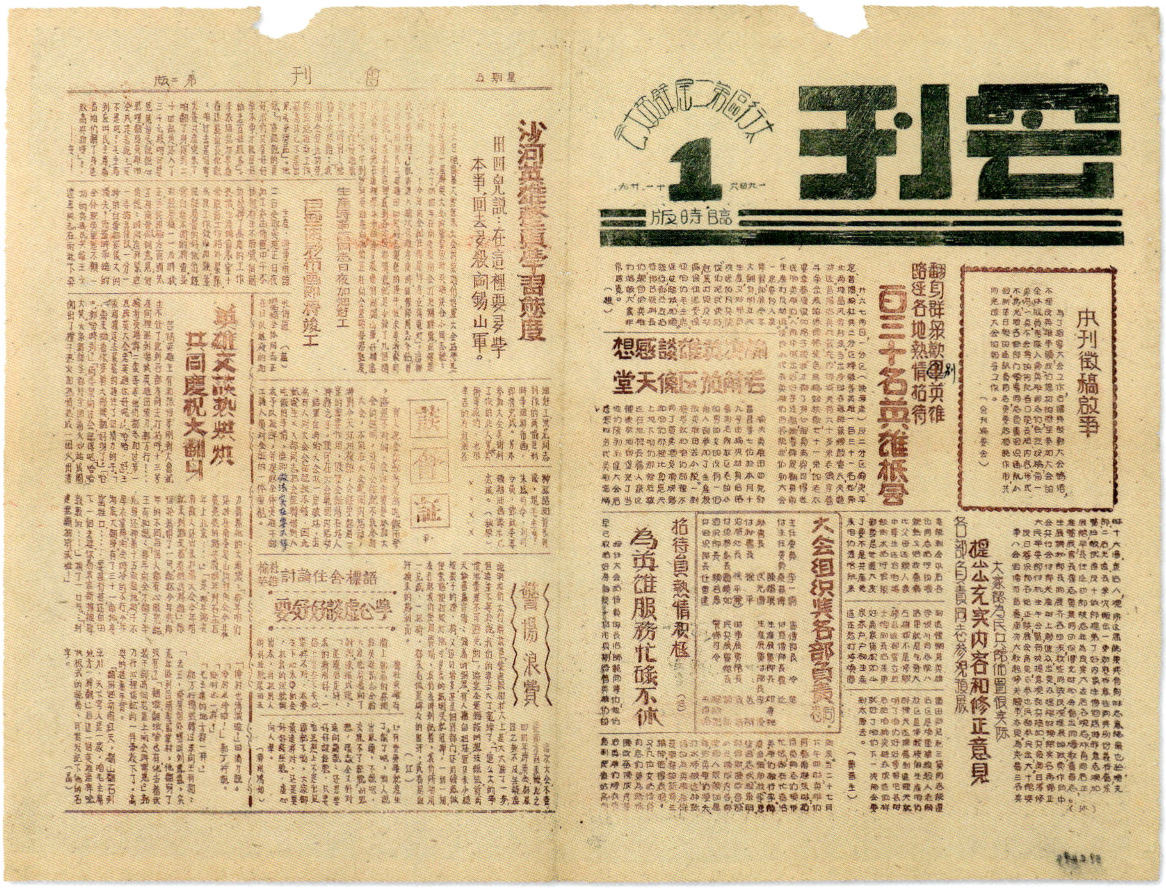

太行区第二届群英大会会刊（第一期）

1946 年 11 月 29 日

纵 37.5 厘米，横 47.2 厘米

1954 年征集

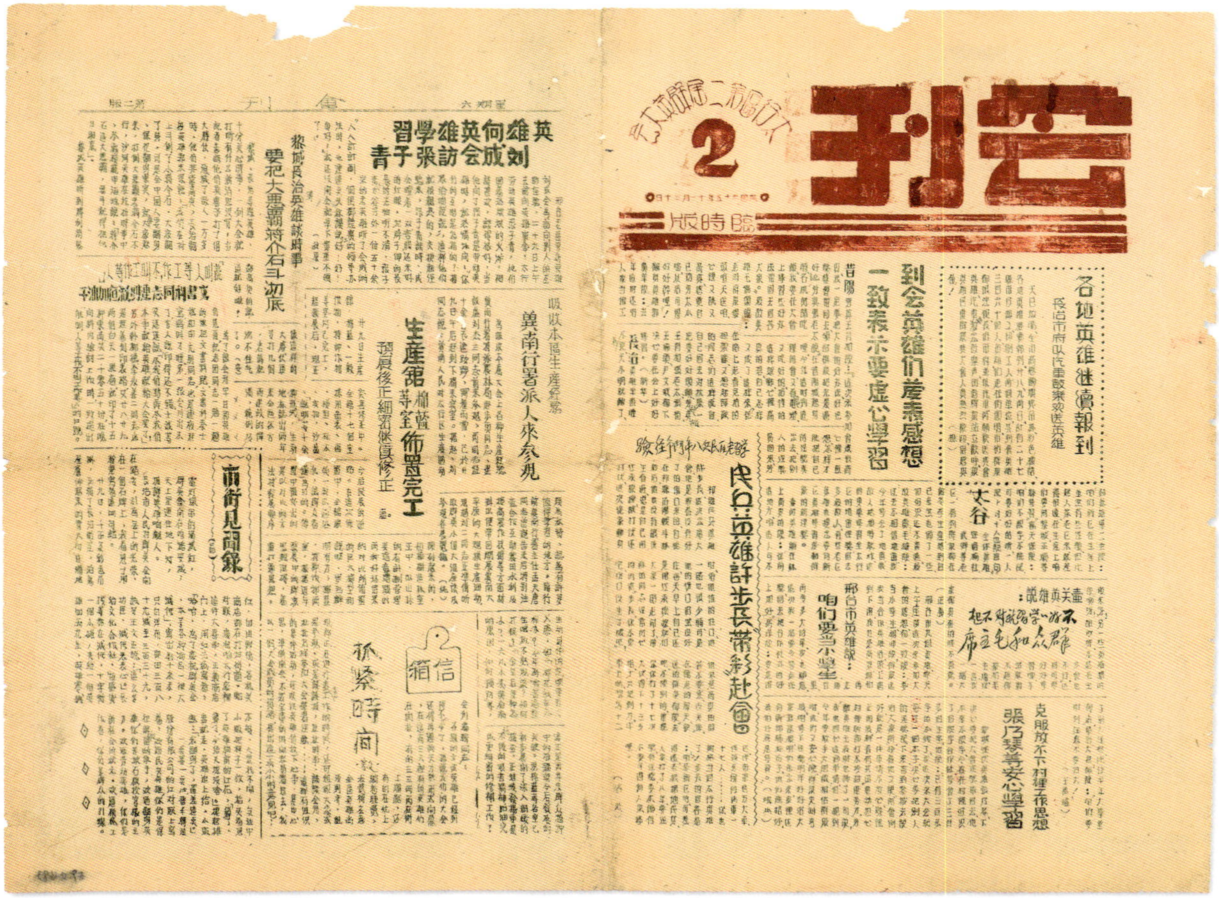
太行區第二屆群英大會
2
會刊
臨時版
各地英雄繼續報到
到会英雄们發表感想 一致表示要虚心學習
英雄向英雄學習 劉成会訪张子青
裏南行署派人來參觀
生產館籌备佈置完工
市街見聞錄
信箱
抓紧時間
咱们要示學習
克服放不下村裡工作思想 張乃琴等安心學習

太行区第二届群英大会会刊（第二期）

1946 年 11 月 30 日
纵 37 厘米，横 50 厘米
1954 年征集

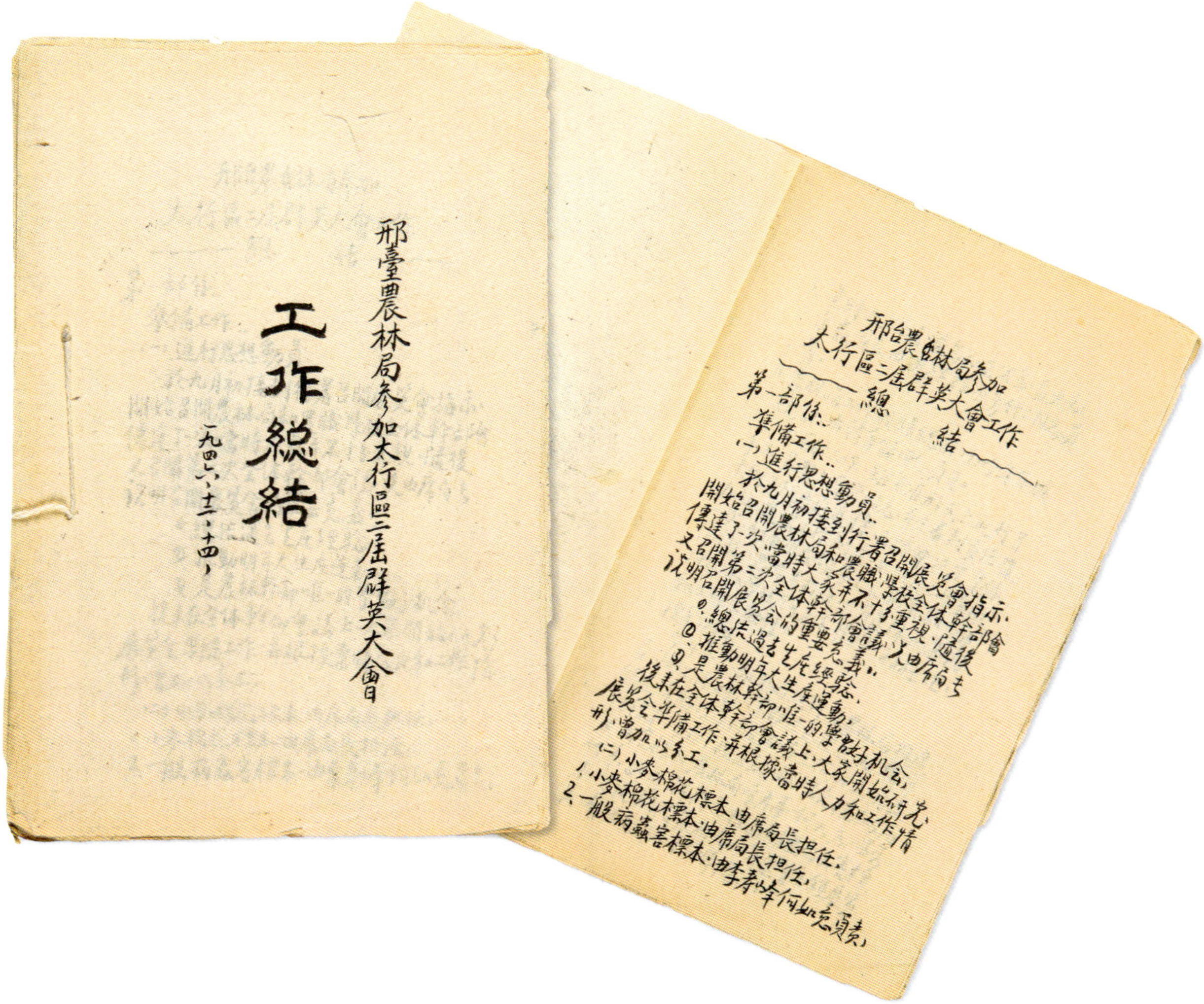

邢台农林局参加太行区二届群英大会工作总结

1946 年 12 月 14 日

纵 21.5 厘米，横 14.3 厘米

旧藏

太行区第二届群英大会管理科工作总结

1946 年 12 月 28 日

纵 20.3 厘米，横 14.5 厘米

1959 年山西省文管会移交

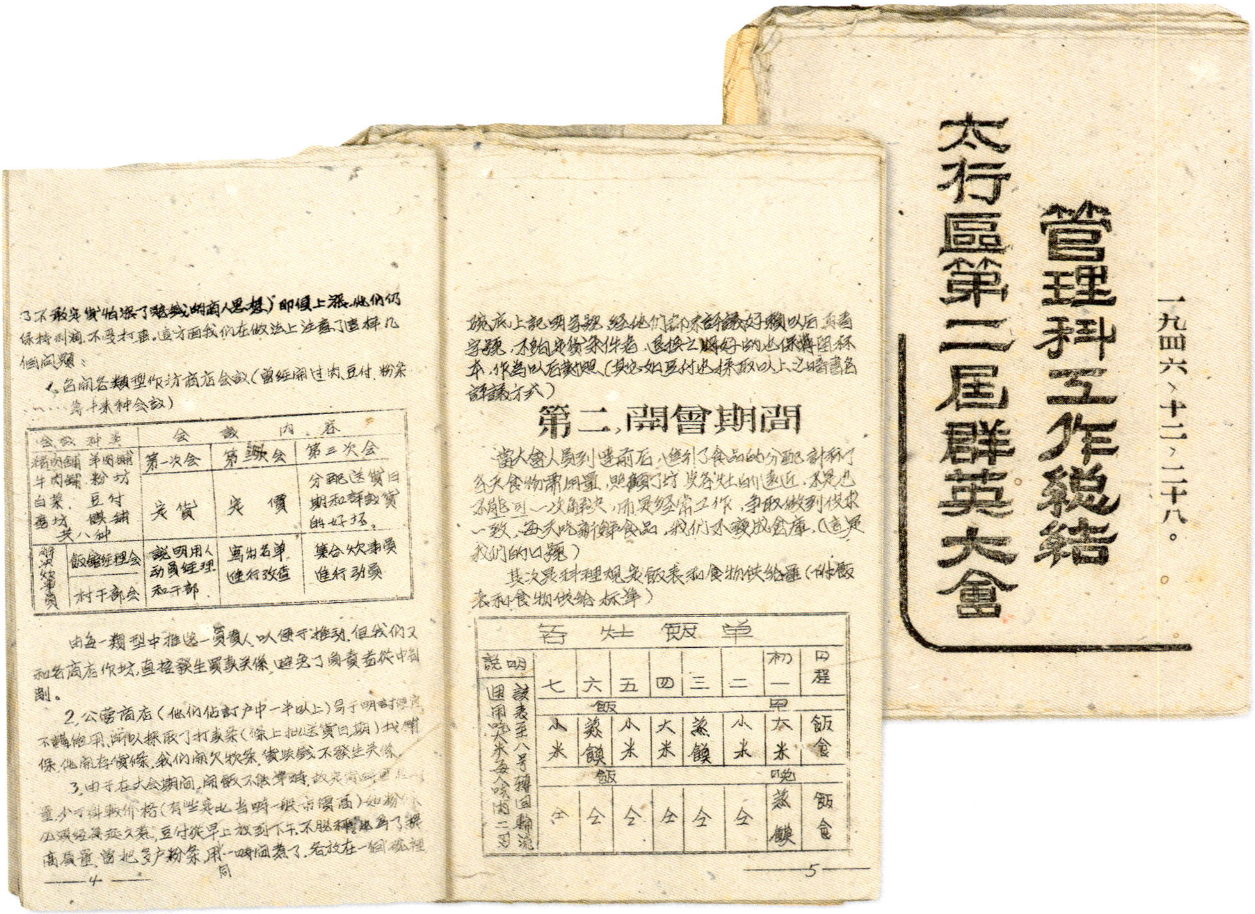

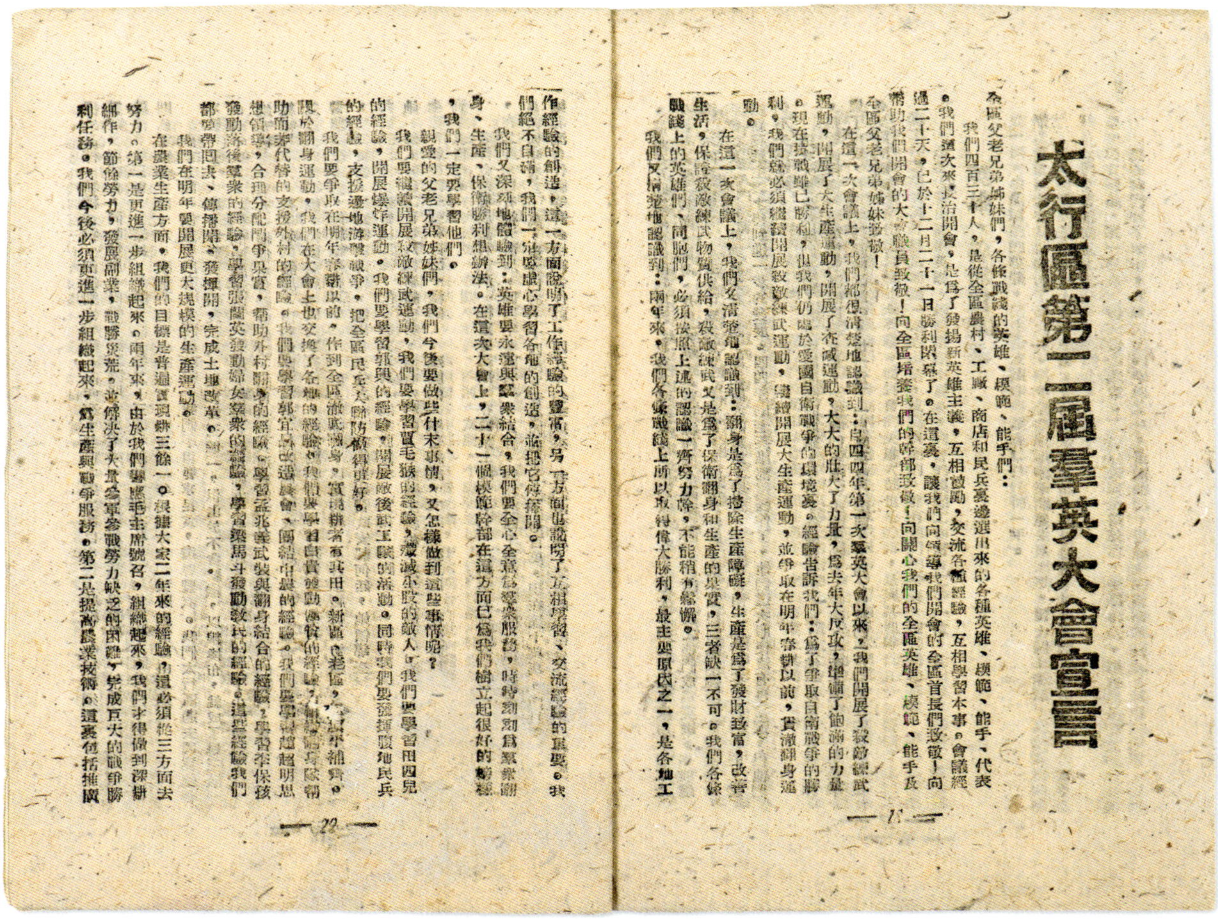

太行區第二屆羣英大會宣言

各區父老兄弟姊妹們，各條戰綫的英雄、模範、能手們：

我們四百三十人，是從全區農村、工廠、商店和民兵裏邊選出來的各種英雄、模範、能手、代表。我們這次來長治開會，是爲了發揚新英雄主義，互相鼓勵，交流各種經驗，互相學習本事。會議經過二十天，已於十二月二十一日勝利閉幕了。在這裏，讓我們向領導我們開會的全區首長們致敬！向幫助我們開會的大會職員致敬！向全區培養我們的幹部致敬！向關心我們的全區英雄、模範、能手及全區父老兄弟姊妹致敬！

在這一次會議上，我們都很清楚地認識到：自四四年第一次羣英大會以來，我們開展了殺敵練武運動，開展了大生產運動，開展了查減運動，大大的壯大了力量，爲去年大反攻，準備了飽滿的力量。現在抗戰雖已勝利，但我們仍處於愛國自衛戰爭的環境裏。經驗告訴我們：爲了爭取自衛戰爭的勝利，我們就必須繼續開展殺敵練武運動，繼續開展大生產運動，並爭取在明年春耕以前，貫澈翻身運動。

在這一次會議上，我們又清楚地認識到：翻身是爲了掃除生產障礙，生產是爲了發財致富，改善生活，保證殺敵練武物質供給，殺敵練武又是爲了保衛翻身和生產的果實，三者缺一不可。我們各條戰綫上的英雄們、同胞們，必須按照上述的認識一齊努力幹，不能稍有鬆懈。

我們又清楚地認識到：兩年來，我們各條戰綫上所以取得偉大勝利，最主要原因之一，是各地工

—11—

作經驗的創造。這一方面說明了工作經驗的豐富，另一方面也說明了互相學習、交流經驗的重要。我們絕不自滿，我們一定要虛心學習各種的創造，並把它傳播開。

我們又深刻地體驗到：英雄要永遠與羣衆結合，我們要全心全意爲羣衆服務，時時刻刻爲羣衆謀翻身、生產、保衛勝利想辦法。在這次大會上，二十一個模範幹部在這方面已爲我們樹立起很好的榜樣，我們一定要學習他們。

親愛的父老兄弟姊妹們，我們今後要做些什末事情，又怎樣做到這些事情呢？

我們要繼續開展殺敵練武運動，我們要學習賈毛狗的經驗，殲滅小股的敵人；我們要學習田四兒的經驗，開展爆炸運動。我們要學習郭興的經驗，開展敵後武工隊的活動。同時我們要發揮腹地民兵的經驗，支援邊地游擊戰爭，把全區民兵聯防做得更好。

我們要爭取在明年春耕以前，作到全區澈底翻身，實現耕者有其田。新區、老區，一律補課。關於翻身運動，我們在大會上也交換了各地的經驗。我們要學習自貴發動佃貧的經驗，[illegible]幫助新代替的支援外村的經驗。我們要學習郝宜[illegible]選幹部、團結中農的經驗。我們要學習趙超明思想領導，合理分配鬥爭果實，幫助外村翻身的經驗，學習孟兆義武裝與翻身結合的經驗，學習李保孩發動落後羣衆的經驗，學習張蘭英發動婦女羣衆的經驗，學習梁馬斗發動教民的經驗。這些經驗我們都要帶回去，傳播開，發揮開，完成土地改革。

我們在明年要開展更大規模的生產運動。

在農業生產方面，我們的目標是普遍實現耕三餘一。根據大家二年來的經驗，這必須從三方面去努力。第一是更進一步組織起來。兩年來，由於我們響應毛主席號召，組織起來，我們才得做到深耕細作，節餘勞力，發展副業，戰勝災荒，並解決了大量參軍參戰勞力缺乏的困難，完成巨大的戰爭勝利任務。我們今後必須更進一步組織起來，爲生產與戰爭服務。第二是提高農業技術。這裏包括推廣

—12—

太行二届群英大会的总结报告和宣言

1947 年 1 月 15 日

纵 17.4 厘米，横 11.8 厘米

1959 年山西省文管会移交

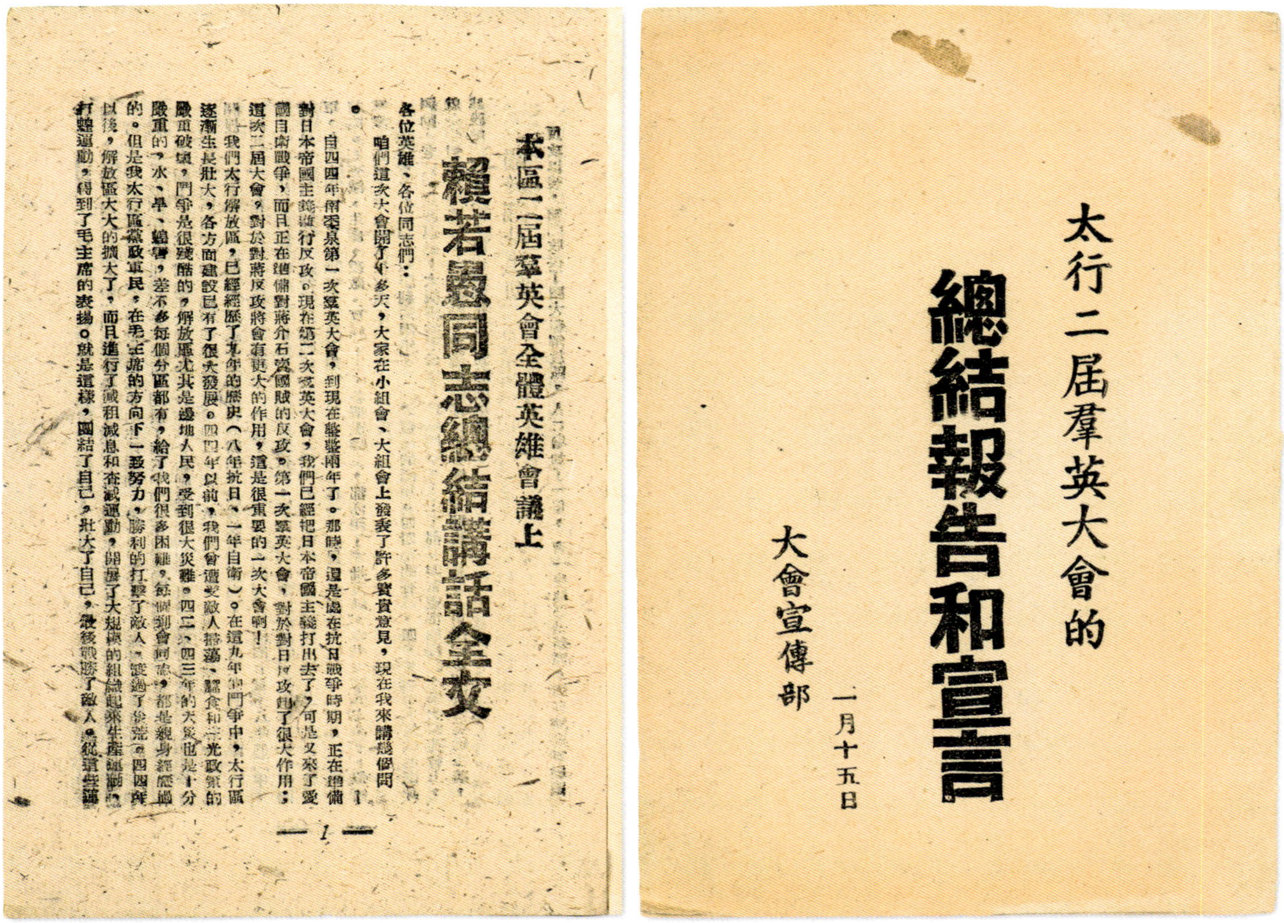
太行二屆羣英大會的
總結報告和宣言
大會宣傳部
一月十五日

在本區二屆羣英會全體英雄會議上
賴若愚同志總結講話全文

各位英雄、各位同志們：

咱們這次大會開了十多天，大家在小組會、大組會上發表了許多寶貴意見，現在我來講幾個問題。

一

自四四年冬季召開第一次羣英大會，到現在整整兩年了。那時，還是處在抗日戰爭時期，正在準備對日本帝國主義進行反攻。現在第二次羣英大會，我們已經把日本帝國主義打出去了，可是又來了愛國自衛戰爭，而且正在準備對蔣介石賣國賊的反攻。第一次羣英大會，對於對日反攻起了很大作用；這次二屆大會，對於對蔣反攻將會有更大的作用，這是很重要的一次大會啊！

我們太行解放區，已經經歷了九年的歷史（八年抗日，一年自衛）。在這九年鬥爭中，太行區逐漸生長壯大，各方面建設已有了很大發展。四四年以前，我們曾遭受敵人掃蕩、糧食和三光政策的嚴重破壞，鬥爭是很殘酷的，解放區尤其是邊地人民，受到很大災難。四二、四三年的大災也是十分嚴重的，水、旱、蝗蟲，差不多每個分區都有，給了我們很多困難，每個到會同志，都是親身經歷過的。但是我太行區黨政軍民，在毛主席的方向下一致努力，勝利的打擊了敵人，渡過了災荒。四四年以後，解放區大大的擴大了，而且進行了減租減息和查減運動，開展了大規模的組織起來生產運動和打蝗運動，得到了毛主席的表揚。就是這樣，團結了自己，壯大了自己，最後戰勝了敵人。從這些講

— 1 —

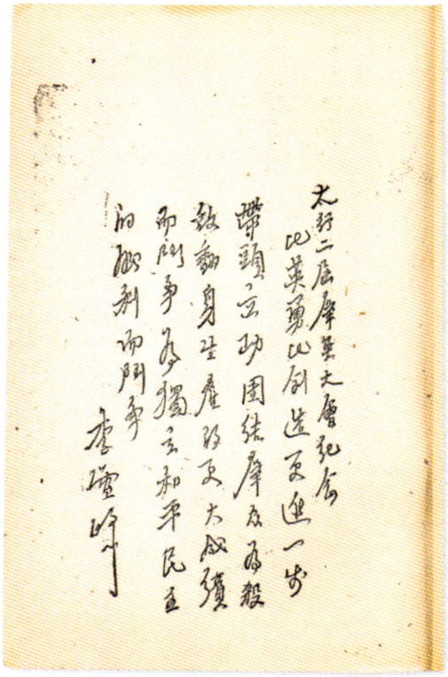

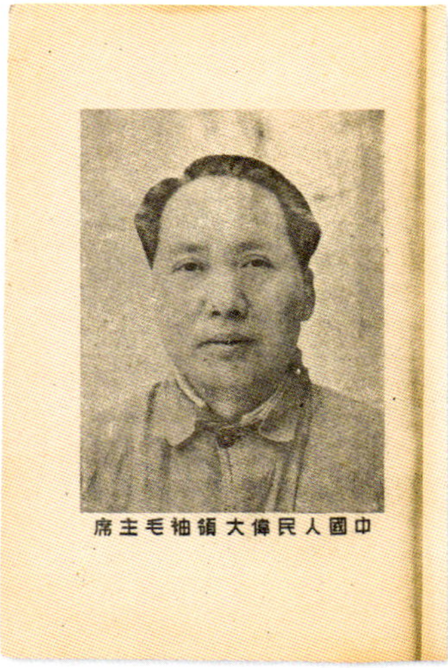

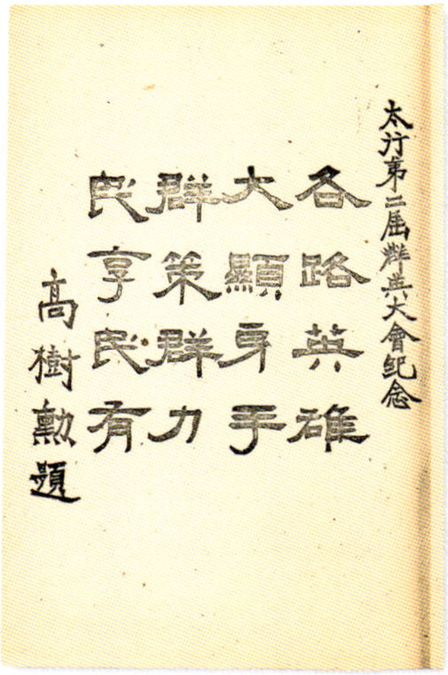

太行第二屆群英大會紀念
各路英雄
大顯身手
群策群力
民享民有
高樹勲題

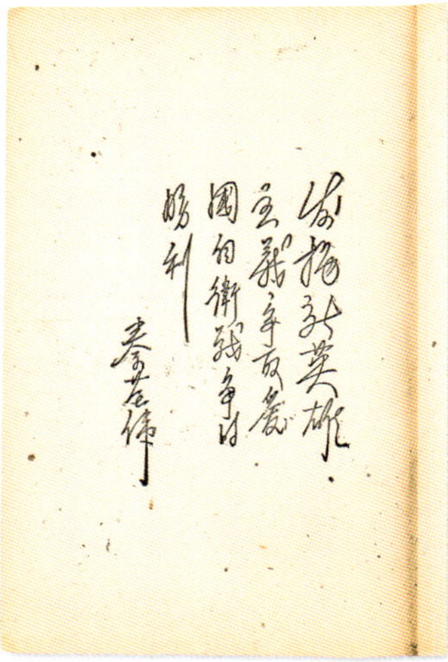

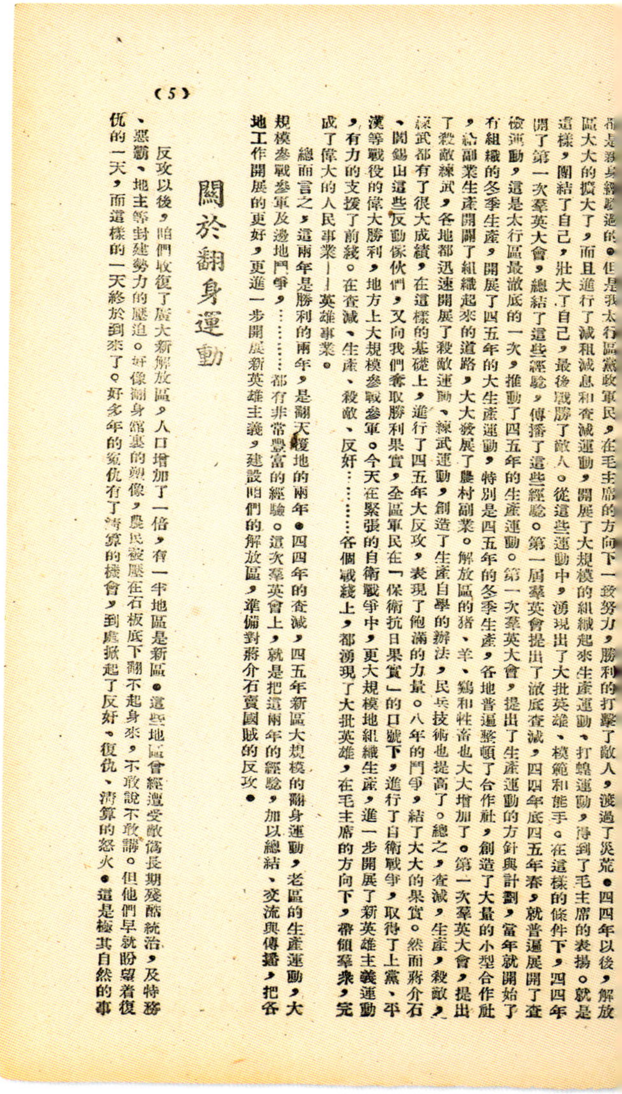
都是羣身經驗的●但是我太行區黨政軍民，在毛主席的方向下一致努力，勝利的打擊了敵人，渡過了災荒●四四年以後，解放區大大的擴大了，而且進行了減租減息和查減運動，開展了大規模的組織起來生產運動、打蝗運動，得到了毛主席的表揚。就是這樣，團結了自己，壯大了自己，最後戰勝了敵人。從這些運動中，湧現出了大批英雄、模範和能手。在這樣的條件下，四四年開了第一次羣英大會，總結了這些經驗，傳播了這些經驗。第一屆羣英會提出了澈底查減，四四年底四五年春，就普遍展開了查減運動，這是太行區最澈底的一次，推動了四五年的生產運動。第一次羣英大會，提出了生產運動的方針與計劃，當年就開始了有組織的冬季生產，開展了四五年的大生產運動，特別是四五年的冬季生產，各地普遍整頓了合作社，創造了大量的小型合作社，給副業生產開闢了組織起來的道路，大大發展了農村副業。解放區的猪、羊、鷄和牲畜也大大增加了。第一次羣英大會，提出了殺敵練武，各地都迅速開展了殺敵運動、練武運動，創造了生產自學的辦法，民兵技術也提高了。總之，查減，生產，殺敵，練武都有了很大成績，在這樣的基礎上，進行了四五年大反攻，表現了飽滿的力量。八年的鬥爭，結了大大的果實。然而蔣介石、閻錫山這些反動傢伙們，又向我們奪取勝利果實，全區軍民在「保衛抗日果實」的口號下，進行了自衛戰爭，取得了上黨、平漢等戰役的偉大勝利，地方上大規模參戰參軍。今天在緊張的自衛戰爭中，更大規模地組織生產，進一步開展了新英雄主義運動，有力的支援了前綫。在查減、生產、殺敵、反奸……各個戰綫上，都湧現了大批英雄，在毛主席的方向下，帶領羣衆，完成了偉大的人民事業——英雄事業。

總而言之，這兩年是勝利的兩年，是翻天覆地的兩年●四四年的查減，四五年新區大規模的翻身運動，老區的生產運動，大規模參戰參軍及邊地鬥爭，……都有非常豐富的經驗。這次羣英會上，就是把這兩年的經驗，加以總結、交流與傳播，把各地工作開展的更好，更進一步開展新英雄主義，建設咱們的解放區，準備對蔣介石賣國賊的反攻●

關於翻身運動

反攻以後，咱們收復了廣大新解放區，人口增加了一倍，有一半地區是新區●這些地區曾經遭受敵偽長期殘酷統治，及特務、惡霸、地主等封建勢力的壓迫。好像關身館裏的塑像，農民被壓在石板底下翻不起身來，不敢說不敢講。但他們早就盼望着復仇的一天，而這樣的一天終於到來了。好多年的冤仇有了清算的機會，到處掀起了反奸、復仇、清算的怒火●這是極其自然的事

（5）

太行区第二届群英大会会刊

1947 年

纵 24.8 厘米，横 17.3 厘米

1949 年太行图书馆移交

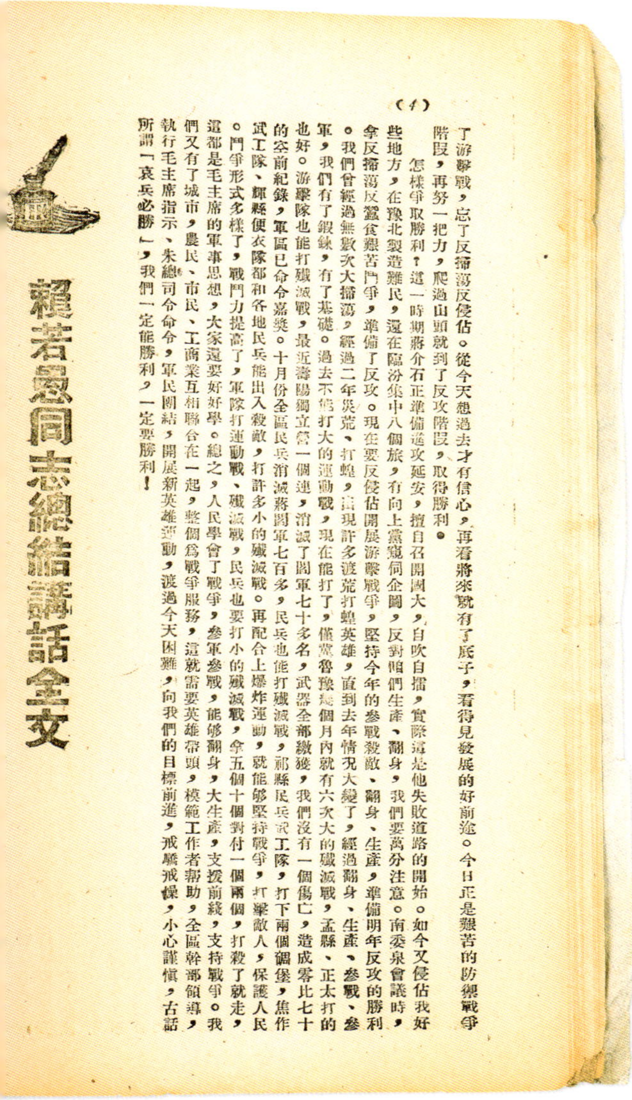

（4）

賴若愚同志總結講話全文

了游擊戰，忘了反掃蕩反侵佔。從今天想過去才有信心，再看將來就有了底子，看得見發展的好前途。今日正是艱苦的防禦戰爭階段，再努一把力，爬過山頭就到了反攻階段，取得勝利。

怎樣爭取勝利？這一時期蔣介石正準備進攻延安，擅自召開國大，自吹自擂，實際這是他失敗道路的開始。如今又侵佔我好些地方，在豫北製造難民，還在臨汾集中八個旅，有向上黨窺伺企圖，反對咱們生產、翻身，我們要萬分注意。南委泉會議時，拿反掃蕩反蠶食艱苦鬥爭，準備了反攻。現在要反侵佔開展游擊戰爭，堅持今年的參戰殺敵、翻身、生產，準備明年反攻的勝利。我們曾經過無數次大掃蕩，經過二年災荒、打蝗，出現許多渡荒打蝗英雄，直到去年情況大變了，經過翻身、生產、參戰、參軍，我們有了鍛鍊，有了基礎。過去不能打大的運動戰，現在能打了，僅冀魯豫幾個月內就有六次大的殲滅戰，孟縣、正太打的也好。游擊隊也能打殲滅戰，最近壽陽獨立營一個連，消滅了閻軍七十多名，武器全部繳獲，我們沒有一個傷亡，造成零比七十的空前紀錄，軍區已命令嘉獎。十月份全區民兵消滅蔣閻軍七百多，民兵也能打殲滅戰，祁縣民兵武工隊，打下兩個碉堡，焦作武工隊、輝縣便衣隊都和各地民兵能出入殺敵，打許多小的殲滅戰。再配合上爆炸運動，就能夠堅持戰爭，打擊敵人，保護人民。鬥爭形式多樣了，戰鬥力提高了，軍隊打運動戰、殲滅戰，民兵也要打小的殲滅戰，拿五個十個對付一個兩個，打殺了就走，這都是毛主席的軍事思想，大家還要好好學。總之，人民學會了戰爭，參軍參戰，能夠翻身，大生產，支援前綫，支持戰爭。我們又有了城市，農民、市民、工商業互相聯合在一起，整個爲戰爭服務，這就需要英雄帶頭，模範工作者幫助，全區幹部領導，執行毛主席指示、朱總司令命令，軍民團結，開展新英雄運動，渡過今天困難，向我們的目標前進，戒驕戒燥，小心謹慎，古話所謂「哀兵必勝」，我們一定能勝利，一定要勝利！

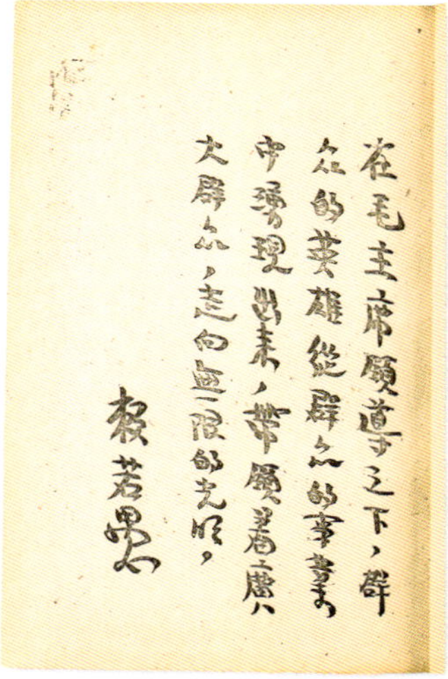

在毛主席領導之下，群众的英雄從群众的事業中湧現出来，帶領着廣大群众，走向無限的光明。

賴若愚

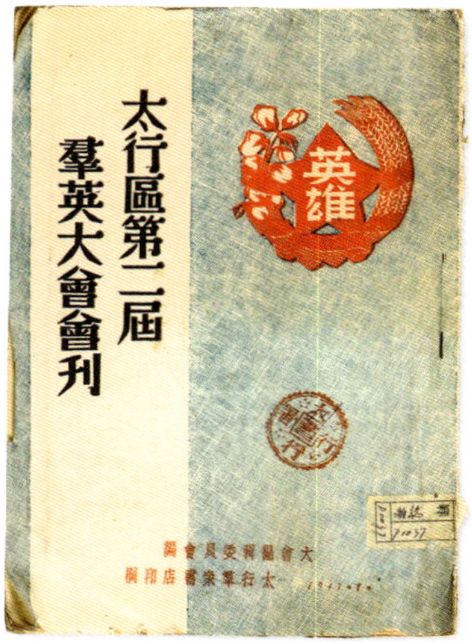

太行區第二屆羣英大會會刊

大會編輯委員會編

太行羣衆書店印刷

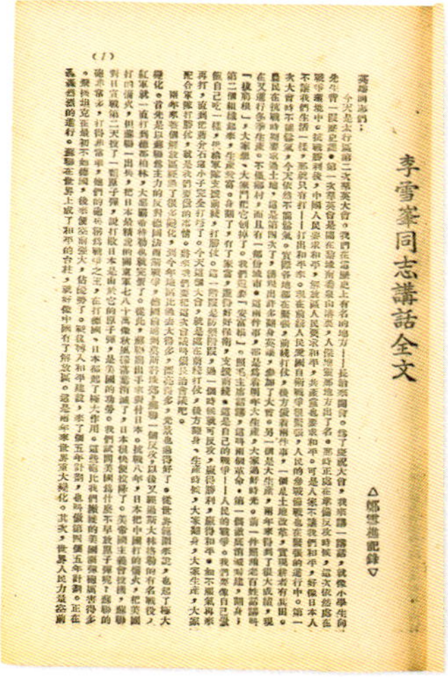

李雪峯同志講話全文

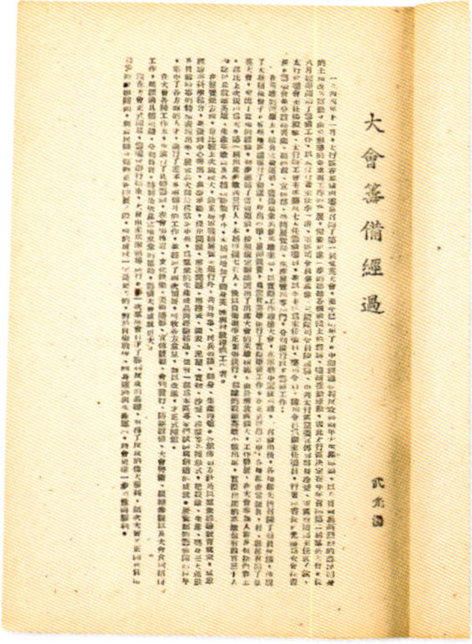

大會籌備經過

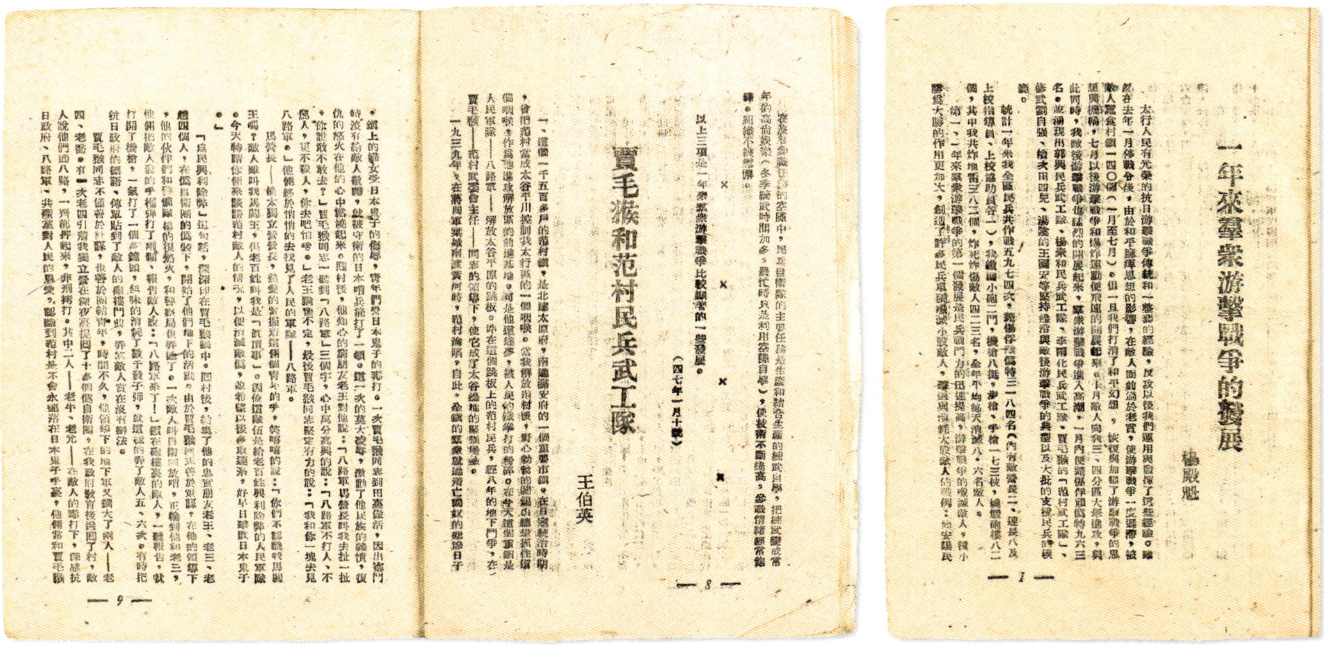

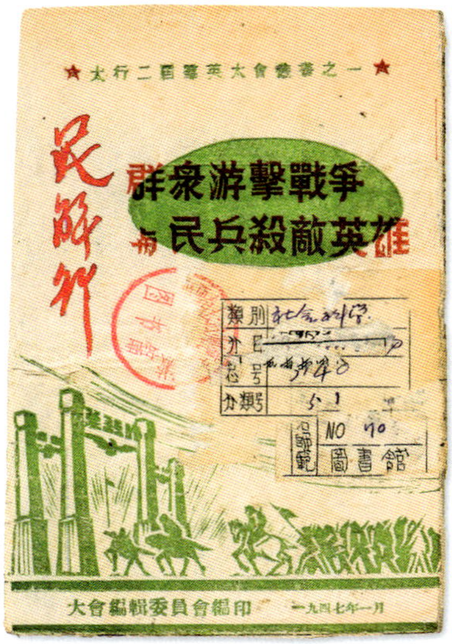

群众游击战争与民兵杀敌英雄

1947 年

纵 17.8 厘米，横 11.8 厘米

石家庄烈士纪念馆拨交

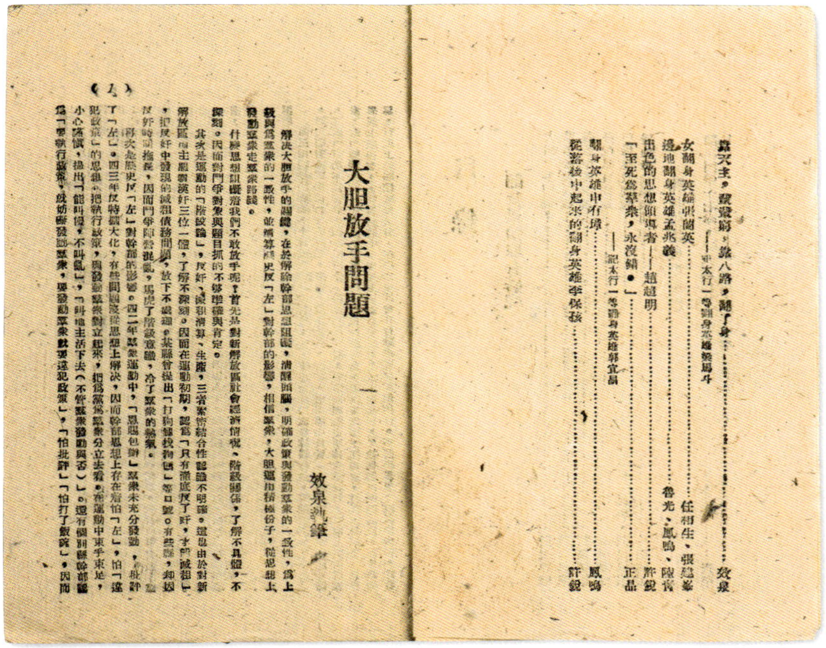

大胆放手問題

效泉執筆

靠[illegible]主，發覺窮，靠八路，翻了身……效泉

——晋太行一等翻身英雄[illegible]

女翻身英雄張閣英……任相生、張蘊峯

邊地翻身英雄孟兆義……魯光、鳳鳴、陳[illegible]

出色的思想領導者——趙超明……許鋭

「至死為群衆，永沒錯。」……正晶

——記太行一等翻身英雄郭宜昌

翻身英雄申有埠……鳳鳴

從落後中起來的翻身英雄李保孩……許鋭

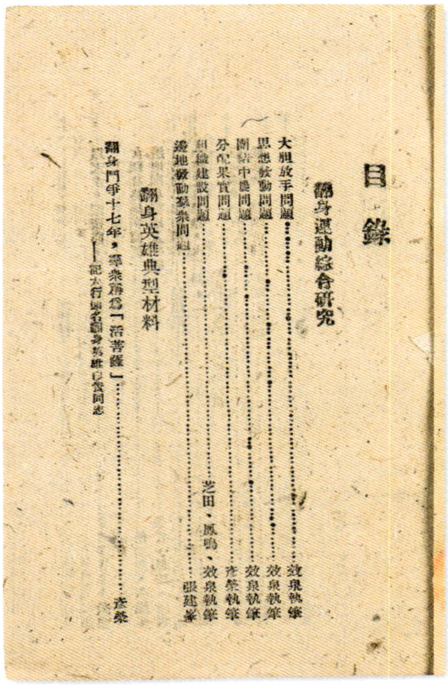

目錄

翻身運動綜合研究

大胆放手問題……效泉執筆

思想發動問題……效泉執筆

團結中農問題……效泉執筆

分配果實問題……彥榮執筆

組織建設問題……芝田、鳳鳴、效泉執筆

邊地發動羣衆問題……張建峯

翻身英雄典型材料

翻身鬥爭十七年，羣衆稱為「活菩薩」……彥榮

——記太行第一名翻身英雄[illegible]同志

翻身运动与翻身英雄

1947 年

纵 17.8 厘米，横 12 厘米

1949 年太行图书馆移交

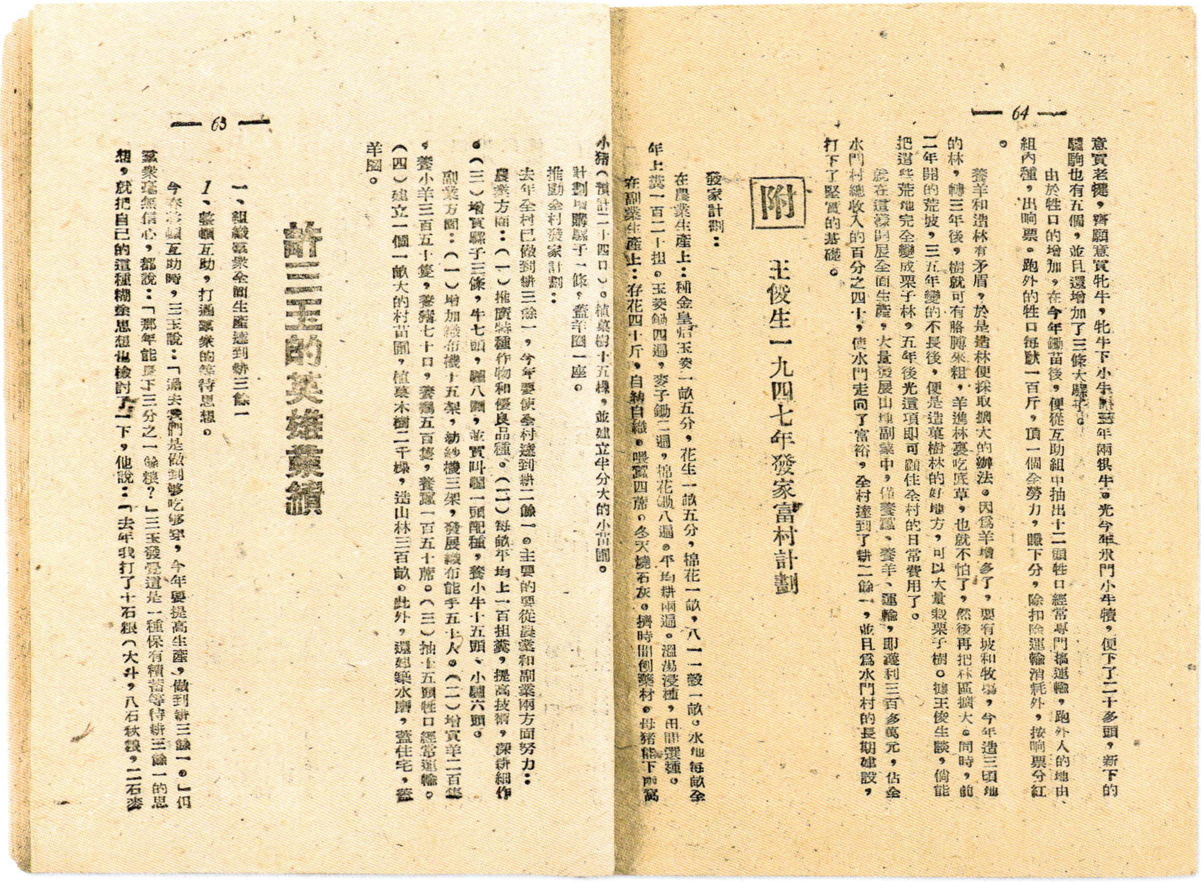

—64—

意買老犍，齊願意買牝牛，牝牛下小牛，[illegible]年兩犋牛。光今年水門小牛犢，便下了二十多頭，新下的驢駒也有五個，並且還增加了三條大騾子。

由於牲口的增加，在今年鋤苗後，便從互助組中抽出十二頭牲口經常專門搞運輸，跑外人的地由組內種，出响票。跑外的牲口每馱一百斤，頂一個全勞力，賺下分，除扣除運輸消耗外，按响票分紅。

養羊和造林有矛盾，於是造林便採取擴大的辦法。因為羊增多了，要有坡和牧場，今年造三頃地的林，轉三年後，樹就可有胳膊來粗，羊進林裏吃底草，也就不怕了，然後再把林區擴大。同時，能二年開的荒坡，三五年變的不長後，便是造菓樹林的好地方，可以大量栽栗子樹。據王俊生談，倘能把這些荒地完全變成栗子林，五年後光這項即可顧住全村的日常費用了。

處在這樣開展全面生產，大量發展山地副業中，像養蠶、養羊、運輸，即獲利三百多萬元，佔全水門村總收入的百分之四十，使水門走向了富裕，全村達到了耕二餘一，並且為水門村的長期建設，打下了堅實的基礎。

附

王俊生一九四七年發家富村計劃

發家計劃：

在農業生產上：種金皇后玉麥一畝五分，花生一畝五分，棉花一畝，八一一穀一畝。水地每畝全年上糞一百二十担。玉茭鋤四遍，麥子鋤二遍，棉花鋤八遍。平均耕兩遍。溫湯浸種，田間選種。

在副業生產上：存花四十斤，自紡自織。喂蠶四席。冬天燒石灰。擠時間刨藥材。母豬能下兩窩小豬（預計二十四口）。植菓樹十五棵，並建立半分大的小苗圃。

計劃增購騾子一條，蓋羊圈一座。

推動全村發家計劃：

去年全村已做到耕三餘一，今年要使全村達到耕二餘一。主要的要從農業和副業兩方面努力：農業方面：（一）推廣特種作物和優良品種。（二）每畝平均上一百担糞，提高技術，深耕細作。（三）增買騾子三條，牛七頭，驢八頭，並買叫驢一頭配種，養小牛十五頭、小驢六頭。

副業方面：（一）增加織布機十五架，紡紗機三架，發展織布能手五十人。（二）增買羊二百隻，養小羊三百五十隻，養豬七十口，養雞五百隻，養蠶一百五十席。（三）抽十五頭牲口經常運輸。（四）建立一個一畝大的村苗圃，植桑木樹二千棵，造山林三百畝。此外，還想築水磨，蓋住宅，蓋羊圈。

—63—

許三玉的英雄業績

一、組織群衆全面生產達到耕三餘一

1、鞏固互助，打通群衆的等待思想。

今春在鞏固互助時，三玉說：「過去我們是做到够吃够穿，今年要提高生產，做到耕三餘一。」但群衆還無信心，都說：「那年能夠下三分之一餘糧？」三玉發覺這是一種保有積蓄等待耕三餘一的思想，就把自己的這種糊塗思想檢討了一下，他說：「去年我打了十石糧（大斗，八石秋糧，二石麥

生产运动与生产英雄

1947 年

纵 17.5 厘米，横 12.3 厘米

1949 年太行图书馆移交

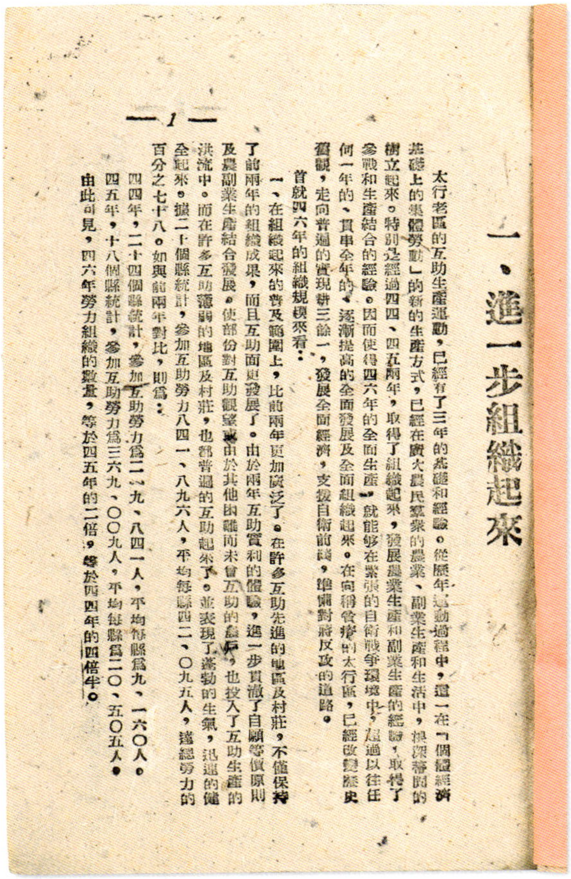

一、進一步組織起來

太行老區的互助生產運動，已經有了三年的基礎和經驗。從歷年運動過程中，這一在「個體經濟基礎上的集體勞動」的新的生產方式，已經在廣大農民羣衆的農業、副業生產和生活中，根深蒂固的樹立起來。特別是經過四四、四五兩年，取得了組織起來，發展農業生產和副業生產的經驗，取得了參戰和生產結合的經驗。因而使得四六年的全面生產，就能夠在緊張的自衛戰爭環境中，超過以往任何一年的、貫串全年的、逐漸提高的全面發展及全面組織起來。在向稱貧瘠的太行區，已經改變歷史舊觀，走向普遍的實現耕三餘一，發展全面經濟，支援自衛前綫，準備對蔣反攻的道路。

首就四六年的組織規模來看：

一、在組織起來的普及範圍上，比前兩年更加廣泛了。在許多互助先進的地區及村莊，不僅保持了前兩年的組織成果，而且互助面更發展了。由於兩年互助實利的體驗，進一步貫澈了自願等價原則及農副業生產結合發展。使部份對互助觀望或由於其他困難而未曾互助的農戶，也投入了互助生產的洪流中。而在許多互助薄弱的地區及村莊，也都普遍的互助起來了。並表現了蓬勃的生氣，迅速的健全起來。據二十個縣統計，參加互助勞力八四一、八九六人，平均每縣四二、〇九五人，達總勞力的百分之七十八。如與前兩年對比，則爲：

四四年，二十四個縣統計，參加互助勞力爲二一九、八四一人，平均每縣爲九、一六〇人。

四五年，十八個縣統計，參加互助勞力爲三六九、〇〇九人，平均每縣爲二〇、五〇五人。

由此可見，四六年勞力組織的數量，等於四五年的二倍，等於四四年的四倍半。

—1—

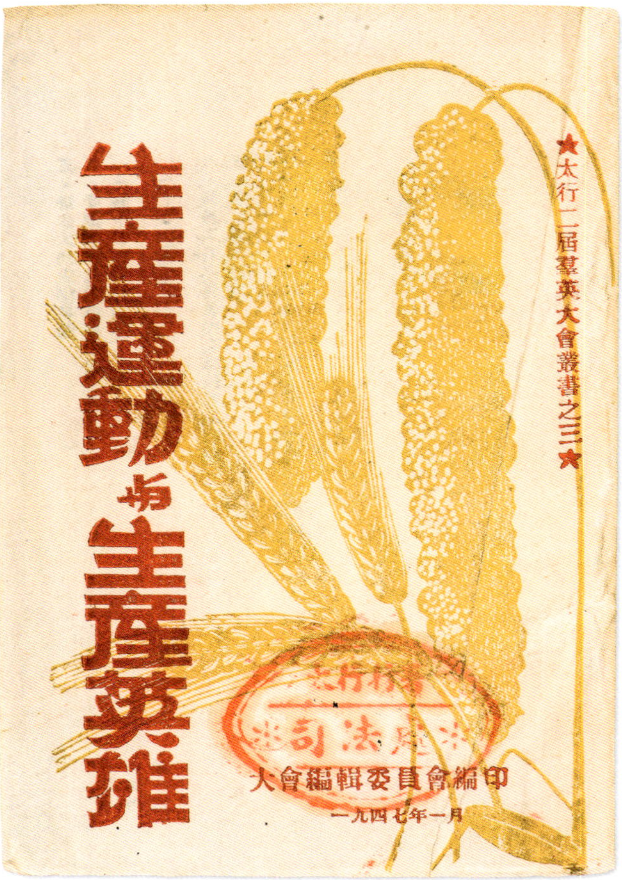

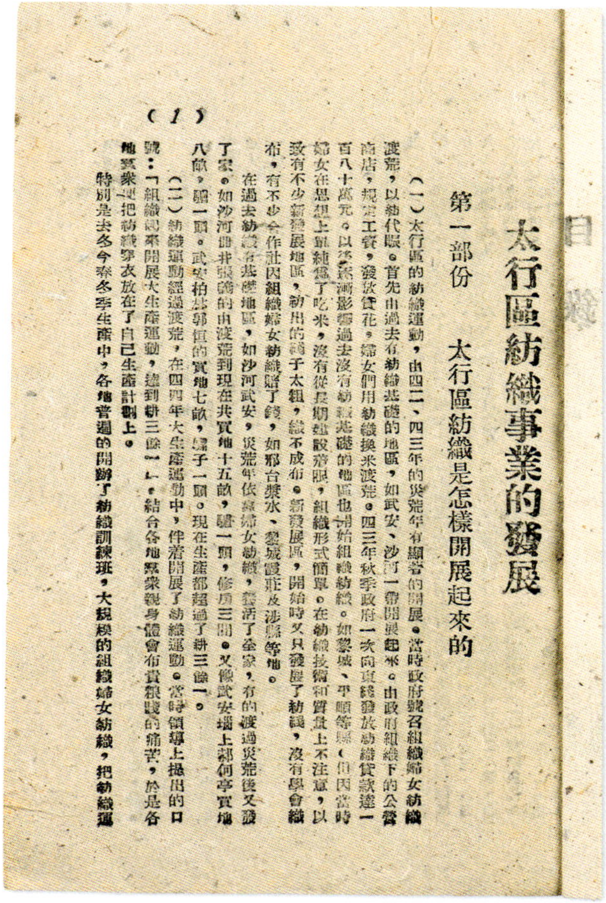

太行區紡織事業的發展

第一部份　太行區紡織是怎樣開展起來的

(一)太行區的紡織運動，由四二、四三年的災荒年有顯著的開展。當時政府號召組織婦女紡織渡荒，以紡代賑。首先由過去有紡織基礎的地區，如武安、沙河一帶開展起來。由政府組織下的公營商店，規定工資，發放貸花，婦女們用紡織換米渡荒。四三年秋季政府一次向真綫發放紡織貸款達一百八十萬元。以後紡織影響過去沒有紡織基礎的地區也開始組織紡織。如黎城、平順等縣（但因當時婦女在思想上單純爲了吃米，沒有從長期鞏固着眼，組織形式簡單。在紡織技術和質量上不注意，以致有不少新發展地區，紡出的綫子太粗，織不成布。新發展區，開始時又只發展了紡織，沒有學會織布，有不少合作社因組織婦女紡織賠了錢，如邢台漿水、黎城霞莊及涉縣等地。

在過去紡織有基礎地區，如沙河武安，災荒年依靠婦女紡織，養活了全家，有的渡過災荒後又發了家。如沙河冊井張喜的由渡荒到現在共買地十五畝，驢一頭，修房三間。又像武安壙上郝何亭買地八畝，驢一頭。武安柏林郭恒的買地七畝，騾子一頭。現在生產都超過了耕三餘一。

(二)紡織運動經過渡荒，在四四年大生產運動中，伴着開展了紡織運動。當時領導上提出的口號：「組織起來開展大生產運動，達到耕三餘一」。結合各地羣衆親身體會布貴糧賤的痛苦，於是各地羣衆要把紡織穿衣放在了自已生產計劃上。

特別是去冬今春冬季生產中，各地普遍的開辦了紡織訓練班，大規模的組織婦女紡織，把紡織運

(1)

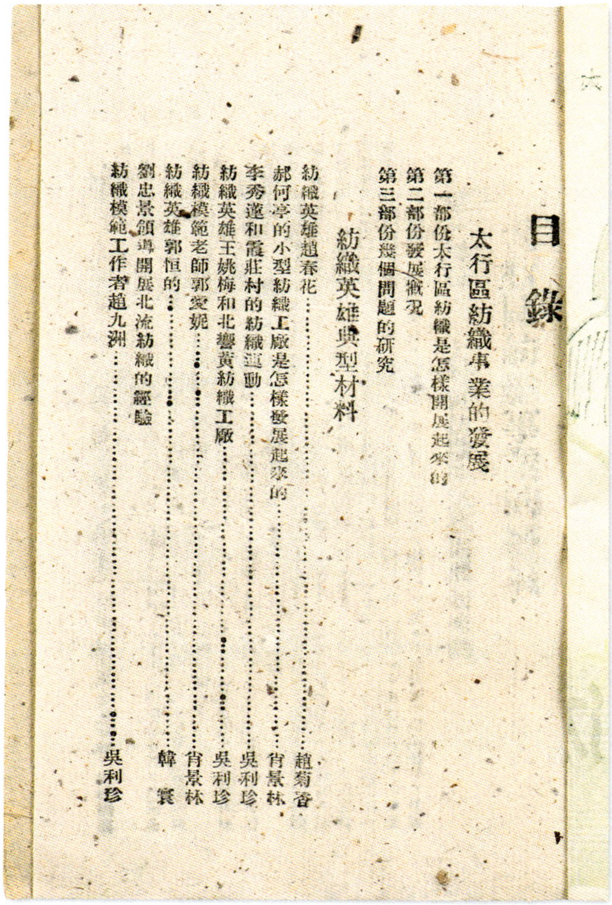

目錄

纺织运动与纺织英雄

1947 年

纵 17.5 厘米，横 12.3 厘米

1954 年征集

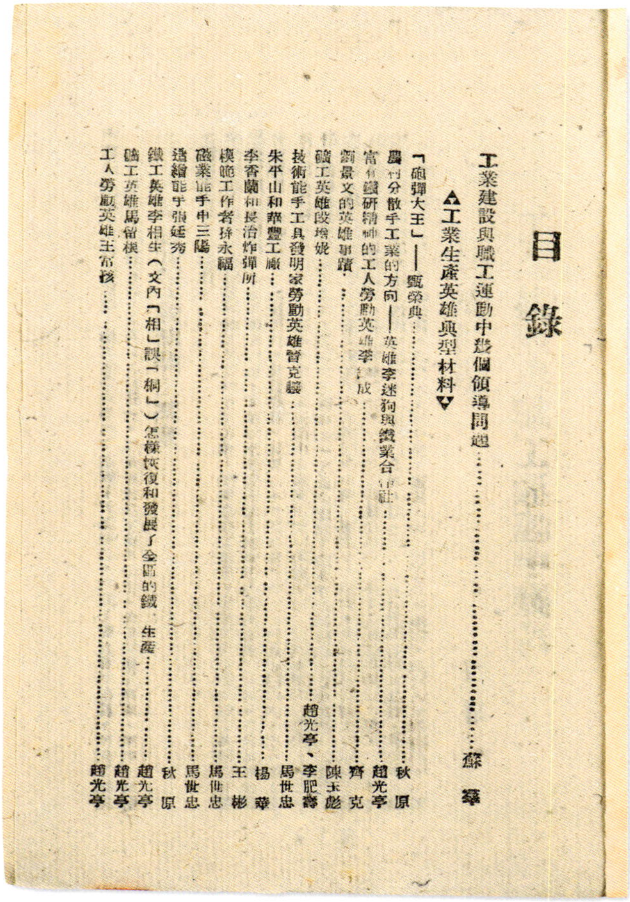

目錄

工業建設與職工運動中幾個領導問題……………………蘇羣

△工業生產英雄典型材料▽

「砲彈大王」——甄榮典……………………秋原
農村分散手工業的方向——英雄李迷狗與鐵業合作社……………………趙光亭
富有鑽研精神的工人勞動英雄李□成……………………齊克
劉景文的英雄事蹟……………………陳玉彪
礦工英雄段增娩……………………趙光亭、李肥壽
技術能手工具發明家勞動英雄曾克讓……………………馬世忠
朱平山和華豐工廠……………………楊華
李香蘭和長治炸彈所……………………王彬
模範工作者孫永福……………………馬世忠
磁業能手申三陽……………………馬世忠
透縮能手張廷秀……………………秋原
鐵工英雄李相生（文內「相」誤「桐」）怎樣恢復和發展了全區的鐵生產……………………趙光亭
礦工英雄馬留根……………………趙光亭
工人勞動英雄王富孩……………………趙光亭

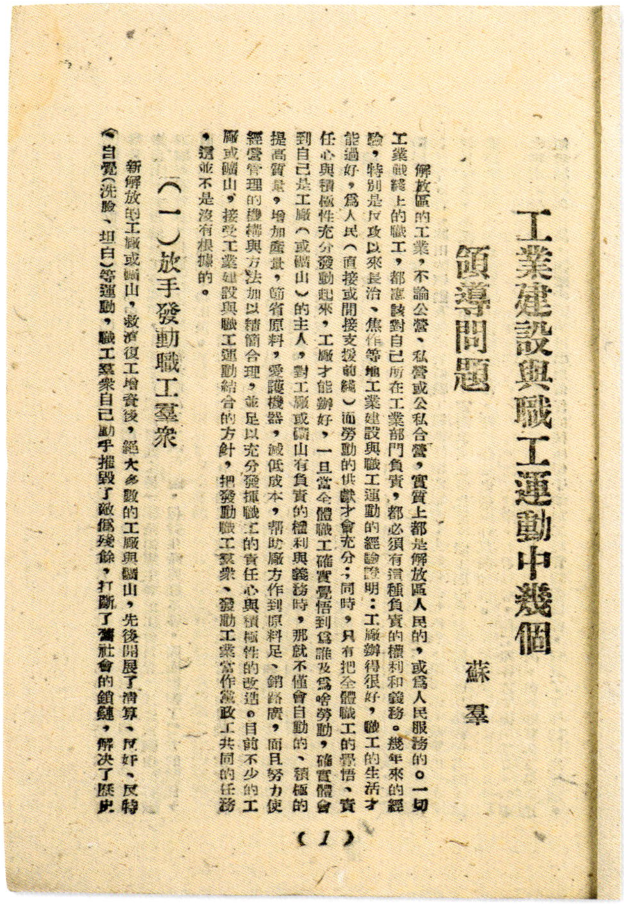

工業建設與職工運動中幾個領導問題

蘇羣

解放區的工業，不論公營、私營或公私合營，實質上都是解放區人民的，或爲人民服務的。一切工業戰線上的職工，都應該對自己所在工業部門負責，都必須有這種負責的權利和義務。幾年來的經驗，特別是反攻以來長治、焦作等地工業建設與職工運動的經驗證明：工廠辦得很好，職工的生活才能過好，爲人民（直接或間接支援前綫）而勞動的供獻才會充分；同時，只有把全體職工的覺悟、責任心與積極性充分發動起來，工廠才能辦好，一旦當全體職工確實覺悟到爲誰及爲啥勞動，確實體會到自己是工廠（或礦山）的主人，對工廠或礦山有負責的權利與義務時，那就不僅會自動的、積極的提高質量，增加產量，節省原料，愛護機器，減低成本，幫助廠方作到原料足、銷路廣，而且努力使經營管理的機構與方法加以精簡合理，並足以充分發揮職工的責任心與積極性的改造。目前不少的工廠或礦山，接受工業建設與職工運動結合的方針，把發動職工羣衆、發動工業當作黨政工共同的任務，這並不是沒有根據的。

（一）放手發動職工羣衆

新解放的工廠或礦山，救濟復工增資後，絕大多數的工廠與礦山，先後開展了清算、反奸、反特《自覺（洗臉、坦白）等運動，職工羣衆自己動手摧毀了敵僞殘餘，打斷了舊社會的鎖鏈，解決了歷史

（1）

工业生产与工人英雄

1947 年

纵 17.6 厘米，横 12.3 厘米

1949 年太行图书馆移交

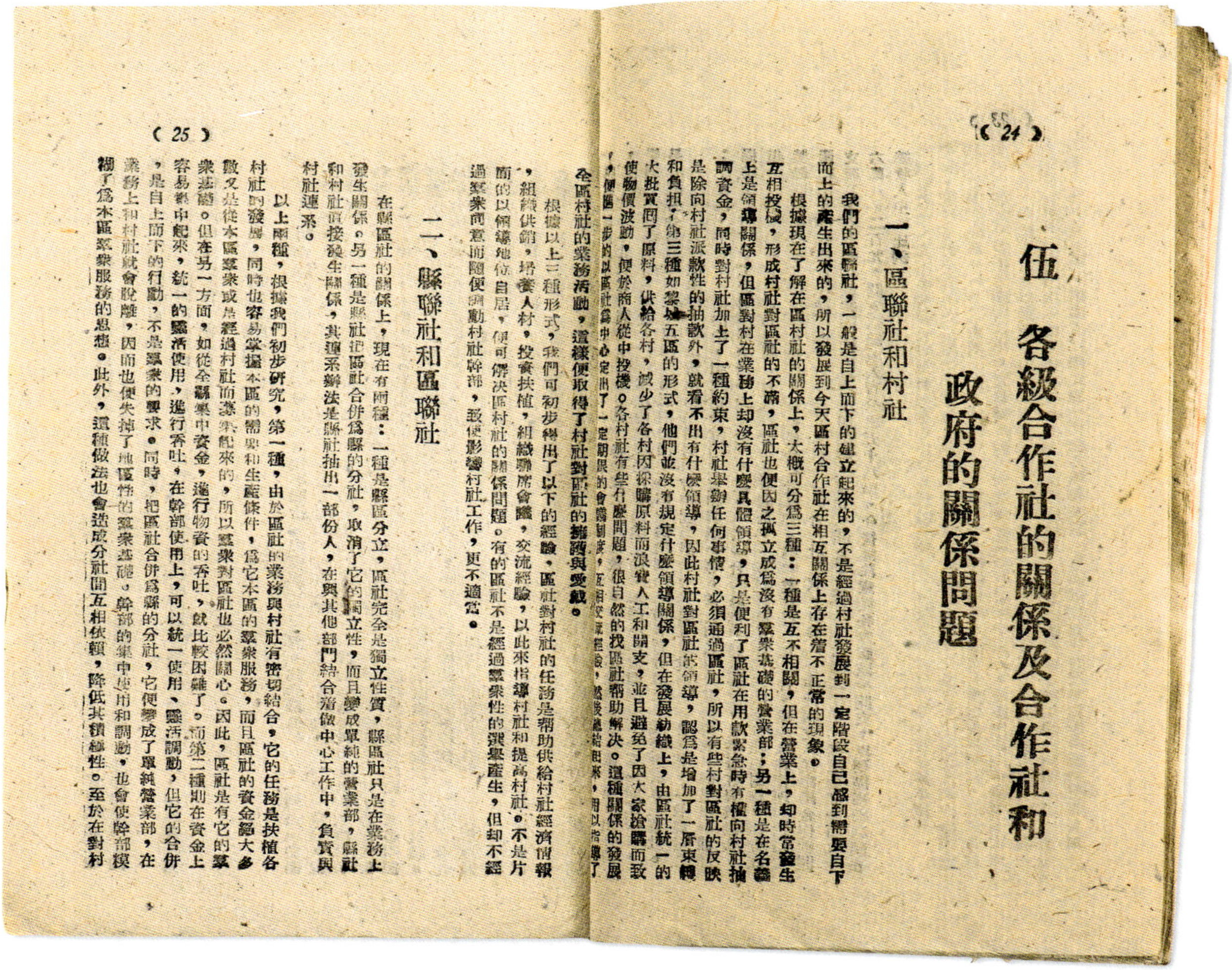

（24）

伍 各級合作社的關係及合作社和政府的關係問題

一、區聯社和村社

我們的區聯社，一般是自上而下的建立起來的，不是經過村社發展到一定階段自己感到需要自下而上的產生出來的，所以發展到今天區村合作社在相互關係上存在着不正常的現象。

根據現在了解在區村社的關係上，大概可分爲三種：一種是互不相關，但在營業上，却時常發生互相投機，形成村社對區社的不滿，區社也便因之孤立成爲沒有羣衆基礎的營業部；另一種是在名義上是領導關係，但區對村在業務上却沒有什麼具體領導，只是便利了區社在用款緊急時有權向村社抽調資金，同時對村社加上了一種約束，村社舉辦任何事情，必須通過區社，所以有些村對區社的反映是除向村社派款性的抽款外，就看不出有什麼領導，因此村社對區社的領導，認爲是增加了一層束縛和負担；第三種如黎城五區的形式，他們並沒有規定什麼領導關係，但在發展紡織上，由區社統一的大批買回了原料，供給各村，減少了各村因採購原料而浪費人工和開支，並且避免了因大家搶購而致使物價波動，便於商人從中投機。各村社有些什麼問題，很自然的找區社幫助解決。這種關係的發展，便進一步的以區社爲中心定出了一定期限的會議制度，互相交流經驗，然後總結起來，用以指導了全區村社的業務活動，這樣便取得了村社對區社的擁護與愛戴。

（25）

根據以上三種形式，我們可初步得出了以下的經驗，區社對村社的任務是幫助供給村社經濟情報，組織供銷，培養人材，投資扶植，組織聯席會議，交流經驗，以此來指導村社和提高村社。不是片面的以領導地位自居，便可解決區村社的關係問題。有的區社不是經過羣衆性的選舉產生，但却不經過羣衆同意而隨便調動村社幹部，致使影響村社工作，更不適當。

二、縣聯社和區聯社

在縣區社的關係上，現在有兩種：一種是縣區分立，區社完全是獨立性質，縣區社只是在業務上發生關係。另一種是縣社把區社合併爲縣的分社，取消了它的獨立性，而且變成單純的營業部，縣社和村社直接發生關係，其連系辦法是縣社抽出一部份人，在與其他部門結合着做中心工作中，負責與村社連系。

以上兩種，根據我們初步研究，第一種，由於區社的業務與村社有密切結合，它的任務是扶植各村社的發展，同時也容易掌握本區的需要和生產條件，爲它本區的羣衆服務，而且區社的資金絕大多數又是從本區羣衆或是經過村社而集中起來的，所以羣衆對區社也必然關心。因此，區社是有它的羣衆基礎。但在另一方面，如從全縣集中資金，進行物資的吞吐，就比較困難了。而第二種則在資金上容易集中起來，統一的靈活使用，進行吞吐，在幹部使用上，可以統一使用、靈活調動，但它的合併，是自上而下的行動，不是羣衆的要求。同時，把區社合併爲縣的分社，它便變成了單純營業部，在業務上和村社就會脫離，因而也便失掉了地區性的羣衆基礎。幹部的集中使用和調動，也會使幹部模糊了爲本區羣衆服務的思想。此外，這種做法也會造成分社間互相依賴，降低其積極性。至於在對村

合作运动与合作英雄

1947 年

纵 17.6 厘米，横 12.1 厘米

1949 年太行图书馆移交

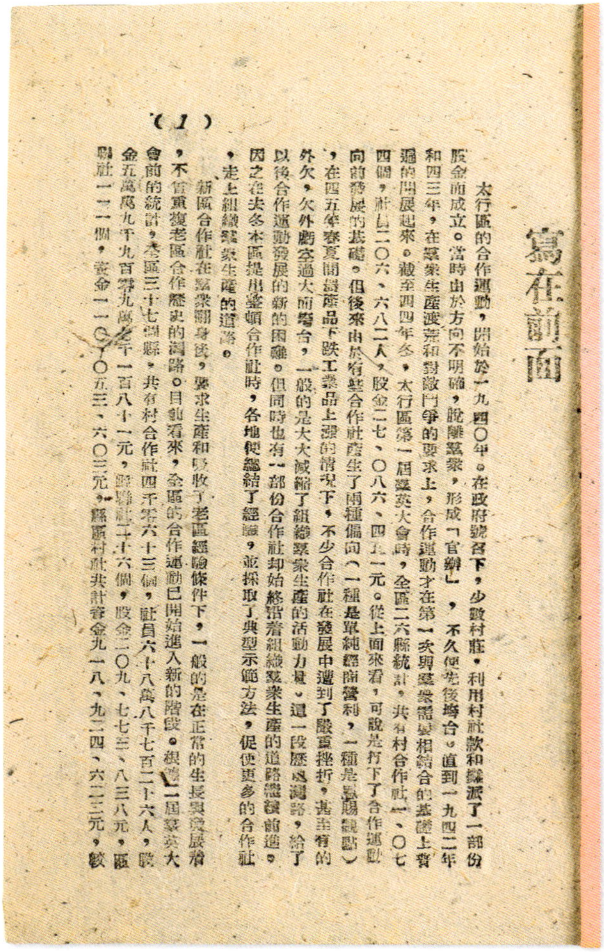

(1)

寫在前面

太行區的合作運動，開始於一九四〇年。在政府號召下，少數村莊，利用村社款和攤派了一部份股金而成立。當時由於方向不明確，脫離羣衆，形成「官辦」，不久便先後垮台。直到一九四二年和四三年，在羣衆生產渡荒和對敵鬥爭的要求上，合作運動才在第一次與羣衆需要相結合的基礎上普遍的開展起來。截至四四年冬，太行區第一屆羣英大會時，全區二六縣統計，共有村合作社一、〇七四個，社員二〇六、六八二人，股金二七、〇八六、四五一元。從上面來看，可說是打下了合作運動向前發展的基礎。但後來由於有些合作社產生了兩種偏向（一種是單純經商營利，一種是亂賜紅點），在四五年春夏間爲產品下跌工業品上漲的情况下，不少合作社在發展中遭到了嚴重挫折，甚至有的外欠，欠外虧空過大而垮台，一般的是大大減縮了組織羣衆生產的活動力量。這一段歷史過程，給了以後合作運動發展的新的困難。但同時也有一部份合作社卻始終沿着組織羣衆生產的道路繼續前進。因之在去冬本區提出整頓合作社時，各地便總結了經驗，並採取了典型示範方法，促使更多的合作社，走上組織羣衆生產的道路。

新區合作社在羣衆翻身後，要求生產和吸收了老區經驗條件下，一般的是在正常的生長與發展着，不曾重複老區合作歷史的灣路。目前看來，全區的合作運動已開始進入新的階段。根據一屆羣英大會前的統計，全區三十七個縣，共有村合作社四千零六十三個，社員六十八萬八千七百二十六人，股金五萬萬九千九百零九萬七千一百八十一元，聯縣社二十六個，股金二〇九、七七三、八三八元，區聯社一一一個，資金一一〇、〇五三、六〇三元，縣區村社共計資金九一八、九二四、六二三元，較

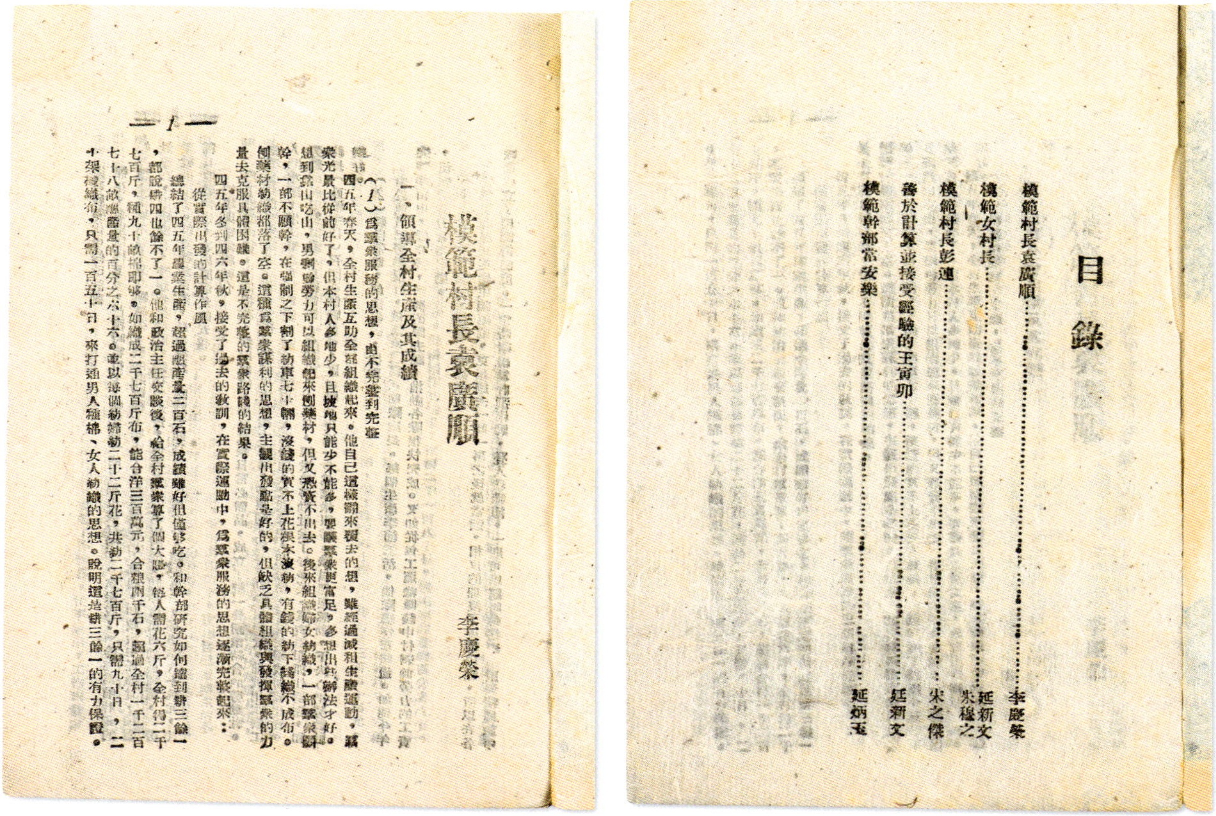

目錄

—1—

模範村長袁廣順

李慶榮

一、領導全村生產及其成績

（1）爲羣衆服務的思想，由不完整到完整

四五年春天，全村生產互助全部組織起來。他自己這樣翻來覆去的想，雖經過減租生產運動，羣衆光景比從前好了，但本村人多地少，且坡地只能少不能多，要讓羣衆更富足，多想出些辦法才好。想到靠山吃山，男剩餘勞力可以組織起來刨藥材，但又恐賣不出去。後來組織婦女紡織，一部羣衆願幹，一部不願幹，在強制之下剩了紡車七十輛，沒錢的買不上花根本沒紡，有錢的紡下綫織不成布。刨藥材紡織都落了空。這種爲羣衆謀利的思想，主觀出發點是好的，但缺乏具體組織與發揮羣衆的力量去克服具體困難。這是不完整的羣衆路綫的結果。

四五年冬到四六年秋，接受了過去的教訓，在實際運動中，爲羣衆服務的思想逐漸完整起來：

從實際出發的計算作風

總結了四五年農業生產，超過總產量二百石，成績雖好但僅夠吃。和幹部研究如何達到耕三餘一，部說耕四也餘不了一。他和政治主任交談後，給全村羣衆算了個大賬，每人需花六斤，全村得二千七百斤，種九十畝棉即够。如織成二千七百斤布，能合洋三百萬元，合糧兩千石，超過全村一千二百七十八畝總產量的百分之六十六。並以每個紡婦紡二十二斤花，共紡二千七百斤，只需九十日，二十架機織布，只需一百五十日，來打通男人種棉、女人紡織的思想。說明這是耕三餘一的有力保證。

模范村级干部

1947 年

纵 17.8 厘米，横 12.1 厘米

1949 年太行图书馆移交

晋冀鲁豫边区太行行署、晋冀鲁豫军区太行军区联合布告

1947年9月10日
纵51.4厘米，横37.9厘米
旧藏

该布告由太行行署与太行军区联合发布于1947年9月，时值我军由战略防御转入战略反攻，传达了久战之后边区政府作出的爱惜民力、扶助人民顺利完成秋收生产的要求，并批评了战时军政人员滥用民力的现象。此布告体现了边区政府对解放区人民的关心扶助，是解放区军民一体的具体体现。

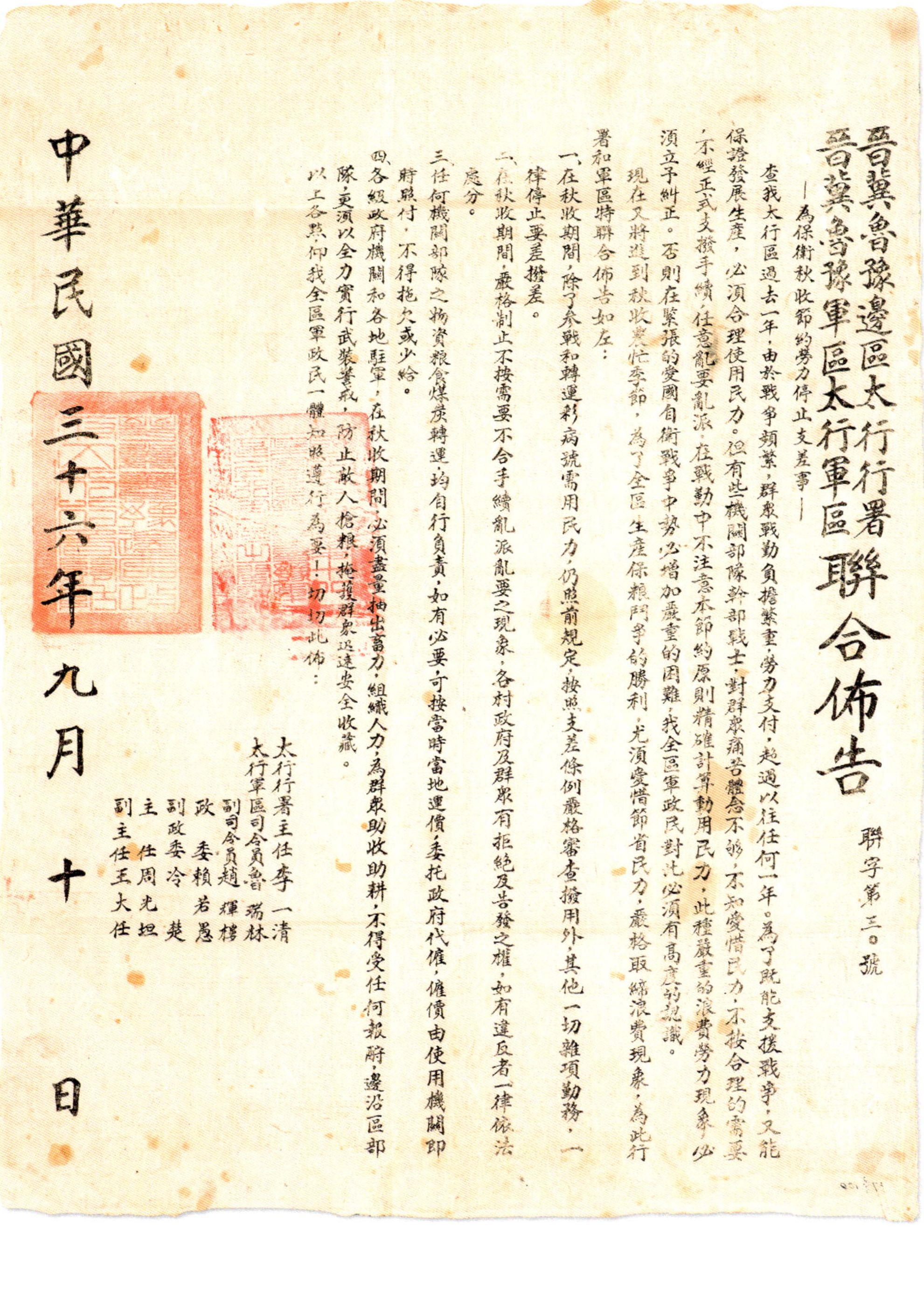

晋冀魯豫邊區太行行署
晋冀魯豫軍區太行軍區 聯合佈告

聯字第三〇號

——為保衛秋收節約勞力停止支差事——

查我太行區過去一年，由於戰爭頻繁，群衆戰勤負擔繁重，勞力支付，超過以往任何一年。為了既能支援戰爭，又能保證發展生產，必須合理使用民力。但有些機關部隊幹部戰士，對群衆痛苦體念不够，不知愛惜民力，不按合理的需要，不經正式支撥手續，任意亂要亂派，在戰勤中不注意本節約原則精確計算動用民力，此種嚴重的浪費勞力現象，必須立予糾正。否則在緊張的愛國自衛戰爭中勢必增加嚴重的困難，我全區軍政民對此必須有高度的認識。現在又將進到秋收農忙季節，為了全區生產保糧鬥爭的勝利，尤須愛惜節省民力，嚴格取締浪費現象，為此行署和軍區特聯合佈告如左：

一、在秋收期間，除了參戰和轉運彩病號需用民力，仍照前規定，按照支差條例嚴格審查撥用外，其他一切雜項勤務，一律停止要差撥差。

二、在秋收期間，嚴格制止不按需要不合手續亂派亂要之現象，各村政府及群衆有拒絕及告發之權，如有違反者一律依法處分。

三、任何機關部隊之物資糧食煤炭轉運，均自行負責，如有必要，可按當時當地運價，委托政府代僱，僱價由使用機關即時照付，不得拖欠或少給。

四、各級政府機關和各地駐軍，在秋收期間必須盡量抽出畜力，組織人力，為群衆助收助耕，不得受任何報酬，邊沿區部隊更須以全力實行武裝警戒，防止敵人搶糧，掩護群衆迅速安全收藏。

以上各點，仰我全區軍政民一體知照遵行為要！切切此佈：

太行行署主任李一清
太行軍區司令員魯瑞林
副司令員趙輝樓
政委賴若愚
副政委冷楚
主任周光坦
副主任王大任

中華民國三十六年九月十日

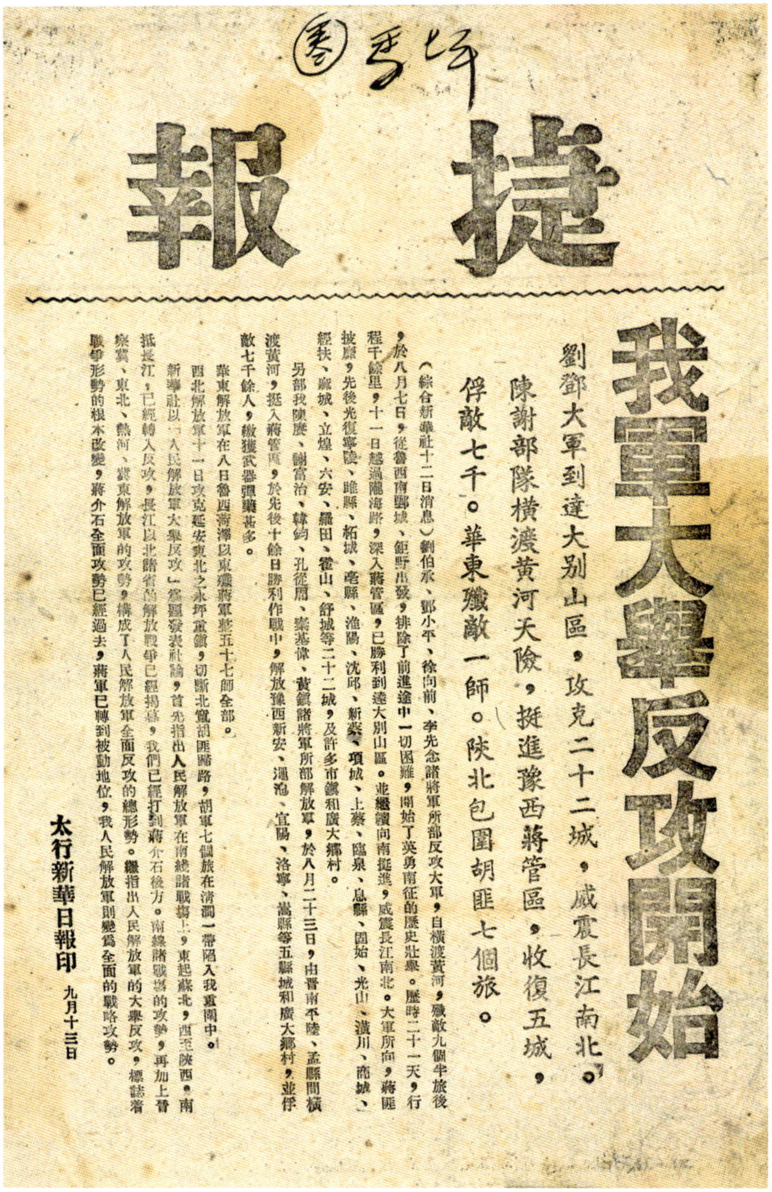

捷報

我軍大舉反攻開始

劉鄧大軍到達大別山區，攻克二十二城，威震長江南北。
陳謝部隊横渡黃河天險，挺進豫西蔣管區，收復五城，俘敵七千。華東殲敵一師。陝北包圍胡匪七個旅。

（綜合新華社十二日消息）劉伯承、鄧小平、徐向前、李先念諸將軍所部反攻大軍，自横渡黃河，殲敵九個半旅後，於八月七日，從魯西南鄆城、鉅野出發，排除了前進途中一切困難，開始了英勇南征的歷史壯舉。歷時二十一天，行程千餘里，十一日越過隴海路，深入蔣管區，已勝利到達大別山區。並繼續向南挺進，威震長江南北。大軍所向，蔣匪披靡，先後光復寧陵、睢縣、柘城、亳縣、淮陽、沈邱、新蔡、項城、上蔡、臨泉、息縣、固始、光山、潢川、商城、經扶、麻城、立煌、六安、羅田、霍山、舒城等二十二城，及許多市鎮和廣大鄉村。

另部我陳賡、謝富治、韓鈞、孔從周、秦基偉、黃鎮諸將軍所部解放軍，於八月二十三日，由晉南平陸、孟縣間横渡黃河，挺入蔣管區，於先後十餘日勝利作戰中，解放豫西新安、澠池、宜陽、洛寧、嵩縣等五縣城和廣大鄉村，並俘敵七千餘人，繳獲武器彈藥甚多。

華東解放軍在八日魯西菏澤以東殲蔣軍整五十七師全部。

西北解放軍十一日攻克延安東北之永坪重鎮，切斷北竄胡匪歸路，胡軍七個旅在清澗一帶陷入我重圍中。

新華社以「人民解放軍大舉反攻」爲題發表社論，首先指出人民解放軍在南綫諸戰場上，東起蘇北，西至陝西，南抵長江，已經轉入反攻，長江以北諸省的解放戰爭已經揭幕，我們已經打到蔣介石後方。南綫諸戰場的攻勢，再加上晉察冀、東北、熱河、冀東解放軍的攻勢，構成了人民解放軍全面反攻的總形勢。繼指出人民解放軍的大舉反攻，標誌着戰爭形勢的根本改變，蔣介石全面攻勢已經過去，蔣軍已轉到被動地位，我人民解放軍則變爲全面的戰略攻勢。

太行新華日報印　九月十三日

太行新华日报印“我军大举反攻开始”捷报

1947 年 9 月 13 日

纵 38.2 厘米，横 24.1 厘米

1958 年征集

1947年7月，解放战争进入战略反攻阶段。晋冀鲁豫及山东人民解放军开始出击，在鲁中、鲁南各地取得胜利。在南线诸战场上，东起苏北，西至陕西，南抵长江，解放军已经转入反攻。人民解放军的大举反攻，标志着战争形势的根本改变。此捷报传递前线胜利事迹，极大地鼓舞了战斗士气，对舆论起到了积极的引导作用。

崔景兰“功在战勤”牌匾

1947 年 3 月

纵 53.8 厘米，横 106.2 厘米

1959 年征集

1945年11月20日，太行行署成立，第四专署辖陵川、沁阳、博爱、修武、获嘉、温县、武陟和焦作市等七县一市，机关驻地为焦作。1947年3月，豫北战役打响，陵川县委县政府及武委会派区长张庆余率领由1200余名精锐民兵组成的太南支队，急赴豫北参战。前往豫北运粮的民夫曾受到晋城县南关工农店经理崔景兰的招待，并说“招待民夫亦等于前方参战”。此“功在战勤”牌匾，为太行第四专署奖励崔景兰在后勤方面为战争所做的贡献。

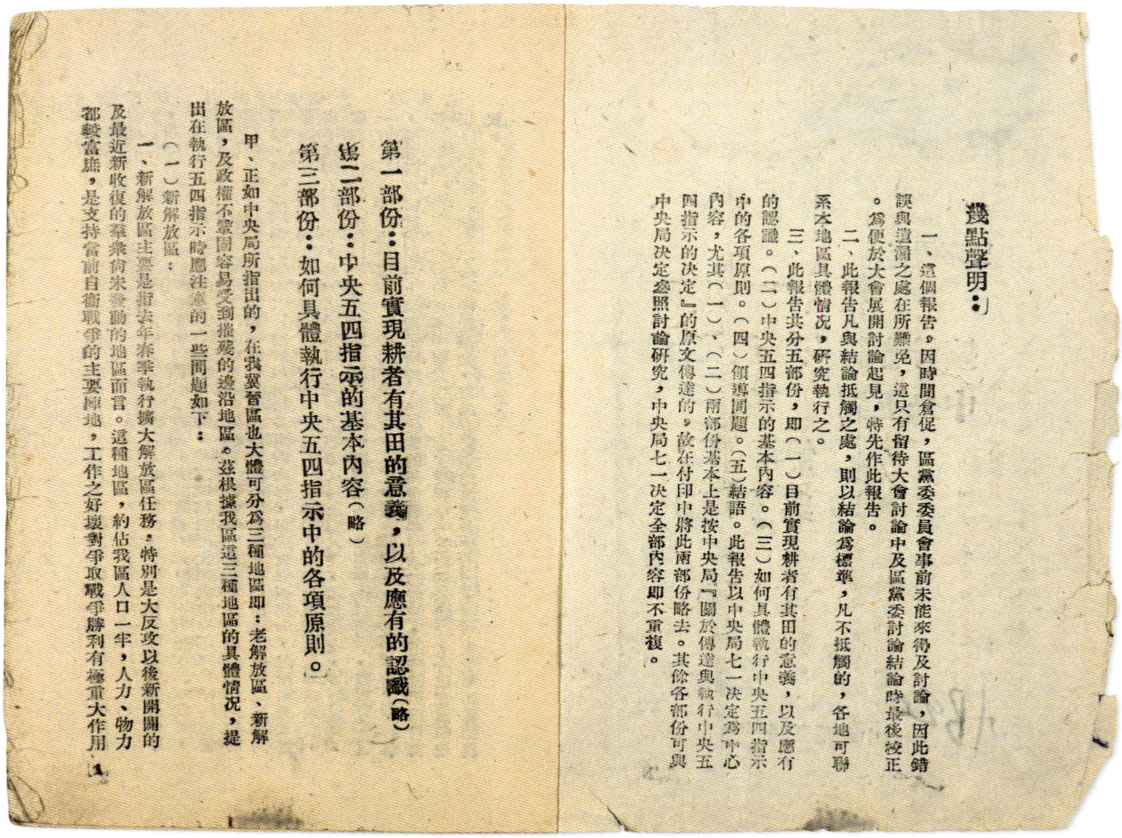

幾點聲明：

一、這個報告，因時間倉促，區黨委委員會事前未能來得及討論，因此錯誤與遺漏之處在所難免，這只有留待大會討論中及區黨委討論結論時最後校正。為便於大會展開討論起見，特先作此報告。

二、此報告凡與結論抵觸之處，則以結論為標準，凡不抵觸的，各地可聯系本地區具體情況，研究執行之。

三、此報告共分五部份，即（一）目前實現耕者有其田的意義，以及應有的認識。（二）中央五四指示的基本內容。（三）如何具體執行中央五四指示中的各項原則。（四）領導問題。（五）結語。此報告以中央局七一決定為中心內容，尤其（一）、（二）兩部份基本上是按中央局『關於傳達與執行中央五四指示的決定』的原文傳達的，故在付印中將此兩部份略去。其餘各部份可與中央局決定參照討論研究，中央局七一決定全部內容即不重複。

第一部份：目前實現耕者有其田的意義，以及應有的認識（略）

第二部份：中央五四指示的基本內容（略）

第三部份：如何具體執行中央五四指示中的各項原則。

甲、正如中央局所指出的，在我冀晉區也大體可分為三種地區即：老解放區、新解放區，及政權不鞏固容易受到摧殘的邊沿地區。茲根據我區這三種地區的具體情況，提出在執行五四指示時應注意的一些問題如下：

（一）新解放區：

一、新解放區主要是指去年春季執行擴大解放區任務，特別是大反攻以後新開闢的及最近新收復的羣衆尚未發動的地區而言。這種地區，約佔我區人口一半，人力、物力都較富庶，是支持當前自衛戰爭的主要陣地，工作之好壞對爭取戰爭勝利有極重大作用

1

《在冀晋区党委扩干会议上关于执行中央“五四”指示的传达报告与结论》

1946 年 8 月

纵 18 厘米，横 12.6 厘米

1959 年石家庄烈士纪念馆拨交

冀晋区。1944年7月28日，晋察冀边区北岳区划分为冀晋、冀察两区，冀晋区为其一。1947年11月与察哈尔省合并为新的北岳区。

1946年5月4日，中共中央通过《关于土地问题的指示》（又称“五四”指示），改变土地政策、全面发动群众、准备自卫斗争。此书为晋冀区党委扩干会议关于执行“五四”指示所形成的认识及执行原则的书面材料。

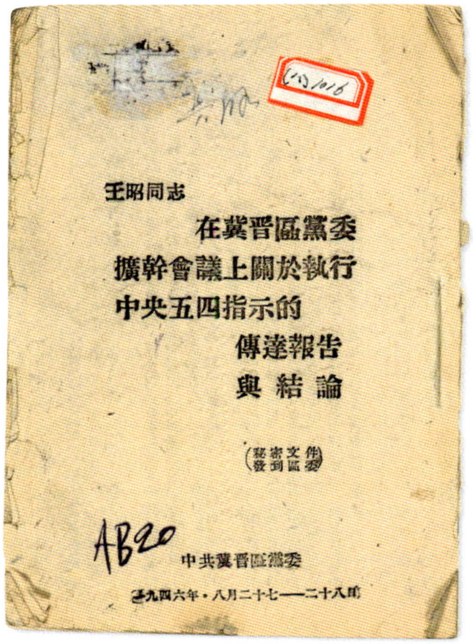

王昭同志

在冀晉區黨委擴幹會議上關於執行中央五四指示的傳達報告與結論

（秘密文件 發到區委）

中共冀晉區黨委

一九四六年·八月二十七——二十八日

太岳行署关于“各种粮票使用办法”的布告

1947 年

纵 38.2 厘米，横 49.5 厘米

1962 年征集

解放战争形势的发展使粮草储备与分配使用尤为重要，太岳区为此确定1947年财政工作的方针是：大力开源，厉行节约，加强粮食管理，保证战争供给。此公告共列举十三条使用办法：一至六条主要介绍了“兑米票”“兑料票”“新开辟区军用流动米（料）票”“军用马草兑米票”“武字战时菜金兑米票”“民工参战支差兑米票”的具体方法；七至十三条是关于各种粮票的相关规定，包括各种粮票严禁买卖，规定使用区域，特别强调外区粮票不得在本区兑换，提出上报要求和兑换细则，明确表明过期粮票作废，最后标明执行时间。该使用办法，条例清晰明确，内容周到详备，表明太岳区已为战争期间粮草供应的做了充分准备。

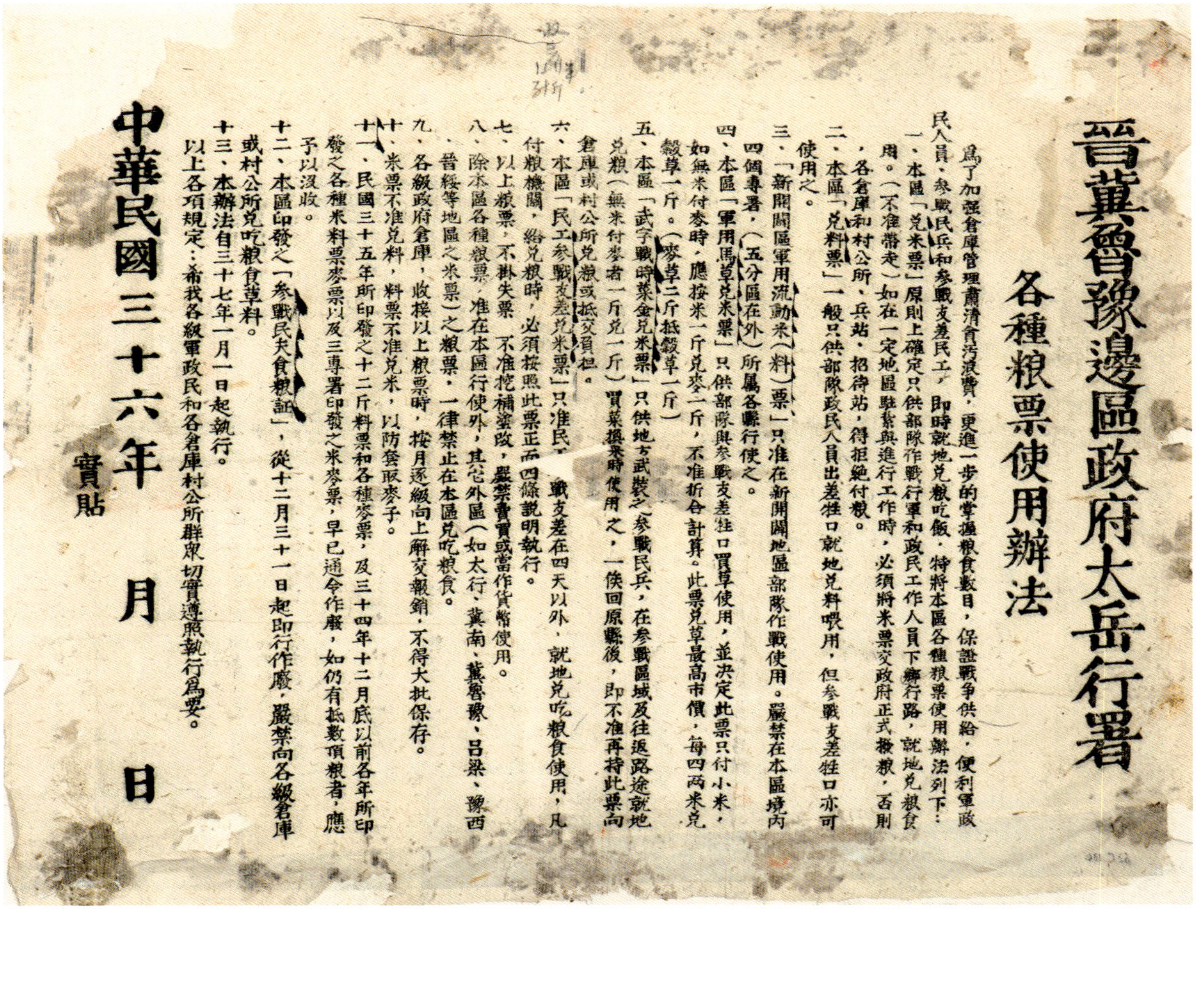

晉冀魯豫邊區政府太岳行署

各種糧票使用辦法

為了加強倉庫管理肅清貪污浪費，更進一步的掌握糧食數目，保證戰爭供給，便利軍政民人員，參戰民兵和參戰支差民工，即時就地兌糧吃飯，特將本區各種糧票使用辦法列下：

一、本區「兌米票」原則上確定只供部隊作戰行軍和政民工作人員下鄉行路，就地兌糧食用。（不准帶走）如在一定地區駐紮與進行工作時，必須將米票交政府正式撥糧，否則，各倉庫和村公所、兵站、招待站，得拒絕付糧。

二、本區「兌料票」一般只供部隊政民人員出差牲口就地兌料喂用，但參戰支差牲口亦可使用之。

三、「新開闢區軍用流動米（料）票」只准在新開闢地區部隊作戰使用。嚴禁在本區境內四個專署，（五分區在外）所屬各縣行使之。

四、本區「軍用馬草兌米票」只供部隊與參戰支差牲口買草使用，並決定此票只付小米，如無米付麥時，應按米一斤兌麥一斤，不准折合計算。此票兌草最高市價，每四兩米兌穀草一斤。（麥草二斤抵穀草一斤）

五、本區「武字戰時菜金兌米票」只供地方武裝之參戰民兵，在參戰區域及往返路途就地兌糧（無米付麥者一斤兌一斤）買菜換柴時使用之，一俟回原縣後，即不准再持此票向倉庫或村公所兌糧或抵交負担。

六、本區「民工參戰支差兌米票」只准民工參戰支差在四天以外，就地兌吃糧食使用，凡付糧機關，給兌糧時，必須按照此票正面四條說明執行。

七、以上糧票，不掛失票 不准挖補塗改，嚴禁買賣或當作貨幣使用。

八、除本區各種糧票，准在本區行使外，其它外區（如太行、冀南、冀魯豫、呂梁、豫西、晉綏等地區之米票）之糧票，一律禁止在本區兌吃糧食。

九、各級政府倉庫，收接以上糧票時，按月逐級向上解交報銷，不得大批保存。

十、米票不准兌料，料票不准兌米，以防套取麥子。

十一、民國三十五年所印發之十二斤料票和各種麥票，及三十四年十二月底以前各年所印發之各種米料票麥票以及三專署印發之米麥票，早已通令作廢，如仍有抵數項糧者，應予以沒收。

十二、本區印發之「參戰民夫食糧証」，從十二月三十一日起即行作廢，嚴禁向各級倉庫或村公所兌吃糧食草料。

十三、本辦法自三十七年一月一日起執行。

以上各項規定：希我各級軍政民和各倉庫村公所群眾切實遵照執行為要。

中華民國三十六年 月 日

實貼

晋绥边区宁武县政府关于通辑罪犯并没收财产的布告

1946 年 7 月 23 日

纵 38 厘米，横 96.4 厘米

1959 年征集

该布告由县长王子仁于1946年7月23日公布。主要列举了南桂馨、赵廷英和杨道一三人的罪责，“明令通缉，以正国法”。这些举措坚定了新解放区人民“跟着共产党走”的决心。

晋绥边区是中国共产党领导的革命根据地之一。宁武县属晋绥边区，在王家岔一带建有宁武县抗日民主政府。抗日战争胜利后，为适应群众打倒汉奸恶霸和地主豪绅的迫切要求，各县、区相继组织召开了不同规模的反奸公审大会，经过法律程序，处决了一批罪大恶极的汉奸恶霸，没收了他们敲诈掠夺所得的土地、财产。

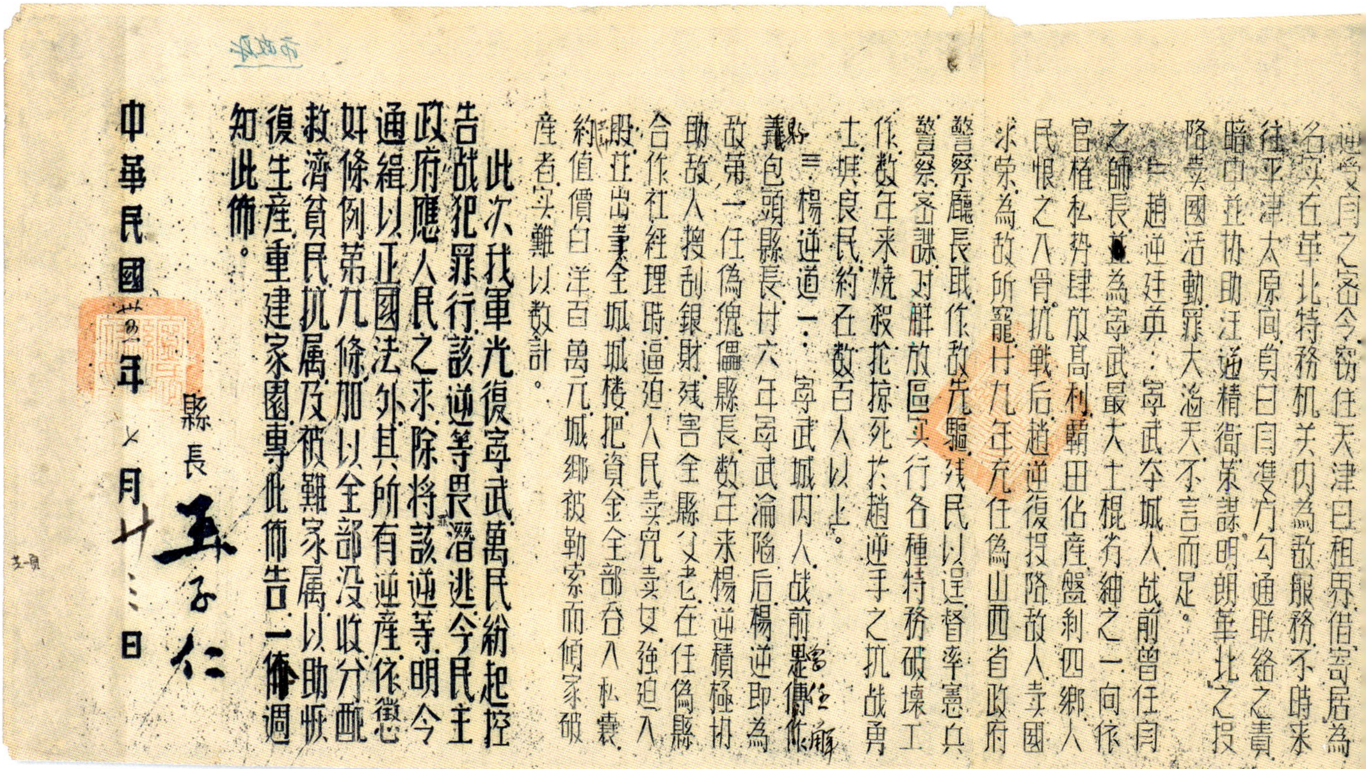

逆今肖之密今窃任天津日租界借寓居為名义在華北特務机关内為敌服務，不時来往平津太原間，負日寇方勾通联絡之責，暗中並协助汪逆精衛策謀明朗華北之投降賣國活動，罪大滔天，不言而足。

二、趙逆廷英：寧武寧城人，战前曾任自之師長，並為寧武最大土棍劣紳之一，向係官權私势，肆放高利，霸田佔產，盤剝四鄉，人民恨之入骨。抗戰后趙逆復投降敌人，賣國求荣，為敌所寵，廿九年充任偽山西省政府警察廳長，既作敌先驅，残民以逞，督率憲兵警察密謀对解放區实行各種特務破壞工作，数年来燒殺掠擄，死於趙逆手之抗战勇士與良民約在数百人以上。

三、楊逆道一：寧武城内人，战前曾任傅作義包頭縣長，廿六年寧武淪陷后，楊逆即為敌第一任偽傀儡縣長，数年来楊逆積極协助敌人搜刮銀財，残害全縣父老，在任偽縣合作社經理時，逼迫人民賣兒賣女，強迫入股，並出賣全城城楼，把資金全部吞入私囊，約值價白洋百萬元，城鄉被勒索而傾家破產者，实難以数計。

此次我軍光復寧武，萬民紛起控告战犯罪行，該逆等畏罪潛逃，今民主政府應人民之求，除将該逆等明令通緝，以正國法外，其所有逆產依懲奸條例第九條加以全部没收，分配救濟貧民抗屬及被難家属，以助恢復生產，重建家園。專此佈告，俾众週知，此佈。

縣長 王子仁

中華民國卅五年七月廿三日

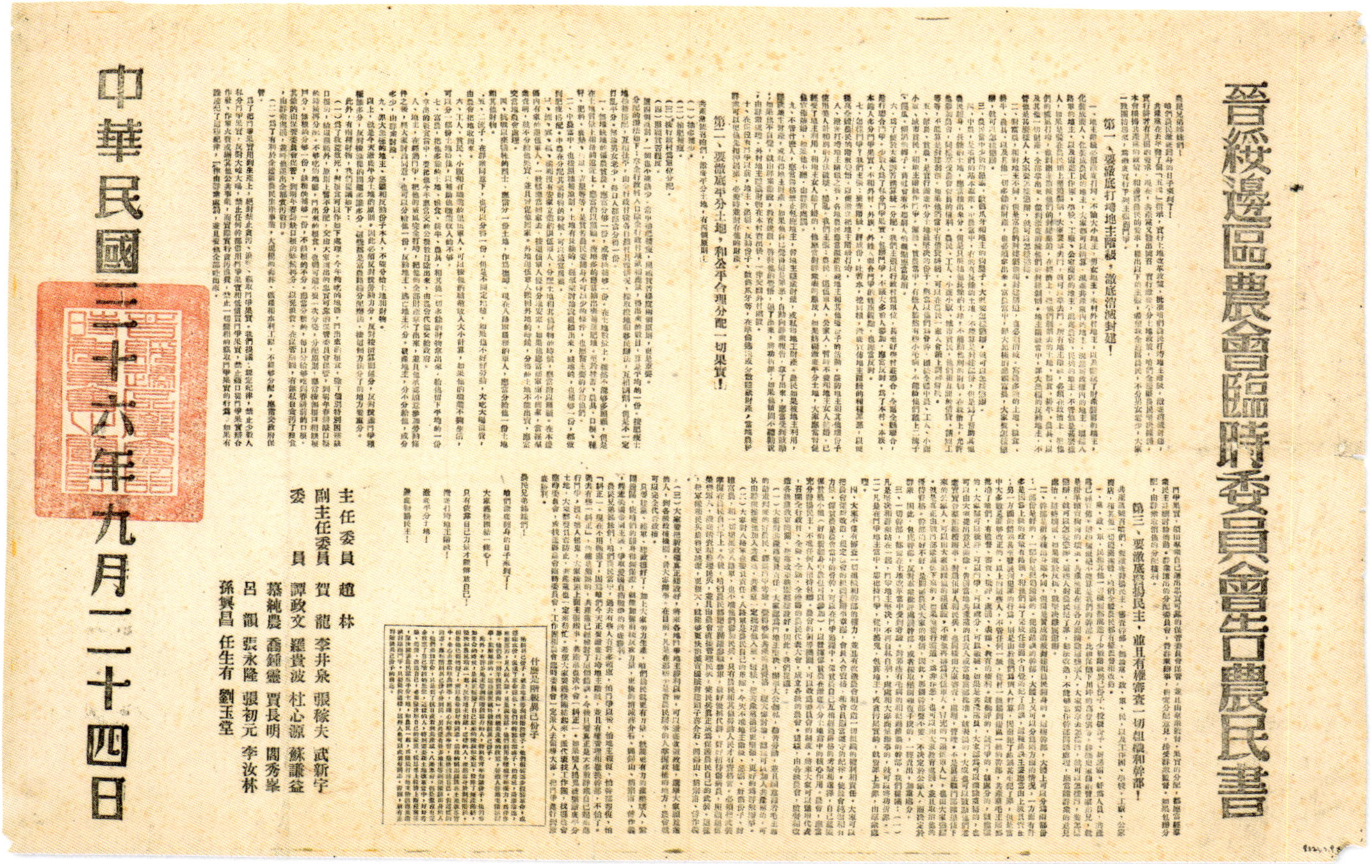
晉綏邊區農會臨時委員會告農民書

第一、要徹底打垮地主階級，徹底消滅封建！

第二、要徹底平分土地，和公平合理分配一切果實！

第三、要徹底發揚民主，並且有權審查一切組織和幹部！

主任委員 趙林
副主任委員 賀龍 李井泉 張稼夫 武新宇
委員 譚政文 羅貴波 杜心源 蘇謙益
慕純農 喬鍾靈 賈長明 閻秀峯
呂調 張永隆 張初元 李汝林
孫興昌 任生有 劉玉堂

中華民國三十六年九月二十四日

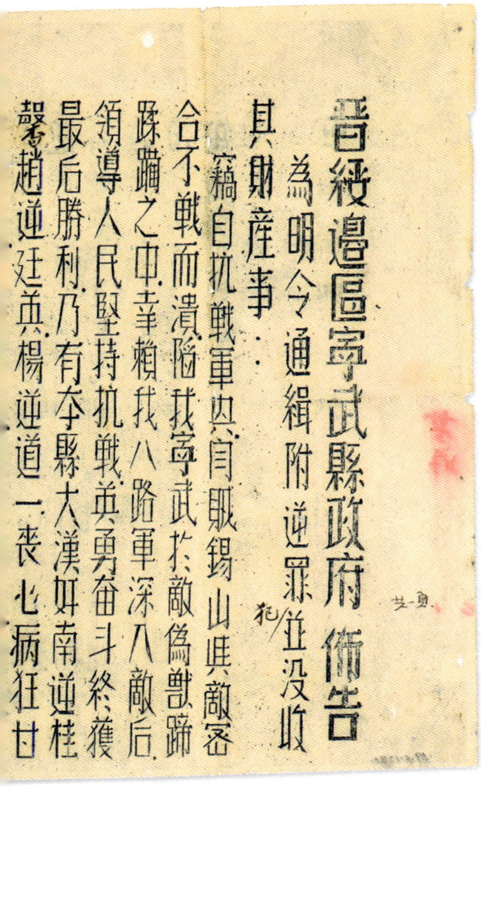
晉綏邊區寧武縣政府 佈告

為明令通緝附逆罪犯並沒收其財產事：

竊自抗戰軍興，自賊錫山與敵寇合不戰而潰，陷我寧武於敵偽鐵蹄蹂躪之中，幸賴我八路軍深入敵后，領導人民堅持抗戰，英勇奮斗，終獲最后勝利，乃有本縣大漢奸南逆桂馨、趙逆廷英、楊逆道一喪心病狂甘

晋绥边区农会临时委员会告农民书

1947 年 9 月 24 日

长 51.5 厘米，宽 40.8 厘米

1954 年征集

1947年9月，中国共产党在河北省平山县西柏坡举行全国土地会议，于13日通过了《中国土地法大纲》。为配合土改，晋绥边区于9月24日成立了农会临时委员会，并发表了《告农民书》。强调：一、要彻底打垮地主阶级，彻底消灭封建；二、要彻底平分土地和公平合理分配一切果实；三、要彻底发扬民主，并且有权审查一切组织和干部。

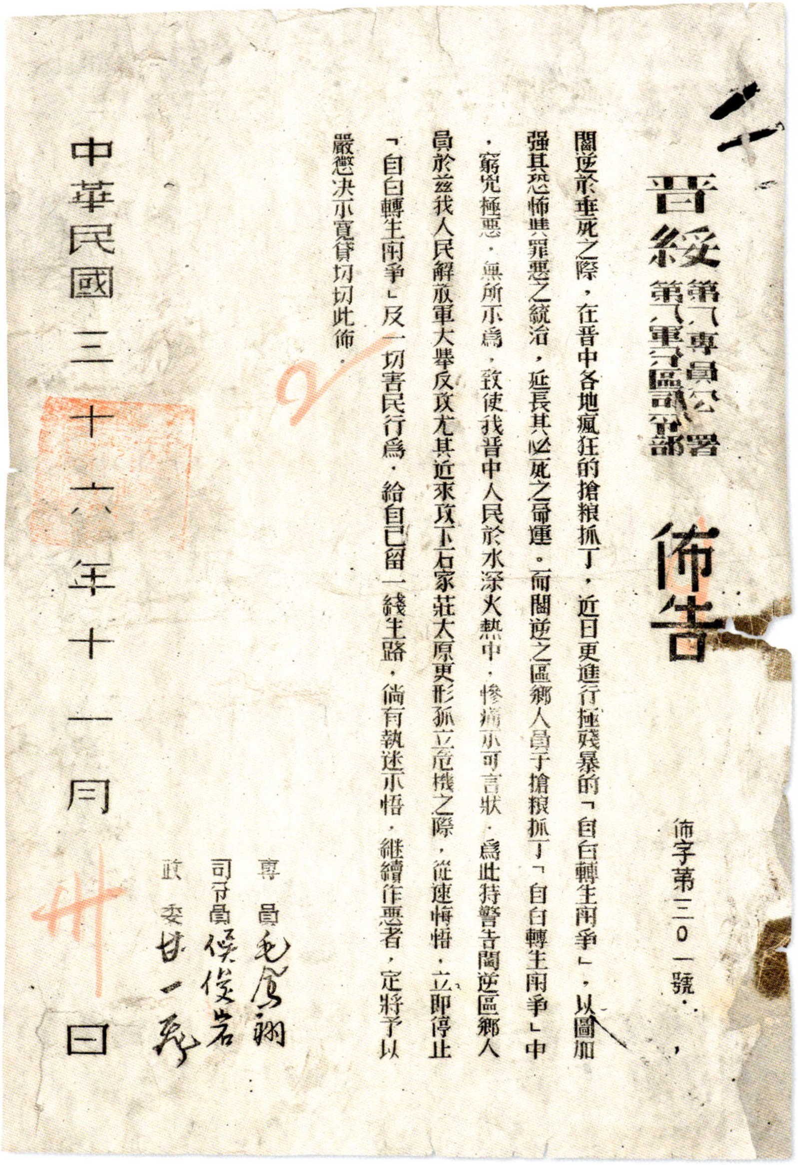

晉綏第八專員公署
第八軍分區司令部 佈告

佈字第三〇一號

閻逆於垂死之際，在晉中各地瘋狂的搶糧抓丁，近日更進行極殘暴的「自白轉生鬥爭」，以圖加强其恐怖與罪惡之統治，延長其必死之命運。而閻逆之區鄉人員于搶糧抓丁「自白轉生鬥爭」中，窮兇極惡，無所不爲，致使我晉中人民於水深火熱中，慘痛不可言狀。爲此特警告閻逆區鄉人員於茲我人民解放軍大舉反攻尤其近來攻下石家莊太原更形孤立危機之際，從速悔悟，立即停止「自白轉生鬥爭」及一切害民行爲，給自己留一綫生路，倘有執迷不悟，繼續作惡者，定將予以嚴懲決不寬貸切切此佈

專員 毛鳳翔
司令員 侯俊岩
政委 甘一飛

中華民國三十六年十一月 日

晋绥第八专员公署、第八军分区司令部布告

1947 年 11 月 30 日

纵 47 厘米，横 31.4 厘米

1961 年征集

1947年下半年，是晋绥边区军民同国民党军队在边沿区域胶着斗争的一个阶段。在敌占区，阎锡山除继续强化所谓“百里防线”，在实施“肃伪”“清缴”“扫荡”“维持”和“兵农合一”等暴政外，更进一步开展了残酷的“自白转生”运动。1947年11月30日，针对阎锡山在晋中推行的“自白转生”暴政，晋绥第八专员公署、第八军区分区发布此布告，要求阎军“立即停止‘自白转生斗争’及一切害民行为”，倘若不停止，“继续作恶”，解放军“定将予以严惩、决不宽贷”，以保丁护粮，增强干部、群众对敌斗争的信心。

晋绥边区土地证印模

1948 年
纵 38 厘米，横 47.9 厘米，厚 3.8 厘米
1954 年临县民政科捐赠

1947年，中共中央公布实施《中国土地法大纲》。各解放区推行耕者有其田政策，晋绥边区的土地改革进一步深入。此土地证印模即为这一时期轰轰烈烈的土地改革的见证。

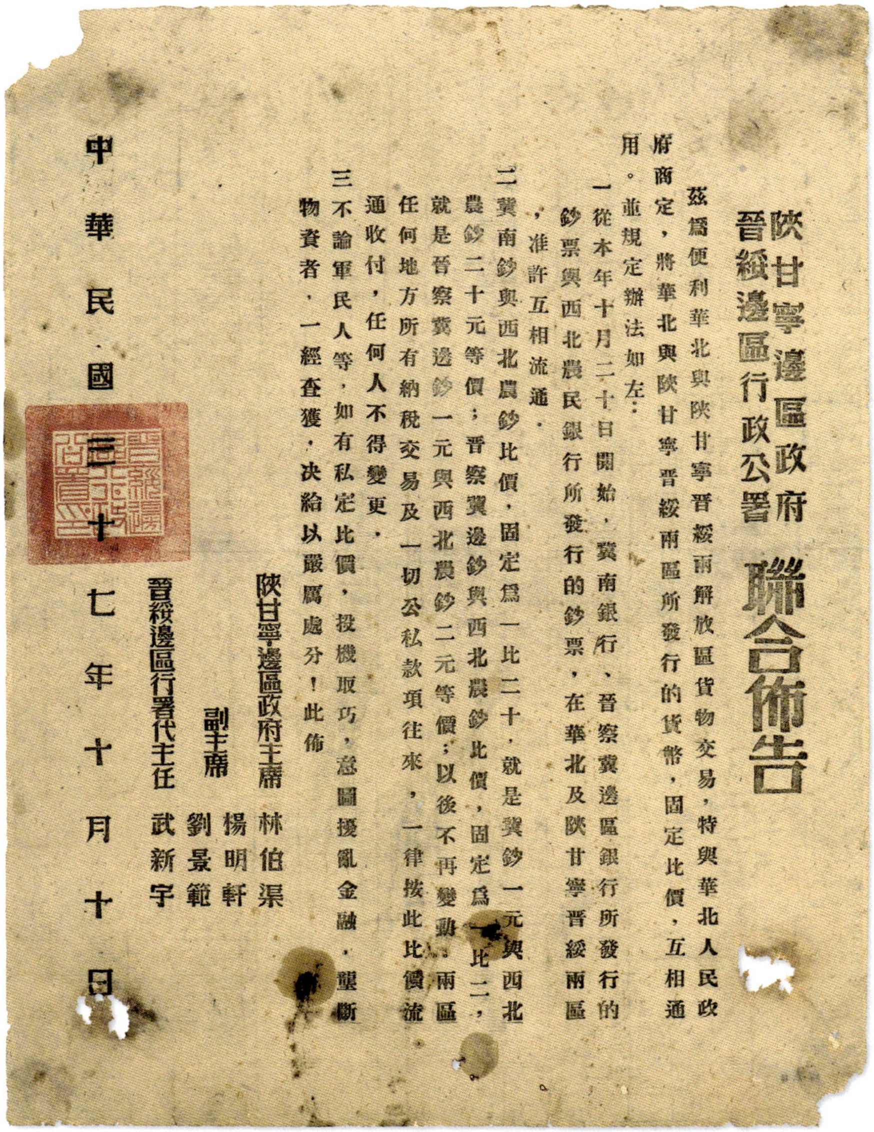

陝甘寧邊區政府
晉綏邊區行政公署
聯合佈告

茲爲便利華北與陝甘寧晉綏兩解放區貨物交易，特與華北人民政府商定，將華北與陝甘寧晉綏兩區所發行的貨幣，固定比價，互相通用。並規定辦法如左：

一、從本年十月二十日開始，冀南銀行、晉察冀邊區銀行所發行的鈔票與西北農民銀行所發行的鈔票，在華北及陝甘寧晉綏兩區，准許互相流通。

二、冀南鈔與西北農鈔比價，固定爲一比二十，就是冀鈔一元與西北農鈔二十元等價；晉察冀邊鈔與西北農鈔比價，固定爲一比二，就是晉察冀邊鈔一元與西北農鈔二元等價；以後不再變動。兩區任何地方所有納稅交易及一切公私款項往來，一律按此比價流通收付，任何人不得變更。

三、不論軍民人等，如有私定比價，投機取巧，意圖擾亂金融，壟斷物資者，一經查獲，決給以嚴厲處分！此佈

陝甘寧邊區政府主席 林伯渠
副主席 楊明軒 劉景範
晉綏邊區行署代主任 武新宇

中華民國三十七年十月十日

陕甘宁边区政府、晋绥边区行政公署关于发行货币的联合布告

1948 年 10 月 10 日

纵 53.3 厘米，横 39.4 厘米

1954 年征集

1947年，为“便利华北与陕甘宁、晋绥两解放区货物交易”的考虑，两区政府于1948年10月10日联合发布此布告，对“两区发行的货币，固定比价，互相通用”，从而活跃了内地贸易，掌握了对外贸易的主动权。统一解放区货币，在经济上、军事上均具有重要意义：区内货币等价流通，逐步减少货币种类，利于解放区之间的贸易往来，稳定了金融事业，改善了解放区之间的货币关系，为人民币的发行、新型货币制度的建立进行了积极的探索，为新中国货币制度的建立打下了坚实基础。

捷 捷 捷

晋察冀解放军继清风店大捷役

攻克石家庄

歼蒋匪两萬

“攻克石家庄、歼蒋匪两万”捷报

1947 年 11 月

纵 34.8 厘米，横 22.6 厘米

1962 年征集

此后为一组石家庄战役的文物。捷报由吕梁第八军分区政治部印发，报道了人民解放军攻克石家庄的辉煌战绩，鼓舞了广大官兵的斗争热情。

石家庄战役是1947年11月6~12日，晋察冀野战军及冀中、冀晋军区地方部队对石家庄进行攻坚作战。石家庄战役是解放战争爆发以后人民解放军进行的第一次大城市攻坚战。石家庄解放后，人民解放军积累了大城市攻坚战经验，把晋冀鲁豫和晋察冀两大解放区连成一片，对鼓舞之后华北作战的信心与决心有重要意义。

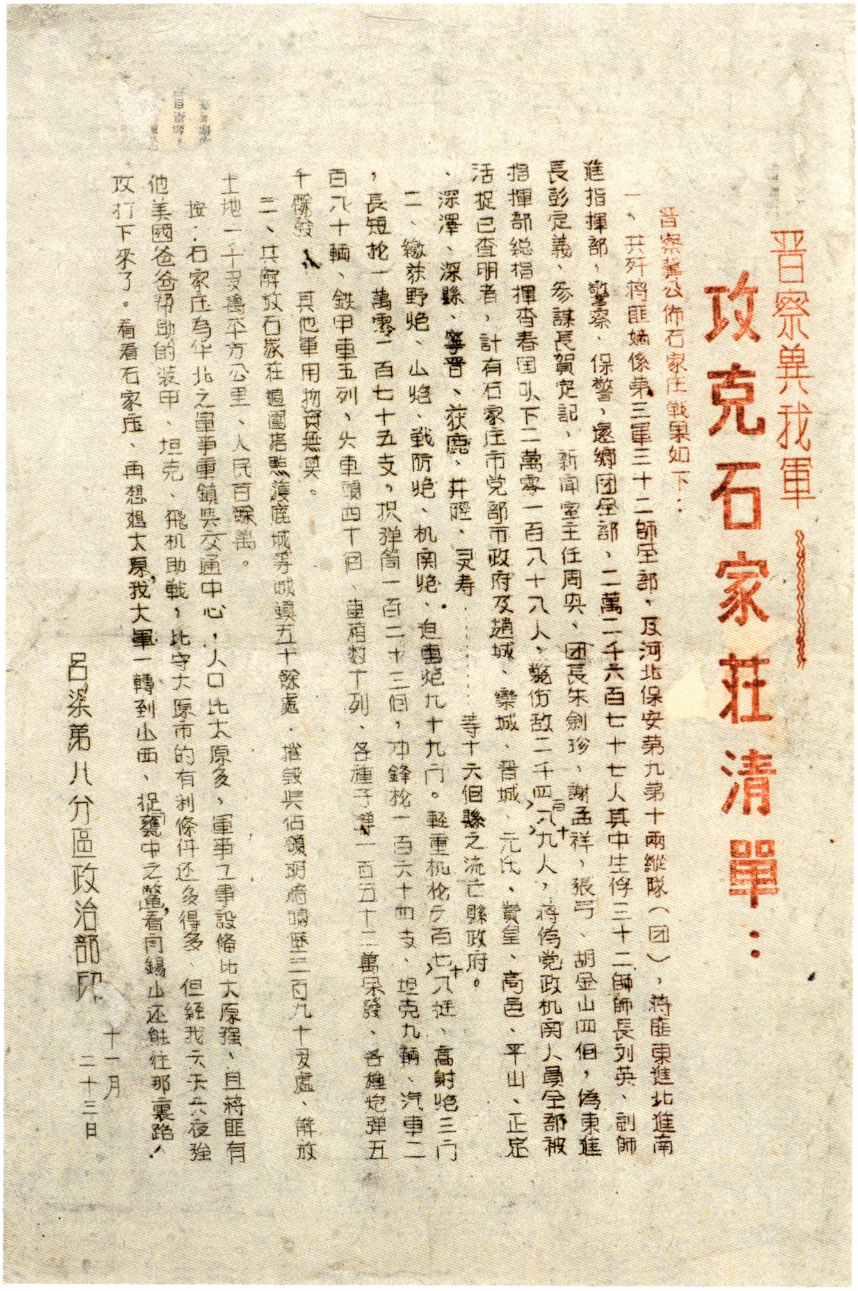

晋察冀我軍

攻克石家莊清單：

晋察冀公佈石家庄戰果如下：

一、共歼蒋匪嫡係第三軍三十二師全部，及河北保安第九第十兩縱隊（团），蒋匪東進北進南進指揮部、警察、保警、還鄉团全部，二萬一千六百七十七人其中生俘三十二師師長刘英、副師長彭定義、参謀長賀定記、新闻室主任周典、团長朱劍珍、謝孟祥、張弓、胡金山四個，偽東進指揮部総指揮李春国以下二萬零一百八十八人，毙伤敌二千四百六十九人，蒋偽党政机関人員全部被活捉已查明者，計有石家庄市党部市政府及趙城、欒城、晋城、元氏、贊皇、高邑、平山、正定、深澤、深縣、寧晋、获鹿、井陘、灵寿……等十六個縣之流亡縣政府。

二、缴获野炮、山炮、戦防炮、机関炮、迫击炮九十九门。輕重机枪五百七十八挺、高射炮三门，長短枪一萬零一百七十五支，掷弹筒一百二十三個，冲鋒枪一百六十四支、坦克九輛、汽車二百八十輛、鉄甲車五列、火車頭四十個、車箱数十列，各種子弹一百五十二萬余發、各種炮弹五千余發，其他軍用物資無算。

二、共解放石家庄週圍据点獲鹿城等城鎮五十余處，摧毀與佔領碉堡三百九十又處、解放土地一千又邑平方公里、人民百余萬。

按：石家庄為华北之軍事重鎮與交通中心，人口比太原多，軍事工事設備比太原強，且蒋匪有他美國爸爸帮助的装甲、坦克、飛机助戦，比守太原市的有利條件还多得多，但經我六天六夜強攻打下來了。看看石家庄、再想想太原，我大軍一轉到山西、捉甕中之鱉，看閻錫山还能往那裏跑！

呂梁第八分區政治部印

十一月二十三日

晋察冀我军攻克石家庄清单

1947 年 11 月 23 日

纵 32.7 厘米，横 20.9 厘米

1961 年征集

传单由吕梁第八军分区政治部印发，公布了石家庄战役战果，并发按语“看看石家庄，再想想太原，我大军一转到山西，捉‘瓮中之鳖’，看阎锡山还能往哪里跑”，大大增强人民解放军解放太原的信心。

运城战役中使用过的单架

1947 年
长 194 厘米，宽 81 厘米
1973 年征集

此后为一组运城战役的文物。此担架为运城战役中抢救伤员时所使用的辅助工具。

运城战役是1947年10~12月，西北野战军第二纵队和晋冀鲁豫军区第八纵队等为策应陈、谢集团在豫西、陕南地区的作战，开展了攻取运城的战役。运城战役中，人民解放军使用了坑道爆破、云梯攻城等多种方式，进一步丰富了城市攻坚战的宝贵经验，受到毛泽东同志的高度评价。

运城战役中人民解放军攻城用的云梯

1947 年
高 378 厘米，下宽 41 厘米，上宽 47 厘米
1973 年征集

此云梯是缺少攻城重武器的人民解放军在攻占运城时所使用的辅助工具。这种略显原始的工具，凸显出人民解放军所进行的城市攻坚战的艰难。

晋南我军解放运城捷报

1948 年 1 月 3 日
纵 27.4 厘米，横 20.8 厘米
1961 年征集

此捷报为平介县民主政府印发的宣传运城战役攻坚胜利的传单。

1941年3月，太岳专署根据中共中央“建设巩固根据地，开辟一条从延安经晋绥到华中、华东区的秘密交通线”的指示，在平遥、介休、汾阳、孝义四县沿同蒲铁路西北平川的边沿地区，组建了平介县抗日民主政府。抗战胜利后，改为平介县民主政府。

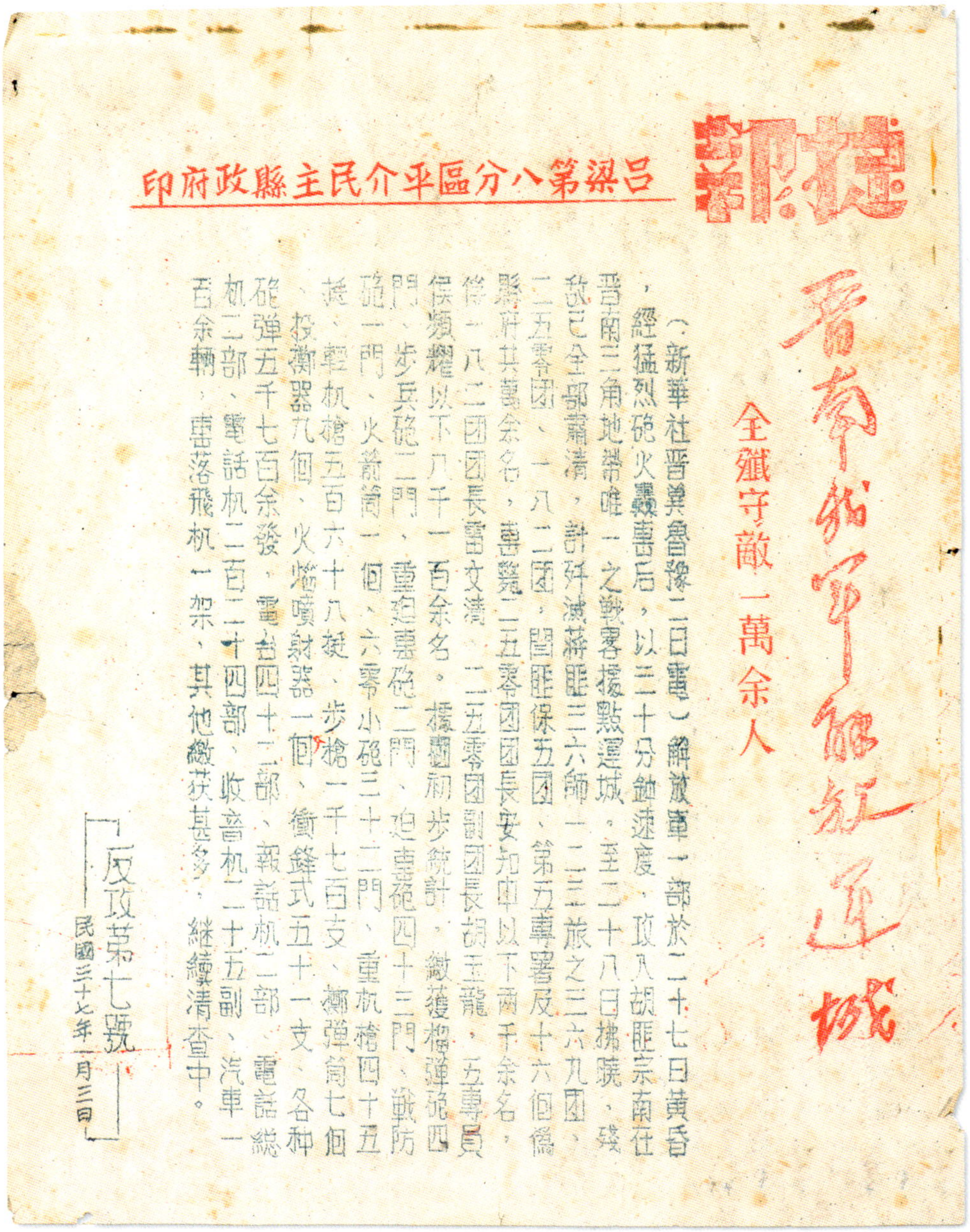

捷報

呂梁第八分區平介民主縣政府印

晉南我軍解放運城

全殲守敵一萬余人

（新華社晉冀魯豫二日電）解放軍一部於二十七日黃昏，經猛烈砲火轟擊后，以三十分鈡速度，攻入胡匪宗南在晉南三角地帯唯一之戰略據點運城。至二十八日拂曉，殘敌已全部肅清，計殲滅蔣匪三六師一二三旅之三六九團、二五零團、一八二團，閻匪保五團、第五專署及十六個偽縣府共萬余名，擊斃二五零團團長安知中以下兩千余名，俘一八二團團長雷文清、二五零團副團長胡玉龍、五專員侯頻耀以下八千一百余名。據初步統計，繳獲榴彈砲四門、步兵砲二門、重迫擊砲二門、迫擊砲四十三門、戰防砲一門、火箭筒一個、六零小砲三十二門、重机槍四十五挺、輕机槍五百六十八挺、步槍一千七百支、擲彈筒七個、投擲器九個、火焰噴射器一個、衝鋒式五十一支、各种砲彈五千七百余發，電台四十二部、報話机二部、電話總机二部、電話机二百二十四部、收音机二十五副、汽車一百余輛，擊落飛机一架，其他繳获甚多，繼續清查中。

〔反攻第七號〕
民國三十七年一月三日

“攻运先锋营”奖章

1948 年
径 3.2 厘米
1979 年征集

1948年2月，晋冀鲁豫军区第八纵队召开“庆祝攻克运城大捷暨攻打临汾誓师大会”。会上，纵队授予23旅67团二营和69团二营两个营为“攻运先锋营”，以表彰他们在运城战役中并肩突破、并肩登城。同时，也给即将开始的临汾战役鼓舞士气。

“光荣的临汾旅”战士手绢

1948 年
长 57.5 厘米，宽 53 厘米
1979 年征集

此手绢为晋冀鲁豫军区第八纵队党委会奖给“光荣的临汾旅”战士的奖品。

临汾战役是1948年3月7日至5月17日，由晋冀鲁豫军区第八、第十三纵队和太岳、吕梁军区地方部队，对运城战役后孤悬在晋南地区的临汾发起的攻坚战。临汾战役胜利后，吕梁、太岳两区连成一片，晋南地区全部解放。

临汾攻坚战中，第八纵队第23旅在夺取外围据点、攻克东关、占领护城陟地、控制外壕后，采用坑道爆破，经过地上、地下27昼夜的反复争夺，最终爆破成功、突入城内，对战役胜利起了决定性作用。6月4日，华北军区野战部队第一兵团领导机关授予该旅“临汾旅”称号，徐向前亲自检阅并授予“光荣的临汾旅”锦旗。

《临汾战役中炮兵作战的点滴经验》

1948 年 6 月

纵 18.3 厘米，横 12.5 厘米

1959 年石家庄烈士纪念馆拨交

铅印，中国人民解放军华北野战军第一兵团司令部编。主要内容从战术问题、技术问题、观测与通信三个方面总结了临汾战役中炮兵作战的经验。

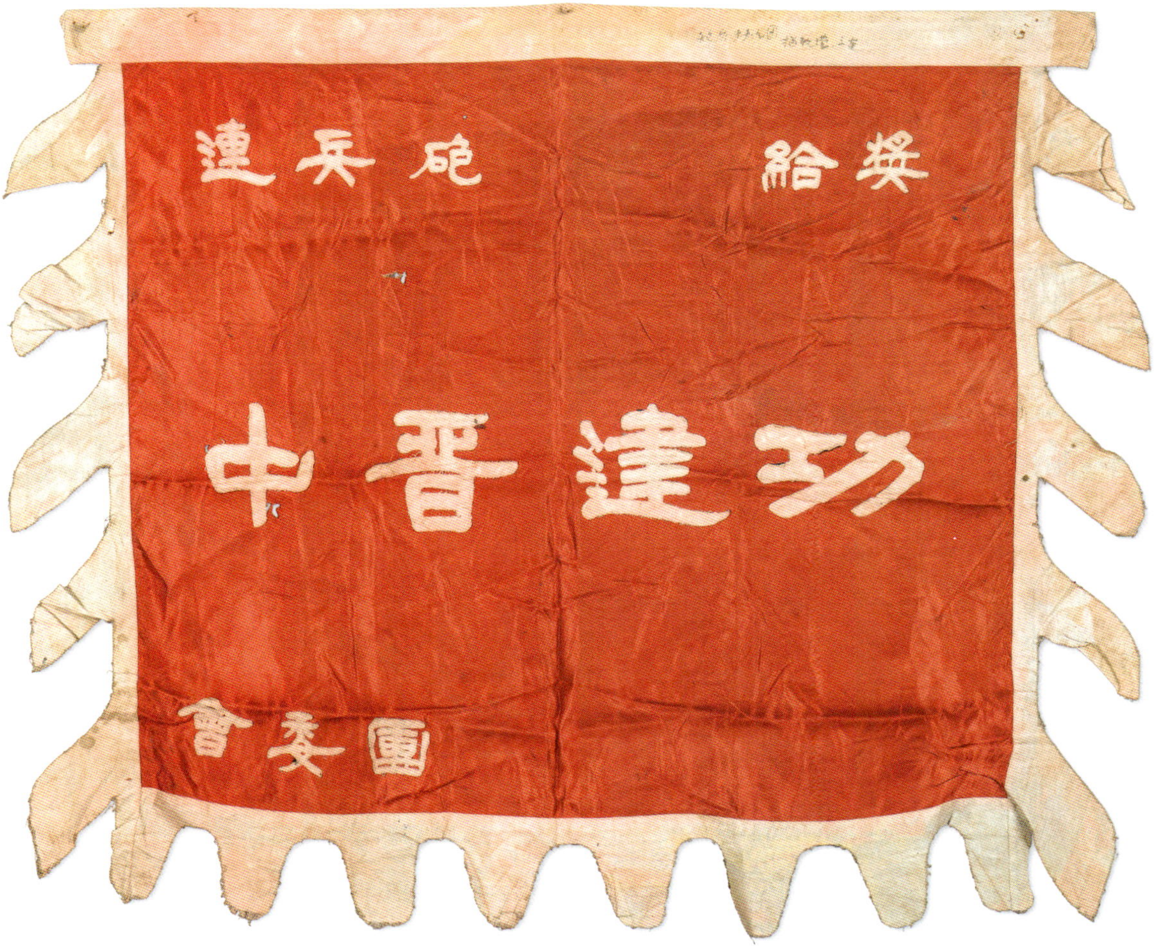

“功建晋中”奖旗

1948 年
纵 84 厘米，横 89 厘米
1979 年南京 83123 部队捐献

此奖旗为在晋中战役中炮兵559团留守营三连所获之荣誉。

晋中战役是1948年6月11日至7月21日，华北野战军第一兵团及军区部队，在孝义、平遥、介休、榆次、太谷等地对阎锡山政权地方部队发起一系列歼灭战，史称晋中战役。经此一役，解放了除太原以外的晋中地区县城14座，为人民解放军攻打太原创造了有利条件。

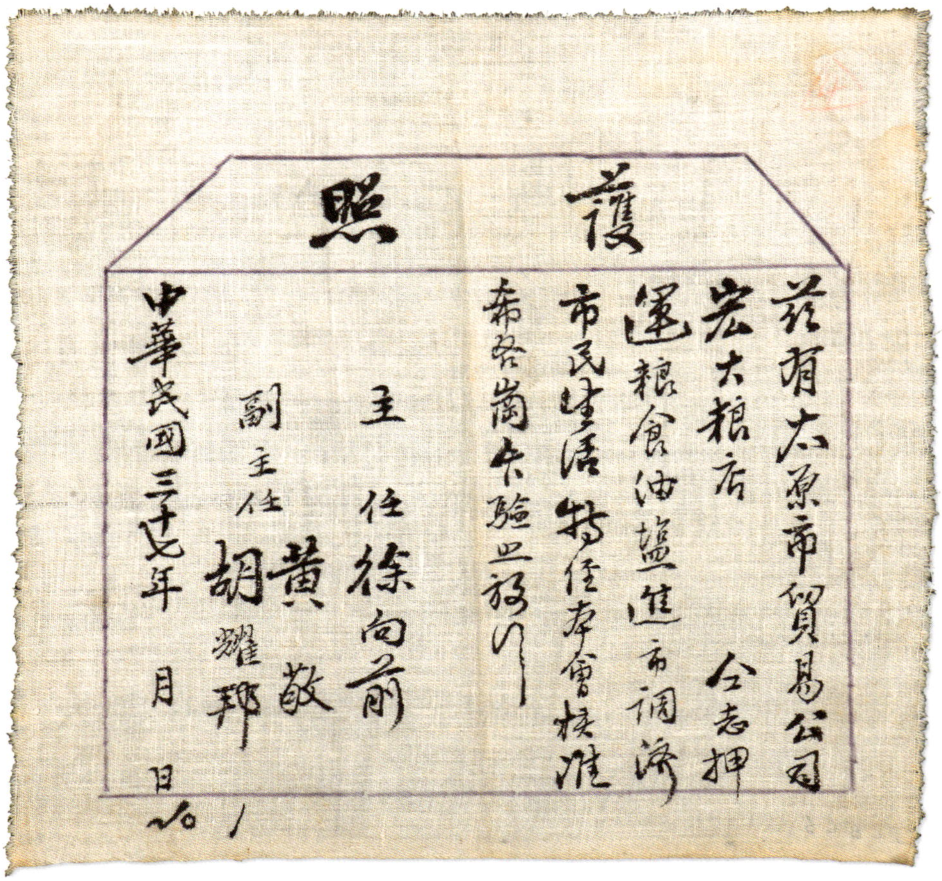

護照

茲有太原市貿易公司
宏大粮店　仝志押
運粮食油鹽進市調濟
市民生活特經本會核准
希各崗卡驗照放行

主任　徐向前
副主任　黄敬
胡耀邦

中華民國三十七年　月　日

No 1

太原贸易公司宏大粮店押运粮油通行护照

1948 年
纵 21.5 厘米，横 22 厘米
1960 年征集

此后为一组太原战役的文物。太原战役第一阶段结束后，华北野战军攻占了城东四大战略要点，转入对太原城的围困、瓦解阶段。围城期间，解放军部队给太原城内涉及民生的商业机构发放通行证，允许其进出运送物资，调剂、保障了太原市民的正常生活。

太原战役是1948年10月5日至1949年4月24日，华北野战军在太原及其近郊进行阵地攻坚战役，并解放太原。太原战役的胜利，解放了除大同以外的山西全境，彻底结束了阎锡山政权对山西近40年的统治。

《阎奸快完蛋》宣传画

解放战争时期

纵 24.2 厘米，横 17 厘米

1961 年征集

该宣传画描绘了身着戎装、一手持枪、一手举“保卫太原”旗的阎锡山，陷入了晋察冀人民解放军、西北人民解放军、晋南人民解放军、太岳人民解放军的重重包围。这是阎锡山政权经过运城战役、临汾战役、晋中战役后所面临困境的真实写照。

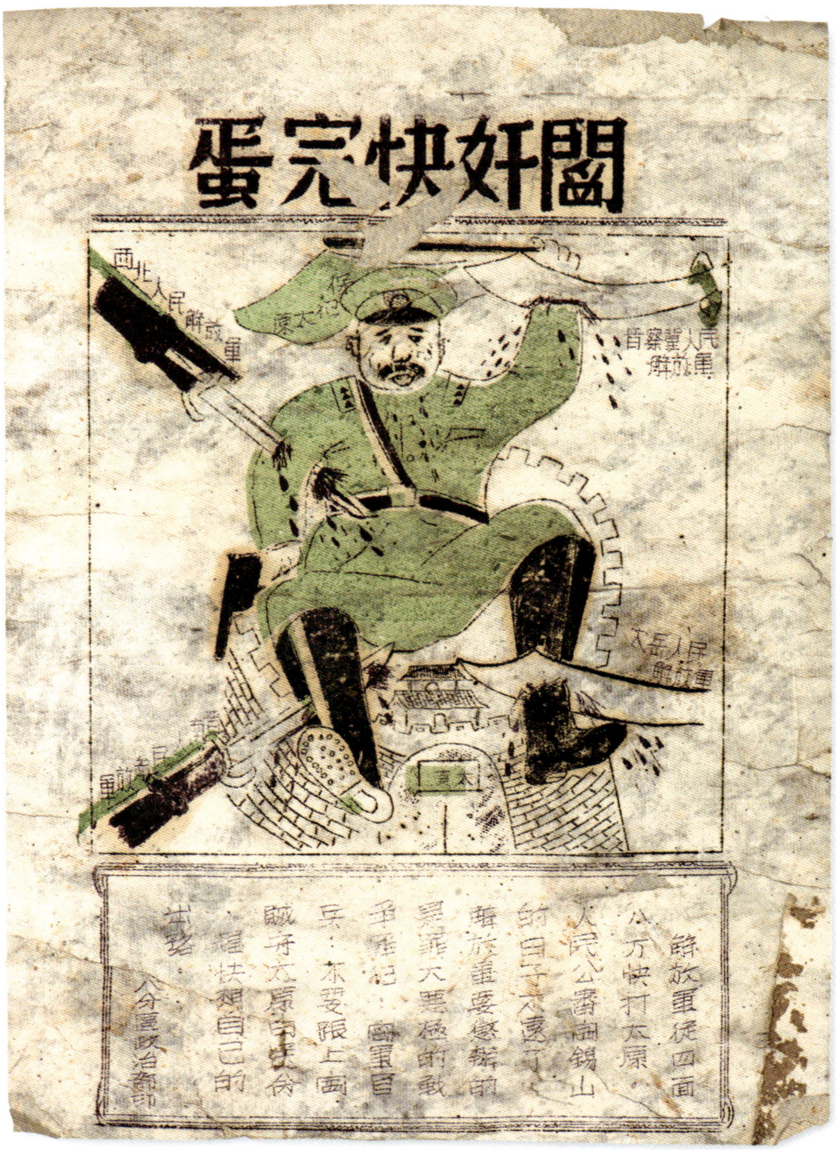

太原战役中解放军战士使用的钩镰

1948-1949 年
通高 19 厘米，镰长 8.3 厘米，钩径 3.6 厘米
1973 年征集

此钩镰为太原战役中解放军战士攻城时使用的辅助工具。

太原战役攻打牛驼寨时解放军战士使用的铁镐头

1948 年
最长 27 厘米，最宽 3.9 厘米
1973 年征集

此铁镐为太原战役中解放军战士攻打牛驼寨时使用的辅助工具。

“登城先锋”奖旗

1949 年

纵 103 厘米，横 68 厘米

1979 年中国人民解放军驻豆罗第 52934 部队四连捐赠

太原战役中，63军第562团负责攻打首义门。经过激烈战斗，最终占领首义门并攻入城内，与兄弟部队汇合。太原战役结束后，63军受到彭德怀副总司令的赞扬，562团四连获得“登城先锋”荣誉称号。

“猛虎连”奖旗

1949 年

纵 108 厘米，横 160 厘米

1979 年中国人民解放军驻豆罗第 52394 部队六连捐赠

太原战役中，63军第562团从太原南城墙第12号突出部突入敌军阵地，为突破敌军最后一道防线作出了重要贡献。战斗结束后，562团六连获得“猛虎连”荣誉称号。

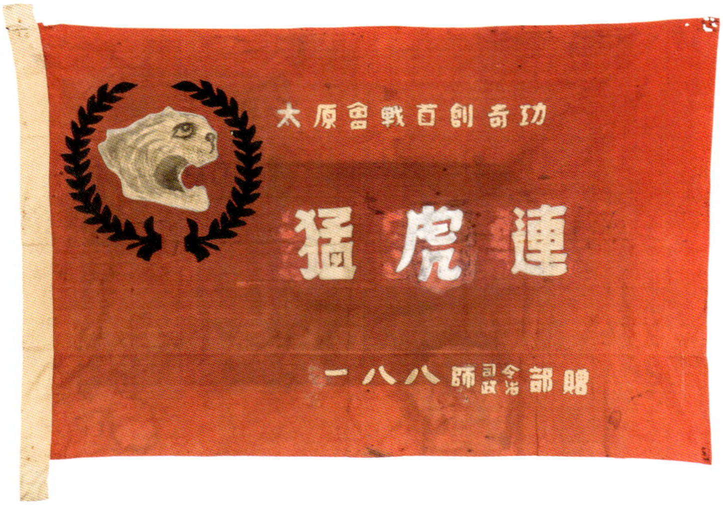

“猛虎连”奖旗

1949 年

纵 156.7 厘米，横 116.4 厘米

1979 年中国人民解放军驻豆罗第 52394 部队一连捐赠

太原战役中，63军第563团从太原南城墙第13号突出部突入敌军阵地，为突破敌军最后一道防线作出了重要贡献。战斗结束后，563团一连获得“猛虎连”荣誉称号。

太原战役中缴获的观测镜

1949 年

镜长 65 厘米；外盒长 45.6 厘米，宽 10.5 厘米

1959 年石家庄烈士纪念馆拨交

该物为日本产九三五式10厘米观测镜，外有铁质保护盒，是支前民兵韩进清在战场上缴获的战利品。

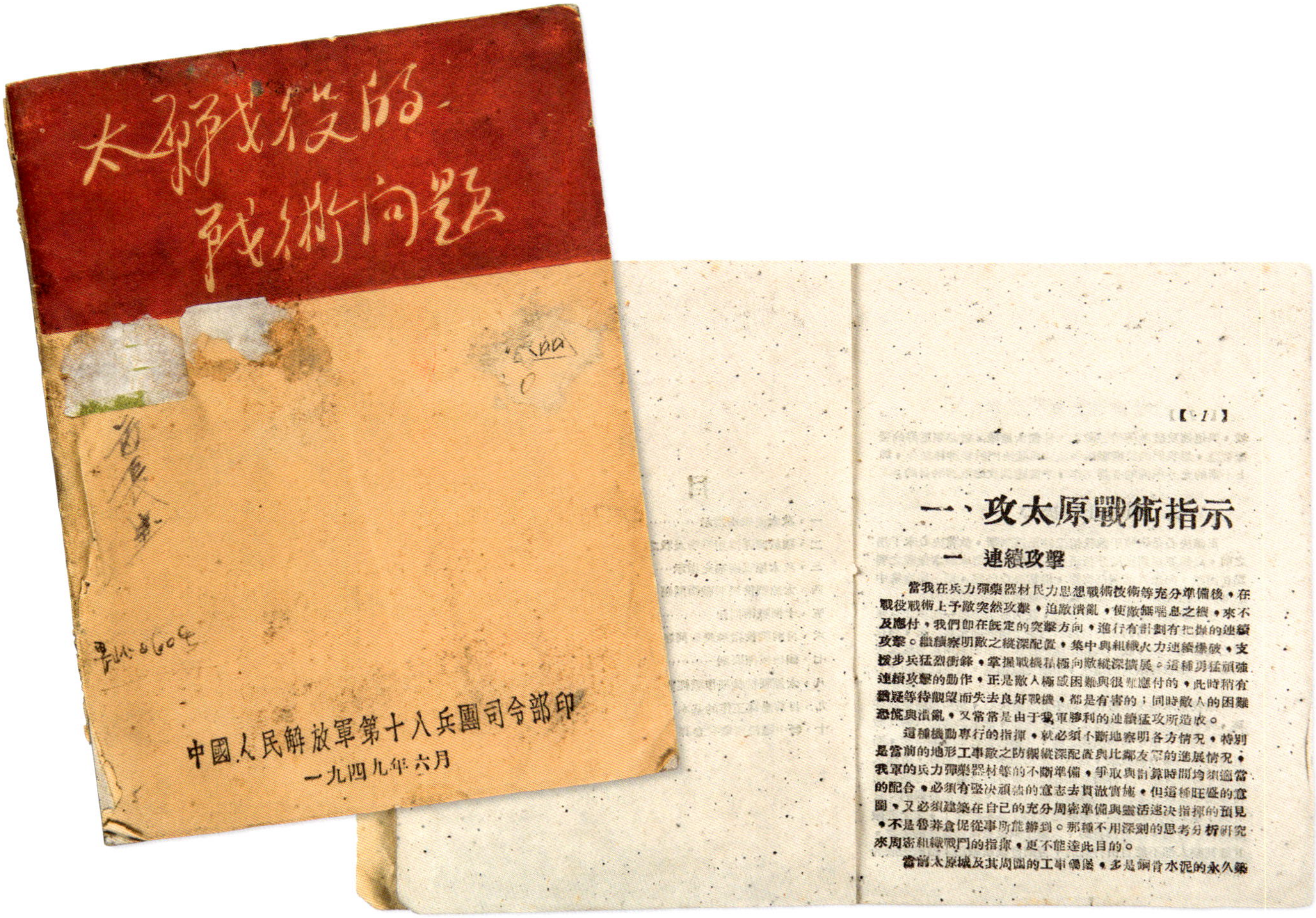

《太原战役的战术问题》

1949 年 6 月
纵 17.9 厘米，横 13.1 厘米
1959 年石家庄烈士纪念馆拨交

铅印，中国人民解放军第十八兵团司令部编。共收录了有关太原战役的10篇文章，总结了太原战役的相关战术与经验。

刘胡兰烈士生前穿过的绣花绸布短袖上衣

20 世纪 40 年代
纵 61 厘米，横 64.6 厘米
1973 年中国革命博物馆拨交

刘胡兰（1932~1947年），山西文水人。1945年，刘胡兰进妇女干部训练班。1946年。分配回云周西村任村妇救会秘书，后担任五区妇救会干事，并成为中国共产党候补党员。1947年1月被阎锡山部队逮捕，坚贞不屈、英勇就义。毛泽东为她题词："生的伟大，死的光荣"。

刘胡兰烈士给解放军送军鞋时使用的包单

20 世纪 40 年代

纵 103.5 厘米，横 106 厘米

1955 年征集

尹灵芝包军鞋用的布单

解放战争时期
长 51.5 厘米，宽 40.8 厘米
1959 年征集

尹灵芝（1931~1947年），山西寿阳赵家垴村人。其父尹尔恭为中国共产党党员，担任赵家垴村抗联主任。尹灵芝自幼受父亲影响，经常协助父亲工作。1945年，抗日战争取得胜利，14岁的尹灵芝开始担任赵家垴妇救会副主任职务。1947年7月，尹灵芝加入中国共产党。10月，被阎锡山部队逮捕，坚守革命信念，严守党的秘密，最终被阎军杀害。中华人民共和国成立后，寿阳县太平村、寿阳县城和英雄的家乡赵家垴村，分别修建起尹灵芝烈士陵园、纪念馆和纪念亭。

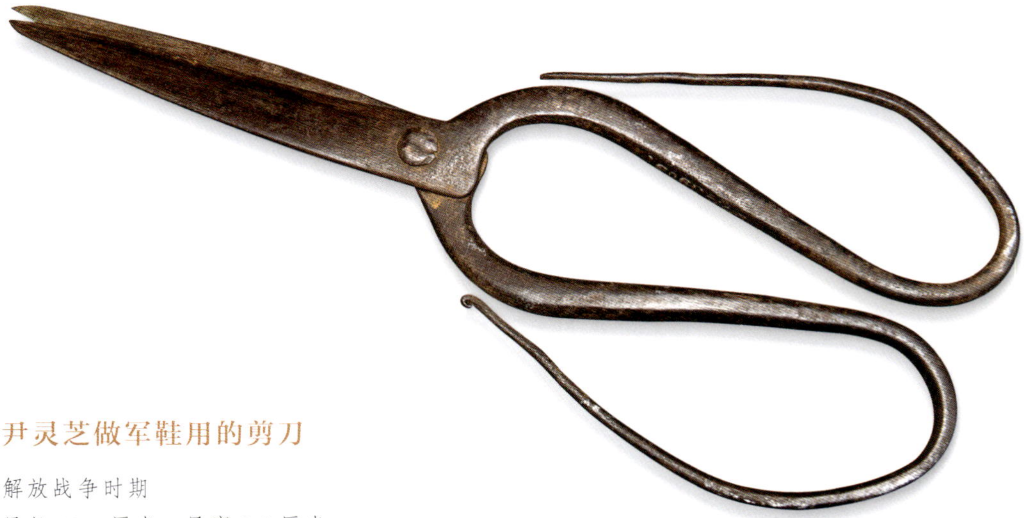

尹灵芝做军鞋用的剪刀

解放战争时期

最长 22.7 厘米，最宽 9.5 厘米

1959 年征集

尹灵芝做军鞋用的锥子

解放战争时期

最长 10.5 厘米，最宽 3 厘米

1959 年征集

李罗成烈士生前使用过的葫芦

1945 年
径 27 厘米，高 23 厘米
1976 年征集

李罗成，山西垣曲县河底村人，生前为当地农会干部，在垣曲县清算地主、退租退息的运动中有突出表现。1946年，李罗成被敌人逮捕，遭受严刑拷打、宁死不屈，最终被敌人杀害。

李罗成烈士生前使用过的羊皮囊

1945 年
长 68 厘米，宽 32 厘米
1976 年征集

刘鑫收听延安广播时使用的收音机

解放战争时期

长 30 厘米，宽 14.5 厘米

1962 年赵宗复捐赠

此为刘鑫在赵宗复家收听、抄录新华社新闻时使用的收音机。

刘鑫（1923~1949年），山西洪洞人。少家贫，高小毕业后在杂货铺做学徒。1938年日军占领洪洞后，至隰县第二战区政治交通局当了特务队队员。在中共地下党员、政治交通局局长赵宗复影响下，对共产党、共产主义认识逐步加深，进步很快。赵宗复任进山中学校长时，安排刘鑫担任学校图书管理员，成为赵与进步学生进行革命活动的联络人，不仅向进步学生积极推荐进步书籍，而且常至赵家收听、抄录新华社新闻。加入八路军太行二分区909情报站后，多次到城外观测、绘制阎军碉堡及其他军事设施图，为人民解放军提供情报。因叛徒告密，曾多次被捕。1949年3月10日，被太原特种警宪指挥处的特务杀害于大东门外。

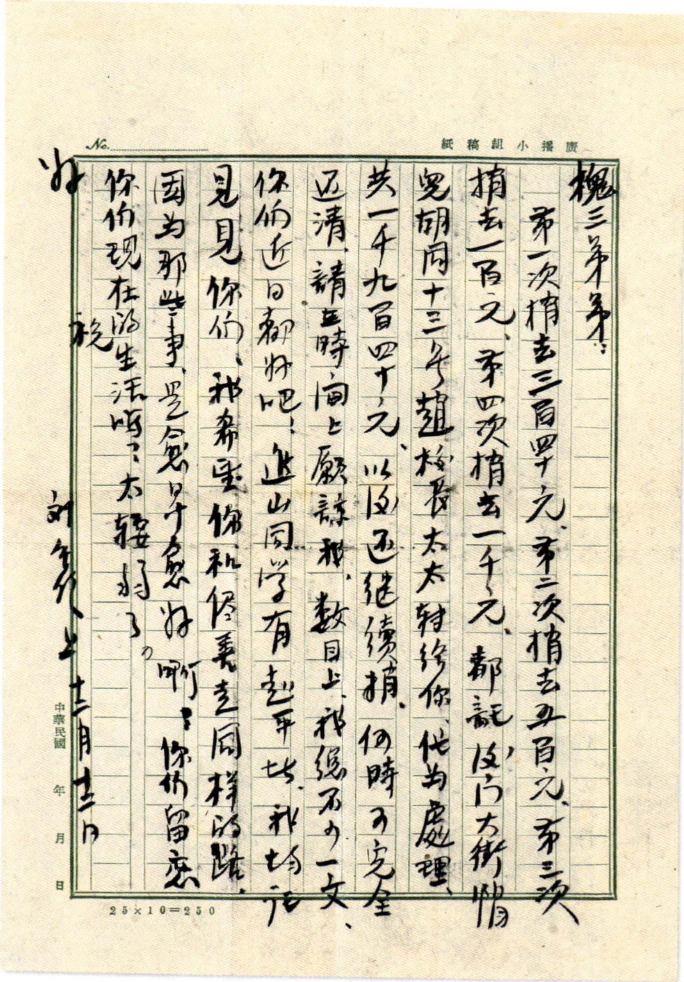
廣播小組稿紙　No.

槐三弟弟：

第一次捐去三百四十元、第二次捐去五百元、第三次捐去一百元、第四次捐去一千元、都託皮门大街帽儿胡同十三号赵校长太太转给你、代为处理、共一千九百四十元、以后还继续捐、何时可完全还清，请在時间上原谅我、数目上我绝不少一文、你们近日都好吧！进山同学有些年长、我均见见你们、我希望你和侄儿走同样的路，因为那些事、是急得不得的，你们留意、你们现在的生活呀！太软弱了。

祝

好

刘鑫上　十二月十二日

中華民國　年　月　日

25×10=250

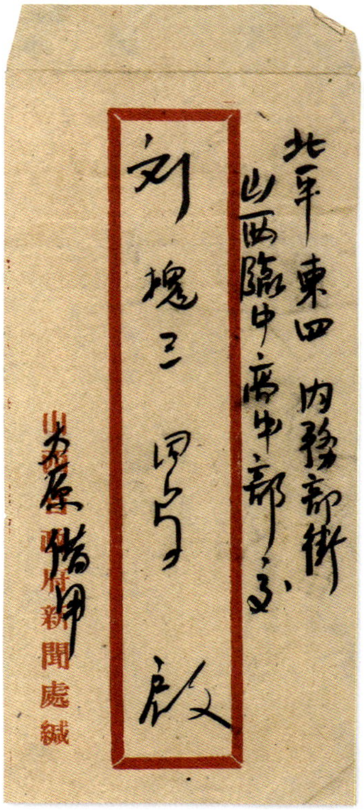
北平東四 内務部街

山西臨中高中部 交

刘 槐三 四兄 啟

山西省政府新聞處緘

刘鑫烈士给其弟刘槐三的亲笔信

1948 年 12 月 12 日

纵 26 厘米，横 17.8 厘米

1962 年赵宗复捐赠

此信为刘鑫写给其在北平山西临时中学校高中部读书的弟弟刘槐三的亲笔信。

在信中，刘鑫告知其弟他先后四次托人给其捎去共计一千九百四十元钱，并勉励他不要软弱、早日走正确的路。山西临时中学校，系在1948年晋中战役结束后，由晋中以南各中学先转移至太原、后至北京的山西籍师生，经阎锡山政府批准后成立的教育机构。其中，山西第一临中为初中部，第二临中为高中部，共有学生3000余人。

将革命进行到底
——新华社1949年新年献辞——

刘鑫收听延安广播的记录手稿

1949 年 1 月
纵 26.3 厘米，横 18.7 厘米
1962 年赵宗复捐赠

1948年12月31日，新华广播电台广播了毛主席写的新华社元旦献辞——《将革命进行到底》。刘鑫收听、记录，并与李建唐、刘存善于1949年元旦共同学习了这篇具有历史意义的伟大文献。此手稿为刘鑫烈士的珍贵遗物。

太行行署奖给李顺达的“灭蝗英雄”奖旗

1944 年
纵 142 厘米，横 76 厘米
1958 年征集

李顺达（1915~1983年），河南林州人。随母逃荒至山西平顺西沟村。抗日战争爆发后，李顺达担任村民兵队长，一面率众发展生产，一面带领民兵配合八路军抗击日军。1938年加入中国共产党。1944年带头组织起太行山第一个互助组。在1944年太行区第一届群英大会和1946年太行区第二届群英大会上，均被评为一等劳动英雄。

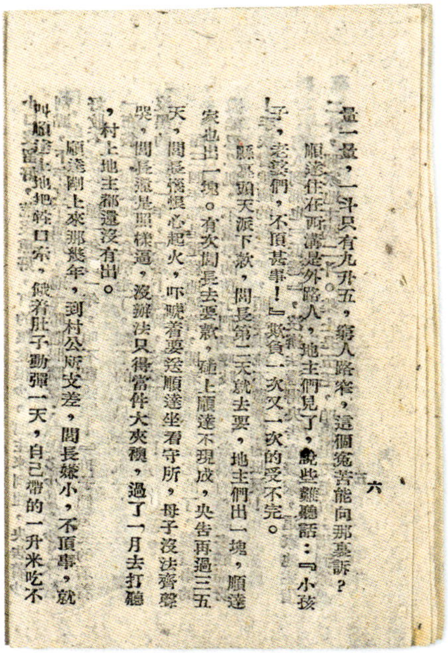

量一量，一斗只有九升五，窮人路窄，這個冤苦能向那裏訴？

順達住在西溝是外路人，地主們見了，說些難聽話：『小孩子，老鄉們，不頂甚事！』欺負一次又一次的受不完。

縣裏頭天派下款，閭長第二天就去要，地主們出一塊，順達家也出一塊。有次閭長去要款，碰上順達不現成，央告再過三五天，閭長憑心起火，吓唬着要送順達坐看守所，母子沒法齊聲哭，閭長還是照樣逼，沒辦法只得當件大夾襖，過了一月去打聽，村上地主都還沒有出。

順達剛上來那幾年，到村公所支差，閭長嫌小，不頂事，就叫順達[illegible]地把牲口餵，餓着肚子動彈一天，自己帶的一升米吃不

六

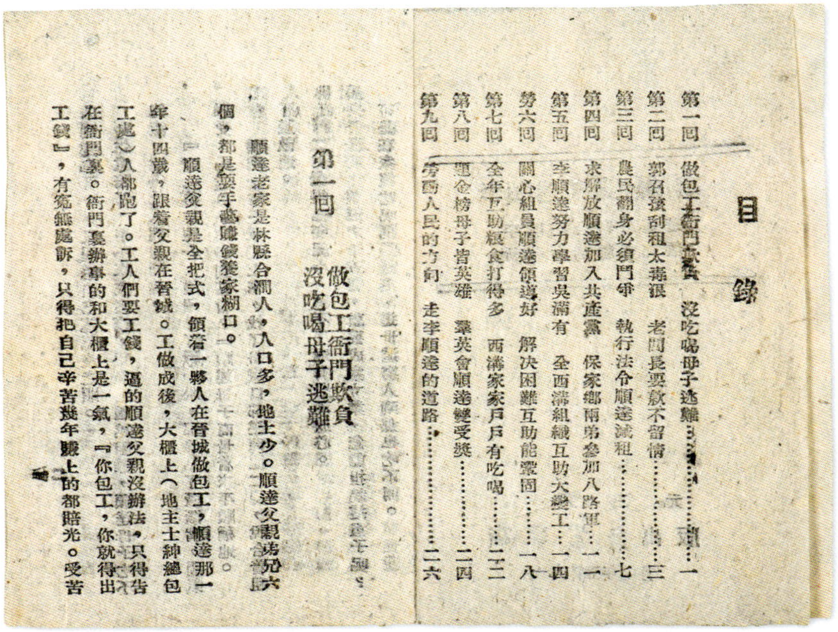

目錄

第一回 做包工衙門欺負 沒吃喝母子逃難

順達老家是林縣合澗人，人口多，地土少。順達父親弟兄六個，都是賣手藝賺錢養家糊口。

順達父親是全把式，領着一夥人在晉城做包工，順達那一年十四歲，跟着父親在晉城。工做成後，大櫃上（地主士紳總包工處）人都跑了。工人們要工錢，逼的順達父親沒辦法，只得告在衙門裏。衙門裏辦事的和大櫃上是一氣，『你包工，你就得出工錢』，有冤無處訴，只得把自己辛苦幾年賺上的都賠光。受苦

《李顺达的翻身故事》

1945 年

纵 12.9 厘米，横 8.9 厘米

1949 年太行图书馆移交

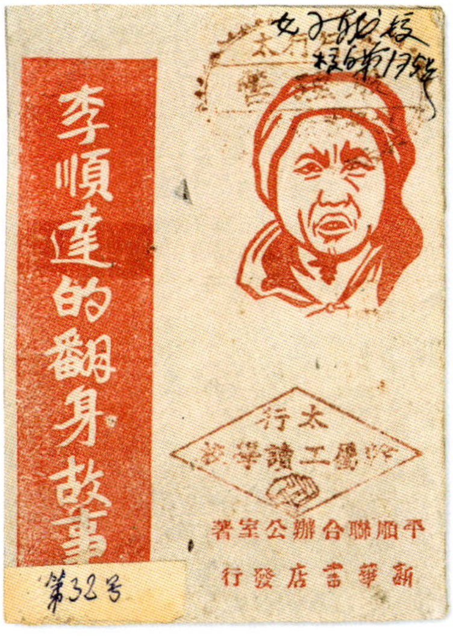

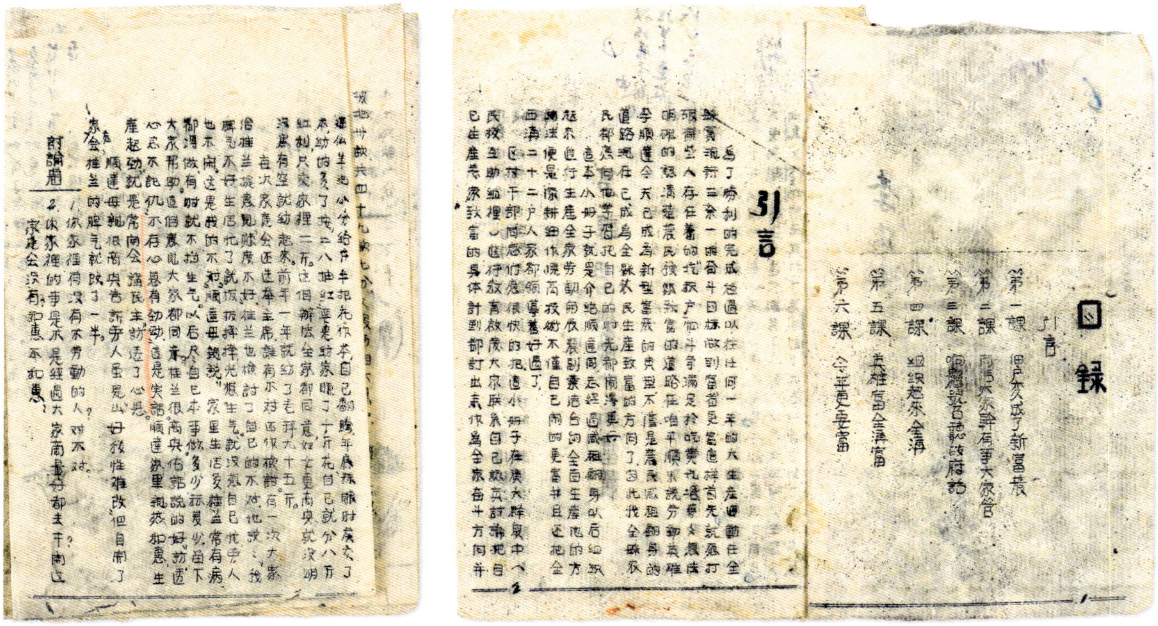

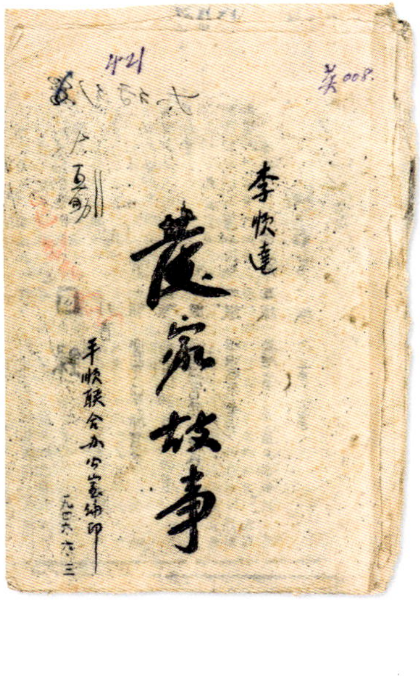

《李顺达发家故事》

1946 年 6 月

纵 19.6 厘米，横 13 厘米

1954 年征集

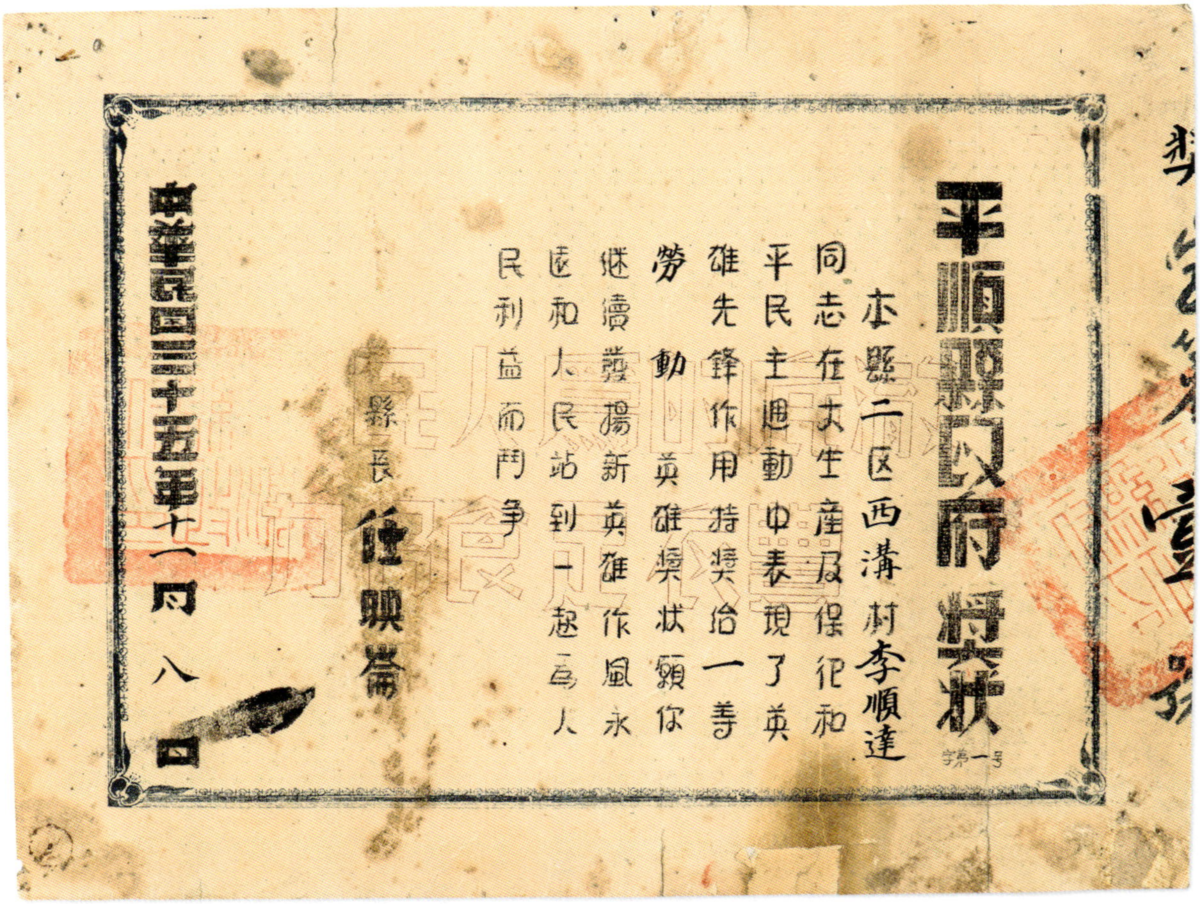
平順縣政府獎狀
字第一号
本縣二区西溝村李順達同志在大生產及保衛和平民主運動中表現了英雄先鋒作用特獎給一等勞動英雄獎狀願你繼續發揚新英雄作風永遠和人民站到一起為人民利益而鬥爭
縣長 任映蒼
中華民國三十五年十一月八日

平顺县政府奖给一等劳动英雄李顺达的奖状

1946 年 11 月 8 日

纵 21.2 厘米，横 27.2 厘米

1958 年征集

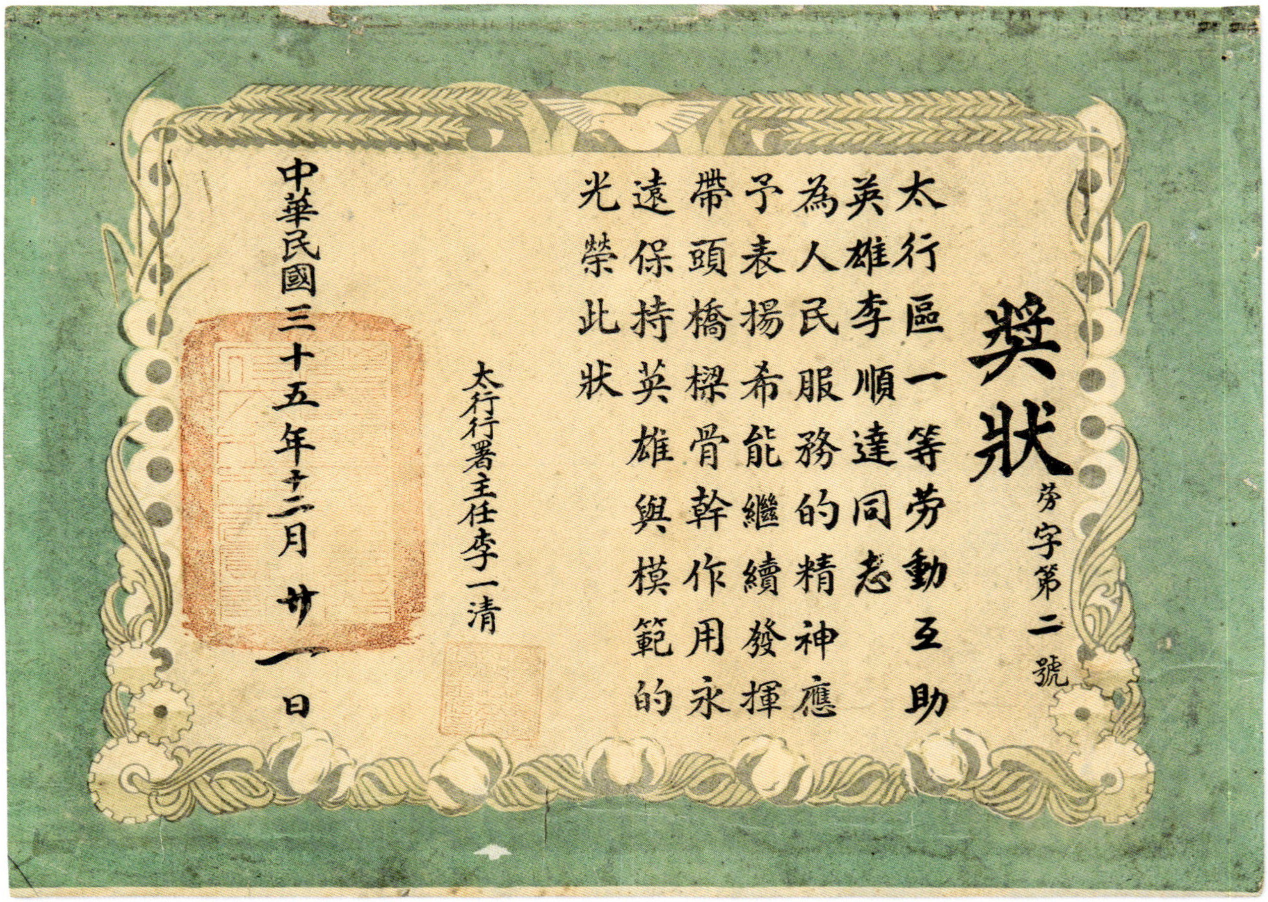

太行行署奖给太行区一等劳动互助英雄李顺达的奖状

1946 年 12 月 21 日

纵 26.4 厘米，横 36 厘米

1958 年征集

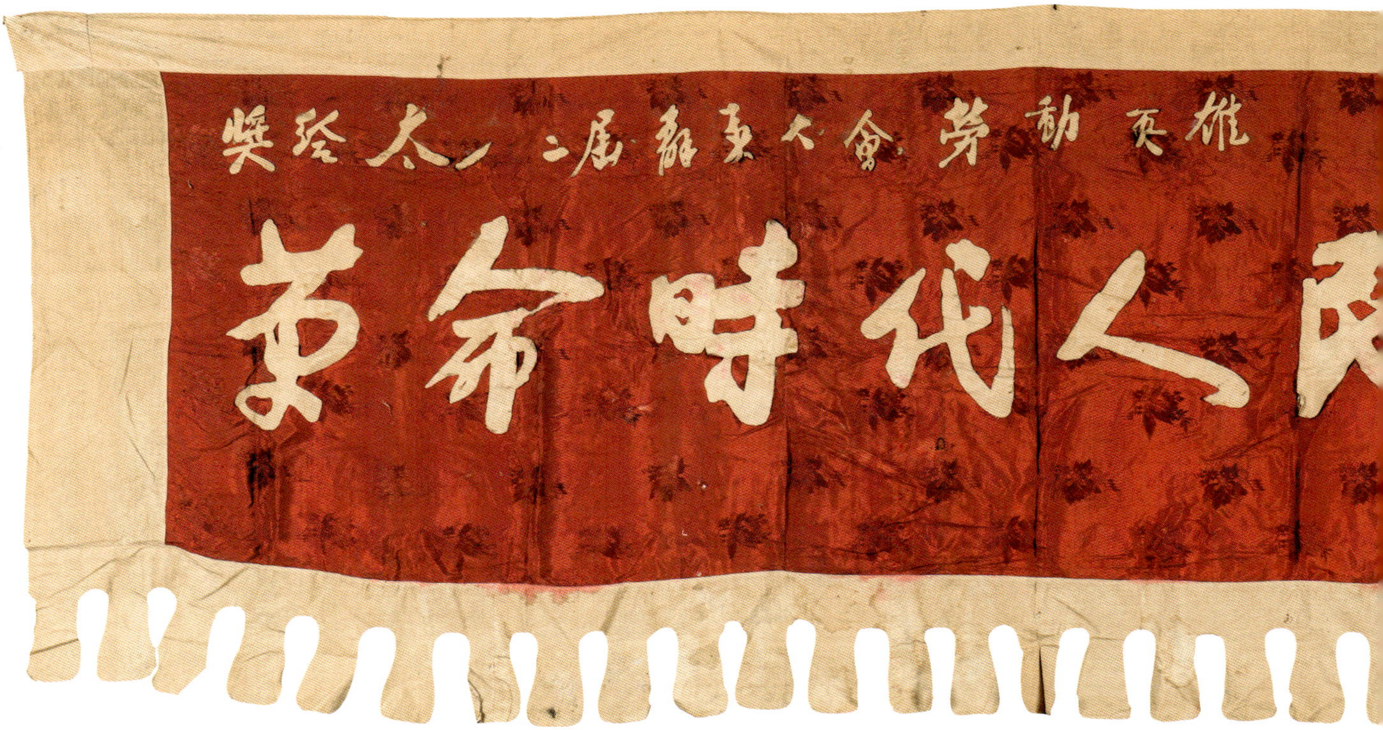

太行区第二届群英大会奖给李顺达“革命时代人民英雄”奖旗

1946 年
纵 96 厘米，横 301 厘米
1958 年征集

太行区第二届群英大会发给李顺达的纪念章

1947 年 1 月
径 3.5 厘米
1958 年征集

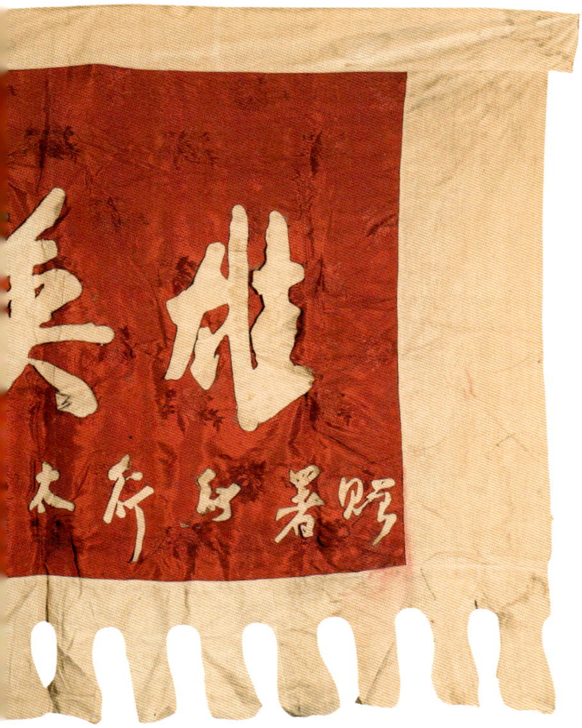

晋冀鲁豫边区农林试验场等奖给李顺达的“模范先锋”奖状

1947 年 11 月

纵 19.5 厘米，横 27.6 厘米

1963 年征集

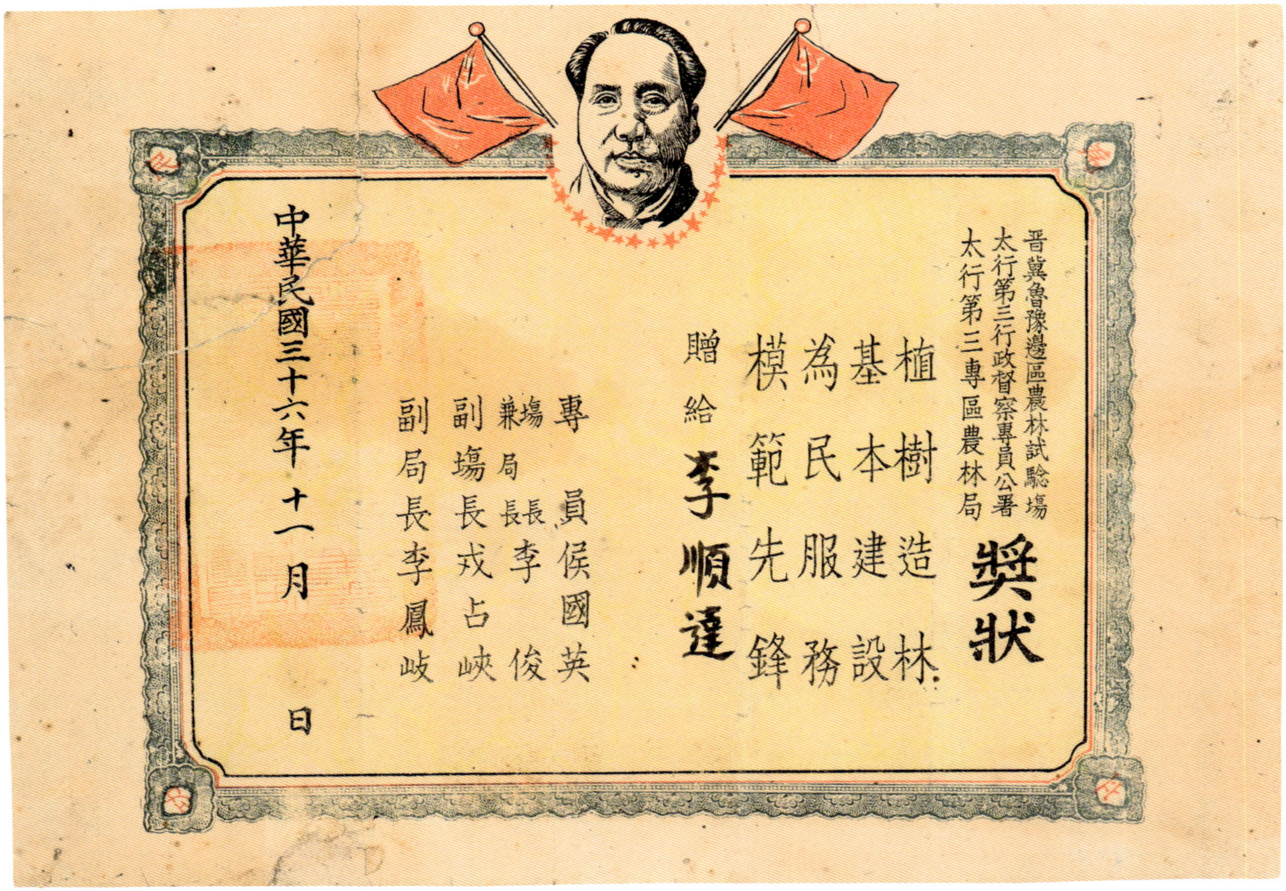

晋冀魯豫邊區農林試驗場
太行第三行政督察專員公署
太行第三專區農林局

奬狀

植樹造林
基本建設
為民服務
模範先鋒

贈給 李順達

專員 侯國英
兼場長局長 李 俊
副場長 戎占峽
副局長 李鳳岐

中華民國三十六年十一月 日

“太原市军事管制委员会”木牌

1949 年
纵 253.5 厘米，宽 47.3 厘米
1957 年山西省人民委员会移交

为太原市军管会办公场所大门所悬挂之牌匾。

太原市军管会成立后，常设机关为办公室，下设本部、市级各机关，以及根据接管范围“各按系统”设立了各种军事接管组。其中，文教接管组负责有关文化、教育机构的接管、梳理与重新运行工作。

太原市军事管制委员会布告（胜字第一号）

1949 年
纵 98.5 厘米，横 62.3 厘米
1957 年山西省人民委员会档案处移交

布告为胜字第一号，主要内容为向太原市民宣告太原市军管会成立的目的和意义，要求人们“遵守军管委员会的命令并服从其管制”。

1948年10月5日，太原战役打响，中共中央华北局下达“太原解放后，暂时实行军事管制”的指示。为响应中央军委和华北局的号召，10月20日，中国人民解放军华北军区在榆次县源涡镇成立太原市军事管制委员会，开始筹备接管事宜。1949年4月24日，太原解放当日，太原军管会正式成立，主任徐向前，副主任罗瑞卿、赖若愚、胡耀邦。太原市军管会是一个依靠军政权力的过渡性政权，为维护过渡时期太原的社会稳定作出了重要贡献。1949年9月1日，山西省党、政领导机关相继成立。1950年初，太原市军管会结束使命。

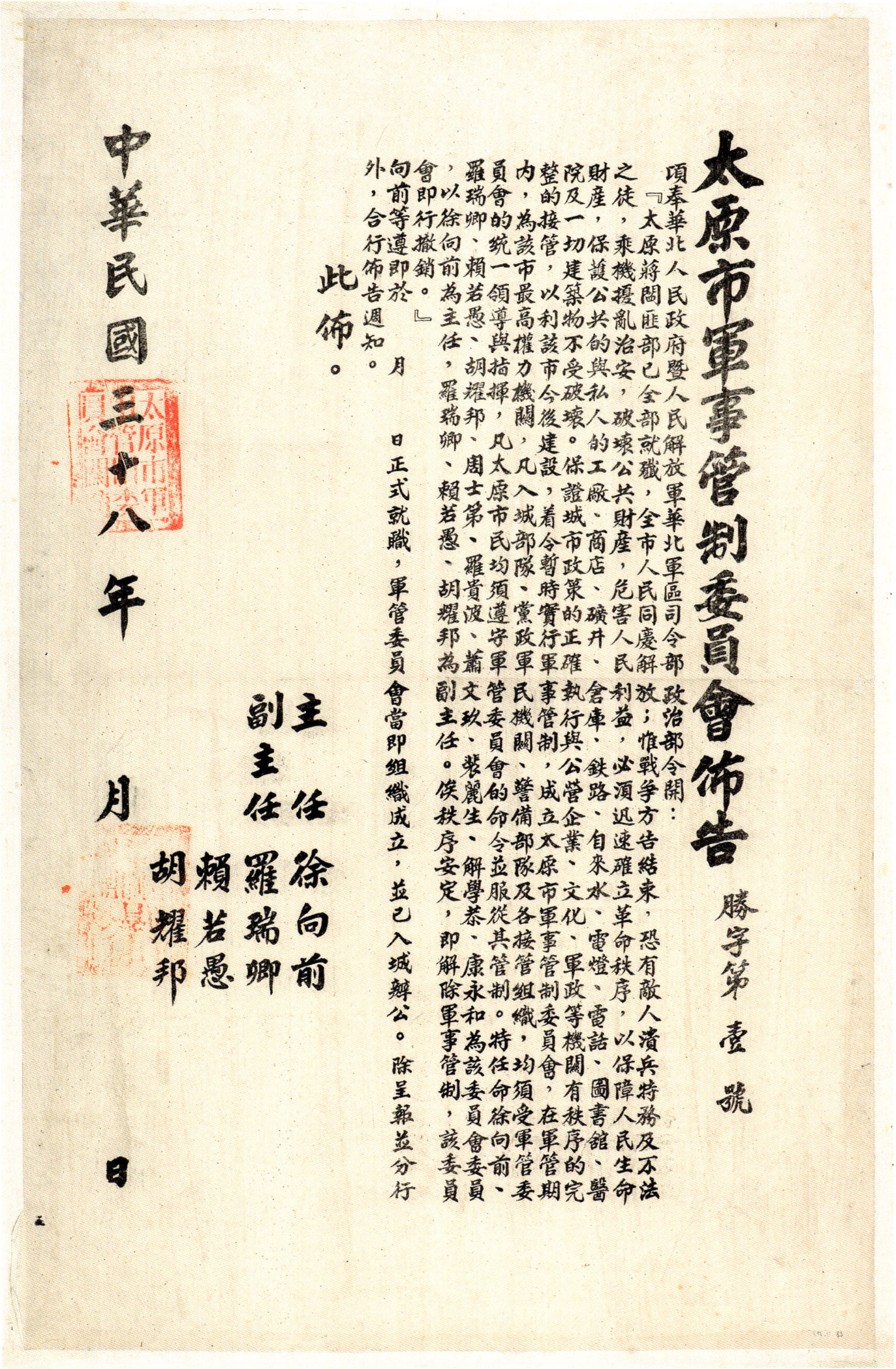

太原市軍事管制委員會佈告

勝字第壹號

頃奉華北人民政府暨人民解放軍華北軍區司令部政治部令開：『太原將閻匪部已全部就殲，全市人民同慶解放；惟戰爭方告結束，恐有敵人潰兵特務及不法之徒，乘機擾亂治安，破壞公共財產，危害人民利益，必須迅速確立革命秩序，以保障人民生命財產，保護公共的與私人的工廠、商店、礦井、倉庫、鉄路、自來水、電燈、電話、圖書館、醫院及一切建築物不受破壞。保證城市政策的正確執行與公營企業、文化、軍政等機關有秩序的完整的接管，以利該市今後建設，着令暫時實行軍事管制，成立太原市軍事管制委員會，在軍管期內，為該市最高權力機關，凡入城部隊、黨政軍民機關、警備部隊及各接管組織，均須受軍管委員會的統一領導與指揮，凡太原市民均須遵守軍管委員會的命令並服從其管制。特任命徐向前、羅瑞卿、賴若愚、胡耀邦、周士第、羅貴波、蕭文玖、裴麗生、解學恭、康永和為該委員會委員，以徐向前為主任，羅瑞卿、賴若愚、胡耀邦為副主任。俟秩序安定，即解除軍事管制，該委員會即行撤銷。』向前等遵即於　月　日正式就職，軍管委員會當即組織成立，並已入城辦公。除呈報並分行外，合行佈告週知。

此佈。

主任　徐向前

副主任　羅瑞卿　賴若愚　胡耀邦

中華民國三十八年　月　日

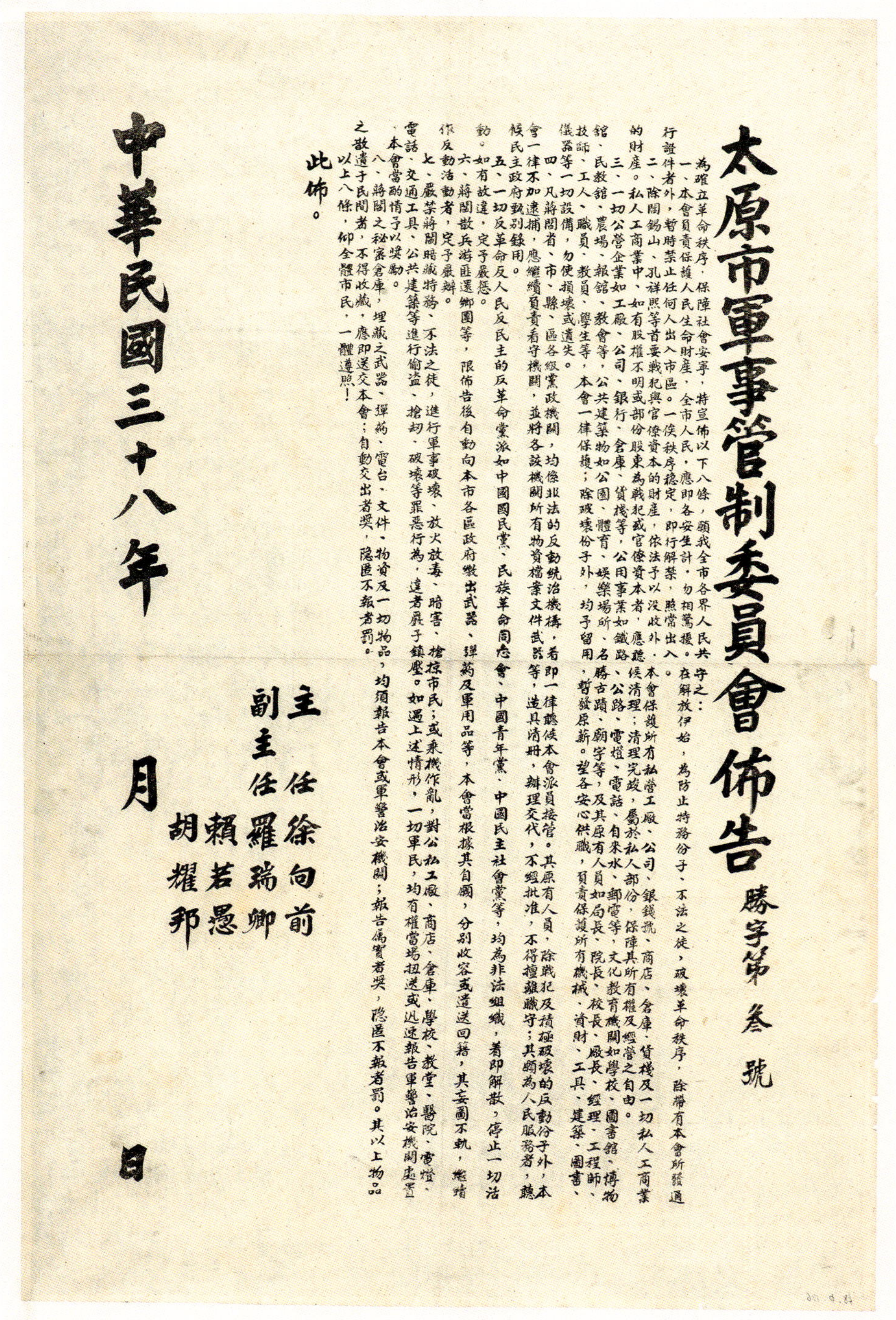

太原市軍事管制委員會佈告

勝字第叁號

為確立革命秩序，保障社會安寧，特宣佈以下八條，願我全市各界人民共守之：

一、本會負責保護人民生命財產，全市人民，應即各安生計，勿相驚擾。在解放伊始，為防止特務份子、不法之徒，破壞革命秩序，除帶有本會所發通行證件者外，暫時禁止任何人出入市區。一俟秩序穩定，即行解禁，照常出入。

二、除閻錫山、孔祥熙等首要戰犯與官僚資本的財產，依法予以沒收外，本會保護所有私營工廠、公司、銀錢號、商店、倉庫、貨棧及一切私人工商業的財產。私人工商業中，如有股權不明或部份股東為戰犯或官僚資本者，應聽候清理；清理完竣，屬於私人部份，保障其所有權及經營之自由。

三、一切公營企業如工廠、公司、銀行、倉庫、貨棧等，公用事業如鐵路、公路、電燈、電話、自來水、郵電等，文化教育機關如學校、圖書館、博物館、民教館、農場、報館、教會等，公共建築物如公園、體育、娛樂場所、名勝古蹟、廟宇等，及其原有人員如局長、院長、校長、廠長、經理、工程師、技師、工人、職員、教員、學生等，本會一律保護；除破壞份子外，均予留用，暫發原薪。望各安心供職，負責保護所有機械、資財、工具、建築、圖書、儀器等一切設備，勿使損壞或遺失。

四、凡蔣閻省、市、縣、區各級黨政機關，均係非法的反動統治機構，着即一律聽候本會派員接管。其原有人員，除戰犯及積極破壞的反動份子外，本會一律不加逮捕，應繼續負責看守機關，並將各該機關所有物資檔案文件武器等，造具清冊，辦理交代，不經批准，不得擅離職守；其願為人民服務者，聽候民主政府甄別錄用。

五、一切反革命反人民反民主的反革命黨派如中國國民黨、民族革命同志會、中國青年黨、中國民主社會黨等，均為非法組織，着即解散，停止一切活動。如有故違，定予嚴懲。

六、蔣閻散兵游匪還鄉團等，限佈告後自動向本市各區政府繳出武器、彈藥及軍用品等，本會當根據其自願，分別收容或遣送回籍，其妄圖不軌，繼續作反動活動者，定予嚴辦。

七、嚴禁蔣閻暗藏特務、不法之徒，進行軍事破壞、放火放毒、暗害、搶掠市民；或乘機作亂，對公私工廠、商店、倉庫、學校、教堂、醫院、電燈、電話、交通工具、公共建築等進行偷盜、搶刧、破壞等罪惡行為，違者嚴予鎮壓。如遇上述情形，一切軍民，均有權當場扭送或迅速報告軍警治安機關處置，本會當酌情予以獎勵。

八、蔣閻之秘密倉庫，埋藏之武器、彈葯、電台、文件、物資及一切物品，均須報告本會或軍警治安機關；報告屬實者獎，隱匿不報者罰。其以上物品之散遺于民間者，不得收藏，應即送交本會；自動交出者獎，隱匿不報者罰。

以上八條，仰全體市民，一體遵照！

此佈。

主任 徐向前

副主任 羅瑞卿 賴若愚 胡耀邦

中華民國三十八年 月 日

太原市军事管制委员会布告（胜字第三号）

1949 年

纵 99.5 厘米，横 63 厘米

1957 年山西省人民委员会档案处移交

布告为胜字第三号，主要内容为向太原市民公布八项为稳定社会秩序而作出的规定，要求人们“一体遵照”。

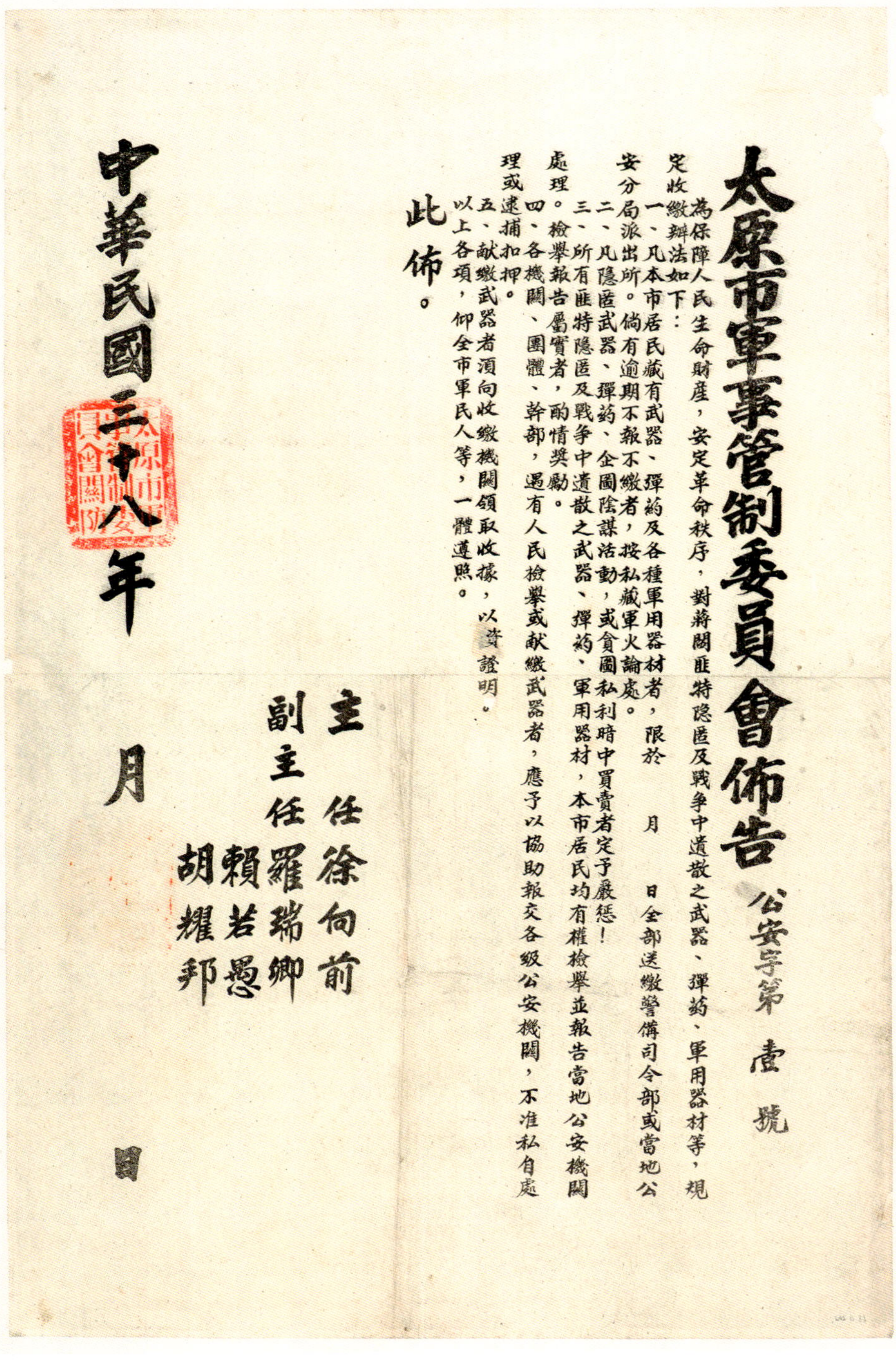
太原市軍事管制委員會佈告

公安字第壹號

為保障人民生命財產，安定革命秩序，對蔣閻匪特隱匿及戰爭中遺散之武器、彈葯、軍用器材等，規定收繳辦法如下：

一、凡本市居民藏有武器、彈葯及各種軍用器材者，限於　月　日全部送繳警備司令部或當地公安分局派出所。倘有逾期不報不繳者，按私藏軍火論處。

二、凡隱匿武器、彈葯、企圖陰謀活動，或貪圖私利暗中買賣者定予嚴懲！

三、所有匪特隱匿及戰爭中遺散之武器、彈葯、軍用器材，本市居民均有權檢舉並報告當地公安機關處理。檢舉報告屬實者，酌情獎勵。

四、各機關、團體、幹部，遇有人民檢舉或献繳武器者，應予以協助報交各級公安機關，不准私自處理或逮捕扣押。

五、献繳武器者須向收繳機關領取收據，以資證明。

以上各項，仰全市軍民人等，一體遵照。

此佈。

主任　徐向前

副主任　羅瑞卿　賴若愚　胡耀邦

中華民國三十八年　月　日

太原市军事管制委员会布告（公安字第一号）

1949 年

纵 99.5 厘米，横 63.5 厘米

1957 年山西省人民委员会档案处移交

布告为公安字第一号，主要内容为向全市军民发出有关收缴武器、弹药的五条办法，以“保障人民生命财产，安定革命秩序”。

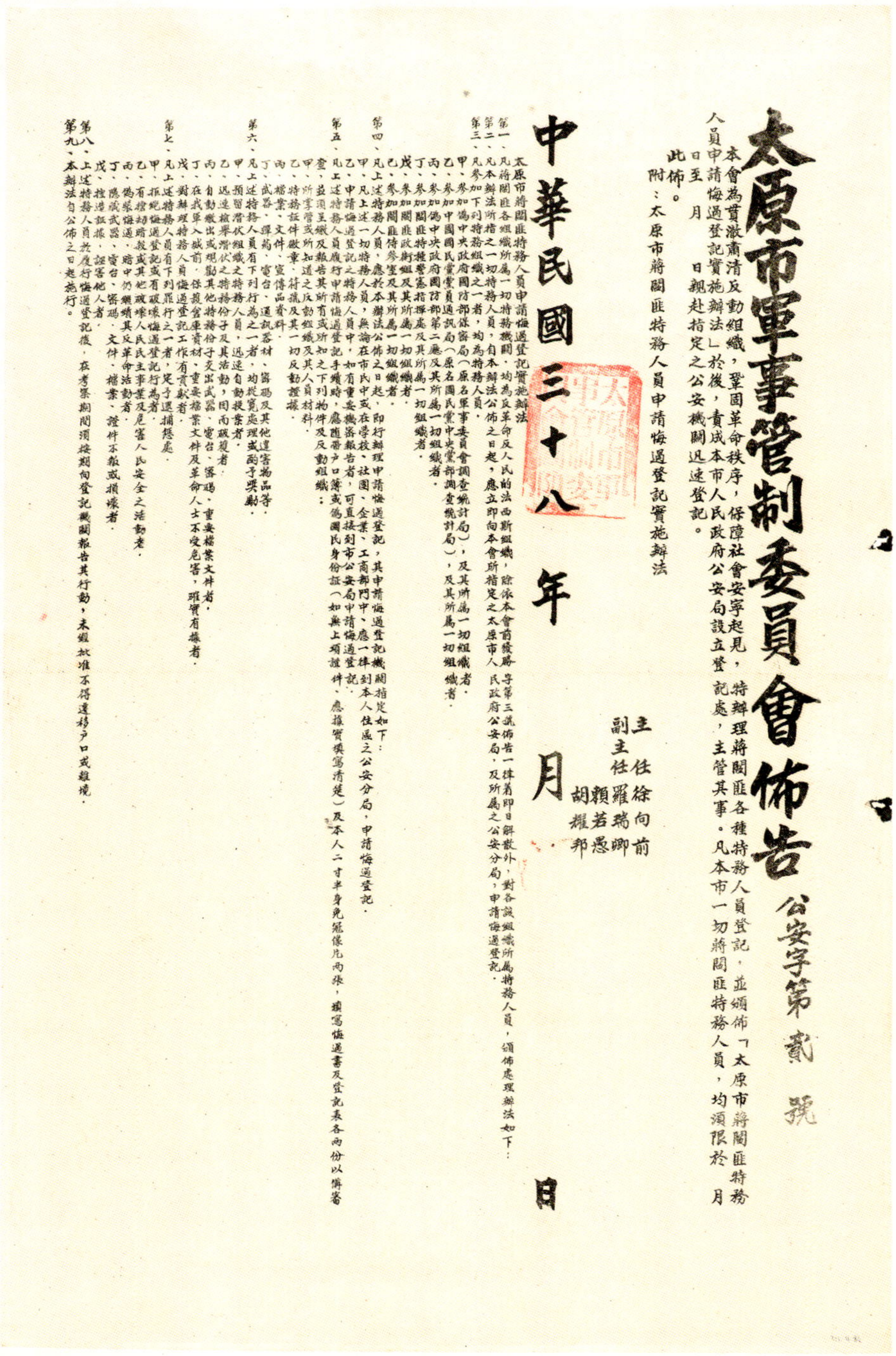

太原市軍事管制委員會佈告

公安字第貳號

本會為貫澈肅清反動組織，鞏固革命秩序，保障社會安寧起見，特辦理蔣閻匪各種特務人員登記，並頒佈「太原市蔣閻匪特務人員申請悔過登記實施辦法」於後，責成本市人民政府公安局設立登記處，主管其事。凡本市一切蔣閻匪特務人員，均須限於　月　日至　月　日親赴指定之公安機關迅速登記。

此佈。

附：太原市蔣閻匪特務人員申請悔過登記實施辦法

太原市蔣閻匪特務人員申請悔過登記實施辦法

第一、凡蔣閻匪各組織所屬一切特務機關，均為反革命反人民的法西斯組織，除依本會前發勝字第三號佈告一律着即日解散外，對各該組織所屬特務人員，頒佈處理辦法如下：

第二、凡本辦法所指之一切特務人員，自本辦法公佈之日起，應立即向本會所指定之太原市人民政府公安局，及所屬之公安分局，申請悔過登記。

第三、凡參加下列特務組織之一者，均為特務人員。

甲、參加偽中央政府國防部保密局（原名軍事委員會調查統計局），及其所屬一切組織者。

乙、參加中國國民黨黨員通訊局（原名國民黨中央黨部調查統計局），及其所屬一切組織者。

丙、參加偽中央政府國防部第二廳及其所屬一切組織者。

丁、參加閻匪特種警憲指揮處及其所屬一切組織者。

戊、參加閻匪政衛組及其所屬一切組織者。

己、參加閻匪侍參室及其所屬一切組織者。

第四、凡上述特務人員，應於本辦法公佈之日起，即行辦理申請悔過登記，其申請悔過登記機關指定如下：

甲、凡上述一切特務人員，無論在市民中或在學校、社團、企業、工商部門中，應一律到本人住區之公安分局，申請悔過登記。

乙、申請悔過登記之特務人員中，如有重要機密報告者，可直接到市公安局申請悔過登記。

第五、凡上述特務人員履行申請悔過登記手續時，應隨帶戶口簿或偽國民身份証（如無上項證件，應據實填寫清楚）及本人二寸半身免冠像片兩張，填寫悔過書及登記表各兩份以備審查，並須呈繳及報告其所有或所知之下列物件及反動組織：

甲、所掌管或所知道之反動組織及其人員材料。

乙、特務證件徽章、符號及其一切反動證據。

丙、檔案、文件、宣傳品資料。

丁、武器、彈藥、電台、通訊器材、密碼及其他違害物品等。

第六、凡上述特務人員有下列行為之一者，均從寬處理或酌予獎勵。

甲、預留潛伏組織之特務人員，迅速自動投案者。

乙、迅速檢舉潛伏之特務份子及其活動，因而破獲者。

丙、自動繳出或規勸其他特務份子交出武器、電台、密碼、重要檔案文件者。

丁、在我軍入城前，保護倉庫資材、重要檔案文件及革命人士不受危害，確實有據者。

戊、對辦理特務人員悔過登記工作有貢獻者。

第七、凡上述特務人員有下列罪行之一者，定予逮捕懲處。

甲、拒絕悔過登記或有破壞悔過登記行為者。

乙、有搶劫暗殺或其他破壞人民民主事業及危害人民安全之活動者。

丙、偽裝悔過，暗中仍繼續其反革命活動者。

丁、隱藏武器、電台、密碼、文件、檔案、證件不報或損壞者。

戊、捏造証據，誣害他人者。

第八、上述特務人員於履行悔過登記後，在考察期間須按期向登記機關報告其行動，未經批准不得遷移戶口或離境。

第九、本辦法自公佈之日起施行。

主任　徐向前

副主任　羅瑞卿　賴若愚　胡耀邦

中華民國三十八年　月　日

太原市军事管制委员会布告（公安字第二号）

1949 年

纵 99 厘米，横 63.5 厘米

1957 年山西省人民委员会档案处移交

该布告为公安字第二号，主要内容为向社会通告军管会颁布了《太原市蒋阎匪特务人员申请悔过登记实施办法》，并将九条具体内容公布于后，以“肃清反动组织，巩固革命秩序，保障社会安宁”。

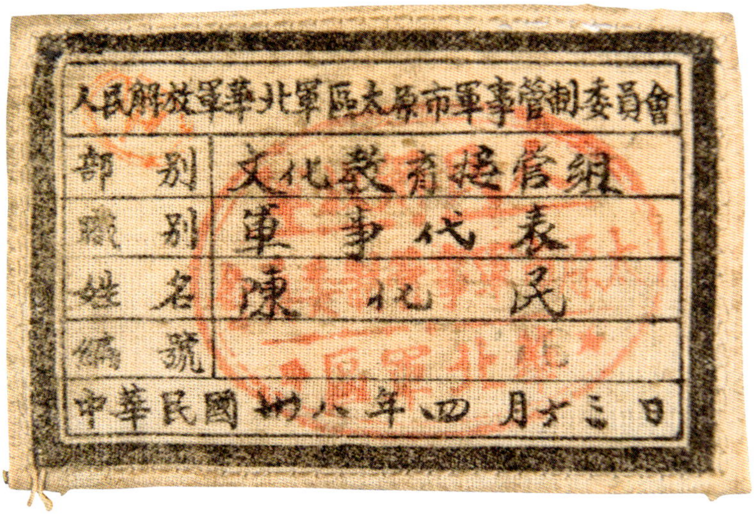

太原市军管会文教接管组军事代表陈化民的胸章

1949 年

纵 5.3 厘米，横 7.9 厘米

1963 年中国革命博物馆拨交

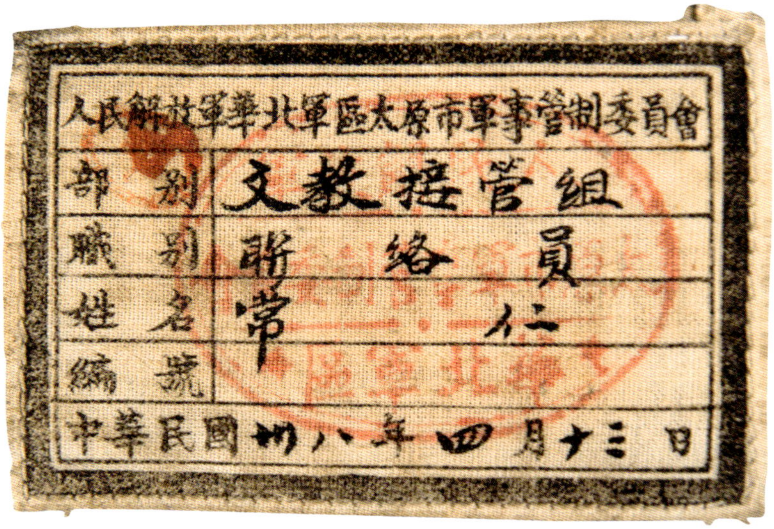

太原市军管会文教接管组联络员常仁的胸章

1949 年

纵 5.2 厘米，横 8 厘米

1963 年中国革命博物馆拨交

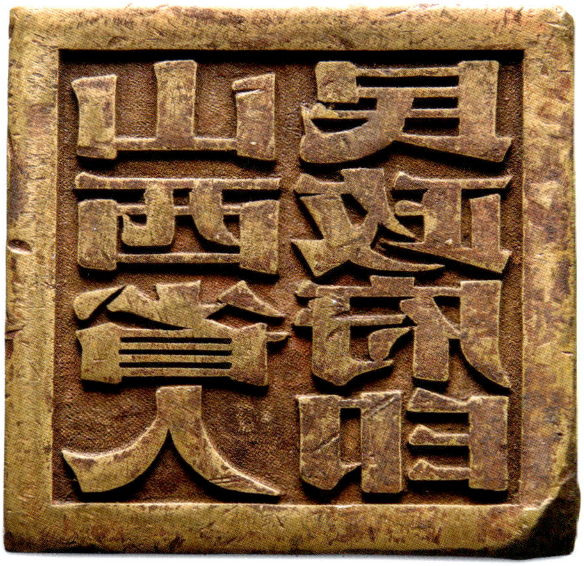

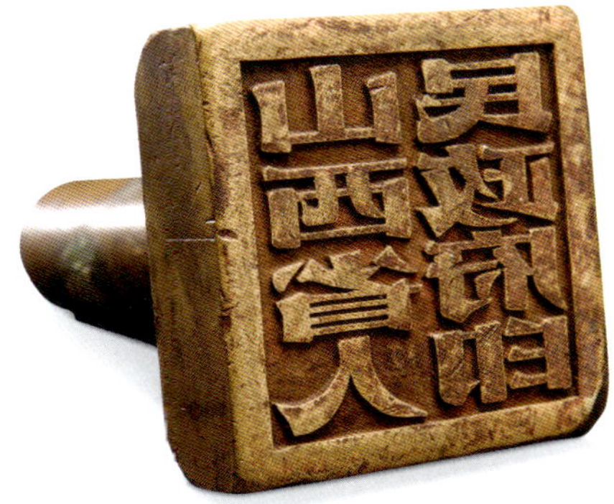

山西省人民政府印

1949 年 12 月

通高 11.8 厘米，印长 6.9 厘米、宽 6.9 厘米、厚 2.2 厘米

1963 年中国革命博物馆拨交

1949年5月1日，大同宣告和平解放，山西全境解放。8月1日，华北人民政府发布重新调整行政区划的通令，决定除将原雁北13县划归察哈尔省管辖外，其余所有原属晋西北、晋南、太行、太岳、太原五个行政区建制之各县、市，均恢复原山西省建制。9月1日，山西省人民政府在太原宣告成立。省政府主席程子华，第一副主席裴丽生，第二副主席王世英。此印为1949年12月启用的山西省人民政府印。